Phänomen-Verlag

TERRY PATTEN

EINE NEUE REPUBLIK DES HERZENS

Ein Leitfaden für spirituellen Aktivismus

Bibliografische Information Der Deutschen Bibliothek:

Die Deutsche Bibliothek verzeichnet diese Publikation in der Deutschen Nationalbibliografie; detaillierte bibliografische Daten sind im Internet über http://dnb.ddb.de abrufbar.

Terry Patten
Eine neue Republik des Herzens
EAN 978-84-94985690

Aus dem Englischen übersetzt von Tom Amarque

Phänomen-Verlag
Web: www.phaenomen-verlag.de
E-Mail: kontakt@phaenomen-verlag.de

Satz & Gestaltung: Phänomen-Verlag

INHALT

VORWORT

von Andrew Harvey

Das Buch, das Sie in Ihren Händen halten, wird Sie auf eine Reise mitnehmen, die Sie erwecken und befreien wird. Und es wird Sie befähigen, die Welt zu verändern.

Ich freue mich, Sie zu einem seltenen, nüchternen, tiefen, weitreichenden und ernsthaft humorvollen Gespräch begrüßen zu dürfen – einer Konversation, nach der sich viele von uns sehnen und das Sie stets zu führen versuchen. Terry Pattens leidenschaftliche Intelligenz schneidet ganz ruhig durch unsere Konsens-Trance und spricht direkt das an, was im Moment wirklich zählt. Die Stimme dieses Buches durchdringt unseren gemeinsamen Schlaf und erweckt uns aus dem Traum.

Es kommt gerade rechtzeitig. Wir leben in einer Zeit, in der die meisten von uns von unseren kleinen und großen Bildschirmen hypnotisiert werden, in der unsere Ohren für die Stimmen verschlossen sind, die unsere Weigerung, unsere aktuelle Situation zu spüren und in Frage zu stellen. Es gibt eine alarmierende Tendenz in spirituellen Kreisen, bei schwierige Fragen auf einfache Antworten zurückzugreifen und in oberflächlichem Mitgefühl, Heiterkeit und vorzeitiger Vergebung zu verweilen, ohne jedoch die Bereitschaft zu haben, unseren ökologischen und spirituellen Notstand oder die schreckliche strukturelle Ungerechtigkeit, die ihn unterstützt, zu verstehen oder zu konfrontieren. Tausende von wohlmeinenden Menschen sind unbewusst in Gewohnheiten vertieft, von denen sie meinen, dass sie ‚spirituell' sind, die aber tatsächlich unverantwortliche Vermeidung (Bypassing) und Dissoziieren verstärken.

In diesem Lärm, mitten im Babel dessen, was einige indianische Traditionen ‚Heuchler-Stimmen' nennen, ist es sehr schwierig, die Wahrheit auf eine Weise zu sagen, die gehört und integriert werden kann. Weil er tatsächlich die Demut praktiziert, für die er sich einsetzt, verweilt Terry Patten in dem unschuldigen 'Weiß nicht-Verstand' eines unverteidigten, intelligenten Herzens, und hat dabei die Offenheit und Neugierde, die endloses Lernen und Wachstum ermöglicht. Das macht ihn zu einem glaubwürdigen Wegweiser für die Konversation, die wir so dringend benötigen, die Konversation, die wir versehentlich vermeiden und die uns wieder in ein verantwortungsbewusstes Erwachsenwerden in der großen Menschheitsfamilie zurückführen könnte.

Viele Menschen wachen gerade erst in Bezug auf die wirklich erschreckende, ja unglaubliche Schwere unserer ökologischen, sozialen, wirtschaftlichen und kulturellen Krise auf. Bitte hören Sie sich an, was dieses Buch zu sagen hat, und lassen Sie sich dadurch in eine kraftvolle, dynamische Beziehung zum Schrecken und zum Wunder unserer Zeit führen. Es wird Ihnen helfen, die Winde der Angst sowie Ihren Drang zu navigieren, sich von dem abzuwenden, was jetzt direkt vor uns liegt. Es wird diese Reaktionen nicht stigmatisieren; schließlich sind solche Gefühle allzu menschlich. Stattdessen wird es Ihnen helfen, auf alle geeigneten Arten erschüttert zu werden wie auch in einem tieferen und weiten Raum zu ruhen, in dem Sie stark genug sein können, um die harten Nachrichten zu ertragen. Es wird Ihnen helfen, als intelligentes Herz präsent zu sein, und nicht überwältigt zu sein vom verschlingenden Wahnsinn unserer Zeit. Und es lädt Sie ein, Ihren Platz in den laufenden Konversationen zwischen Menschen zu entdecken, die sich zu inspiriertem Handeln verpflichtet fühlen.

Dieses Buch definiert ein neues Genre – es ist sowohl ein Sozialkommentar wie auch ein tiefgründiges Praxisbuch; es ist eine brillante Synthese aus evolutionärer Neurowissenschaft, integraler Theorie, Tiefenökologie und spiritueller Weisheit. Und es ist ein zwingender Aufruf zu einem inspirierten sozialen Aktivismus. Es ist ein wirklich nachhaltiges Gespräch darüber, was wirklich passiert und was in unserer Zeit am wichtigsten ist.

Es geht in vier Schritten vor.

Zuerst werden Sie durch einen unbestechlichen Rundgang durch unsere ganzheitliche Krise und die Hindernisse für ein klares Verständnis geführt, der Ihnen hilft, unser scheinbar unüberwindbares Dilemma als eine Forderung nach Wachstum, Erwachen und Aktivismus zu erkennen. Terry Patten hilft Ihnen, bewusst zu werden, während Sie genau verstehen, wie unsere heiligen, katalytischen existenziellen und spirituellen Herausforderungen und Möglichkeiten unseren Einsatz erfordern.

Zweitens erkunden Sie ein Paradoxon: Wie sich Ganzheit in jeder Facette nicht nur der natürlichen, mehr als menschlichen Welt, sondern auch unserer hyperkomplexen, sich schnell verändernden menschlichen Zivilisation ausdrückt. Dieses Buch hilft Ihnen, sich zu verändern, da es mit evolutionären Augen schaut und beschreibt, wie eine nuancierte, integrale Perspektive die verborgenen Muster hinter unserem Verstand, unseren Subkulturen, unseren Kulturkriegen und unseren inspirierenden evolutionären Möglichkeiten enthüllen kann.

Drittens erklärt Terry Patten, wie eine radikale Dringlichkeit und Ganzheit ein ganzes Leben der Praxis implizieren kann, und wie hier jeder Tag und jeder Moment mit einbezogen wird. Und er bietet eine integrale Sichtweise, die transzendentale Spiritualität mit immanenter erdgebundener Spiritualität verbindet und sich in der einzigartigen Reise jeder Seele und den Geschichten, die sie erleuchten, ausdrückt. Und er veranschaulicht dies, indem er die Details seiner eigenen Seelenreise und die Archetypen, die in seiner persönlichen Erfahrung nachklingen, mitteilt.

Viertens verbindet dieses Buch diese Praxis mit einem kreativem Aktivismus: sowohl mit ‚äußerem' Aktivismus – im System, gegen das System und um das System herum – als auch mit ‚innerem' holistischem Aktivismus, in unseren Beziehungen und Konversationen. Es bietet eine offenbarende Einführung in katalytische Experimente im Dialog und ‚We-Spce' und der Zukunft der Freundschaft – um die Art von spirituellen Freunden zu werden, die Art von Sangha, die den nächsten Buddha hervorbringen könnte. Sie untersucht sogar eine Reihe von sehr spezifischen Gesprächen, die notwendig sind, wenn wir die selbstmörderische Entwicklung der industriellen zivilisierten Kultur verändern wollen.

Dieses Buch schließt mit einer sehr direkten Ansprache über die unbegrenzte Natur seines heiligen Rufes ab. Es ist eine Einweihung in ein immerwährendes Engagement und ein endloses kooperatives Abenteuer, um zu ‚denjenigen zu werden, auf die wir warten'. Er erkennt an, dass viele von uns diese Arbeit bereits leisten. Und doch sieht und ruft es auch eine Zukunft der Integration hervor, die noch nicht verwirklicht ist.

Die Intelligenz des Herzens kann nicht länger warten. Sie muss jetzt die ganze menschliche Welt ansprechen. Das ist es, was Patten eine ‚integrale Revolution' nennt, einen Prozess des Wachstums in eine neue Struktur und Stufe der menschlichen Evolution. Das ist sowohl notwendig als auch unvermeidlich. Ob unsere eigene Zukunft nun in einem großen Hospizprojekt oder ein großer Prozess ist, um Weisheit in einen neuen Zyklus technologischer, sozialer und wirtschaftlicher Innovationen zu bringen, so erfodert es unsere höchste Herzintelligenz. Das muss in jedem Herzen, in jeder Beziehung, in jeder Organisation, in jeder Organisation, in jeder Faser unseres Körpers politisch umgesetzt werden.

Dieses breite kulturelle Bewusstsein entsteht spontan und drückt eine beginnende universelle Intuition über das aus, was Charles Eisenstein beschwörend ‚die schönere Welt, von der unsere Herzen wissen, dass sie möglich ist' nannte. Diese Intuition kommt in den Herzen von Millionen von Menschen auf der ganzen Welt an. Es drückt einen neuen Patriotismus aus, um eine bürgerliche Verantwortung, ‚eine neue Republik des Herzens', ins Leben zu rufen.

Diese zwingende Prophezeiung beruht auf einer enorm bedeutsamen Realität. Eine neue Republik des Herzens entsteht bereits. Es geschieht in meinem Herzen – und in deinem – durch unseren engagierten Aktivismus, und in den Herzen und Köpfen und Händen und Füßen von Hunderten, Tausenden und Millionen von anderen. Dieses Buch ist wichtig, weil es eine Brücke von unserer fragmentierten Verwirrung zu einer glücklichen Erkenntnis dessen schlägt, was es sein wird, gemeinsam als Novizenbürger unserer nächsten evolutionären Stufe und Struktur zu erreichen, und zwar erleuchtet durch die transmissive Intensität höherer, göttlich inspirierter Bewusstseinszustände.

Wenn Sie dieses Buch lesen und es mit einem offenen Geist und Herzen fühlen, werden Sie sich unwiderruflich verändert haben. Sie werden in eine freudige Hingabe an das große Werk hineingezogen: das Einzige, was etwas bedeutet, nachdem alle unsere Strukturen von menschlich geschaffener Bedeutung niedergebrannt sind.

Sie werden in dem Bewusstsein ankommen, dass Sie auf einer tiefen Ebene bereits einer aufstrebenden neuen Republik des Herzens loyal gegenüber sind. Sie existiert bereits. Paradoxerweise aber braucht sie uns, um sich zu verwirklichen. Diese neue Republik könnte unsere Heimat werden, und dort können die entzweienden Kämpfe unserer gegenwärtigen Politik unnötig werden. Aber in der Zwischenzeit verlangt dieses große Unternehmen alles von uns – ein ganzes Leben lang Praxis und Wachstum und Freundschaft und Dienst und mutige Kreativität.

Lesen Sie also weiter und erhalten Sie eine einführende Vision. In diesem atemberaubenden Zusammenspiel von wildem Herzen und kühlem Geist verwandelt Terry Patten den schwarzen Diamanten unserer globalen Dunkelheit, um unsere Herzen zu erleuchten, unsere Fähigkeit zum selbstlosen Dienst zu fördern und unsere Verpflichtung, unsere göttliche Identität und ihre Freude zu verwirklichen, zu vertiefen.

Dies ist ein Werk bahnbrechender Originalität, das mit großer intellektueller Anmut und tiefer heiliger Leidenschaft vollbracht wurde. Genießen Sie es und lassen Sie sich verändern.

DANKSAGUNGEN

Es brauchte ein Dorf, um dieses Buch zu schreiben; ich möchte einigen der vielen Menschen meinen tiefsten Dank aussprechen, die von der Entstehung bis zur Fertigstellung Unterstützung und Ermutigung geleistet haben.

Ein besonderer Dank gilt Larry Boggs, meinem letzten Lektor, Mitschöpfer und Resonanzboden, für dessen unermüdliches Engagement ich für immer dankbar sein werde; Elizabeth Debold, einer brillanten und prägnanten Mitverschwörerin, die die Struktur geklärt hat, die die Ideen dieses Buches trägt; und mehrere liebe Freunde, die in verschiedenen Phasen dieses Projekts entscheidende Reflexions- und Redaktionsarbeit geleistet haben – darunter Deborah Boyar, Rebecca Baum und mein langjähriger Kollaborateur Marco Morelli, mit dem ich diese Ideen erdacht und weiterentwickelt habe und wie ich sie zwischen 2011 und 2016 mitteilen konnte. Vielen Dank auch an Brad Reynolds, der die Abbildung der vier Quadranten fachkundig gestaltet hat.

Herzlichen Dank an Andrew Harvey für seine Ermutigung und die Unterstützung dieses Projekts und an Jim Willems, der mein Begleiter in der Vision und Leidenschaft war, aus der es entstanden ist. Vielen Dank an Rafael Cushnir, Gene Dunaway, Roger Walsh, Sean Esbjörn-Hargens, Dustin DiPerna, Jeremy Lent, Bill Kauth und Andrew Gaines, die Entwürfe oder Abschnitte gelesen haben und von der Vision des Buches begeistert genug waren, mir zu helfen, es zu verbessern. Herzlichen Dank an Frank Marrero, Grant Hunter, Lisa McKay, JoAnn Lovascio, Tom Steininger, Ellen Daly, Carter Phipps, Michael Dowd, Connie Barlow, Jean Houston, Jeff Salzman, Diane Hamilton, Ken Wilber und Adi Da Samraj, die mich mit ihren originellen Ideen anmutig beeinflusst und/oder diese Vision auf verschiedene, manchmal tiefgründige Weise inspiriert (oder geteilt) haben. Und ein großes Dankeschön (und Entschuldigung) an die vielen hier nicht genannten Personen, die mich unterstützt, inspiriert und begleitet und über die Jahre zu dem Projekt beigetragen haben.

Dieses Buch hat das Denken weiterentwickelt, das ich in einem unveröffentlichten Manuskript von 2004 niedergeschrieben habe: *The Terrible Truth and the Wonderful Secret: Answering the Call of Our Evolutionary Emergency.* Ich bin allen dankbar, die zu dieser frühen Arbeit beigetragen haben, insbesondere Deborah Boyar und Frank Marrero sowie Larry Boggs und Julia Gilden. Ich profitierte auch von den nachdenklichen Überlegungen, die ich von Raphael Cushnir, Sean Esbjörn-Hargens, Geoff Fitch, Terri O'Fallon, Ken Wilber und Steve McIntosh erhalten habe.

Herzlichen Dank an alle bei North Atlantic Books, insbesondere an Tim McKee für seine weise, freundliche Geduld, seinen Rat und seinen Glauben; Alison Knowles für ihre enthusiastische Unterstützung und Anleitung; Ebonie Ledbetter für ihr sorgfältiges Engagement; und Bevin Donohue und Doug Reil für ihren energischen Glauben an eine neue Republik des Herzens.

EINFÜHRUNG

Was passiert eigentlich?

Unsere Zeiten sind seltsam und verwunderlich – so seltsam und verwunderlich, dass sie weit über unser Verständnis hinausgehen! Während wir kurz vor weltverändernden Durchbrüchen in Wissenschaft, Technologie, Bewusstsein, Kooperation und Führung stehen, stehen wir auch katastrophalen Zusammenbrüchen unserer planetaren Ökologie sowie unseres kulturellen Zusammenhalts, unserer Wirtschafts- und Sozialordnung und natürlich unserer Politik gegenüber. Es ist wild, bedeutsam, inspirierend und erschreckend, dass all dies *gleichzeitig* geschieht. Wir nähern uns offensichtlich einem Moment der Wahrheit.

Wir benötigen die Führung einer höheren Weisheit. Glücklicherweise sind alle hohen Weisheitstraditionen der Menschheit im Gespräch wie nie zuvor. Und doch scheinen die Umstände, die es der Weisheit manchmal ermöglicht haben, die menschliche Zukunft zu leiten, unter unseren Füßen zu erodieren. Unser kollektives Nervensystem pulsiert vor Adrenalin, immer wieder gerüttelt von apokalyptischen Nachrichten und Visionen sowie von technologischen Utopien und Dystopien.

Was geschieht wirklich? Wohin geht die Reise? Geht die menschliche Zivilisation zugrunde? Werden wir alle zusammenkommen wie noch nie zuvor? Was bedeutet das für uns persönlich? Was können wir tun? Wie können wir „der Wandel sein, den wir in der Welt sehen wollen"?

Im Jahr 2016, während ich die ersten Entwürfe dieses Buches schrieb, waren die durchschnittlichen planetweiten Luft- und Meerestemperaturen die höchsten, die in sechzehn aufeinander folgenden Monaten gemessen wurden – und extreme Wetterereignisse nahmen in Größe und Häufigkeit weiter zu. Gleichzeitig führte ein Rückschlag gegen liberale Demokratie, Einwanderung und Globalisierung zu einer weltweiten politischen Krise, und unsere planetare Ökologie und unser Klima hatten (gelinde gesagt) nicht Priorität.

Obwohl ich mich durch einige Dinge, denen wir uns gegenübersehen, bis auf die Knochen ausgemergelt fühle, bin ich auch positiver Dinge und inspiriert, unsere positiven Möglichkeiten zu erkennen. Es wird zu einem Klischee, zu behaupten, dass wir uns in einem Wettlauf zwischen Bewusstsein und Katastrophe befinden. Mein Fokus liegt also nicht darauf, die Chancen zu erwägen. Es ist die innere Arbeit, die es uns ermöglichen kann, die äußere Arbeit zu tun, um diese Zeit des Übergangs bestmöglich zu steuern.

Einige Kollegen und ich haben einige äußerst hilfreiche Erkenntnisse und Praktiken entdeckt. Ich glaube, sie können uns zu einer fundierten, positiven und authentischen Art und Weise führen, wie wir mit unserer misslichen Lage und unseren Chancen umgehen können. Diese Erkenntnisse und Praktiken könnten uns helfen, die kommenden Jahre zu überstehen. Noch wichtiger ist, dass sie uns sogar helfen könnten, riesige Schritte in einen kollektiven Transformationsprozess zu vollziehen, der das menschliche Leben auf eine Weise verändern kann, wie viele von uns es ihr ganzes Leben lang erhofft hatten. Eine solche tiefgreifende Veränderung wäre so etwas wie das, was in der Antike durch ein kostbares Juwel symbolisiert wurde. Die Buddhisten nannten es ein „wünschenswertes Juwel". Ein solcher Diamant kann nur unter gigantischem Druck geformt werden. Plötzlicher, dramatischer und evolutionärer Fortschritt findet oft unter extremen Spannungsbedingungen statt, wenn der Druck eine schnelle und dramatische Anpassung erfordert. Wenn neue Bedingungen das ökologische Gleichgewicht stören, ändern sich andere entscheidende Umweltfaktoren, und sie erzwingen, dass sich neue Fähigkeiten und Verhaltensweisen entwickeln.

Wir sehen, wie das mit dem Planeten geschieht – aber das Gleiche passiert auch mit uns. Wenn der Planet an seine Grenzen gebracht wird, werden wir dies auch. Während die ökologisch ausgelösten Veränderungen in vielerlei Hinsicht bedrohlich sind, werden ihre Auswirkungen auf uns, auch wenn sie Schaden anrichten, durchaus auch den evolutionären Druck erzeugen können, der so etwas wie einen Diamanten bildet, und eine qualitative strukturelle Transformation der Elemente unseres eigenen Charakters einleiten. Es wird alles von uns verlangen. Das bedeutet, dass wir Verantwortung für die menschliche Evolution selbst übernehmen müssen – und dass diese evolutionäre Transformation nicht über Äonen hinweg stattfinden darf, sondern als beschleunigte ‚punktuelle' soziokulturelle Transformation.

Die Evolution hat gezeigt, dass sie in der Lage ist, unter den richtigen Umständen erstaunliche Ausdrücke zu finden. Sie hat sich immer gegen überwältigende Wahrscheinlichkeiten durchgesetzt. Aber im Moment befinden wir uns inmitten einer Sammlung von miteinander verbundenen Herausforderungen und Chancen von beispiellosem Umfang und Intensität. Da die Evolution stoßweise verläuft, mit langen Perioden relativen „Gleichgewichts", unterbrochen von turbulenten Perioden schneller evolutionärer Innovation, stehen wir heute im Mittelpunkt des Geschehens.

AUFSCHWUNG ODER VERDERBEN?

Zwei zwingende und sich gegenseitig widersprechende Metanarrative, jede mit widersprüchlichen Ansichten über unsere missliche Lage, befinden sich unter intelligenten Beobachtern im Wettbewerb. Das erste Narrativ ist optimistisch. Es ist eine Erzählung von kontinuierlichem Überleben, Anpassung, Transzendenz und Progression. Aus dieser Sicht treten unsere technologischen und kulturellen Fortschritte in eine Zeit der sich grundlegend verändernden exponentiellen Beschleunigung ein. Unsere zunehmenden Kollisionen mit planetaren Grenzen und die sich entfaltenden katastrophalen Folgen unseres nicht nachhaltigen Verhaltens, werden uns endlich zwingen, unsere kollektiven Gewohnheiten zu verändern, und wir werden neue Mittel haben, um den Übergang zu erleichtern. Die Umstände werden uns Weisheit lehren und uns auf einen positiven evolutionären Weg in eine wunderbare, unerschlossene Zukunft zurückbringen.

Eine evolutionäre Version dieser Erzählung sieht unsere prekäre globale Situation als einen wichtigen Übergang, aber auch als ein vorübergehendes Nadelöhr in unserer aufwärts gerichteten evolutionären Trajektorie. Sie erkennt einen starken kreativen Antrieb, der sich in jedem Teil der Realität ausdrückt und unsere Evolution antreibt. Dieser dominante kreative Faktor wird der Schlüssel zu unserem weiteren Überleben und Fortschritt in Ökologie, Wissenschaft, Kultur, Ethik, Technologie, Politik, Wirtschaft und Bewusstsein sein.

In einer Version dieser Erzählung, die mich inspiriert, wird die Menschheit gleichsam eine Metacommunity, oder *Metasangha,* von ‚Praxisgemeinschaften' gründen, die unsere höchsten Ethiken und Werte verwirklicht. Und diese zukünftige Zivilisation wird schließlich eine neue Stufe in der Evolution der menschlichen Rasse manifestieren – ein neues Erwachsenenalter der Spezies – vielleicht sogar einen vereinheitlichten und transzendenten Superorganismus, den einige als den nächsten Buddha oder als die wahre Bedeutung des zweiten Kommens Christi erkennen.

Das zweite, ebenso einflussreiche Metanarrativ ist pessimistisch und sozial-ökologisch. Es betrachtet eine primitivere und instinktivere Macht als die dominante Kraft, die sowohl unsere Entwicklung als auch unsere Degeneration antreibt und letztlich unser Schicksal bestimmt. Diese dunklere Seite dieser rohen evolutionären Energie oder des Eros manifestiert sich als unstillbarer und zwanghafter Drang nach Überleben, Dominanz, Abenteuer, Erwerb, Eroberung, Konsum und Kontrolle. Wir sind seit langem im Griff dieses Macht-Eros; und betrachten Sie nur, was geschehen ist! Wir haben die Ressourcen der Erde fast erschöpft, haben ihre Tragfähigkeit enorm überschritten und stehen nun am Rande eines Zeitalters der Kontraktion, der Knappheit, der Umweltzerstörung, des sozialen und des wirtschaftlichen Zusammenbruchs – und diese Gefahren werden mit jedem Jahr immer größer.

In dieser Erzählung werden die ungezügelten Triebe der Menschheit unaufhaltsam zum Zusammenbruch der Zivilisation und der planetaren Biosphäre führen, was zum massiven Aussterben der Arten führt – und mit der Zeit zu Szenarien, die durchaus zu einem dystopischen, fast unbewohnbaren Planeten und vielleicht zum Ende der Menschheit führen werden. Viele Tiefenökologen sagen, dass wir uns bereits in der Anfangsphase des Zusammenbruchs der menschlichen Zivilisation befinden.

Mein Leben und meine Arbeit wurden von dem optimistischen evolutionären Metanarrativ angeregt und inspiriert. Aber ich wurde durch mein intensives wissenschaftliches und journalistisches Studium aufgerüttelt, das eher das pessimistische Metanarrativ unterstützt und realistischer die neuesten aktuellen Daten verarbeitet. Die Geschichte und Evolution der Menschheit und sogar jedes einzelnen Lebens offenbart einen Kampf zwischen den Kräften und Wirkungen des evolutionär-kreativen Eros und der instinktiven Kraft des Eros. Und während wir weiter unsere Hoffnungen auf die erste Erzählung setzen können, können wir die zunehmenden Beweise, die das zweite Narrativ stützen, nicht ablehnen. Niemand kann sich sicher sein, welches dieser Metanarrative unsere Zukunft mitbestimmen wird. Wir befinden uns zwischen zwei antithetischen Möglichkeiten, sowie einem Spektrum von Möglichkeiten zwischen den beiden Extremen. Ich glaube auch, dass wir, auch wenn die Gewissheit nicht zu erlangen ist, die Hauptakteure dieses Dramas sind. Doch auch ohne jegliche Gewissheit können wir die Ergebnisse sicher stark beeinflussen.

Ich nehme mir das zu Herzen, und ich schlage vor, dass wir das alle tun, denn wir haben alle gemeinsam die Verantwortung. Der zentrale Ort der Kontrolle der menschlichen Zivilisation – dieses riesige und hochkomplexe System – ist verteilt, nichtlinear und unvorhersehbar. Er ist nirgendwo anders bewusster, und nirgends mehr in der Lage, seine Richtung zu wählen, als gerade hier, und gerade jetzt. Das schließt mich und Sie ein, zumindest auf eine kleine, aber potenziell wichtige Weise. Wenn die Menschheit aus ihrer Notlage erwachen und eine nachhaltige Zukunft wählen soll, werden Millionen von Menschen notwendigerweise teilnehmen. Und wo könnte dieses Erwachen und die Partizipation beginnen? Wann? Ich kann nicht erwarten, dass es die ausschließliche Verantwortung von jemand anderem ist – von einem politischen oder spirituellen Führer oder Experten oder Philanthropen oder Prominenten. Es muss auch von mir selbst abhängen. Ich muss mir bewusst genug sein, um zu wissen wie auch zu fühlen, dass ich einen kleinen Unterschied machen kann – und das gilt auch für Sie.

Das bedeutet, dass ich mit den Speerspitzen der dunklen ökologischen Narrative und mit den Speerspitzen der humanistischen technologischen Narrative des Fortschritts „im Gespräch" bleiben muss. Gleichzeitig tue ich gut daran, die Einsicht im Geiste zu halten, dass, obwohl ich mich sehr für die Zukunft des Lebens interessiere, ich darauf vertrauen kann, dass die Realität selbst (so viel Tod und Verlust sie auch beinhalten mag) nie wirklich ein „Problem" ist. Unabhängig von ihrer Natur ist die Zukunft nie ein Dilemma, und sie muss nicht gelöst werden. Aber das ändert nichts an einer anderen Wahrheit: Ich will aufmerksam sein, wenn das, was ich liebe, bedroht ist.

Ich bin daran gebunden, mich daran zu erinnern, dass ich nicht weiß, was passieren wird, und dass auch niemand sonst es weiß. Weisheit bedeutet, *epistemisch demütig* zu sein („zu wissen, dass man es nicht weiß", anstatt epistemisch geschlossen zu sein, oder „zu denken, dass man es weiß"), um zu lernen, was sich aus einer Vielzahl von Perspektiven ergeben kann. Die Interaktion zwischen uns und diesen Perspektiven und den damit verbundenen Szenarien wird die Zukunft erschaffen, in der wir alle leben werden. Ich kann die Frage viel besser beantworten, wenn ich mich nicht vor irgendeinem Teil dessen verschließe, was die menschliche Intelligenz sieht. Und so werde ich zu einem multiperspektivischen Teilnehmer an den Angelegenheiten unseres gemeinsamen Lebens, in dem Bewusstsein, dass wir inmitten großer Unsicherheiten entschlossen und effektiv handeln müssen. Schließlich kennen wir die schrecklichen Folgen des Nichthandelns.

WAS WIR TUN KÖNNEN

Wir wissen, dass sowohl das Schlimmste als auch das Beste im Menschen wie auch unser Potenzial für einen schnellen radikalen Wandel in Krisenzeiten zum Vorschein kommen kann.

Diese Krise wird ganz andere Werkzeuge erfordern als alles, worauf wir uns in der Vergangenheit verlassen haben, um uns aus Löchern und verheerenden Notfällen herauszuarbeiten. Das ist eine neue Art von Herausforderung. Technologische und wissenschaftliche Durchbrüche werden Möglichkeiten für einen grundlegenden Wandel schaffen. Sie werden ein notwendiger Teil des voranschreitenden Prozesses sein; *aber sie sind nicht ausreichend.* Das Gleiche gilt für die Weisheit, die aus den höheren Bewusstseinszuständen geboren wurde. Und das gilt auch für aufgeklärte organisatorische Vorgehensweisen. Führung wird in jeder Hinsicht entscheidend sein, aber nicht genug.

Erforderlich ist ein „gesamter Systemwandel" – eine breite Transformation der gesamten menschlichen Zivilisation. Dies ist ein enormes und beispielloses Unterfangen, und es wird natürlich eine Weile dauern. Es impliziert *ständige* Transformation und Lebendigkeit, sowohl innerlich als auch äußerlich. Dies auf persönlicher Ebene ernst zu nehmen, bedeutet, sich einem unmöglich großen Erfordernis zu stellen. In der Tat fordert uns unsere missliche Lage auf, gleichzeitig den wichtigsten Kommandoüberfall hinter feindlichen Linien zu unternehmen als auch einem metaphorischen Kloster beizutreten und unser Leben jener Ganzheit zu widmen, die uns erhält. Und wir sind aufgefordert, diese Verpflichtungen in jedem neuen Moment immer wieder zu erneuern. Wir werden zu einer robusten und dynamischen neuen Form des spirituellen Aktivismus – oder der aktivistischen Spiritualität – aufgerufen, die die „innere Arbeit" der persönlichen Transformation und des Erwachens mit der „äußeren Arbeit" des Dienstes, des sozialen Unternehmertums und des Aktivismus verbindet.

Unsere Beziehungen, unsere Gemeinschaften, unsere Verbundenheit mit anderen, unsere Fähigkeit, einfallsreich und widerstandsfähig zu sein – das sind wahrscheinlich unsere bedeutendsten Sicherheiten unter den extremen Umständen, die immer wahrscheinlicher werden. Und unsere psychologische und spirituelle Belastbarkeit wird zu unserem wichtigsten Kapital werden. Unser Erfolg wird in erster Linie von unserem Mut und unserer Großzügigkeit abhängen, von unserer Fähigkeit, unserer Angst zu trotzen, grundlos glücklich zu sein, mit anderen vor Ort in unserer Gemeinschaft zusammenzuarbeiten und nach traumatischen Rückschlägen kreativ zurückzukommen. Das sind die Arten von Tugenden und die Arten von Bindungen, die wahrscheinlich wirklich von Bedeutung sein werden.

Das Gleichgewicht könnte durchaus zu Überleben und Entwicklung kippen. Ein großer Teil von mir – der größte Teil – glaubt immer noch, dass wir es schaffen. Aber niemand kennt die Zukunft. Während ich dieses Buch schreibe, habe ich mich der Zukunft gestellt, vor der ich befürchtet habe, und es hat mich durch einen desorientierenden, monatelangen Tauchgang in die "dunkle Nacht der Seele" geführt. Ich wäre mir selbst nicht treu geblieben, wenn ich mich geweigert hätte, die dunkleren Möglichkeiten – und ihr transformatives Geschenk der Hoffnung und Gravitas – zu berücksichtigen. Auch wenn globale Katastrophen und das Aussterben des Planeten unser unausweichliches Schicksal sind, ist es von größter Bedeutung, wie unsere Seelen reagieren, sich verändern und ihren Charakter offenbaren. Außerdem, jeder Tag ist ein Geschenk.

Egal, was vor uns liegt, ist es enorm wichtig, dass wir auf eine Weise teilnehmen, die unseren besten Charakter und unsere höchsten Werte zum Ausdruck bringen. Wir können uns dafür entscheiden, auf der Grundlage dessen zu handeln, was das Beste in uns selbst ist. Wir können versuchen, eine vergleichsweise „weiche Landung" für unsere überhitzte, turbulente Flugbahn zu entwickeln, einen gutartigen Übergang von der groben Unnachhaltigkeit zu einer nachhaltigen menschlichen Präsenz auf unserem Planeten. Und wir können füreinander sorgen, selbst im schlimmsten Szenario. Auf jeden Fall können wir gemeinsam gegenüber der Verantwortung aufwachen, anstatt schlafwandelnd in die Apokalypse zu stürzen.

LASST UNS DARÜBER REDEN.

In diesem für unsere Spezies entscheidenden Moment der Wahrheit ist eine ganze Reihe von radikalen Gesprächen unvermeidlich. Damit diese Gespräche wirklich einen Unterschied machen, müssen wir unsere Personas und unsere unechten Posen durchbrechen. Dies ist eine tiefere, zartere und authentischere Ebene des Diskurses, als es bisher in der Öffentlichkeit denkbar erschien. Soweit ich weiß, hatten wie noch nie solche öffentlichen Konversationen. Jedes solche Gesprächer erfordert ein außergewöhnliches Maß an Intelligenz, Freiheit, Klarheit und Intimität – und vielleicht können sie nur in einem Moment höchster Dringlichkeit wie diesem stattfinden. Aber jetzt sind die Herausforderungen für die Menschheit unser gemeinsames Schicksal – eine Entscheidung für Leben und Tod. Wie Samuel Johnson bemerkte: „Nichts klärt den Geist eines Mannes so sehr wie das Wissen, dass er morgens gehängt wird."

Wir befinden uns in einem Gebiet, das unseren Verstand klären kann – vielleicht die Ruhe vor dem Sturm. Dieser historische Moment kann die letzte Möglichkeit sein, in dem wir ein solches Gespräch in einer Umgebung relativer Ruhe beginnen können. Ein solches Gespräch erfordert ein Maß an Vertrauen, Verletzlichkeit und Wahrhaftigkeit, das unsere Kultur auszuschließen scheint, und wir neigen dazu, uns davor zu scheuen. Es ist nicht einfach, unsere tiefsten Ängste zu untersuchen und zu spüren oder unsere unhaltbare, süchtig machende Lebensweise anzuerkennen. In gewisser Weise ist es wie ein zwölfstufiger „Moment der Klarheit", aus dem unerwartete Veränderungen von Gewohnheit und Charakter durch „eine Macht, die größer ist als wir", auf mysteriöse Weise möglich werden. Diese Macht kann der Druck der Evolution selbst sein.

In wichtigen Gesprächen werden praktische Lösungen für unsere aktuellen sozialen, politischen, wirtschaftlichen und ökologischen Krisen erarbeitet. Einige von uns führen diese Gespräche bereits seit Jahren. Aber sie haben noch nicht die dringend benötigten Ergebnisse gebracht. Diese Gespräche werden vertieft, erweitert und fortgesetzt.

Ein neues Gespräch auf der Ebene der Seele ist erforderlich. Es kann nur in einem ganz anderen Bewusstseinszustand auftreten. Es erfordert auch neue, weitere, ganzheitlichere und nuanciertere Strukturen des Geistes. Es erfordert ein integrales Bewusstsein und die integrierte Intelligenz unseres ganzen Seins – was ich *integrale Herzintelligenz* nenne (welche mentale Intelligenz und einen starken Willen mit intuitiver Weisheit integriert).

Diese kollektiven evolutionären Fähigkeiten entstehen, wenn Individuen einzeln und miteinander konsequent transformative innere Disziplinen praktizieren, mit der gemeinsamen Absicht, einem größeren Gut zu dienen.

Wir werden aus unseren Komfortzonen herausgezogen werden, aber vielleicht in etwas, das tiefer und realer, bedeutungsvoller und lohnender ist. Perioden großer Widerstände führen oft zu einem aufregenden und befriedigenden Leben. Es gibt eine Art von Liebe, die in Zeiten von Krieg oder Naturkatastrophen möglich ist, eine Art Lebendigkeit und Authentizität.

Auf diese Weise könnten wir tatsächlich etwas noch Besseres tun, als die kommenden Krisen und Katastrophen zu überleben, die uns möglich erwarten. Wir könnten lernen, auf eine Weise zu gedeihen, wie wir es vielleicht nicht konnten, bevor unser unkontrollierter planetarischer Notstand begann, unsere bequeme Struktur der Existenz zu bedrohen.

Wir könnten etwas werden, das so weit über das hinausgeht, was wir sind, wer wir waren und wie wir gedacht, gelebt, geliebt und gesprochen haben und miteinander und mit unserem Planeten umgegangen sind, so dass wir praktisch eine neue Spezies sein könnten.

Das ist eine großartige Idee, und doch begründet sie sich auf Beweisen. Und es ist einfach. Es ist die Grundlage für die Vision, Motivation und Praktiken, die in diesem Buch vorgestellt werden.

Wenn wir aus der isolierenden Trance unserer fragmentierten Subkulturen hervorgehen und anfangen, mit anderen zusammenzuarbeiten, mit dem Verständnis, dass wir wirklich alle zusammen in dieser Sache stecken, geschieht etwas Wichtiges. Wir treten gemeinsam in eine tiefe Erfahrung ein. Wir treten in eine neue Bewusstheit und Kreativität ein, die für Einzelpersonen nicht zugänglich ist. Niemand, unabhängig von seiner Erleuchtung, kann das sein, was viele von uns sein können, wenn wir gemeinsam wach sind, vereint in Bewusstsein, Vision, Gefolgschaft, Fürsorge und Sinn.

Intime, ehrliche, katalytische Seelengespräche können eine Tür aus unserer kollektiven Trance, unserer konditionierten Entfremdung, unserem kollektiven schlechten Traum öffnen. Es sind Gespräche, die zu einer integralen Kultur und einem ganzheitlichen Bewusstsein führen: der nächsten Stufe unserer Evolution. Und in diesem Bewusstsein können alle unsere anderen notwendigen Gespräche über praktische und politische Lösungen für dringende Probleme in einer Weise fruchtbar sein, wie sie es bisher noch nie waren.

Das Schreiben dieses Buches war zutiefst demütigend. Ich glaube nicht, dass ich auf einer höheren moralischen oder spirituellen Ebene stehe. Ich bin ein Schüler dieses Prozesses und dieser Ideen und ein Lehrer, der lehrt, was er am meisten lernen muss. Ich brauche dieses Seelen-Konversation genauso sehr wie Sie. Und dieses Buch ist mein Versuch, das Gespräch mit Ihnen und mit so vielen Menschen wie möglich zu beginnen.

Dieses Buch stellt meinen Versuch dar, das enorme unvollendete Werk meiner Generation zu vollenden. Wir sind vielleicht nicht in der Lage, einen so gesunden Planeten zurückzulassen, wie er uns gegeben wurde. Aber ich möchte meinem Sohn und allen unseren Töchtern und Söhnen ein äußerst wertvolles Erbe hinterlassen. Ich hoffe, dass dieses Buch ein Katalysator – einer von vielen – sein kann, der uns hilft, in die neue Version der Menschheit zu wachsen, die hier vorgestellt wird.

Meine Hoffnung ist, dass Sie, nachdem Sie soweit gelesen haben, sich dafür entscheiden werden, an diesem Gespräch teilzunehmen. Für mich ist es ein erster Schritt in einem Prozess des Aufbaus von Verbindungen, Gesprächen, Beziehungen und Gemeinschaften, die die höheren Potentiale unserer Spezies sowohl nähren als auch verkörpern – ein Prozess, der ein solides integrales Fundament bildet, auf dem wir gemeinsam aufbauen können, in den klaren, reinen Worten von Charles Eisenstein, „die schönere Welt, von der wir in unserem Herzen wissen, dass sie möglich ist".

EIN KURZER RUNDGANG DURCH DAS BUCH

Dieses Buch spiegelt meinen eigenen Prozess wider, mit unserer aktuellen planetaren Krise in all ihrer Komplexität und Unsicherheit umzugehen, die Natur und die Auswirkungen der globalen Staatsbürgerschaft zu erforschen und ein radikal neues Verständnis von Praxis und Aktivismus zu klären. Es geht nicht nur um die externe Krise, sondern um alle internen Prozesse, durch die wir verstehen – oder nicht verstehen –, was wirklich vor sich geht und durch die wir zu dem Wandel werden, den wir in der Welt sehen wollen.

Teil Eins stellt den multidimensionalen Kontext her. Es fasst unsere katastrophale ökologische Situation, die Ganzheit, die unserer miteinander verbundenen, mehr als menschlichen Welt zugrunde liegt, und die evolutionären und integralen Visionen zusammen, die eine Grundlage für eine stärker integrierte Betrachtung dessen bilden, wie wir ein in einer Krisenzeit sinnvolles Leben führen können. Es fasst wichtige Erkenntnisse und Ideen zusammen, die der Leser auch in anderen Kontexten finden kann.

Kapitel Eins untersucht unsere kritische evolutionäre Zwangslage und Krise, einschließlich ihrer Gefahren und Versprechungen – vom Zustand der Erde selbst bis hin zur Verzwicktheit, unsere Situation klar zu verstehen, einschließlich der Bösartigkeit der Probleme selbst sowie der Art und Weise, wie unser eigenes Gehirn und unsere eigene Psyche es unsäglich schwer machen, sie vollständig zu verstehen und effektiv darauf zu reagieren.

Kapitel Zwei stellt sich den nüchternen Tatsachen und antwortet mit Aktivismus. Indem wir das Geschenk des Lebens schätzen und das Leben lieben, lassen wir unsere Herzen von der verrückten Situation durchbohrt werden, in der wir uns befinden; wir überlegen, wie wir uns in einem bedingungslosen Glück, das

In *Kapitel Elf* geht es um unsere einzigartige Rolle dieses Ortes und dieser Zeit, um die Zivilisation und das planetare Leben zu verändern. Wir sind „es", ob es uns gefällt oder nicht, und es liegt an uns – durch unsere innere und äußere Arbeit –, alle notwendigen Veränderungen zu bewirken, um eine lebendige, nachhaltige und spannende Zukunft zu schaffen. Dieses Werk drückt aus, wer wir wirklich sind, und es wird für immer weitergehen, auch „nachdem es zu spät ist" – was es tatsächlich nie ist.

TEIL 1

Fragmentierung und Ganzheitlichkeit

1. Unsere schlimme Situation und die Konsens-Trance

Fakten hören nicht auf zu existieren, nur weil sie ignoriert werden. - ALDOUS HUXLEY

Das Radikalste, was jeder von uns zu diesem Zeitpunkt tun kann, ist, sich vollständig darüber bewusst zu sein, was in der Welt geschieht. - JOANNA MACY

Unsere Loyalität gilt der Spezies und dem Planeten. Wir sprechen für die Erde. Unsere Verpflichtung zum Überleben und Gedeihen ist nicht nur uns selbst, sondern auch dem alten und weiten Kosmos geschuldet, aus dem wir stammen. - CARL SAGAN

Es ist schwierig, sich eine Bedrohung vorzustellen, die besser in der Lage ist, sich unserem Verständnis und unserer Reaktion zu entziehen – eine, die abstrakter, heimtückischer und unbequemer ist als das Vorhandensein von zu viel von Menschen hervorgerufenen Kohlendioxid (CO2) in der Luft. Es ist farblos und geruchlos – und völlig unsichtbar. Die größten Quellen davon liegen weit von unserer eigenen Kontrolle entfernt. Die schlimmsten Auswirkungen liegen noch in relativ ferner Zukunft. Wann und wer dem alles zum Opfer fallen wird ist noch unbekannt, aber wir müssen jetzt handeln. Ein vollständiges Verständnis des Problems erfordert eine wissenschaftliche Raffinesse, die weit über die der meisten Bürger, Politiker und Journalisten hinausgeht – und jede Maßnahme gegen diese Bedrohung erfordert die Zustimmung und das Verständnis von Politikern, Unternehmern und Wählern. Inmitten brodelnder Kulturkriege werden die Interessengruppen bereits ausgefeilte Desinformationskampagnen einsetzen, um

Wähler und Entscheidungsträger gegen solche Aktionen zu mobilisieren, um Polarisierung und den Stillstand zu verstärken und unsere kollektive Fähigkeit zu blockieren, *jeden* Aspekt unserer ökologischen Situation (die, wie wir sehen werden, weit über das Klima hinausgeht) zu verstehen und proaktiv darauf zu reagieren.

Gleichzeitig gibt es echte Gründe für Hoffnung. Solar- und Windenergie sowie Elektrofahrzeuge erfreuen sich eines enormen Booms. Die Mehrheit der Nationen der Welt hat sich verpflichtet, dem Klimawandel entgegenzuwirken, und die öffentliche Meinung auf der ganzen Welt unterstützt entschlossene Maßnahmen. Die Menschen haben bereits technologische und politische Initiativen entwickelt und umgesetzt, die bei breiter Umsetzung – nach Ansicht von wissenschaftlichen Experten aus verschiedenen Disziplinen – nicht nur die Zunahme der Kohlenstoffemissionen stoppen, sondern auch die globale Erwärmung innerhalb einer Generation *umkehren* könnten.

Einige der vielversprechendsten Initiativen wurden kürzlich von *Project Drawdown* analysiert, das die hundert effektivsten derzeit existierenden Lösungen zur Bekämpfung des Klimawandels ermittelt hat. (Die Ergebnisse wurden beschrieben im Buch *Drawdown: The Most Comprehensive Plan Ever Proposed to Reverse Global Warming*, herausgegeben von Paul Hawken.[1]) Ein internationales Forscherteam ermittelte vielversprechende Lösungen, untersuchte ihre Anwendbarkeit und modellierte sie, quantifizierte ihre Kosten und Nutzen und wie viel sie dazu beitragen können, den atmosphärischen Kohlenstoffgehalt bis 2050 zu senken. Jede dieser Lösungen erfordert enorme Projekte oder soziale Veränderungen, aber sie sind keine Luftschlösser; jede von ihnen wird langsam tatsächlich umgesetzt. Sie umfassen so unterschiedliche Projekte wie die groß angelegte Übergänge zur Solar- und Windenergie, die Reduzierung von Lebensmittelabfällen, die Umstellung der Kältetechnik und die Reduzierung der Emissionen durch Viehbestand (verantwortlich für bis zu 20 Prozent der Treibhausgase pro Jahr) durch den Übergang zu einer pflanzenreichen Ernährung. Diese Lösungen können zusammengenommen (so berechnet dieses Projekt) den Anstieg des atmosphärischen

Kohlenstoffs nicht nur stoppen, sondern auch *zurückdrehen*. Das kann innerhalb von dreißig Jahren beginnen! All dies kann durch die Aufrüstung aktueller und bewährter Technologien erreicht werden.

Aber das sind jeweils massive Projekte, und selbst die Bemühungen, nachweislich effektive bestehende Lösungen zu implementieren, stoßen auf starke Widerstände. Wir haben keine Vereinbarungen – den politischen und gesellschaftlichen Willen –, all diese Lösungen in dem geforderten Umfang und Zeitplan zu verwirklichen. Stattdessen verschärfen sich die Kulturkriege und politischen Konflikte. Kriege und wirtschaftliche Instabilität drohen den Fortschritt weiter zu stören. Und der Klimawandel ist nur eine Facette unseres enormen ökologischen Dilemmas. In der Zwischenzeit konzentriert sich die zeitgenössische Kultur auf andere ‚unmittelbare' Anliegen.

Neben der schwer fassbaren Natur der globalen Erwärmung führt ein Gewirr von zusätzlichen Ursachen und Auswirkungen dazu, dass die Menschen weiter abgelenkt, verwirrt, taub oder stumpfsinnig gemacht werden, um unsere tatsächliche Situation und das ganze Spektrum unserer bösartig komplexen Herausforderungen zu verstehen. Diese Faktoren sind so vielfältig und treten in so vielen Erscheinungsformen auf, dass wir hier nur einen allgemeinen Überblick über einige der kritischen versteckten Ursachen geben können.

Im Großen und Ganzen lassen sich diese Verständnishindernisse in zwei Kategorien einteilen. Das eine ist die schwer fassbare Natur des Problems selbst, und das andere bezieht sich auf Störungen in der menschlichen Natur, die sowohl Einzelpersonen als auch Kollektive betreffen. Diese beiden Arten von Hindernissen betreffen uns alle – nicht nur ‚Klimaleugner' und die wissenschaftlich Unwissenden. Jeder von uns trägt seinen Teil dazu bei, was oft wie ein Zugunglück in Zeitlupe aussieht.

EIN GLOBALER TIPPING POINT

Es gibt überwältigende Beweise dafür, dass wir an einem riesigen globalen Tipping Point leben – „dem Moment der kritischen Masse, der Schwelle, dem Siedepunkt."[2] Es gibt viele Anzeichen – von tatsächlichen klimatischen und ökologischen Ereignissen bis hin zu schockierenden Datenmengen, die darauf hindeuten, dass sich unser Planet und unsere Biosphäre, ja unser Lebenserhaltungssystem, in großen Schwierigkeiten befindet. Der Konsens der Umweltwissenschaftler überall auf der Welt ist, dass unsere Spezies auf eine epochale Reihe globaler und ökologischer Herausforderungen trifft, die die Zukunft der industriellen Zivilisation und der menschenfreundlichen planetaren Bedingungen bedrohen.

In einem Artikel in *Nature*[3] aus dem Jahr 2009 versuchte ein Team von Naturwissenschaftlern, unsere Gesamtsituation zu eruieren. Sie identifizierten neun miteinander verbundene planetare Schwellenwerte, die bei Überschreitung die Gefahr in sich bergen, die ‚ungewöhnliche' ökologische und klimatische Stabilität der letzten zehntausend Jahre zu stören. Wir haben bereits drei der Grenzen überschritten, sind kurz davor, vier zu überschreiten, und zwei Weitere lassen sich nicht wirklich messen. Wir nähern uns möglicherweise mehreren Tipping Points, die die Fähigkeit der Erde zur Unterstützung menschlichen Lebens beeinträchtigen können.

Zum jetzigen Zeitpunkt liegen unsere genauesten Messungen des atmosphärischen Kohlendioxids (CO2) bei 400-410 Teilen pro Million (weit über dem vorab summierbar ‚sicheren' Wert von 350 ppm). Ernsthafte Umweltwissenschaftler halten es für zu spät, um die dramatischen Veränderungen zu verhindern, die mit einem Anstieg der globalen Temperaturen um mindestens zwei Grad Celsius verbunden sind, und dass es einen großen Durchbruch im Bewusstsein der Öffentlichkeit und enorme Veränderungen in unserem Lebensstil erfordern wird, um den Anstieg nicht weiter zu beschleunigen.

Was bedeutet das? Das Klima erwärmt sich bereits jetzt noch schneller als frühere Prognosen, die als „Worst-Case" eingeschätzt wurden, und angesichts des Potenzials für Ausreißereffekte, etwa wenn die Tundra auftaut und Methan freigesetzt wird, glauben einige Wissenschaftler, dass sich die Erderwärmung wahrscheinlich beschleunigen wird. Wir haben schon jetzt extreme Wetterereignisse zu verzeichnen. Es sind weitere große Stürme und Überschwemmungen und Dürren wahrscheinlich, ebenso wie große Ernteausfälle und Hungersnöte, Millionen von Toten durch Hitzewellen und noch größere Flüchtlingsströme. Diese und andere potenzielle Auswirkungen werden wahrscheinlich weiterhin Schockwellen und eine Kaskade von Kettenreaktionen durch unsere bereits anfälligen wirtschaftlichen, sozialen und politischen Systeme auslösen.

Aber dieser Tipping Point bezieht sich nicht nur auf das Klima und die Biosphäre, sondern auf alle Bereiche des menschlichen und nichtmenschlichen Lebens auf der Erde. Und als ob das nicht genug wäre, gibt es eine Dimension unserer Zwangslage, die so grundlegend ist wie die Ökologie – die Tatsache, dass die Beschleunigung selbst nicht nachhaltig ist. Die menschliche Zivilisation ist süchtig nach Wachstum, und dieses Wachstum hat sich stetig beschleunigt. Der Physiker Geoffrey West hat in seinem Buch *Scale* Organismen und Städte untersucht, um die Verhältnisse und Muster zu entdecken, die sich zeigen, wenn man sich den biologischen und sozialen Wissenschaften durch die Linse der Physik nähert. West beobachtete, dass sich Wachstums- und Veränderungsmuster selbst beschleunigen, wobei sich die Innovationszyklen verkürzen, und dass diese letztlich zu einer mathematischen Singularität (oder evolutionären Deadline) führen. Er kommt zu dem Schluss, dass die gegenwärtigen Trends, wenn sie sich ausweiten, zu einem wirtschaftlichen Zusammenbruch und dem Zusammenbruch des Sozialgefüges führen werden. Aber, so sagte er auch, diese Krise ist nicht unvermeidlich. Um dies abzuwenden, bräuchten wir eine große einheitliche Theorie der Nachhaltigkeit „die die vielfältigen Studien, Simulationen, Datenbanken, Modelle, Theorien und Spekulationen über die globale Erwärmung, die Umwelt, die Finanzmärkte, Risiken, Volkswirtschaften, das Gesundheitswesen, soziale Konflikte und die unzähligen anderen Merkmale des Menschen als soziales Wesen, das mit seiner Umwelt interagiert, zusammenführt".[4]

Noch bevor Wests Buch erschien, veröffentlichte Peter Russell unbemerkt einen Essay, in dem er ähnliche Schlussfolgerungen zog, indem er aus den Mustern der Geschichte und der aktuellen Ereignisse schlussfolgerte:

> *So schnell wir auch heute das Tempo des Lebens finden, eines ist sicher, in zwanzig Jahren wird es viel schneller sein, und in zwanzig Jahren danach noch viel schneller, und zwanzig Jahre danach... fast unvorstellbar.*
>
> *Einige betrachten, wohin uns diese Beschleunigung technologisch führt; nämlich zur sogenannten Singularität, wenn Computer die menschliche Intelligenz übertreffen. Dann würden wir in eine neue Ära der Entwicklung eintreten, wie wir sie bisher nicht erlebt haben. Aber was auch immer sich in einer Welt nach der Singularität ereignen mag, eines ist sicher: Die Beschleunigung des Entwicklungstempos wird nicht aufhören. Im Gegenteil, er wird noch steiler nach oben springen.*
>
> *Darin liegt unser blinder Fleck in Bezug auf die Zukunft. Die anhaltende Beschleunigung ist unvermeidlich und wickelt uns immer schneller in einem Wirbelwind des Wandels ein, aus dem es keinen Ausweg gibt. Doch jede Vorstellung von einer langfristigen Zukunft für die Menschheit impliziert, dass die Beschleunigung gestoppt wurde. Man kann nicht beides haben.*
>
> *Darüber hinaus stellt der beschleunigte Wandel eine immer größere Belastung für die beteiligten Systeme dar – menschlich, sozial, wirtschaftlich und planetarisch. Stress entsteht durch mangelnde Anpassungsfähigkeit. Und das Fehlen*

einer Anpassung führt letztendlich zum Ausfall dieser Systeme.[5]

Russell kommt zu dem Schluss, dass ein langfristiges menschliches Überleben höchst unwahrscheinlich ist, aber dass wir in den Generationen, die wir noch übrig haben, eine erstaunliche Möglichkeit haben, spirituell zu wachsen und das Beste in unserem menschlichen Charakter zu verkörpern. Wir können immerwährende Beiträge zu dem leisten, was die Kabbalisten „das Buch des Lebens" nennen. Die Logik der Beschleunigung scheint eindeutig ein unvermeidliches Ende des menschlichen Experiments zu bedeuten. Allerdings geben West und Russell zu, dass sie es nicht wirklich wissen. Die Zukunft ist unbestimmt. Unvorhersehbare Veränderungen sind vielleicht die einzig sichere Sache.

Seit drei Jahrzehnten denke ich tief darüber nach, was wir wissen und was wir nicht wissen (und es gibt viel, was wir nicht wissen), was diese Krise oder dieser Tipping Point für jeden von uns bedeutet, und was wir dagegen tun können und müssen. Wie viele andere bin ich durch Zeiten desorientierter Verzweiflung gegangen, in denen ich auf der Grundlage überzeugender Beweise das Gefühl hatte, dass die menschliche Zivilisation wahrscheinlich den Punkt ohne Wiederkehr überschritten hat und im Begriff ist, zusammenzubrechen. Auf dem Weg dorthin begegnete ich der unsichtbaren Bruderschaft mutiger Seelen, die eine dunkle Einweihung in diese desorientierenden Perspektiven erlitten haben, und ich habe von ihrer Gemeinschaft und ihrem Rat profitiert.

Ich war auch ermutigt von der Tatsache, dass sich die Menschen den Tag des Jüngsten Gerichts seit Anbeginn der Zeit falsch vorgestellt haben, wie auch von der Tatsache, dass die Erde und ihre Biosphäre so lebendig, dynamisch und unberechenbar sind, dass niemand genau weiß, wie sich die Dinge entwickeln werden – was uns viel Raum für Hoffnung lässt. Eine Krise, so sagt ein Wörterbuch, ist „der Punkt im Verlauf einer Krankheit, an dem eine Veränderung stattfindet, die entweder für die Genesung oder den Tod entscheidend ist". Und die Prinzipien der Physik bieten eine weitere hoffnungsvolle Analogie. Der Nobelphysiker Ilya Prigogine untersuchte die Ordnungsebenen in offenen Systemen und entdeckte, dass sie immer chaotischer werden und einen Verzweigungspunkt erreichen, an dem sie entweder im Chaos zusammenbrechen oder sich spontan neu ordnen und *„in eine höhere Ordnung flüchten"*. Prigogine glaubte, dass die menschlichen Gesellschaften einen solchen Verzweigungspunkt erreichen.[6]

Deshalb habe ich über die Vielzahl von Fronten nachgedacht, an denen wir gleichzeitig an der Schwelle zu radikal transformativen Durchbrüchen stehen, die vielversprechend für eine bahnbrechende wundersame Zukunft sind – einschließlich fast unvorstellbarer, revolutionärer wissenschaftlicher und technologischer Fortschritte, vor allem aber auch transformative Fortschritte im menschlichen Bewusstsein und in der Kultur. Und wie Sie sehen werden, glaube ich nicht nur an unser Potenzial, uns zu einer lebenserhaltenden Gesellschaft zu entwickeln, sondern ich habe es auch zu meiner lebenslangen Verpflichtung gemacht, dazu beizutragen, dies zu verwirklichen. Aber eine ernsthafte Konversation kann nicht beginnen – vor allem nicht unter Menschen, die in einem von Verleugnung geprägten kulturellen Klima leben –, ohne sie mit der Realität zu konfrontieren. Beginnen wir also diese Reise in Hoffnung und Inspiration, indem wir uns der Realität unserer ernüchternden, schockierenden Situation stellen.

EIN LEBENSERHALTUNGSSYSTEM IST NICHT OPTIONAL.

Schauen wir uns einen Moment lang an, wie wir zu diesem Zustand gekommen sind. Obwohl wir diese kritischen Schwellenwerte erst vor kurzem erreicht haben, ist das Grundrezept, das uns hierher gebracht hat, seit Jahrhunderten am kochen. In den letzten fünfhundert Jahren ist die westliche Zivilisation durch die Expansion stark gewachsen – zuerst durch die Kolonisierung der Neuen Welt und dann durch ein neues Maß an technologischer, industrieller und landwirtschaftlicher Effizienz, angetrieben von fossilen Brennstoffen und anderen nicht erneuerbaren Ressourcen. Wir haben einen großen Teil der nicht erneuerbaren Ressourcen verbraucht, nach denen wir effizient graben oder bohren können (einschließlich Metalle, Mineralien und insbesondere fossile Brennstoffe). In der Zwischenzeit sind wir alle persönlich und kollektiv in eine kapitalistische Industriewirtschaft eingebettet, die ewiges Wachstum erfordert.

Eine gesunde Zukunft für die Menschheit erfordert einen gesunden lebenden Planeten.[7] Und eine Wachstumsökonomie, die auf ständiger materieller Expansion basiert, wird schließlich unvereinbar mit der Gesundheit eines endlichen Planeten. Um das System radikal zu verändern, müssen wir gleichzeitig auch das eigene Selbst weiterentwickeln. Dies erfordert eine Transformation des gesamten Systems – einschließlich einer gesunden, kreativeren, mitfühlenderen und engagierteren Menschheit, als wir es bisher je erlebt haben. Beides zusammen – unsere Erde und ihre Biosphäre, unser eigenes Innenleben und unsere eigenen Lebensentscheidungen, einzeln und in Gemeinschaft – bilden unser Lebenserhaltungssystem.

Die Natur und beispiellose Ernsthaftigkeit unserer Situation stellt uns nicht nur vor große Herausforderungen, sondern sie bildet auch die Grundlage für radikale Hoffnung („radikal" in einem Sinne, den ich später in diesem Kapitel ausführlich erläutern werde). Je mehr ich gelernt habe, desto mehr habe ich mich in zwei Richtungen bewegt – tiefer um den sich verschlechternden Zustand des Planeten zu trauern und mich auch in radikaler Inspiration dafür zu öffnen, was wir für unsere Zukunft, auch inmitten großer Unsicherheit, tun können.

Vieles von dem, was ich hier teile, sind keine neuen Nachrichten. Bücher und Medien informieren uns seit Jahrzehnten über unser Klima und unsere ökologische Situation. Sie berichten auch über innovative Technologien – aktuelle und erwartete – die über transformatorisches Potenzial verfügen. Zu lernen, die wahren Auswirkungen dieser scheinbar widersprüchlichen Realitäten aufzufangen und wirksam auf die Dringlichkeit unserer misslichen Lage zu reagieren, erfordert, dass wir unsere Fähigkeit, Widersprüche und Unbehagen zu halten, entwickeln und vertiefen müssen. Aber damit dies geschieht, müssen wir unser Herz mitbringen, nicht nur unseren Verstand.

In unseren Erkundungen werden wir auf vieles stoßen, was widersprüchlich erscheint. Der Weg, all dies aufzunehmen, besteht darin, seine Auswirkungen auf einer tieferen Ebene zu betrachten, als wir es gewohnt sind - es zu fühlen und zu konzeptualisieren. Geht es langsam an und stellt euch die Auswirkungen auf euer Leben vor, auf alles, was ihr liebt, auf eure Lieblingsplätze und auf eure Geliebten in den kommenden Generationen. Dies könnte euch mehr mit der Realität und Ernsthaftigkeit dieser Konversation in Kontakt bringen.

Lassen Sie uns einen unnachgiebigen Blick auf die Art und Weise werfen, wie wir Menschen fest darauf konditioniert sind, um uns in Modi der Verleugnung oder desorientierter Zustände der Verärgerung zu halten. Wenn wir diese Probleme verstehen, können wir den Zustand des Stillstands überwinden, der uns individuell und kollektiv lähmt.

WARUM IST DIE LÖSUNG DIESES PROBLEMS SO SCHWIERIG?

Es gibt zwei Arten von Faktoren, die unsere Fähigkeit behindern, mit dem menschlichen Dilemma fertig zu werden. Auf der einen Seite gibt es die Abwehrmechanismen und andere Mechanismen (weitgehend angstbasiert, wie wir später diskutieren werden) in der menschlichen Psychologie und im Bewusstsein, die nicht nur zu einer weit verbreiteten Verleugnung führen - was so viel dazu beigetragen hat, effektives Handeln in Bezug auf unseren ökologischen und evolutionären Notstand zu lähmen -, sondern auch zu weniger offensichtlichen (und oft recht unerschrockenen) Formen des Widerstands gegen andere unbequeme oder komplexe Wahrheiten. Aber es gibt auch „äußere" Faktoren - die verwirrenden Elemente in der Situation selbst, die sich auf unsere Fähigkeit auswirken, alles vollständig und objektiv aufzunehmen.

Die Komplexität und Ungeheuerlichkeit unserer gegenwärtigen Situation unterscheidet sie von jedem anderen Problem, mit dem die Menschheit in ihrer Geschichte konfrontiert war. Jede systemische Herausforderung ist mit einer Vielzahl von anderen Herausforderungen, die alle hochdynamisch sind, verflochten. Ökologische Probleme sind mit wirtschaftlichen, politischen, sozialen und kulturellen Dynamiken verknüpft. Für einen engagierten Aktivisten ist es schon beängstigend genug, sich zuerst zu entscheiden, worauf er sich konzentrieren möchte. Ohne ein Verständnis der Natur dieses Gebietes laufen wir Gefahr, davon auszugehen, dass wir unsere aktuellen Probleme auf die gleiche Weise und ebenso einfach lösen können, wie wir schließlich die meisten unserer anderen Herausforderungen historisch gelöst haben. Das wäre ein schwerwiegender Fehler.

Schauen wir uns also einige der verwirrenden Faktoren genauer an, die es so schwer machen, unsere aktuelle Situation zu bewältigen und zu verstehen.

BÖSE PROBLEME UND BLACK SWAN-EREIGNISSE.

In den Sozialwissenschaften gibt es einen Fachbegriff für die Art des Problems (oder der Problemfolge), mit dem wir es jetzt zu tun haben. Sie werden als *böse Probleme* (wicked problems) bezeichnet (so genannt, weil sie bösartig schwer zu lösen sind). Dieser Begriff wurde entwickelt, um Probleme zu beschreiben – zusammen mit den Herausforderungen, die sich aus der Auseinandersetzung mit ihnen ergeben – und zwar auf der Ebene, auf der sich führende Persönlichkeiten der Welt, Militärplaner und Unternehmensführer damit auseinandersetzen müssen. Aber in dieser einzigartigen Zeit stehen wir alle – nicht nur die Weltführer – wohl vor einer Reihe solcher Probleme.

Sozialwissenschaftliche Theoretiker definieren ein Problem als „böse" [8,9,10] wenn es:

- mehrdimensional ist, und mehrere Ursachen, Symptome und mögliche Lösungen hat;

- nicht definitiv abgegrenzt werden kann, da seine vielen Interessengruppen es in verschiedene Weltanschauungen einteilen;
- sowohl als Symptom als auch als Ursache für andere Probleme angesehen werden kann;
- beispiellos, komplex und folgenreich ist, aber Lösungen schwer oder unmöglich zu testen sind;
- und die Tendenz hat, schlimmer zu werden, wobei nichts automatisch den Teufelskreis stoppt oder die Rückkopplungsschleife intensiviert.

Einige haben den Klimawandel als „super bösartig" eingestuft,[11] weil, zusätzlich:

- es keine zentrale Behörde gibt;
- diejenigen, die das Problem lösen wollen, es auch verursachen;
- die derzeitige Politik zunehmend negative Auswirkungen auf die Zukunft hat;
- uns die Zeit abläuft.

Darüber hinaus wird uns zunehmend bewusst, dass sich die gesamte Landschaft wahrscheinlich periodisch – dramatisch und plötzlich – verändern wird, durch Ereignisse, die wir kaum vorhersagen können. Unvorhersehbare und scheinbar unwahrscheinliche Ereignisse – manchmal mit positiven und manchmal mit negativen kaskadierenden Effekten – verändern regelmäßig alles. Diese wurden wegen ihrer Unvorhersehbarkeit als *‚black swans'* (schwarze Schwäne)[12] bezeichnet. (Früher wurden alle Schwäne als weiß eingestuft, und die Entdeckung des ersten seltenen „unmöglichen" schwarzen Schwans widersprach allen Erwartungen.)

Es gibt viele negative und positive Beispiele für schwarzer Schwan-Ereignisse, vom Ersten Weltkrieg über die Auswirkungen des Internets und die schnelle Auflösung des Sowjetblocks bis hin zum Wahlzyklus 2016 in den USA.

Ein schwarzer Schwan, so Nassim Nicholas Taleb, wird durch drei Kriterien definiert:

- Es ist ein Ausnahmefall, weit außerhalb des Bereichs der regelmäßigen Erwartungen. Nichts in der Vergangenheit deutete eindeutig auf seine Möglichkeit hin.
- Es hat extreme Folgen und Auswirkungen.
- Die menschliche Natur führt uns dazu, Erklärungen für ihr Auftreten *nachträglich* zusammenzustellen, wodurch die Illusion entsteht, dass sie erklärbar und vorhersehbar seien.[13]

Dies hat weitere verwirrende Auswirkungen auf die Planer, einschließlich Aktivisten: Die Zukunft wird wahrscheinlich in hohem Maße von Ereignissen geprägt sein, die derzeit jenseits unserer Vorstellungskraft liegen. Die Konvergenz von bösem Problem und schwarzen Schwänen beschreibt Bedingungen, die an einen anderen Begriff erinnern, der von Militär- und Unternehmensplanern verwendet wird – ein Akronym für eine spezielle Kategorie von Planungsaufgaben: VUCA – Volatil, Unvorhersehbar, Komplex und Mehrdeutig (Ambiguous).[14] Dies sind die schwierigsten Umstände für Planung und Strategie und gelten in vollem Umfang für unsere ökologische Situation. Maßnahmen sind eindeutig dringend erforderlich, und dennoch müssen präzise ausgearbeitete Strategien ständig angepasst werden; da die Situation VUCA ist, ist es bösartig schwierig, Strategien zu entwickeln, um das Ziel zu erreichen.

Natürlich ist es nach wie vor notwendig, unser Bestes zu tun, um zukünftige Rahmenbedingungen zu antizipieren. Aber natürlich wird unsere Fähigkeit, die Zukunft vorherzusehen, durch diese unvorhersehbaren Faktoren stark eingeschränkt sein. Diese Dynamik erfordert Formen des Aktivismus, die auf etwas viel tiefgründigerem beruhen als Vorhersage und Strategie. Die Art des Problems erfordert eine Art Denken, von dem wir meist noch nicht wissen, wie es geht. Wie Einstein sagte: „Wir können unsere dringendsten Probleme nicht mit der Art von Denken lösen, durch das sie entstanden sind."

Wir werden aufgerufen, einen transformativen Sprung zu einem ganz neuen Paradigma zu machen, nicht nur im Denken, sondern auch im *Menschsein* – ein neues Bewusstsein und eine ganz neue

Stufe in der evolutionären Entwicklung unserer Spezies. Dieser große Übergang, der „einen vollständigen Systemwandel" erfordert, ist wahrscheinlich notwendig, um eine der vielen Facetten unserer größeren Notlage nachhaltig zu lösen. Deshalb ist es das, worauf ich mich hier konzentriere – zusammen mit den Lebenspraktiken, die das Bewusstsein und die Kultur der Menschen nähren können, die es umsetzen werden.

DATENSMOG UND APERPEKTIVISCHER WAHNSINN

Die bösartige Natur unserer misslichen Lage wird durch den so genannten *Datensmog* noch weiter erschwert. Mehr denn je in unserer Geschichte werden wir heute alle von einer Lawine von Informationen überflutet. Ironischerweise haben die unerschöpfliche Menge und Allgegenwart der Information das Wichtige verdunkelt, anstatt es zu verdeutlichen. Das Ergebnis ist eine verminderte Gewissheit über unsere Welt und sogar über uns selbst. Mehr Informationen bedeuten in der Regel mehr widersprüchliche Informationen. Anstatt also die Dinge zu regeln, werden viele von uns jetzt durch Informationen mehr in der Luft hängen gelassen.

Wir dürfen nicht vergessen, dass alle Informationen, die wir täglich erhalten (ob „News" oder „Wissenschaft"), durch viele Hände, viele Redakteure und Algorithmen gehen, bevor sie uns erreichen. Wir sind am Ende eines großartigen Spiels von Stille-Post. Wenn wir von einem Nachrichtenereignis im Fernsehen oder Radio, in Zeitungen oder Zeitschriften, online oder von Freunden und Kollegen erfahren, wurde es vielleicht unerkenntlich aus dem Zusammenhang gerissen, übermäßig vereinfacht und verdreht, vielleicht sogar so weit, dass es geradezu unwahr ist. In der Tat kann es, wie es heute zunehmend geschieht, von vornherein unwahr gewesen sein!

Ein Teil unserer Verwirrung wird durch absichtliche Desinformation verursacht, aber ein Großteil davon geschieht ganz unschuldig, dank der postmodernen Explosion der „vielen gültigen Perspektiven". Allmählich hat dies in den Augen vieler alle Wahrheiten relativiert. Inmitten dieses kognitiven Chaos können wir Beweise finden, um jede Meinung zu rechtfertigen, und um die Leidenschaft für jedes Vorurteil zu wecken. Dies hat dazu geführt, dass wir uns mehr und mehr unseren Vorurteilen verschrieben haben, polarisierter und weniger sicher in Bezug auf eine objektive Wahrheit geworden sind. Die rutschige, fragmentierte und oberflächliche Natur unseres kulturellen Diskurses – was der integrale Philosoph Ken Wilber „a-perspektivischer Wahnsinn" genannt hat – ist das Rezept für Verwirrung, Lähmung und Katastrophe.

Obwohl einige Forschungen zu zeigen scheinen, dass unsere multimediale Kultur die Entwicklung bestimmter kognitiver Fähigkeiten beschleunigen kann, scheinen andere Erkenntnisse darauf hinzudeuten, dass die endlose Lawine der Information uns in wichtiger Hinsicht tatsächlich *dümmer* macht, indem sie die Aufmerksamkeitsspanne, das Gedächtnis und das Urteilsvermögen untergräbt. Immer mehr Sozialkritiker kommen zu dem Schluss, dass dieser Trend viel folgenschwerer und schädlicher ist, als wir es bislang vermutet haben. Viele glauben, dass es sich in der Tat um eine unbemerkte kulturelle Krise handelt, die die Gesundheit unserer gesamten Gesellschaft beeinträchtigt hat.

Darüber hinaus macht uns das Denken, auch in der Art und Weise, wie Kapazitäten aufgebaut werden können, nicht unbedingt einsichtsvoller. Unermüdliches Nachdenken mag uns in gewisser Weise klüger machen, aber es macht uns nicht zwangsläufig weiser – oder sogar besser in der Lage zu sehen, was direkt vor uns liegt.

Noch wichtiger ist, dass wir unter diesen Bedingungen dazu neigen, nicht über die letztendlich wichtigen Fragen nachzudenken, die nur *langsam* wirklich erforscht werden können – Fragen wie das Geheimnis des Seins, die Natur der Liebe, das, was ein menschliches Leben wirklich sinnvoll macht, oder, im Rahmen dieser Betrachtung, das, *was zu tun ist.*

Zu oft herrschen die sensationellen und banalen Dinge. Eine traurige Folge ist, dass wir, gefühllos von dem ständigen Trommelschlag grimmiger Warnungen, manchmal dazu neigen, uns von allem zu distanzieren, außer von unserem unmittelbarsten Erlebnis. Unsere tägliche „praktische" Lebenserfahrung und unser Netzwerk von vertrauenswürdigen Freunden und Mitarbeitern mag als die einzigen vertrauenswürdigen Quellen erscheinen; alles andere mag zutiefst verdächtig erscheinen, weil es immer von einer anderen Nachricht oder Meinung beeinflusst wird und weil es nicht Teil unserer direkten Erfahrung ist. So viele überwältigende Bedrohungen drohen von allen Seiten, dass es oft nicht hilfreich zu sein scheint, wenn man über die dringenden Probleme der Welt oder die tiefen Fragen des Lebens nachdenkt – oder wenn man sich materiell und spirituell auf mögliche Störungen unseres gegenwärtigen Lebensstils vorbereitet.

Diese besondere Art der Überlastung schafft sowohl Verwirrung als auch Lähmung. Wie können wir inmitten der Kakophonie widersprüchlicher Meinungen über die Art oder das Ausmaß unserer misslichen Lage die falschen, übertriebenen, verzerrten oder übervereinfachten Behauptungen aussortieren und die zugrunde liegende Realität erkennen? Wie können wir herausfinden, was für uns jetzt real und wichtig ist?

KORNUKOPIANER, MALTHUSIANER UND EINE WACHSTUMSWIRTSCHAFT

Unsere ökologische Situation und die Aussicht auf kollektive Gefahren sind emotional so beunruhigend, dass die meisten Menschen zusammenzucken und sich automatisch dem öffentlichen Konsens zuwenden, dass wir die Nachrichten nicht registrieren müssen. Jede widersprüchliche „gute Nachricht" hingegen fühlt sich auf der anderen Seite so zutiefst erlösend an, dass wir uns auch zu ihr hingezogen fühlen. Die meisten Diskussionen über unsere ökologische Situation sind keine wirklichen Überlegungen über die Fakten unserer Situation und Möglichkeiten; die wirkliche Diskussion ist der Subtext, bei dem es um Emotionen geht – Hoffnung versus Verzweiflung. Wenn das unsere einzige Wahl ist, werden wir natürlich die Hoffnung wählen. Aber worauf basiert diese Entscheidung wirklich?

Die Spannung zwischen Hoffnung und Angst – zwischen der Bewältigung starker ökologischer Grenzen und dem Glauben, dass Technologie, Einfallsreichtum oder Innovation uns retten werden – ist nicht neu, sondern wird seit Jahrhunderten diskutiert. Diese beiden Pole des Denkens und Glaubens werden als die *kornukopische* (optimistische) und *malthusianische* (pessimistische) Perspektive bezeichnet.

Der Begriff „kornukopisch" leitet sich vom „Horn der Fülle" der griechischen Mythologie ab. Die Kornukopier sprechen sich generell gegen eine Begrenzung des Wirtschafts- und Bevölkerungswachstums aus. Sie glauben, dass der technologische Fortschritt die Bedürfnisse der Gesellschaft befriedigen kann. Eine Zunahme der Bevölkerung ist gut, weil sie das Wirtschaftswachstum fördert und mehr kreative Ideen hervorbringt. Diese Ideen treiben neue Technologien, Verfahren, Systeme und Modelle voran, die alle Probleme im Zusammenhang mit der Erhaltung des menschlichen Lebens auf dem Planeten angehen.

Die *Malthusianer* sind nach Thomas Malthus (1766-1834) benannt, einem einflussreichen britischen Kleriker und Ökonom, der eine pessimistische Sicht auf das Bevölkerungswachstum und die damit verbundenen Probleme populär machte. Die malthusianische Theorie basiert weitgehend auf der Vorstellung, dass exponentielles Wachstum in Bevölkerung und Konsum immer mehr von bestimmten und inhärent endlichen Ressourcen erfordert, was schließlich zum Zusammenbruch führt. Das ultimative malthusianische Szenario sagt voraus, dass die Erschöpfung der Ressourcen zu Kriegen, Hungersnöten und Umweltzerstörung führen wird – heute kaum befremdliche oder undenkbare Ideen.

In ihren Extremen schlagen die beiden Theorien entweder vor, dass das Ende nahe ist, oder dass wir uns überhaupt keine Sorgen machen müssen. Natürlich gibt es an den Extremen mehr Spinner als in der Mitte. Und doch berücksichtigen diejenigen, die den Mittelweg einschlagen, auch nicht unbedingt alles. Sie werden Leute finden, die jede Position zwischen den Extremen vertreten –

und all die internen und externen Einflüsse, die wir gerade untersucht haben, ziehen an jedem, der versucht, diese Gleichung zu analysieren.

Diese Debatte wird seit Jahrhunderten geführt. In der Geschichte der westlichen Zivilisation (die Osterinsel, die Mayas und sogar das Römische Reich ignorierend) hatten die Kornukopier immer Recht. Jedes Mal, wenn Leute argumentiert haben, dass wir auf eine Grenze stoßen, haben wir uns weit darüber hinaus entwickelt.

Aber während die Kornukopier historisch betrachtet bestätigt wurden, kann die malthusianische Perspektive, wenn verfeinert und aufgewertet, letztendlich wieder relevant werden. Geoffrey West verweist auf superlineare Skalierung und eine endliche Zeitsignularität als neue aufkommende Dynamik, die wahrscheinlich ein Ende unserer jüngsten kornukopischen Füllhornzeit bedeuten wird.[15]

In seinem klassischen Buch von 1982, *Overshoot: The Ecological Basis of Revolutionary Change,* beschrieb William Catton den kornuskopischen Mythos als den Glauben, dass die Ressourcen unbegrenzt sind. Er beschrieb unsere letzten fünfhundert Jahre Geschichte als eine Zeit einzigartiger Entdeckungen – zunächst der „neuen Welt", dann von Kohle, Öl und Erdgas –, die funktionell unbegrenzte Ressourcen schufen, um die immer größer werdenden westlichen Volkswirtschaften zu versorgen. Aber mit der Ausbeutung aller unerforschten Erdgrenzen und dem Aufkommen von „Peak Oil" (dem Übergang zur Offshore-Förderung von unzugänglichem und ineffizientem Teersand und Schieferbrennstoffen) stehen wir nun am Anfang des Endes unserer Ära unbegrenzter billiger Ressourcen.

Diese Fakten sind überzeugend. Und doch ist der viel verlockendere kornukopische Standpunkt auch überzeugend, nicht nur, weil er beruhigend ist, nicht nur, weil er gut zu all den anderen zuvor beschriebenen Tendenzen und sozialen Spannungen passt – sondern auch, weil die Befürworter auf so viel Geschichte verweisen können, in der er sich als wahr erwiesen hat. Und es ist wahr, dass brillante Wissenschaftler hart an bahnbrechenden

Technologien arbeiten, von denen sie hoffen, dass sie eine weitere Ära der Expansion eröffnen können.

Der Optimismus der Kornukopier war eine treibende Kraft in der westlichen Zivilisation. In jüngerer Zeit – zu Beginn der industriellen Revolution – bot Kohle und dann Öl fast unbegrenzte Mengen an zusätzlicher Energie, die wir nutzen konnten. Seit zweihundert Jahren basiert alles, was in der westlichen Geschichte passiert ist, auf diesem ständigen Anstieg. Während dieser ganzen Zeit konnten wir weiter wachsen.

Wachstum ist in einer Wirtschaft, die auf verzinsbarer Währung basiert, notwendig, aber es ist auch zu einer tiefen psychologischen und kulturellen Vermutung geworden: „Wir sind immer gewachsen, und wir müssen weiter wachsen." Wenn wir nicht weiter wachsen können, sind wir in Schwierigkeiten. Theoretisch sollte ein nachhaltiges Leben überhaupt kein Wachstum erfordern. Gleiche Anzahl von Menschen; gleicher Bedarf an Nahrung; gleiche Anzahl von Pesos/Dollar. Nichts muss sich erhöhen. Doch wegen der Natur unseres Geldes, wegen der Natur unserer Geschichte, wegen der Natur unseres Marktplatzes sind wir gezwungen, zu wachsen. Und wir wollen wachsen, weil wir denken, dass Wachstum gleich Erfolg ist.

Diese Vermutung über Wachstum – diese Verbindung von Wachstum mit Gedeihen und Erfolg – funktioniert im Leben jedes Einzelnen, jedes Landes und jeder Kultur: und zwar als Bestechung. Wenn man daran teilnimmt, kann man Reichtum und Respekt haben. Es gibt Komfort. Es gibt Bequemlichkeit. Es gibt Mobilität. Aber eine Zivilisation, die so wachstumssüchtig ist, dass sie sich nicht verlangsamen kann, ohne zusammenzubrechen, befindet sich in einer unlösbaren Zwangslage, wenn *es Grenzen für irgendeinen Aspekt* des Wachstums gibt. Und doch erstreckt sich das Evangelium des Wachstums jetzt auf alle. „Lasst uns alle unterrichten. Lasst uns den Lebensstandard aller erhöhen" – als ob es möglich wäre, dies zu garantieren. Das ist das Versprechen der Moderne. Der postmoderne pluralistische Idealismus will diese Möglichkeit universell versprechen.

Doch dieser Idealismus ignoriert etwas Wichtiges. Wie ein Taucher, der seine Luftzufuhr vergißt, vergisst er unsere Abhängigkeit von unseren ökologischen Grundlagen. Und der enorme Konsens über die Vermutung, dass wir alle ohne große Abrechnung gedeihen können – eine Vermutung selbst derjenigen (einschließlich Politiker und Politiker), die vor Grenzen warnen und Klimaschutzmaßnahmen fordern – ist ein mächtiger und fast unsichtbarer Sog, der uns in die Art von Hoffnung ziehen kann, die uns vor der Realität blendet.

Der globale Kapitalismus hat Wunder für Wunder gewirkt und ist weiterhin unser produktivster Mechanismus, um die neuen Wunder zu manifestieren, die wir so dringend brauchen. Und doch war es auch eine blinde „Maschine des Mehr", die in der modernen Geschichte immer wieder schreckliche Zerstörungen anrichtete und sich nicht als schnell und effizient bei der Beseitigung des eigenen Chaos erwiesen hat. Ein Übergang zu einem radikal neuen Wirtschaftsmodell (vielleicht neokapitalistisch oder postkapitalistisch) wird eindeutig notwendig sein. Und doch ist es für die meisten von uns fast unmöglich, sich vorzustellen, wie das, abgesehen von einem globalen Zusammenbruch, geschehen kann.

HÖCHSTE HOFFNUNG VS. FALSCHE HOFFNUNG

Wenn das Maß eines menschlichen Lebens in seiner Fähigkeit liegt, positive Effekte zu erzielen, die viel größer sind als man selbst, dann haben wir alle, die wir leben, jetzt den Jackpot gewonnen. Wir sind die Glücklichen, die „dort geboren wurden, wo die Action ist", in einer Zeit, in der wir das Potenzial haben, auf evolutionärer Ebene etwas zu bewirken. Und wir haben einen beispiellosen Zugang dazu, auf das höchste angesammelte Wissen und Weisheit aller Kulturen aller Zeiten zurückzugreifen.

Sogar noch tiefer als unsere Angst, und begraben unter unseren unausgesprochenen Ängsten, glaube ich, dass viele von uns dies spüren. Und viele von uns fühlen auch das, was man als radikale, trotzig, unvernünftige Hoffnung bezeichnen könnte.

Ich spreche hier nicht von der alltäglichen „Hoffnung", die auf Verleugnung oder Rationalisierung beruht. Ich spreche von etwas, das schwieriger zu artikulieren ist, aber von jemandem, der mit der Musik der Seele schwingt, erkennbar ist. Es ist eine Hoffnung, die aus dem Glauben an den Prozess des Lebens selbst, an den menschlichen Geist, an die Heiligkeit geboren wird – oder auch an einen intuitiven Sinn, dass die Realität trotz allem ganz und heilig ist. Wie auch immer wir es beschreiben, die meisten von uns haben irgendwann eine wundersame Kraft über die bloße beobachtbare Mechanik der Dinge hinaus erkannt, und wir wissen, dass sie Wunder wirken kann. Wenn wir im nächsten Moment immer wieder mit Offenheit, Intelligenz, positiver Erwartung, Großzügigkeit, dem Wunsch, von Nutzen zu sein, und dem Mut, uns ganz ins Leben zu stürzen, erscheinen – dann sind wir an Wundern beteiligt. Die Tugend der Hoffnung verleiht den Mut, sich in die Zukunft zu wagen. Das ist es, was wir intuitiv wählen; wir erkennen, dass diese positive Lebensorientierung gesund ist, unabhängig davon, was die Prognosen der Experten sind.

Mit dieser Hoffnung setzen wir daher unsere intuitive Wette auf das Leben und die Kreativität der Evolution. Wenn die Hoffnung durch diese Art von Glauben oder Intuition angetrieben wird – unser Sinn für die ultimative Ganzheit und Schönheit der Dinge und unsere eigene Kraft, echte Herausforderungen zu meistern – ist sie eigentlich überhaupt nicht irrational.

Aber wir dürfen die ultimative Hoffnung, die wir in die Güte oder Richtigkeit der Dinge haben können, nicht mit der falschen Hoffnung verwechseln, dass sie automatisch gut für uns und unsere Welt ausfällt. Eine radikale, robuste Hoffnung liegt auf *der anderen Seite* der Verzweiflung. Es kann uns energetisieren und unterstützen, unsere höchsten Kapazitäten inspirieren, uns zu einer starken positiven Kraft in der Welt machen und uns helfen, unsere unvorstellbar großen Herausforderungen effektiv anzugehen. Falsche Hoffnung betäubt uns, nicht nur gegen ungenießbare Wahrheiten, sondern auch gegen die direkte Wahrnehmung der Herausforderungen, die notwendig sind, um sie kreativ und dynamisch anzugehen. Um unsere globale Situation produktiv anzugehen und uns anzupassen, müssen wir uns den Tatsachen stellen, wir müssen uns den Tatsachen stellen, und wir müssen handeln.

Angesichts dieser bösen globalen Herausforderungen ist die Versuchung, sich zurückzuziehen oder unseren Blick auf eine einzige begrenzte Perspektive zu beschränken, von der wir uns vorstellen können, dass sie dafür verantwortlich ist, fast überwältigend. Deshalb hat die Klimaverweigerung so viel politische und kulturelle Kraft. Um die Wahrheit über unsere Welt zu entdecken, müssen wir die tiefen Wege erkennen, auf denen unsere sozialen Praktiken unser Gehirn und unser Nervensystem zurückentwickeln, damit wir uns systematisch selbst täuschen können.

DIE VERFÜHRUNG UND DIE KRAFT DER HOFFNUNG.

Der Glaube an den technologischen Fortschritt und der allgemeine Optimismus, dass die Dinge gut ausgehen werden, sind sowohl unerlässlich als auch gefährlich. Auf der einen Seite haben Engagement und positives Denken eine enorme selbstverwirklichende prophetische Kraft. Henry Fords Einzeiler ist zu Recht berühmt: „Ob du denkst, dass du es kannst, oder nicht – du hast Recht." Auf der anderen Seite, und wie wir gesehen haben, funktioniert Hoffnung, um Verleugnung oder Wohlbefinden zu rechtfertigen, und kann eine Entschuldigung dafür sein, nichts zu tun – oder sich so sehr auf bestimmte Lösungen zu konzentrieren, dass die Nachteile (die sich als tödlich erweisen können) heruntergespielt oder ignoriert werden.

Es ist nicht schwer, den Wert des Optimismus zu erkennen. Häufig gelingt es Menschen, sich positive Ergebnisse vorzustellen und hart zu arbeiten, oft unter kreativer Nutzung fortgeschrittener technischer Fähigkeiten. Die Energie des Optimismus und der Positivität ist ansteckend und unverwechselbar. Die umfangreiche Literatur, die sich dem persönlichen Wachstum, der Selbsthilfe und dem Erfolg widmet, ist selbst ein Beweis für die schöpferische Kraft positiver Einstellungen – und die überwiegende Mehrheit der Männer und Frauen in Positionen der Prominenz und Macht bekräftigen ähnliche Ansichten. Optimismus ist eine große unausgesprochene Übereinkunft und absolut notwendig, wenn wir andere anziehen und inspirieren wollen.

Aber der blinde Optimismus ignoriert den Schaden, der durch den fröhlichen Verleugnungstrieb verursacht wird. Wir haben ein jahrhundertelanges Experiment des Techno-Optimismus durchgeführt, das sowohl Wunder als auch Schrecken hervorgebracht und der Familie des Lebens schweren Schaden zugefügt hat. Aber vielleicht können wir jetzt helfen, die Dinge zum Besseren zu wenden, wenn unser Innovationsgeist durch nüchterne Umsicht gezügelt wird. Lassen Sie uns einen kurzen Blick auf einige vielversprechende Möglichkeiten in diese Richtung werfen.

Wo radikale Hoffnung und konventionelle Hoffnung aufeinander treffen

Wie wir gesehen haben, gibt es gute Gründe zu glauben, dass wir die heutigen Herausforderungen bewältigen können. Aber nicht so, wie wir heute sind. Die Herausforderungen erfordern eine Veränderung des Charakters der menschlichen Gesellschaften auf der ganzen Welt und der Menschen, die sie bilden. Die notwendigen Veränderungen sind so komplex und umfassend, dass sie mehrere Ursachen und Auswirkungen sowie logische Ansatzpunkte und Ergebnisse haben. Geht es „wirklich" um Politik, Wirtschaft, technologische Fortschritte, menschliche Werte, Kultur oder Bewusstsein? Die Antwort lautet: Ja zu all diesen Punkten. Aber das ist noch nicht alles. Wir werden aufgerufen, einen großen Übergang des gesamten menschlichen Systems zu vollziehen, auch wenn wir noch in seinen alten Mustern leben.

Für mich liegen die wichtigsten Gründe für die Hoffnung in der Widerstandsfähigkeit und Kreativität, die sich in der Menschheitsgeschichte und der Vorgeschichte oft gezeigt haben, wenn wir vor beispiellosen Herausforderungen standen. Dies ist ein wichtiger Treffpunkt zwischen radikaler Hoffnung und *realis-*

tischen Formen der konventionellen Hoffnung. Es gibt viele gute Nachrichten, wie das oben erwähnte *Project Drawdown* vollständig analysiert und dokumentiert hat. Der Erfolg dieser gegenwärtigen und zukünftigen Bemühungen wird jedoch von unserer Fähigkeit abhängen, die aus den aktuellen wissenschaftlichen Daten resultierenden dunklen Szenarien (sowohl emotional als auch intellektuell) zu verarbeiten.

Zu den guten Nachrichten gehört auch die Nutzung sauberer, erneuerbarer Energien. Neben der Möglichkeit, Wind und Sonne massiv zu steigern, werden wir zusätzliche erneuerbare Energiequellen erschließen. Vielleicht entdecken die Forscher sogar ein Geschenk des Himmels – eine neue Energiequelle, die radikal sauber und effizient, skalierbar und praktisch ist.

Ein weiterer entscheidender und wundersamer Durchbruch wäre die billige, saubere Erfassung und Absonderung von Treibhausgasen, die Vernichtung von Kohlenstoff aus unserer Atmosphäre und die mögliche Umkehrung des vom Menschen verursachten Klimawandels. Es scheint unwahrscheinlich, aber das menschliche Wissen ist zu begrenzt, um sicher zu sein, dass es nicht möglich ist.

Einige Experten schlagen vor, neue Wege zu finden, um natürliche ökologische Prozesse zu verbessern und die Fähigkeit der natürlichen Welt zur Wiederherstellung ihrer Gesundheit zu beschleunigen.

Aber alle Technologien, ob heute oder morgen, ob wundersam oder nicht, müssen nicht nur erfunden, sondern auch in großem Maßstab umgesetzt werden, und die Umsetzung erfordert politischen Willen und enorme Ressourcen. Das bedeutet, dass eine Reihe von *sozialen* Veränderungen – von denen einige im letzten Teil des Buches ausführlicher behandelt werden – die Voraussetzung für den Erfolg von Bemühungen wie den oben genannten sein müssen. Diese kulturellen und sozialen Projekte können auf vielen verschiedenen Ebenen stattfinden, aber sie könnten durch groß angelegte Mobilisierungsbemühungen beschleunigt werden – man denke nur daran, was dieser Mobilisierungsgrad für die

USA während der Weltwirtschaftskrise und dann während des Zweiten Weltkriegs getan hat.

Radikale Hoffnung basiert zum Teil auf dem Bewusstsein, dass es vieles gibt, was wir nicht wissen und nicht wissen können. Darin liegt eine Öffnung für Möglichkeiten. Wir könnten sogar über eine weitere Möglichkeit nachdenken: Vielleicht hängen zukünftige Lösungen nicht ausschließlich von menschlichem Handeln ab. Vielleicht sind die Prozesse, die die Dynamik der Biosphäre bestimmen, noch nichtlinearer, als wir es uns vorstellen, und nur einige dieser vom Menschen verursachten Durchbrüche werden ausreichen, um es unserem planetaren lebenden System zu ermöglichen, sich selbst zu regulieren und die Skalen wieder in Richtung Wiederherstellung des natürlichen Gleichgewichts zu neigen.

Es gibt auch zahlreiche futuristische Szenarien, die von Wissenschaftlern durchaus ernst genommen werden, wie z.B. die maschinenbasierte ethische „Superintelligenz". Diese spekulativen Möglichkeiten reichen von realistisch (aber weit entfernt von *fait accompli*) bis hin zu utopisch. Aber wir sollten keinen von ihnen blind vertrauen. Wie ich wiederholt gesagt habe, hängen alle davon ab, was wir, einzeln und gemeinsam, tun. Paradoxerweise werden diese optimistischen Szenarien viel wahrscheinlicher real, wenn die Menschen die Verleugnung überwinden und die Dimension unserer sich ständig verschärfenden Situation nüchtern in Augenschein nehmen.

Tiefgreifende groß angelegte Veränderungen auf allen Ebenen – physisch, verhaltensorientiert, technologisch, wissenschaftlich, wirtschaftlich, politisch, sozial, kulturell und persönlich – werden hier angedeutet. Wir sprechen von einem tiefgreifenden „gesamten Systemwandel". Kann das passieren? Entscheidende Massen von Menschen, die sich als solche erheben, haben im Laufe der Geschichte viele positive (und auch negative) Veränderungen vorgenommen. Aber in diesem Fall ist mehr erforderlich, als nur einige politische und technologische Siege zu erringen; es bedarf auch Quantensprünge in der menschlichen Reife und spirituellen Einsicht. Es bedarf einer neuen Struktur des Bewusstseins, um viele andere kulturelle und gesellschaftliche Durchbrüche zu katalysieren, und einer neuen Art von Politik, in der Weisheit die menschlichen Angelegenheiten immer besser leiten kann.

Eine der Grundlagen für diese Innovation im Bewusstsein und für die Beziehungen und Gemeinschaften, die sie ausdrücken und verkörpern würden, wäre eine *radikale Aufrichtigkeit und eine grundlegende gemeinsame Übereinstimmung über bestimmte Aspekte der Realität.* Wir müssen alles, was unsere persönlichen und kulturellen Wahrnehmungszugängen verdeckt und verzerrt, durchdringen oder reinigen, um eine solche klare Einsicht zu erreichen.

Die Schattenseite des „Lichts"

Der Wunsch, unser gewohntes Geschäft des Wachstums wie gewohnt fortzusetzen, ist so sehr Teil unserer Gewohnheit, dass es enormen Druck – oder enorme Einsicht – erfordert, damit radikale Veränderungen wirksam werden können. Jede neue technische Innovation, sei sie nun für unsere Lebensqualität notwendig oder nicht, neigt dazu, uns zu faszinieren und abzulenken. Ein neues Gerät oder Fahrzeug oder Waffe oder eine andere Technologie ist etwas, das wir schnell und erfolgreich entwickeln können. Wir können direkt die Ergebnisse sehen – direkt vor unseren Augen. Unser Verstand wird nicht dazu herausgefordert, sich abstrakte, ferne oder ominöse Implikationen vorzustellen.

Zusätzlich zu der Tatsache, dass sich Hoffnung sowohl als menschlicher als auch als nationaler Grundwert anfühlt, entzieht sich die Perspektive auf eine düstere menschliche Zukunft tendenziell einer kühlen rationalen Bewertung und Betrachtung. Das Thema unserer Zwangslage wird wie Kryptonit vermieden – weil wir vor Schmerzen vor dem zurückschrecken, von dem wir glauben, dass es stark beeinträchtigende psychologische und emotionale Auswirkungen hat.

Menschen, auch ich selbst, finden einen Großteil ihrer Stärke darin, dass sie von uns erhofften Zukunftsperspektiven motiviert werden. Unser psychologisches Bedürfnis, eine optimistische

Lebensperspektive zu bewahren, ist so tief in uns verwurzelt, dass es alle unsere Gedanken, Handlungen und Entscheidungen beeinflusst.

Menschen treffen Entscheidungen auf emotionale Weise; danach rationalisieren wir sie mit Logik. Tatsachenbeweise überzeugen Menschen selten dazu, ihre Einstellungen und Überzeugungen zu ändern – im Gegenteil, die Forschung zeigt, dass Menschen ihre Einstellungen häufiger verhärten, wenn sie mit Beweisen konfrontiert werden, die ihre bereits bestehenden Überzeugungen zu untergraben scheinen. Also reagieren wir instinktiv und, anstatt objektive Fakten zu absorbieren, weisen sie ab, wenn ihre Auswirkungen unsere Einstellungen in Frage stellen, besonders wenn wir befürchten, dass wir dadurch den Mut verlieren könnten. Studien in Neurowissenschaften, Psychologie und Sozialwissenschaften unterstreichen diese Tatsache immer wieder. Es ist also extrem schwierig herauszufinden, wie unsere eigenen Emotionen unsere Einschätzung der realen Fakten unserer menschlichen Situation beeinflussen.

Die Mainstream-Kultur spiegelt die starke Tendenz des Einzelnen wider, sich die Zukunft ähnlich der Gegenwart vorzustellen, eine Zukunft, die jede Abrechnung mit ihrer eigenen Nichtnachhaltigkeit leugnet. Als soziale Kreaturen können wir nicht anders, als an dieser Massenillusion teilzunehmen, oder zumindest an einigen Teilen davon. Es ist so einfach, mit dem Fluss der konventionellen Erwartungen zu gehen, dass die meisten Menschen aktiv vieles von dem, was wir auf einer tieferen Ebene als wahr kennen, ablehnen und ausschließen. Wir zensieren unsere eigenen Gedanken. Wir wechseln das Thema. Verleugnungsbasierte Hoffnung gibt uns ein gutes Gefühl, und sie zieht uns immer mehr in ihre Fantasiewelt, die es uns ermöglicht, die Fragilität unserer Situation immer mehr zu vergessen. Unter dieser falschen Hoffnung – groß und doch vor uns verborgen – liegt die *Angst*.

DER ELEFANT IM RAUM – DIE VERSTECKTE ANGST-AGENDA

Um zu funktionieren, müssen sich die menschlichen Gesellschaften auf eine konsensfähige Realität einigen. Ohne sie fehlt uns eine soziale Gemeinsamkeit. Aber die Vereinbarungen, die wir haben, sind von der Art „kleinster gemeinsamer Nenner", was unsere Fähigkeit, die Realität in einer Weise darzustellen, die der Komplexität unserer gegenwärtigen Dynamik angemessen ist, entscheidend einschränkt. Einige von uns wollen die alten Sozialabkommen überarbeiten, während andere an ihnen festhalten, und unsere gemeinsame Basis wird immer instabiler.

Nicht jeder denkt gleich; es gibt scheinbar unüberbrückbare Abgründe zwischen den Ansichten verschiedener Individuen über komplexe Themen wie den Klimawandel. Diese Unterschiede sind nicht willkürlich und nicht leicht zu lösen. Sie sind nicht nur Fragen der kulturellen Identität, sie spiegeln auch tiefe Entwicklungs- und Bildungsunterschiede wider. Sie machen es nicht nur schwer, sich gegenseitig zu verstehen; es wird auch für die meisten von uns sehr schwer, nicht mit unseren Spaltungen zu verfahren, als ob wir vor einem konkurrierenden Stamm stünden. So wächst unser gegenseitiges Misstrauen, was zu unserer bürgerlichen Störungen führt.

Wir brauchen dringend Konversationen, die Verbindungen zu allen Subkulturen der Welt aufbauen. Aber ein Schatten fällt über all diese dringenden, entscheidenden Konversationen und hält selbst die klimaschonendsten unter uns in einem Zustand kognitiver Dissonanz: den Schatten der Angst. Die Angst überholt und überwältigt alle anderen Agenden.

Wir fürchten die Beeinträchtigung unseres Lebens. Wenn unsere Notlage die Zukunft der menschlichen Zivilisation bedroht, gefährdet sie alles, was unserem Leben einen Sinn gibt. Es impliziert eine düstere oder nicht existierende Zukunft für unsere Enkelkinder, Freunde, Studenten und alle Vermächtnisse, die wir zu hinterlassen hoffen. Es ist der Tod, nicht nur von uns, sondern von der ganzen Welt. Es ist das schrecklichste Szenario, das wir uns vorstellen können. Wenn wir uns das als realistische Perspektive vorstellen, dann befürchten wir, dass wir durch Depressionen bewegungsunfähig werden. Aber wir fürchten auch, was passieren würde, wenn wir uns die Notlage zu Herzen nehmen und anfangen würden, alles zu tun, was wir können. In diesem Fall würden die Verpflichtung und die Opfer unseres Aktivismus unser Leben und unseren Komfort und unsere Identitäten umstürzen – und vielleicht würde, wenn alles gesagt und getan ist, daraus nichts Gutes entstehen.

Die subtilen Schatten all dieser Ängste wirken unsichtbar im Hintergrund und verzerren alle vermeintlich rationalen Gespräche über unsere zivilisatorische Situation. Angst und unsere Unfähigkeit, sich ihr zu stellen, führen zur Leugnung des Umfangs und der Dringlichkeit unserer Notlage und zum reflexiven Glauben an das imaginäre technologische Heil. Verschlimmert wird dies durch die vielen „Experten", die versuchen, uns (zumindest implizit) davon zu überzeugen, dieses Thema so zu betrachten, als ginge es nur um Politik und Wirtschaft, und nicht um Physik und Ökologie. Unsere individuellen und kollektiven Psychen funktionieren sehr unterschiedlich, je nachdem, ob wir emotional von Hoffnung oder Angst dominiert werden. Diese mächtigen, unerkannten emotionalen Reaktionen sind der Subtext, der normalerweise jeden Versuch einer objektiven Diskussion dominiert. Es besteht eine dunkle Synergie zwischen der fest verdrahteten Leugnung und der äußerst komplexen, schwer fassbaren Natur dieses ganzen Themas.

Manchmal müssen wir Menschen den Tiefpunkt erreichen, bevor wir aufwachen und uns wirklich verändern. Dies ist die Sprache der Sucht und Genesung. Wir nähern uns diesem Moment in der menschlichen Geschichte.

Ähnlich wie eine Familie, die sich mit einem Süchtigen für eine Intervention hinsetzt, scheint es mir, dass unsere ganze Spezies durch die wissenschaftlichen Beweise für die ökologische Krise unseres Planeten zum „Stopp!" befohlen wird. Wir haben eine destruktive Sucht – und wir ruinieren unser Zuhause und zerstören das Leben unserer Familienmitglieder. Wir hören in unmissverständlichen Worten – sei es in Bezug auf den steigenden CO2-Werten, dem Aussterben von Massenarten, dem Abschmelzen von Gletschern, sterbenden Korallenriffen und steigenden Meeren –, dass wir das, was wir *jetzt* tun, stoppen und in eine radikale Reha gehen müssen. Und die Stimmen werden nur noch deutlicher.

Dennoch scheinen viele Führer – ganz zu schweigen von den normalen Leuten, einschließlich meiner eigenen Kollegen – unsere Ohren vor diesen Stimmen zu verschließen. Und ein Teil des Problems ist, dass, wie Süchte und ihre Dynamik zeigen, dies ein gewaltiger Gegner ist – in Größe, Dynamik und Komplexität.

Das immobilisierende Potenzial der Angst wird durch unser Gefühl der persönlichen Impotenz verstärkt. Es ist schlichtweg einfacher, schreckliche Realitäten auszublenden, wenn wir scheinbar wenig Möglichkeiten haben, sie zu beeinflussen. Wir würden uns lieber damit abfinden als eines der „Dinge, die wir nicht ändern können" und die Gelassenheit wählen. Wir konzentrieren uns gerne auf das, was wir ändern können – auf unsere persönlichen Ziele, Dramen, Prüfungen und Befriedigungen. Und unser persönliches Leben erfordert immer eine ständige und unmittelbare Aufmerksamkeit. So behaupten viele Menschen selbstbewusst, dass unser „Notfall" ein ungesundes Anliegen ist – eine Ablenkung.

Anstatt die Welt zu verändern, wechseln viele von uns einfach das Thema. Denn wenn wir unsere Situation nicht wirklich verbessern können, was bringt es dann, sich aufzuregen? Sowohl reflexiver Optimismus als auch erlernte Hilflosigkeit basieren auf tief verwurzelten kulturellen Vereinbarungen sowie einer subtilen, aber sehr effektiven persönlichen Indoktrination. Die Idee der „Konsens-Trance" – die wir nun untersuchen werden – trägt viel dazu bei, diese beiden verhaltensbezogenen Grundfaktoren zu erklären.

KONSENS-TRANCE: WIE WIR DIE REALITÄT WAHRNEHMEN (UND LEUGNEN).

Ich war Student in Ann Arbor, Michigan, als ich zum ersten Mal auf die eindrucksvolle Idee des experimentellen Psychologen Charles Tart traf, dass das, was normalerweise als „normales" Bewusstsein bezeichnet wird, auch als „Konsens-Trance" wirken kann.[16] Diese Idee erklärte, warum meine übernommenen kulturellen Annahmen darüber, was wahr ist und wie wir die Wahrheit finden, langsam leer zu klingen begonnen hatten. Es erklärt auch, warum „Klimawandelverleugnung" in Politik, Unternehmenskultur, Talk-Radio und unter den gewöhnlichen Menschen so weit verbreitet ist.

Vereinfacht gesagt, ist die Annahme der Konsens-Trance, dass „normales" Wachbewusstsein tatsächlich ein Trancezustand ist. Eine der Implikationen liegt darin, dass die Menschen glauben, was sie zu glauben indoktriniert sind – und dass diese Massenhalluzination durch unsere eigene direkte Erfahrung und unser kritisches Denken undurchdringlich ist.

Dieses Konzept definiert die Psychologie des sozialen Konsenses und der Konformität, und hilft zu erklären, warum die kollektive Vereinbarung im Zusammenhang mit unserer Zwangslage so schwierig sein kann. Die Konsens-Trance unterstützt die stillschweigende Akzeptanz von „offiziellen" Narrativen (wie unbegründet sie auch sein mögen) und ermutigt uns, unbewusst unangenehme Wahrheiten zu unterdrücken, zu leugnen oder zurückzuweisen.

Wie Freuds ursprüngliche Erkenntnisse entstand auch Tarts These über die Konsens-Trance aus seinen Studien über Hypnose. Er sah, dass der Prozess, Kinder in „die richtigen Art und Weise, Dinge zu tun und zu betrachten" zu bringen, sehr ähnlich wie eine hypnotische Induktion funktionierte. Bestimmte Ansichten werden in unserem Leben immer wieder verstärkt, beginnend in der Kindheit und über unzählige soziale Signale.

Tart verband dies mit den Auswirkungen der Forschung darüber, wie Überzeugungen Wahrnehmungen beeinflussen, und schlug vor, dass normales Wachbewusstsein tatsächlich das

Produkt einer umfangreichen kollektiven hypnotischen Induktion ist. Diese Induktion wird von Eltern und Lehrern konsequent durchgeführt und durch jede soziale Interaktion verstärkt. Sie wird manchmal auch durch mächtige Tabus brutal durchgesetzt.

Während eine notwendige Menge dieser Art von „Training" dazu beiträgt, das primitive, ungeformte Bewusstsein eines Kindes zu erhöhen, neigt es auch dazu, freie, expansive und kritische Wahrnehmungen der Realität bei denen, die ihr nicht entwachsen sind, zu verhindern.

Tart beschreibt die Auswirkungen dieser Induktion nicht nur in Bezug auf die Verhaltensgestaltung, sondern auch in Bezug auf das Bewusstsein selbst. Nach Ansicht von Tart ist unser *gesamter Bewusstseinszustand* von einer Trance nicht zu unterscheiden. Tart argumentierte, dass wir diese Trance zusammen leben, und uns wurden sogar hypnotisch Anweisungen gegeben, um die Beweise zu ignorieren, dass wir uns in einer Trance befinden. Dies erklärt zum Teil, warum die „Konsensrealität", der fast alle zustimmen, selten der objektiven Realität entspricht. Gruppen von Menschen einigen sich allmählich darauf, welche Wahrnehmungen in ihr Bewusstsein gelassen werden sollen, und trainieren sich dann ganz spontan und automatisch gegenseitig, die Welt nur auf diese Weise zu sehen.

Tart's Erkenntnisse, die auf der experimentellen Psychologie basieren, erklärten mir den Mechanismus hinter so vielen der verborgenen Widersprüche, die ich in meinem Alltag seit der Adoleszenz bemerkt hatte. Und auch heute noch verraten sie mir, warum es so schwierig ist, dass die Gefahren des Klimawandels in unserer Gesellschaft Einzug halten – auch bei den Menschen, die seine Realität auf einer bestimmten Ebene anerkennen.

Die Ergebnisse von Tart wurden für mich zu einem Schwerpunkt der lebenslangen Forschung und legten eine wichtige Grundlage für meine anhaltende Leidenschaft für die spirituelle Praxis. Schließlich besteht eine sehr verbreitete und dauerhafte Metapher in der Weltmystik darin, aus einem Traum zu erwachen. Vor fast 2.500 Jahren schrieb der große taoistische Weise Chuang Tzu: „Während ... des Träumens weiß [der Träumer] nicht, dass es ein Traum ist ... Erst nachdem er aufgewacht ist, weiß er, dass es ein Traum war. Und eines Tages wird es ein großes Erwachen geben, wenn wir erkennen, dass dies alles ein großer Traum ist. Doch die Dummen glauben, dass sie wach sind, damit beschäftigt anzunehmen, sie verstünden die Dinge ... wie dumm!"[17]

Tart's Einsicht erstreckt sich nicht nur auf die Spiritualität, sondern auch auf die soziale und politische Theorie. Noam Chomskys Buch *Manufacturing Consent* verfolgt, wie Freuds Neffe Edward Bernays die Prinzipien der Psychologie auf das neue Feld der Öffentlichkeitsarbeit ausdehnte. Es zeigt, wie die vorsätzliche Manipulation die habituellen Tendenzen des menschlichen Nervensystems genutzt hat, um die öffentliche Meinung zu manipulieren. In gewisser Weise setzt die Öffentlichkeitsarbeit (und heute viele andere Formen von Medien, Marketing und anderen Methoden der Kommunikation von Nachrichten, Werbung und soziokulturellen Trends) die hypnotische Induktion fort, die in der Schule beginnt, und fördert und vertieft die Indoktrination.

Bereits in den 1960er und 1970er Jahren waren die Mechanismen, die für die „Manufacturing Consensus" (Herstellung von Konsens) verantwortlich waren, im Vergleich mit zeitgenössische Standards eher grob. Wir hatten kein Neurohacking, Micro-Targeting, Techniken zur Optimierung digitaler Inhalte, Bots oder Fake News, um das öffentliche Bewusstsein zu beeinflussen. Die Welt der Massenmedien war relativ neu und unschuldig; daher war es vielleicht etwas einfacher zu sehen, was wirklich vor sich ging. Heute machen die Raffinesse und das Volumen der Mechanismen, die für die Erzeugung von Zustimmungen verantwortlich sind, sie gleichzeitig mächtiger und heimtückischer.

Die hypnotische Kraft der Konsens-Trance erklärt und beeinflusst viele der anderen Herausforderungen für unsere volle, offene, objektive Wahrnehmung unserer planetaren Krise. Sie hat bei unserer gemeinsamen Reaktion auf die anstehenden Schwierigkeiten eine zentrale Rolle gespielt – und wird dies auch weiterhin tun. Sie prägt und verankert unsere Tarifverträge über Technologie und Hoffnung; sie fördert die Verleugnung. Die

Konsens-Trance ist nicht leicht zu durchdringen, auch nicht durch die Realität, dass unser Haus in Flammen steht.

DIE HERAUSFORDERUNG UND DIE CHANCE

Wir haben gesehen, wie mehrere Faktoren – die bösartige Komplexität unserer gegenwärtigen Probleme, kombiniert mit der Illusion der grenzenlosen Ressourcen der Technologie und schließlich die Konsens-Trance, in die wir alle eingeführt wurden – es für jede Einzelperson oder Gruppe auf dramatische Weise schwierig gemacht haben, genau zu wissen, was passiert, geschweige denn für eine ganze Gesellschaft, zu verstehen und sich darüber zu einigen, was passiert und was man dagegen tun kann. Und wir haben gesehen, dass das, was wir einfach „Klimawandel" nennen, selbst nur eine Facette einer größeren ökologischen und kulturellen Zwangslage ist, die das „bösartigste" und schwer fassbarste Problem ist, mit dem wir es je zu tun hatten, weil buchstäblich alles betrifft.

Wie kommen wir von dort, wo wir jetzt sind, dorthin, wo wir sein müssen? Das ist das Thema, auf das wir jetzt kurz zurückkommen werden.

Wie wir gesehen haben, kann keines der großen Probleme unserer Zeit effektiv gelöst werden, ohne unsere Klimakrise und unsere breitere ökologische Situation anzuerkennen und dann sinnvoll anzusprechen. Aber diese Fragen sind mit der gesamten Struktur unseres Lebens, unserer sozialen Beziehungen und der menschlichen Zivilisation verbunden. Sie fordern unsere gesamte Lebensweise heraus. Und wie wir auch gesehen haben, können wir diese Herausforderung nicht in vollem Umfang annehmen, bis wir beginnen, die Umstände zu verstehen und zu ändern – sowohl die äußeren als auch die inneren –, die diesen dringenden Imperativ von unserem Radar ferngehalten haben.

Es ist eine Veränderung des Gesamtsystems erforderlich, und im eigentlichen Sinne muss sie in uns selbst beginnen.

Aber wie fängt man an? Nichts könnte verwirrender sein! Sich den unmöglichen Fragen zu stellen, die unsere missliche Lage uns stellt, ist wie die Konfrontation mit einem multidimensionalen Koan, einem unmöglichen Zen-Rätsel, das keine direkte Antwort hat, die der Geist ausarbeiten und verstehen kann, das aber dennoch beantwortet werden muss.

Klassisch wird ein Koan für Minuten, Stunden, Tage, Jahre oder sogar ein Leben lang betrachtet. Schließlich durchdringt es den konventionellen Geist, weckt die Einsicht und transformiert die ganze Art des Seins. Die Frage verwandelt den Fragesteller und erweckt zumindest einen Blick in das höhere Bewusstsein. Der Praktizierende bleibt mit dem Koan präsent, indem er „die Fragen lebt" und „die Fragen liebt", bis sie ihre Antworten (und dann noch tiefere Fragen) offenbaren, wie Rilke an seinen jungen Dichterfreund Franz Kappus schrieb.

Zu den berühmtesten klassischen Koans gehören „Was ist der Klang des einhändigen Klatschens?" und „Zeig mir dein ursprüngliches Gesicht, das du hattest, bevor deine Eltern geboren wurden".

Dogen, der Begründer des Zen-Buddhismus und der Koan-Praxis in Japan, schrieb *Genjo Koan*, eine Monographie, in der er auf die Untrennbarkeit von Leben und Praxis hinwies und dazu aufrief, die Koans anzuerkennen, die uns das Leben selbst gegeben hat. Er hätte unsere Weltkrise den großen Genjo Koan unserer Zeit nennen können, den existentiellen Genjo Koan der gesamten evolutionären Trajektorie der Menschheit.

Unsere Mission, wenn wir uns dafür entscheiden, sie zu akzeptieren, besteht darin, uns diesen unmöglichen Fragen, diesem Genjo Koan, zu stellen. Wenn wir uns den Fragen unserer Zeit stellen, wenn wir erkennen, dass sie wirklich nicht vermieden werden können, und wenn wir erkennen, wie wichtig, real und existentiell sie sind, werden wir unsere Mission angenommen haben. Wenn wir uns nicht betäuben und ablenken, werden uns diese tiefen Fragen unweigerlich betreffen. Sich ihnen zu stellen, wird unser Bewusstsein, unsere ganze Lebensweise und unser Verhalten vertiefen, erwecken und verändern.

Sobald diese Herausforderung angenommen wird, beginnt die eigentliche Arbeit – und diese Arbeit findet sowohl innerhalb als auch außerhalb von uns statt. Es erfordert sowohl Quantensprünge in Bewusstsein, Gemeinschaft und Hingabe als auch technologische und soziale Innovationen. Es erfordert neue Kreativität auf der Ebene des Einzelnen, der lokalen Gemeinschaft, der virtuellen Gemeinschaft, von Institutionen, Unternehmen, Städten und Nationen. Sie erfordert, dass wir kreatives Potenzial entwickeln und zum Ausdruck bringen, das bisher praktisch ungenutzt – oder allzu oft sabotiert – geblieben ist. Es geht in vielfältiger Weise darum, abstrakte Ideen in konkrete Begriffe zu übersetzen und zu entdecken, was durch dieses Wissen entsteht. Und der Beginn auf der Ebene jedes Einzelnen – es geht darum, eine Bestandsaufnahme darüber zu machen, wo wir sind und wer wir letztlich sind.

Ich glaube, dass der einzige Weg, wie wir mit den vielen Dimensionen unserer ökologischen Krise – und mit all unserem eingebauten Widerstand, sie anzuerkennen und darauf zu reagieren – umgehen können, darin besteht, eine bewusste, effektive, vernetzte Gemeinschaft zu werden und gemeinsam zu handeln. Und das ist auf jeden Fall klug, unabhängig von unserer Zukunft. Unsere beste Sicherheit sind unsere Familien, unsere Freundschaften, unsere Gemeinschaften, unsere Fähigkeit, selbstverantwortlich, einfallsreich und widerstandsfähig zu sein – und diese Verbindungen sind es auch, wie wir das soziale Gefüge auf eine neue Ebene bringen. Unsere psychologische, soziale und spirituelle Belastbarkeit wird unser wichtigstes Kapital werden. Noch wichtiger ist, dass unser Erfolg von unserer Fähigkeit abhängen könnte, mit unserer Angst zu arbeiten, Glück und Frieden inmitten von Sorgen und Schwierigkeiten zu finden und nach traumatischen Rückschlägen kreativ zurückzuschlagen.

Als er in seinen Achtzigern war, schrieb James Hillman *The Force of Character*,[18] in dem er das Seelenwerk seines Lebensabschnittes im Lebenszyklus identifizierte, das darin bestand, der ultimativen Tortur von Niedergang und Tod mit Mut und Gnade entgegenzutreten und dem wichtigsten kreativen Produkt des Lebens – dem eigenen Charakter – „den letzten Schliff" zu geben. Wenn es für uns „zu spät ist", können wir zumindest ein gutes Ende der menschlichen Geschichte schreiben, und zwar durch Selbstverständnis, Liebe in der Praxis, Geschwisterlichkeit, Eleganz und Genialität.

Deshalb ist es so wichtig, dass wir unabhängig vom Endergebnis unsere besten Fähigkeiten kultivieren und intime spirituelle Freundschaften schließen, die zu einer breiteren sozialen Bewegung wachsen können, die von einer fundierten, gesunden und reaktionsschnellen spirituellen Vision inspiriert ist. Ich glaube, dass solche Reaktionen organisch aus Praktiken und Aktivitäten entstehen werden, an denen Sie und ich uns beteiligen können. Nachdem ich ein Leben lang damit verbracht habe, diese Praxis zu erforschen, zu erleichtern und zu unterstützen, werde ich hier die für mich offensichtlichen Erkenntnisse mitteilen.

Wenn wir in der Weise zusammenarbeiten, wie es dieses Buch vorschlägt, könnte uns eine wirklich vielversprechende Zukunft erwarten, ebenso wie eine tiefgründige Beziehung zu scheinbar „dunklen" Zeiten. Gemeinsam können wir einen produktiven Weg durch eine Landschaft beschreiten, die zweifellos für immer verändert wird, im wörtlichen und übertragenen Sinne. Es wird eine Zukunft der Freude und der Wunder sowie der Zerstörung und des Herzschmerzes sein – wie es auch unser gegenwärtiger Moment ist. Sie wird von Menschen geprägt sein, und von dem, was das Beste in unserem kollektiven Charakter und unserer Vorstellungskraft ist – wenn wir also erwachsen werden und uns in unserem besten Sein zeigen.

2. Den Herzschmerz in die Tat umsetzen

Die Arbeit, die wir zu leisten haben, kann als eine Art ‚lebendig-werden' angesehen werden. Mehr als ein moralischer Imperativ, ist es ein Erwachen zu unserer wahren Natur, eine Befreiung unserer Gaben. - JOANNA MACY

Ohne innere Veränderung kann es keine äußere Veränderung geben. Ohne kollektive Veränderung ist keine Veränderung von Bedeutung. - ENGEL KYODO WILLIAMS

Niemand kann mit Sicherheit sagen, wie sich unsere zivilisatorische Krise entwickeln wird. Wir wissen nicht, wie viel Leid und Zerstörung – menschlich und nichtmenschlich – vor uns liegen wird, oder wie schnell es kommen wird. Aber wir wissen mit zunehmender Sicherheit, dass die Handlungen der Menschen eine existenzielle Zwangslage geschaffen haben; und wir wissen auch, dass die Handlungen der Menschen – zum Guten oder zum Schlechten – die Zukunft unserer Urenkel und der meisten anderen Lebewesen bestimmen werden. Die Einsätze könnten kaum höher sein. Wir können kaum darauf warten, „zu sehen, was passiert", bevor wir auf dieses Wissen reagieren. Vielmehr sind wir jetzt verpflichtet, alles in unserer Macht Stehende zu tun, um dazu beizutragen, die schrecklichen Szenarien, die wir möglicherweise in Gang gesetzt haben, zu verhindern oder abzuschwächen. Was könnte ein größerer moralischer Imperativ sein?

Nur der Mensch kann die Zukunft des Lebens auf der Erde vor dem Menschen schützen und verteidigen. Es braucht bewusste Individuen, die bewusst Entscheidungen treffen, die auf den besten verfügbaren Informationen basieren – Menschen, die Verantwortung übernehmen, etwas zu bewirken. Nichts könnte ehrenhafter und lohnender sein.

Das Wort „Aktivist" beschwört Bilder von Sit-ins, Menschen, die Petitionen zirkulieren und Geld sammeln und marschieren und organisieren, die sich treffen, und die Menschen zum Wählengehen motivieren wollen. Aber es bedeutet auch, zu forschen, Unternehmen zu gründen, Kredite zu vergeben und die Ernährung zu ändern. Wenn Menschen kreativ auf ihre moralische Intuition reagieren, passieren alle möglichen Dinge. Die Welt des Aktivismus ist sehr groß, vielfältig und dynamisch. Und es erfordert von uns – und hilft uns dabei – die kollektive Trance zu überwinden.

DANKBARKEIT, TRAUER UND SPIRITUELLER AKTIVISMUS

Das spirituelle Leben beinhaltet auch, in eine weise und gesunde Beziehung zur Realität zu wachsen. Das Wort „spirituell" verweist auf die tiefste Ebene des Seins – wesentlich und existentiell. Spirituelles Wachstum und Entwicklung ermöglichen es uns, die reiche Anmut, in der wir leben, zu erkennen – die Schönheit der Welt und das Privileg einer bewussten, verkörperten Existenz. Dankbarkeit ist universelle spirituelle Weisheit, und sie ist ausreichend.

Solche Dankbarkeit ist wach. Sie steht realistisch in Verbindung mit Verlust und Tod und Bedrohung – nicht in Verleugnung. Heilige sind dankbar, auch wenn sie einfühlsam mit dem Leiden umgehen. Alles, was wir lieben, ist sterblich, sogar die lebendige Erde. Alles regeneriert sich, ist aber auch verletzlich und gefährdet. Das Herz bricht, wenn es die Zerstörung von verletzlichen Menschen, Lebewesen und wilden Orten sieht. Wir wollen sie beschützen. Wir wollen helfen. Wie Joanna Macy so weise sagt: „Wenn jeder, den ich liebe, in Gefahr ist, will ich hier sein, damit ich tun kann, was mir möglich ist." Aktivismus bedeutet einfach, auf vielfältige Weise auf den Impuls zu reagieren, für etwas Größeres als sich selbst „vom Nutzen zu sein". Nicht alles davon sieht aus wie offener „Aktivismus", aber viel ist es. Alle sind natürliche Ausdrucksformen der menschlichen Reife.

Aber wie genau können wir die Gesamtheit dieser Krise wirksam angehen? Wenn dazu notwendig ist, genau zu wissen, wie sich die Krise entwickeln wird und was es genau braucht, um sie zu verhindern, dann können wir es nicht. Wie wir gesehen haben, verfügt niemand, nicht einmal die besten Wissenschaftler, über ein solches Maß an Allwissenheit, vor allem nicht bei der Art von bösen Situationen, in denen wir uns befinden. Es gibt keine Möglichkeit, das ganze Wirrwarr von Ursachen und Folgen anzugehen – alles ist mit allem anderen verbunden. Unsere Notlage erfordert eine revolutionäre Transformation aller Aspekte des menschlichen Lebens – eine „Große Transition" oder „Große Wendung". Es wird letztendlich revolutionäre Veränderungen im menschlichen Bewusstsein, Verhalten, in der Kultur und in der physischen, wirtschaftlichen und politischen Infrastruktur unserer gesamten Zivilisation erfordern. Das Ganze ist so groß und kompliziert, dass es fast unmöglich erscheint. Wir mögen versucht sein, zu verzweifeln, aber Verzweiflung wird leicht zu einer sich selbst erfüllenden Prophezeiung. Und doch, da diese große Transformation so viele Aspekte hat, kann jeder von uns leicht Wege finden, Liebe und Verstand und Schönheit und Wahrheit und menschliche Verbindung zu vergrößern. Jeder von uns kann viele Dinge finden, die wir tatsächlich *tun* können.

Paradoxerweise können die vielen kleinen Dinge, die wir tun können – von denen jedes für sich genommen kläglicherweise unzureichend für unsere gesamte Zwangslage erscheint – ein guter Anfang sein. Wir werden weiterhin den Zyklus des Lebens um uns herum erleben, und wir werden um all die Verluste trauern, die wir erleben. Unser Geist und unser Bewusstsein werden eine transformative Tortur durchlaufen, wenn wir neue schreckliche Wahrheiten über unsere missliche Lage aufnehmen. Aber viele Aktionen auf vielen Ebenen, wenn sie kollektiv durchgeführt werden (und vielleicht durch positive Durchbrüche des schwarzen Schwans weiter katalysiert werden), können sich letztendlich zu einer einzigen großen Aktion summieren. Auf unserer Mikroebene gibt es viele Dinge, die wir tun *können* und die wir *tun*, um selbst unsere Megakrise anzugehen.

Ein effektiver Akteur des Wandels zu sein, bedeutet nicht, dass wir alles wissen müssen. Aber es erfordert, sich für eine andere Ebene der Transformation und Kreativität zu öffnen. Unsere Notlage bietet uns eine große Herausforderung und grenzenlose Wachstumschancen. Unsere Krise scheint überwältigend, und doch leben wir in einem Universum voller beeindruckender kreativer Potenziale – in der Natur, in unseren Mitmenschen, im evolutionären Prozess und sicherlich in uns selbst. Die Geschichte der Evolution ist eine Geschichte von Wundern. Wir müssen uns gleichzeitig mit dem Ausmaß des Problems befassen – trauern um viel unvermeidliches Leid – und im Namen kreativer Lösungen in jeder Hinsicht unser Bestes tun. Beides zu tun erfordert von unserer Seite große Offenheit – Offenheit für Wachstum und für kreative Möglichkeiten, von denen wir nicht wussten, dass sie möglich sind. Wir geben uns etwas hin, das sich wahr anfühlt. Wir steigern Gesundheit und Ganzheit, auch angesichts der Fragmentierung – und in unserem Vertrauen auf den größeren Prozess werden wir auch effektiver. Unsere Seelen werden positiv aufgewühlt und rekrutiert. Dieser Wachstumsprozess ist offenbar endlos.

Die erste Phase der Reise in den spirituellen Aktivismus basiert auf Dankbarkeit und Wertschätzung. In der zweiten Stufe erwachen wir aus der Verleugnung, begreifen die Größe der vor uns liegenden Herausforderung und verwandeln die Seele durch einen großen Trauerprozess. Wir profitieren auch von den schrecklichen Momenten der Hoffnungslosigkeit – denn Verzweiflung ist nicht nur das Ende unserer konventionellen Hoffnung. Es ist auch der Ausgangspunkt für eine neue Möglichkeit, eine dritte Stufe – vielleicht eine Art *unvernünftige* Bejahung.

Die Weisheit des Trauerns

Die Trauer ist nicht nur eine Phase in der Reise des spirituellen Aktivisten, sondern sie verläuft oft in Phasen, die mit den berühmten fünf Phasen der Trauer von Elizabeth Kübler-Ross beschrieben werden können. Diese fünf Stufen – *Verleugnung,*

Wut, Verhandlung, Depression und *Akzeptanz* – beschreiben den Prozess der psychologischen Reaktion auf die Aussicht und Realität eines katastrophalen Verlustes.

Verleugnung kann man als Verteidigung gegen Leiden und Trauer bezeichnen. Wenn die Realität zu schmerzhaft ist, kann man sich von ihr abwenden. Man kann Gleichgewicht und gute Laune bewahren, indem man die metaphorischen Augen oder den Geist schließt. Schalten Sie die Nachrichten aus, zweifeln Sie an ihrer Wahrhaftigkeit, wechseln Sie den Kanal.

Wir können zwar die Motivationen der Menschen für den Rückzug kritisieren, aber es stimmt auch, dass die in den Medien kommunizierten Einstellungen oft reaktiv und erschöpfend sind. Es gibt also gute Gründe, ein geschicktes, selektives Abkoppeln aus dem 24/7-Nachrichtenzyklus zu üben. Die intelligente und wirtschaftliche Nutzung von Medien und Politik diszipliniert die Tendenz sowohl zur sinnlosen Sucht als auch zur reaktiven Vermeidung.

Wut wird leicht zu einer gewohnten Verteidigung gegen Gefühle des Verlusts, Traurigkeit und Angst. Es gibt sehr gute Gründe, wütend zu sein. Wut ist die Energie, um das zu verändern, was verändert werden muss. Aber gesunde Wut hebt und senkt sich, anstatt ein chronischer Zustand zu werden, und sie bleibt in Kontakt mit Trauer.

Die nächste Stufe ist *Verhandlung*, ein Versuch, verlorene Gelassenheit wiederzuerlangen, vielleicht durch die Vorstellung alternativer Szenarien, die das Gefühl des Verlustes mildern. Während wahre Gelassenheit auf der Öffnung für alle Realitäten, einschließlich der Dunkelheit, beruht, versucht das Verhandeln, schmerzhafte Realitäten in Schach zu halten. Es ist eine raffiniertere Form der Verleugnung.

Die vierte Stufe ist die *Depression*. Wenn klar ist, dass sich ein herzzerreißender Verlust nicht vermeiden lässt, wird das Sein zumindest vorübergehend erschüttert. Wir beginnen zu befürchten, etwas zu verlieren, auf das wir uns schon immer verlassen haben und das wir für selbstverständlich gehalten haben – wie die Gesellschaft eines geliebten Menschen, die stärkende und heilende Gnade von Mutter Erde oder die Fähigkeit, in einer wohlhabenden, sicheren und offen-liberalen Gesellschaft zu leben.

Erwachsene, die reif und verantwortungsbewusst sind, haben die Aufgabe, intelligent mit den Realitäten unseres Lebens in Verbindung zu bleiben. Aber das erfordert, dass wir alle erschütternden Phasen der Trauer durchlaufen und akzeptieren können.

Wahre *Akzeptanz* erkennt die Realität unserer Situation an und übernimmt Verantwortung, um zu grundlegender Gelassenheit und Handlungsfähigkeit zu gelangen. Wir finden einen Weg, das Leben zu bejahen, auch in einer Welt, die schreckliche Verluste mit sich bringt. Wir wählen die Auseinandersetzung mit der Realität, einschließlich der mutigen und nicht immer angenehmen Beziehungen zu Menschen, die wir vielleicht nicht mögen und in Situationen, die wir lieber vermeiden würden. Wir wissen, dass wir zur Akzeptanz gelangt sind, wenn wir in Bewegung sind, und dass wir alles tun, was wir können, um einen positiven Beitrag zu leisten. Wir finden tiefe Gelassenheit im Aktivismus selbst.

Trauer als Übergang

Trauer ist keine Schwäche – sie ist eine Form moralischer Intelligenz und sogar Weisheit. Sie führt uns durch ein notwendiges Tor.

Ich brauchte Jahrzehnte, um zu verstehen, wie heilig sie ist. Und dann, 2016, schwangen die Tore weit auf. Ich hatte so lange ein gesegnetes und freudiges Leben geführt, ich war ein wenig unvorbereitet auf das, was ich fühlen würde. Aber für mich war 2016 nicht nur ein Wahljahr mit all dem Schock, den viele von uns über das Ergebnis empfanden; es war auch ein Jahr einer alarmierenden Reihe von Rekordtemperaturen und extremen Wetterereignissen auf der Welt und einer tiefen Trauer über die schweren Schäden, die wir unserem lebenden Planeten zufügen.

Eine der großen Lektionen der Trauer ist Geduld – eine Haltung des Selbstmitgefühls. Unter solchen Umständen bemerkt man seine Unvollkommenheiten. Selbst unter den schwerwiegendsten Umständen bin ich unvollkommen, ein bisschen tapsig oder unbewußt in einigen Momenten, oder suche nach etwas, was nicht gefunden werden kann. Diese Einschränkungen verschwinden nicht einfach – weder für mich, noch für Sie, noch für irgendjemanden. Aber wir haben das Privileg (auch wenn wir ehrfürchtig sind), in diesen sehr interessanten Zeiten präsent zu sein und uns mit Realitäten auseinanderzusetzen, die die Menschen vor uns nicht ohne entsetzliche Verzweiflung ertragen könnten. Es mag uns viele Versuche kosten, dies alles richtig zu machen (und selbst dann sind wir nie perfekt), und unsere Fehler können uns teuer zu stehen kommen. Aber mit Selbstmitgefühl, Selbstvergebung und Großzügigkeit können wir unseren Weg finden.

Auf der anderen Seite aller Ernüchterung und sogar Verzweiflung wird es auch Freude und Güte und Schönheit geben. Dankbarkeit und Feierlichkeit sind immer aus dem Boden von Verlust und Trauer entstanden. Wir werden leben, und das Leben wird gut sein. Wie schwierig auch immer die Umstände werden, wir werden in der Lage sein, die Schönheit des Lebens in jedem gegenwärtigen Moment zu genießen.

Zu beobachten, wie sich eine überwältigende Armee am Horizont versammelt, wurde immer wieder als Test für den Mut eines Soldaten angesehen – es war an der Zeit, sich stark und inspiriert zu zeigen. Die Schlacht kam. Und in der Zwischenzeit war es wunderbar, am Leben zu sein. Die „Zwischenzeit" ist alles, was jeder von uns sowieso je hatte.

Mögen wir alle von William Blakes schönem Vierzeiler angeleitet werden:

He who binds to himself a joy
Does the winged life destroy
He who kisses the joy as it flies
Lives in eternity's sunrise.

FINDEN SIE IHR „JA".

Aktivismus entsteht aus der vollen Erkenntnis, dass wir tatsächlich die Mitschöpfer unserer Welt sind. Wir erwachen aus der Trance, in der wir uns vorgestellt hatten, passive Beobachter der Welt zu sein, von der wir irgendwie getrennt sind. Wir erkennen an, dass wir nicht „auf der Tribüne" stehen, um die Handlung aus einem objektiven Blickwinkel zu betrachten. Wir waren schon immer auf dem Feld, und der Ball ist im Spiel. Wenn wir erkennen, dass wir vollwertige Teilnehmer sind, erwachen wir zum Aktivismus, und unsere Praxis wird darin bestehen, sich vollständig mit dem Spiel auseinanderzusetzen und nichts zurückzuhalten.

Ein Grund, warum wir alles geben, was wir haben, ist, dass niemand weiß, was kommen wird. „Es ist schwer, Vorhersagen zu treffen", sagte Yogi Berra bekannterweise, „besonders über die Zukunft." Die Zukunft ist unbestimmt. Es wird sich herausbilden, und wir müssen mitbestimmen, *was* genau herauskommen wird. Diese Unsicherheit erfordert Nüchternheit, Demut – und die Lebendigkeit unbegründeter Hoffnung. Wir wissen und können nicht genug wissen, um Verzweiflung und Passivität zu rechtfertigen.

Wissenschaftler und Umweltschützer haben manchmal vorhergesagt, dass wir zwanzig, zehn oder fünf Jahre Zeit haben, um die Dinge umzukehren, um eine gesamtgesellschaftliche Mobilisierung einzuleiten, um unsere Präsenz auf dem Planeten in eine nachhaltige Flugbahn umzuleiten. Diese Schätzungen waren keine bloßen Vermutungen. Sie basierten auf realen Daten, und ich respektiere sie und lerne von ihnen. Aber es ist nicht hilfreich, sich leichtfertig mit ihnen zu identifizieren.

Das menschliche Wissen ist viel zu unvollständig, um unsere Chancen zu quantifizieren. Das eigentliche Fazit ist, dass wir, obwohl die Welt ernsthaft aus dem Gleichgewicht geraten ist, einfach nicht wissen – und nicht wissen können –, wie schlecht (und gut) die Dinge wirklich sind. Wir wissen nicht, wie schwerwiegend oder plötzlich die Klimaänderungen wirklich sein werden. Wir wissen nicht, wie schnell und wie stark der Meeresspiegel steigen wird. Wir wissen nicht, wie der Übergang von unseren nicht nachhaltigen globalen Finanz-, Lebensmittel- und Transportsystemen zu nachhaltigen Systemen sein wird. Wir können und werden nicht wissen, wie viel (oder wie wenig) Störungen, Schmerzen, Verluste und Verschlechterungen auf uns zukommen.

Aber wir müssen nicht alles herausfinden. Wir müssen uns nicht in unserer unbewussten Zukunft verheddern, als wäre es ein unlösbares Dilemma. Wir müssen die Chancen in diesem evolutionären Pferderennen mit hohem Einsatz nicht einschränken, um darauf reagieren zu können. Wir können das ganze Gedankengewirr durchbrechen, indem wir eine tiefere und wesentlichere Frage stellen:

Kann ich in mir selbst eine 'egal-was-kommt'-Verpflichtung finden? Kann ich im schlimmsten Fall immer noch die Quelle des unverschuldeten, unvernünftigen Glücks anzapfen? Kann ich mich noch mit meinen Mitmenschen und mit dem ganzen Leben, in Fürsorge und Liebe verbinden? Kann ich trotzdem, so weit wie möglich, in jedem Moment als Kraft zum Guten präsent bleiben?

Ein 'egal-was-kommt'-Verpflichtung löst alle Dilemmas. Auch wenn unsere Notlage hoffnungslos ist, und unmöglich, verändert zu werden, sind wir immer noch in der Lage, einander zu lieben, und alles zu tun, was wir können, um das Leben besser zu machen, und uns dem Unbekannten zu ergeben. Letztendlich können wir nicht wissen, was auf der anderen Seite unserer misslichen Lage liegt. Aber wir können trotzdem glücklich sein, denn unser Glück basiert nicht auf äußeren Gewissheiten (oder „Gründen"), sondern auf unserer ultimativen Verbundenheit mit der Quelle allen Lebens. Und dieses bedingungslose Glück ist frei, sich im Dienst an anderen und der Schöpfung auszudrücken. Wenn wir diese Dinge tun, sagen wir ein klares „Ja" zum Leben. Und dieses „Ja" macht den Unterschied.

Aus einem anderen Blickwinkel betrachtet, ist dieses großartige „Ja!" auch ein großes „Nein!".

Wenn wir ein sich nähernden Unfall wie in Slow Motion sehen, rufen wir eine Warnung aus. Ein Schrei ertönt, der sich weigert, untätig zuzusehen und die Zerstörung zuzulassen. Wir können ein großes „Nein" spüren, das aus unserem eigenen Herzen herausschreit. Es ist tiefer als unsere Gefühle und sogar unser Verständnis. Etwas viel Größeres als wir selbst findet durch uns seinen Weg ins Leben. Und es drückt so viel Dringlichkeit aus – Jetzt! – wie es nur die dringendste Frist könnte.

Das Leben will weiterleben. Es besteht sogar darauf. Die Evolution will sich ständig weiterentwickeln und wird nicht einfach abgelehnt. Es kommt mit alter, revolutionärer Leidenschaft zum Vorschein.

Das ist es, was auftaucht und zirkuliert. Dieser Impuls zum Aktivismus ist der Klang der Liebe, wenn sie brüllt – wenn sie verlangt, gehört zu werden. Das Universelle ist zutiefst persönlich.

DER SCHLAG IST EIN GESCHENK

Bejahung ist ursprünglich und notwendig und spiegelt eine tiefe Wahrheit über uns wider, aber sie verschweigt nicht die Tatsache, dass wir in schockierenden Zeiten leben. Traumatische Ereignisse können uns erschüttern und entmutigen. Wir können nicht nur durch unsere persönlichen Erfahrungen traumatisiert werden, sondern auch durch politische Rückschläge und Schocks, die andere in unserem Netzwerk der Fürsorge und Sorge erleiden. Unsere Umstände erfordern, dass wir ernsthaft darüber nachdenken, wie wir unsere Aufmerksamkeit lenken und unsere Energie nutzen, besonders wenn wir oder diejenigen, die uns wichtig sind, einen echten „Schlag" erleiden. Wir können etwas von George Leonard über Meisterschaft lernen, wenn er mit dem folgenden Satz ein Prinzip aus dem Aikido vermittelte: „Nimm den Treffer als Geschenk".[19] Das bedeutet, dass, wenn dich dein Sparringspartner schlägt, er dir Energie gibt; Energie, die du auf vielfältige Weise nutzen kannst.

Erstens kann dich der Treffer wecken, so dass du ihn als Lehrer erkennen kannst. Zum Zweiten wird die Bewegung, die dich trifft in diesem Tanz der Kampfkunst, deinen Gegner bis zu einem gewissen Grad aus dem Gleichgewicht bringen, was dir eine Chance und einen Vorteil verleihen kann. Und drittens wird es, selbst wenn sie einen soliden Schlag landen, deine Lebensenergie, dein *Ch'i*, stimulieren, so dass der Schlag selbst eine Energiequelle ist.

Die durch den Treffer angeregte neue Energie ist oft zunächst aufgeheizt und reaktiv. Der Treffer soll dich zwingen, zu reagieren, aber wenn du reaktiv reagierst, bist du geschwächt. Du musst wirklich präsent bleiben (was normalerweise bedeutet, zu atmen, zu fühlen und zu beobachten), damit der Treffer zu einer bewussten Erfahrung wird. Es ist wichtig, mit der Gesamtheit des Treffers in Kontakt zu treten, einschließlich der Art und Weise, wie es wehtut, wie du reagierst, sogar wie es dich verletzt haben könnte – oder andere, oder gar Werte, die dir wichtig sind. Aber wenn du deinen Weg ganz in den gegenwärtigen Moment findest, entdeckst du, dass der Treffer dein ganzes Wesen aktiviert hat. Es hat dich erweckt, und ist eine Energiequelle.

Manchmal müssen wir auf alte Treffer reagieren, die uns bereits überfordert und erschöpft haben. Wir fühlen uns entleert von Schmerz und Verlust. Wir sind erschöpft, und wir wollen uns nicht damit befassen. Der Treffer ist immer noch ein Geschenk, aber er verlangt von uns einen ganz anderen Zug. Wir müssen Mitgefühls für uns selbst finden. Indem wir unsere eigene untrennbare Göttlichkeit und Menschlichkeit bemerken, können wir unser inneres Kind metaphorisch in unsere Arme nehmen. Unser Selbstmitfühl fließt. Es stellt unsere fühlbare Verbindung zu dem wieder her, was uns wichtig war, das von vornherein angegriffen wurde – und dies ist eine weitere Quelle der Kraft.

Fürsorge ist nicht schnelllebig wie die Wut. Die Wut ist plötzlich da, bereit, uns jetzt zu mobilisieren und zu bewegen! Die Fürsorge ist ein warmes, tiefes Reservoir an wohltuender Kraft und Gesundheit, auf das wir im Laufe der Zeit immer wieder zurückgreifen können. Die Fürsorge für sich selbst ist die Grundlage. Viele von uns müssen ihre Selbstfürsorge wiederherstellen. Ohne eine Grundlage der Selbstfürsorge kommt unsere Fürsorge für andere und das Ganze leicht aus dem Gleichgewicht, wird ungesund und erschöpft uns.

Ausgehend von der Selbstfürsorge fließt die Fürsorge für andere und für das Ganze organisch. Wenn du deinen Weg in aufrichtige Fürsorge, Atmung und Gefühl findest und in einer gefühlten Verbindung mit allem, was dir wichtig ist, ruhst, erschließt du dir eine Quelle stetiger, stabiler Kraft. Es kann dich dorthin bringen, wo du hingehörst.

Wenn der Schlag analog zur Wut sofort und schnell erfolgt, dann erkenne ihn sofort als Geschenk und leite seine Energie intelligent weiter. Wenn der Schlag tiefer und langsamer ist, eher wie Trauer, dann finde deinen Weg zu einer gesunden Fürsorge für dich, andere und das Ganze. Es ist klug, dies bewusst und somatisch zu tun. Wenn du diesen Schock spürst, nimm dir ein paar Minuten Zeit, schließe deine Augen, wende dich nach innen und fühle wirklich, was los ist. Denke daran, dass es möglich ist, ein Geschenk im Treffer zu entdecken. Eine solche Widerstandsfähigkeit ist entscheidend für einen nachhaltigen Aktivismus.

GUT UND BÖSE

Meine Freunde Michael Dowd und Connie Barlow verwenden das Wort „böse", um Eigeninteresse zu bezeichnen, die ihr eigenes finanzielles oder genussvolles Eigeninteresse verfolgen, in dem Wissen, dass es dabei die Zukunft oder andere oder den Körper des Lebens schädigt. Viele rationale Diskurse vermeiden normative Urteile und zögern, von „was ist" zu „was sein sollte" zu wechseln, aber ich denke, Dowd und Barlows Definition ist eine weit akzeptierbare, dauerhafte und nützliche Arbeitsdefinition von „böse", die rationale Entscheidungsfindung in einer universellen Moral begründen kann.

Es ist eine tiefe Wahrheit, dass wir, wenn wir in den Kampf ziehen, dazu neigen, wie unsere Gegner zu werden. Der Evolution und dem Lauf des Lebens würde damit gedient, wenn wir lernen könnten, „Böses" auf andere Weise zu bekämpfen – wie Gandhi und andere gewaltfreie Widersacher entdeckt haben –, so dass wir siegen können, ohne so zu werden, wie das, was wir ablehnen. Es ist von entscheidender Bedeutung, dass wir neue Wege finden, um im Dienste unserer größeren Gesundheit und Ganzheit zusammenzukommen. Das bedeutet, einen Raum für alle Menschen und Geschöpfe zu schaffen – und sogar weise und mitfühlend die zu berücksichtigen, denen es an Empathie und Mitgefühl mangelt, einschließlich derer, die wir als böse und bedrohlich wahrnehmen.

Wenn wir dieses Muster systemisch betrachten, suchen wir nach Ressourcen für einen gesunden Wandel, die bereits hier vorhanden sind. Wo ist die ungenutzte Energie, die bereit ist, vorzutreten, um Ganzheit zu schaffen?

Diese Energie kann in unserer Fähigkeit zur Freundschaft liegen. Nach meiner Erfahrung gibt es in fast jedem menschlichen Herzen eine grundlegende Güte, wenn nicht gar ein latentes Heldentum. Es besteht die Bereitschaft, in einem Geist des Mutes und der Großzügigkeit über das enge Eigeninteresse hinauszugehen. Wir haben das Potenzial, Beziehungen zu bilden, die unterschiedlich funktionieren können, und die weniger durch unsere Angst und unser Misstrauen füreinander eingeschränkt sind. In unseren Freundschaften und Familien können wir neue, stärkere Bindungen von Liebe und Vertrauen aufbauen – Bindungen, die den Prüfungen unserer evolutionären Lebens- und Todesherausforderungen standhalten können. Wir müssen auch ein soziales Immunsystem entwickeln, damit unser vertrauenswürdiger Sozialorganismus nicht von charismatischen Psychopathen entführt wird.

DIE HÖCHSTE BERUFUNG UNSERES CHARAKTERS

Denken Sie an die Gründerväter der Amerikanischen Revolution, die Gönner, Künstler, Intellektuellen und Wissenschaftler der Renaissance und der westlichen Aufklärung. Denken Sie an Mahatma Gandhi, Martin Luther King, Nelson Mandela, Mutter Teresa von Kalkutta, Desmond Tutu, den vierzehnten Dalai Lama (Tenzin Gyatso), Aung Saan Suu Kyi und Papst Francis.

Denken Sie an Jesus. Oder Sokrates. Oder Gautama Buddha.

Erkennen Sie, dass sie die Heiligen, Retter, Propheten und Adligen eines breiteren, universellen aktivistischen Geistes sind – die Seele des universellen Impulses, der jeden großen Schritt, den wir auf unserer evolutionären Reise gemacht haben, ausgelöst hat. Dies ist derselbe Geist, der auch viele frühe Christen und Buddhisten belebt hat. Er zeigt sich in den Philosophen und Propheten der westlichen Aufklärung, in der Magna Carta und der Unabhängigkeitserklärung.

Es lohnt sich, vor allem drei Personen zu betrachten: Mahatma Gandhi, Martin Luther King, Jr., und Nelson Mandela. Jeder von ihnen katalysierte große gesellschaftliche Veränderungen, deren Zeit gekommen war. Diese Führer waren in der Lage, sich über die Negativität, Reaktivität und die Konflikte zu erheben, die dazu neigten, andere zu gefährden. Ihr Auftreten fiel mit großen kulturellen Veränderungen zusammen; historische Kräfte organisierten sich um sie herum und brachten die Geschichte voran. Und sie halfen, das soziale Gefüge wiederherzustellen. Sie taten dies zum Teil durch ihre Worte und Taten sowie durch ihre Ideen und Richtlinien. Aber sie gingen vor allem durch *ihr Beispiel* voran. Diese drei ikonischen Gestalten werden fast überall als „Heilige mit *Cojones*" anerkannt, als weltveränderliche Diener-Führer, die Beispiele für das höchste Potenzial an Führung und Größe sind.

Vor allem Gandhi und King waren karrierelange Befürworter eines gewaltfreien Widerstands, einer Strategie, die nicht nur außerordentlich effektiv sein kann, sondern auch die eigenen Gegner transformieren kann – oder sie schwächen kann, und zwar ausgehend von den eigenen Reaktionen der Gegner. In einem seiner Studien über außergewöhnliche Individuen sah der Psychologe und Pädagoge Howard Gardner Gandhi als ein besonders herausragendes Beispiel für eine Klasse von Individuen, die er als „Influencer" bezeichnet. In großem Maßstab führten Gandhis Aktivitäten schließlich zur Unabhängigkeit Indiens von Großbritannien. Aber diese großen Veränderungen geschahen nur wegen seiner Fähigkeit, „Erzieher zu werden, sein Publikum im Laufe der Zeit anzuweisen, subtiler zu denken", und viele Menschen davon zu überzeugen, „anders über die wichtigsten

Themen nachzudenken ... Alle gingen davon aus, dass der Kampf schließlich gewaltsam geführt werden musste – mit englischen Waffen und Ansehen gegen indische Truppen und nationalistischen Eifer. Gandhi gelang es, Menschen auf der ganzen Welt davon zu überzeugen, die Dinge neu zu verstehen" – einschließlich der Beurteilung von Menschen als Mitmenschen und der Gewaltlosigkeit von Meinungsverschiedenheiten. Aber „am ergreifendsten ist, dass beide Konfliktparteien gestärkt werden können, wenn sie miteinander im Rahmen gewaltfreier Konfrontationen mit Würde umgehen können". [20]

Die grössten Männer und Frauen der Geschichte – diejenigen, die wir am meisten verehren – sind die engagierten *Aktivisten*. In den letzten fünfhundert Jahren wurden unsere großen historischen Fortschritte von solchen Aktivisten verteidigt. Giordano Bruno, Voltaire und unzählige andere mussten sich der katholischen Kirche widersetzen, um die Aufklärung einzuleiten. Die amerikanischen Gründerväter, darunter Benjamin Franklin, George Washington und Thomas Jefferson, mussten sich der britischen Monarchie widersetzen, um die Vereinigten Staaten zu gründen. Unzählige andere Aktivisten mussten kämpfen, um in einer Nation nach der anderen die Grundlagen einer liberalen Demokratie zu schaffen, die unsere gegenwärtige Kultur möglich machen. Wir alle haben viele Geschichten über heroischen Aktivismus gehört. Manchmal sind die Kämpfe für Grundrechte, wie (in den USA) die Abschaffung der Sklaverei, das Wahlrecht (für Frauen und Farbige) oder (bis zu einem Jahrhundert nach Beendigung der Sklaverei) das Recht der Afroamerikaner, alle öffentlichen Einrichtungen zu nutzen. Die heldenhaften Bemühungen der Frauen, ihre gleichberechtigte Menschlichkeit einzufordern, waren im Laufe der Geschichte unendlich. Arbeiter, Einheimische, LGBTQ-Bürger und sogar Verbraucher mussten für die Grundrechte kämpfen. Der heutige Aktivismus erstreckt sich über so unterschiedliche Bereiche wie Zugang zu medizinischer Versorgung, Datenschutz und Schutz der Biosphäre.

Aktivisten haben eine unersetzliche kulturelle Rolle und helfen den Gesellschaften, sich zu entwickeln. Es ist unbestreitbar, dass sich Gesellschaften durch viele verschiedene Prozesse verändern.

Aber historisch gesehen haben viele unserer wichtigsten Transformationen, die wichtigsten historischen Fortschritte, einen Kampf erfordert. Damit die Geschichte weitergehen kann, mussten sich die Menschen für das Neue einsetzen. Sie mussten alte, veraltete Bräuche und politische Richtlinien kritisieren, die nächste Möglichkeit erkennen, sich zu Wort melden, sich zusammenschließen, auf diese Anerkennung reagieren und Einfluss ausüben. Aktivisten haben die Geschichte vorangebracht.

Trotz einer langen Liste von strategischen Fehlern, Rückschlägen und Verlusten waren Aktivisten immer wieder auf der richtigen Seite der Geschichte. Wir haben eine wichtige Rolle und Verantwortung, und wir spüren das Gewicht davon. Die Geschichte zeigt, dass wir ein Mandat und eine zentrale Rolle haben, auch wenn wir ständig am Rande der dominanten Machtstruktur arbeiten.

DIE SEELE DES AKTIVISMUS

Wir werden zu Aktivisten, nachdem wir Leid und Zerstörung, Grausamkeit und Gleichgültigkeit, Verschwendung und Gefahr und den Schaden, in dem wir leben, bemerkt haben – und der biblischen Anordnung folgen, „nicht untätig zuzusehen". Das Unrecht kann uns, Freunden oder Fremden oder anderen Lebensformen oder sogar Werten angetan werden. Wenn wir solche Ungerechtigkeiten bemerken, fühlen wir uns absolut gezwungen, zu handeln. Wir erheben das Wort. Wir hören uns die Geschichten anderer an, die ähnliche Erfahrungen gemacht haben, oder deren eigene Erfahrungen uns informieren und uns zum Handeln anregen. Wenn eine Gruppe von uns zustimmt und wir es wagen zu glauben, dass wir in irgendeiner Weise etwas bewirken können, und wir zusammenarbeiten, um etwas zu erreichen, dann sind wir Aktivisten geworden. Manchmal handeln wir im eigenen Namen, oder im Namen unserer Fraktion und manchmal auch im Namen anderer.

Es kann beängstigend sein, sich der Norm zu widersetzen, und es zu wagen, zu versuchen, Einfluss auszuüben. Man muss bereit sein, Risiken einzugehen. Manchmal sind es nur die „Opportunitätskosten", wenn man seine Energie für eine Sache aufwendet, anstatt in sich selbst zu investieren. Manchmal sind es Risiken wie Spott, Ablehnung und Vergeltung. Und manchmal sind es große Risiken – das Risiko von realen Verlusten für Job, Karriere, Ansehen in der Gemeinschaft und persönlichen Komfort. Manchmal besteht sogar die Gefahr von Inhaftierung, Gewalt, Folter, Tod oder Vergeltung gegenüber Angehörigen.

Wo immer wir uns auf dem Spektrum des Aktivismus befinden, erfordert es Mut, ein Aktivist zu werden. Aktivisten sind diejenigen, die es wagen, gegen den Strom zu schwimmen, was die Menschen um sie herum tun. Sie sprechen Wahrheiten, die andere nicht hören wollen. Sie trotzen der Norm im Dienste eines höheren Prinzips.

Der Aktivismus drückt einen heroischen Impuls aus. Aber Aktivisten müssen nicht außergewöhnlich erscheinen. Die Werte, die den Aktivismus inspirieren, sind dieselben Werte, die auch die klassischen Geschichten von Literatur, Kunst und populärer Unterhaltung bestimmen. Jeder, der als Außenseiter beginnt, oder als gewöhnlicher Mensch, der ein gewöhnliches Leben führt, und dann herausgefordert wird, für höhere Werte im Namen einer Gemeinschaft oder eines Prinzips zu stehen, drückt die heroischen Qualitäten des Aktivisten aus. Diese impliziten Werte wurden uns allen durch Gleichnisse und Geschichten und Poesie seit unserer Kindheit vermittelt.

Aktivismus drückt Gemeinschaft, Verbindung, Beziehung und ein Gefühl von Brüderlichkeit und Schwesternschaft aus. Wenn wir auf unsere Verbundenheit mit anderen reagieren, heilen wir etwas Wesentliches in uns selbst. Wir lokalisieren uns in etwas Tieferem als unsere postmoderne Entfremdung. Unsere Verbundenheit im Dienste des Größeren geht über die Oberflächlichkeit vieler Beziehungen und Assoziationen hinaus. In dieser Zeit, in der traditionelle Gemeinschaften und Großfamilien die Ausnahme bilden, kann die Gemeinschaft der gleichgesinnten und herzgeleiteten Aktivisten eine wesentliche Heilungs- und Erdungskraft sein. Dies gilt umso mehr, als wir als Aktivisten in gewissem Maße freiwillige Ausgestoßene aus einigen Elementen der Mainstream-Gesellschaft sind.

Aktivismus wird manchmal als wütend und scharf charakterisiert. Und manchmal ist es das auch. Manchmal ist Wut notwendig und angemessen. Gesunder Zorn hat eine wesentliche Funktion bei der Weiterentwicklung der Geschichte. Aber Wut neigt dazu, Angst hervorzurufen, und sie wird leicht destruktiv. Gesunder Aktivismus ist im Grunde genommen eher ein Ausdruck von Fürsorge als von Wut. Es ist Liebe in Aktion.

Die Seele des Aktivismus wurde durch die Anrufung von Papst Franziskus eingefangen: „Lasst uns „Beschützer der Schöpfung sein, Beschützer des in die Natur eingeschriebenen Plans Gottes, Beschützer voneinander und von der Umwelt".[21] Dies ist ein von Natur aus lohnender und gesegneter Zustand. Marianne Williamson formulierte es kurz und bündig so: „Ein Leben aus Liebe und Einsatz für das Gemeinwohl verspricht die Befriedigung zu wissen, dass man das tut, wozu man geboren wurde". [22]

Die Geschichte ist voll von schrecklichem menschlichen Leid – von Plagen über Kriege bis hin zu Holocaust und unsäglichen Grausamkeiten gegenüber Frauen, Männern, Sklaven, Ehebrechern, Schwulen, Ketzern, Ungläubigen, Farbigen (und diejenigen, die mit ihnen verkehrten), Einheimischen, Ausländern, Tieren und der natürliche Umwelt. *Und nur weil diese Schrecken von Aktivisten (Menschenrechtlern, Propheten, Heiligen, Wissenschaftlern, Ärzten, Abolitionisten, politischen Dissidenten) bezeugt und angegangen wurden, wurden noch unsäglichere Gräueltaten oder schrecklichere Szenarien vermieden.* In ähnlicher Weise bedarf es des Aktivismus, um die schlimmsten Szenarien zu vermeiden oder zu mildern, vor denen unsere eigenen Propheten – oft unsere Wissenschaftler – warnen.

Unsere kreativen Kräfte – die Kreativität, die es uns ermöglicht, positivere Ergebnisse zu erzielen – werden mobilisiert, indem wir die Bedrohungen ernst nehmen und alles tun, was wir können.

Wir Bürger der Gesellschaft unvollkommener westlicher Demokratien profitieren von Wissenschaft und Technologie und rationalem Diskurs, der in alle konvergierenden Ströme der menschlichen Kultur eingeweiht wird, einschließlich unserer höchsten Weisheitstraditionen.

Wir haben die Chance, ein Leben zu führen, das außergewöhnlich komfortabel, sicher, frei und kreativ ist. Wenn wir in diesen Zeiten die Möglichkeit haben, ein außerordentlich bedeutungsvolles Leben zu führen, so fühle ich mich auch verpflichtet, dies zu tun. Wenn das Maß eines menschlichen Lebens seine Chance ist, eine Bedeutung zu haben, die über sich selbst hinausgeht, dann haben wir den Jackpot gewonnen. Wir sind wirklich auf diesem Planeten gefragt, wenn alles, was wir schätzen, tatsächlich bedroht ist, wenn es an der Zeit ist, dass alle Beteiligten an Deck sind.

Wenn wir uns gegenseitig sehen und erkennen, dass wir in diesem Bereich zusammen sind und dass die Situation unsere gemeinsamen Antworten erfordert, geschieht etwas. Unsere Augen treffen sich; unsere verschiedenen Arten, inspiriert und aktiviert zu werden, fallen zusammen. Dieser höhere Zweck vertieft unsere Freundschaft und kooperative Synergie und verleiht unserer Verbindung eine potenzielle Bedeutung.

DIE SCHATTENSEITE DES AKTIVISMUS

Sinnhafter Dienst verleiht dem Leben von Aktivisten einen tiefen Sinn und eine tiefe Bedeutung. Und Solidarität und Gemeinschaft können befriedigend und nährend sein. Unsere aufrichtige Fürsorge kann uns nähren und gesunde Neurochemikalien erzeugen. Und wir erleben große Freude an unseren Siegen, auch wenn sie klein sind.

Und doch ertragen wir auch viel Frustration. Insgesamt haben uns auch die Sorgen, die Aktivisten motivieren, tendenziell erschöpft. Jede innovative soziale Initiative muss eine enorme Trägheit überwinden. Der institutionelle Wandel vollzieht sich tendenziell nur sehr langsam, wobei die Siege erst nach vielen Jahren mit sehr wenig sichtbarem Fortschritt erzielt werden. Und es gibt wenig Geld dafür, so dass Aktivisten oft persönliche Opfer im Dienste einer Sache bringen – und dann sehen wir auch nur selten schnelle Erfolge. Selbst wenn wir das tun, sehen wir oft, wie sich unsere Gewinne brutal umkehren. Umweltzerstörung, schlechte Politik, Leid, Ungerechtigkeit, Hass – alles besteht fort, auch wenn wir leidenschaftlich arbeiten. In der Zwischenzeit werden alle, einschließlich der Aktivisten, von dem besucht, was die Buddhisten die „himmlischen Botschafter" von Krankheit, Alter und Tod nennen. *Aktivismus erfordert Ausdauer durch die Schwierigkeiten des Lebens.*

Aktivisten gehen ein zusätzliches Engagement ein. Neben der Notwendigkeit, persönlich zu überleben und zu gedeihen, engagieren wir uns auch auf der Ebene der Gesellschaft. So erleben wir den steten Fortschritt unserer Anliegen in Form unserer eigenen Fortschritte und Rückschläge. Das kann unseren Stress noch verstärken.

Und wir stehen oft im Wettbewerb mit Menschen, die diese zusätzlichen Aufgaben nicht übernehmen. Selbst die herzzentriertesten, gesündesten, fröhlichsten Aktivisten spüren diese Belastungen. Wie viele Aktivisten sprechen über Burnout? Es ist kein Wunder, dass die meisten Menschen diesen Weg nicht wählen, auch wenn die höchsten und grundlegendsten Werte, die unsere größte Literatur in jedem Kind inspiriert, stets den Mut zu einem sozialen Engagement impliziert.

Es braucht echte Weisheit und Geschicklichkeit, um unsere Herzen offen zu halten, ohne dass das Leiden in der Welt uns erschöpfen und entleeren wird. Dies ist eine der wichtigsten Kapazitäten, die Aktivisten aufbauen müssen. Wir müssen lernen, zuerst unsere eigene Sauerstoffmaske aufzusetzen – leise, innerlich, mehrmals täglich. Die grundlegendste Ebene der inneren Arbeit ist eine absolute Voraussetzung: Wir müssen lernen, mit unseren eigenen Emotionen und Motivationen umzugehen. Wenn wir die Gabe entwickeln, uns um uns selbst zu kümmern und uns von der regenerativen Dynamik unserer aufrichtigen Fürsorge für den Planeten, die Menschen und die Sache nähren zu lassen, können wir lernen, der Tendenz entgegenzuwirken, durch unproduktive „Überfürsorge" erschöpft und entwässert zu werden.

Natürlich ist das leichter gesagt als getan. Viele Aktivisten sind ausgelaugt und leben dann im Stress, mit einem tiefen Gefühl von Alarm, Trauer oder Angst. Das kann Jahre, ja Jahrzehnte andauern. Es schwächt irgendwann unser Immunsystem und unsere Neurologie. In solchen Zuständen neigt das Denken dazu, verzerrt zu sein. Wenn die Außenarbeit immer über die Innenarbeit gestellt wird, bleiben die persönlichen Bedürfnisse unbefriedigt. Dies untergräbt unweigerlich Wohlbefinden und Effektivität und schafft oft einen subtilen Rest von Ressentiments und falscher Rechtschaffenheit. Aktivisten verlieren manchmal Humor und Perspektive. Wir werden grimmig und pessimistisch, oder ärgerlich und ungeduldig, oder traurig und erschöpft, oder rechtschaffen verurteilend.

Wenn wir durch systemische Korruption oder Unterdrückung oder andere schwere Ungerechtigkeiten verletzt wurden, haben wir vielleicht auch guten Grund, wütend zu sein. In diesem Fall ist es unsere Aufgabe, eine intelligente Beziehung zu unserem Zorn zu entwickeln. Wut ist sehr knifflig – sie ist eine Quelle großer Macht, aber sie kann alles untergraben, was sie zu erreichen versucht. Unsere Aufgabe ist es zu lernen, die Energie dieser Wut intelligent zu nutzen, damit wir gedeihen und echte Veränderungen schaffen können.

In der Zwischenzeit verdienen unser Trauma und unsere Emotionen von anderen Respekt, aufrichtige Fürsorge und Mitgefühl. Noch wichtiger ist, dass wir Selbstachtung und Selbstmitgefühl brauchen. Wir haben im Allgemeinen legitime Mißstände, die es zu beseitigen gilt. Die Einstellungen einer Opferhaltung befähigt uns jedoch nicht, sie ist psychologisch nicht gesund, und sie hilft uns sicherlich nicht, effektiv zu kommunizieren. Die Menschen, mit denen wir kommunizieren, auch diejenigen, denen wir uns widersetzen müssen, können nicht wirksam angesprochen werden, als wären sie die Täter unseres Traumas, die uns ein Heilmittel schulden. In dem Maße, in dem uns unser Trauma beeinträchtigt hat, ist es unerlässlich, dass wir uns ausreichend erholen, um den Zyklus von Verletzung und Trauma zu beenden. Und das erfordert Heilung, neues Selbstbewusstsein, Demut und den Mut, sich selbst zu verstehen und das Leben positiv zu gestalten. Dann können wir unsere Energie in den Dienst höherer Werte stellen, anstatt unsere unbewussten kompensatorischen Motivationen zu recyceln.

Deshalb ist die innere Arbeit so notwendig. Die Praktizierenden müssen sich wieder mit der tieferen Bedeutung ihres Lebens und mit ihren tiefsten Quellen der Freude und Inspiration verbinden. In Praxisgemeinschaften können sie dies gemeinsam tun. Sie können sich gegenseitig unterstützen und sich von der erwachten Klarheit, Liebe, Mut und Einsicht ihrer Mitpraktizierenden ermutigen lassen. Wir müssen daran denken, dass die Selbstfürsorge die Grundlage für jede gesunde Fürsorge ist. Innere Arbeit ist oft das Mittel gegen die Leiden, die Aktivisten häufig haben.

DIE AUßENARBEIT IMPLIZIERT DIE INNENARBEIT

Was braucht es, um eine neue Art des Menschseins und eine neue Welt zu erschaffen? Wie fangen wir an? Wie transformieren wir das, was wir bereits tun (und wie wir bereits sind), so dass wir tatsächlich neue Ergebnisse erzielen können?

Es liegt auf der Hand, dass wir auf eine Konvergenz der „inneren Arbeit" und der „äußeren Arbeit" zusteuern müssen. Dies impliziert ein Leben in der Praxis und eine wahrhaft integrale Revolution des Wesens.

Wie wir bald sehen werden, ist dies bereits in vollem Gange. Wir erwachen zu einem tieferen, spirituell fundierteren Bewusstsein und werden von Erkenntnissen und Intuitionen erneuert und inspiriert, die von höheren Bewusstseinszuständen getragen werden. Wir erwachen zu neuen Sichtweisen auf unsere Arbeit und die Welt. Und wir erwachen zu neuen Formen des Outside-the-Box-Denkens, mit Metaperspektiven höherer Ordnung zu den Themen, mit denen unser Planet konfrontiert ist.

In der Zwischenzeit erkennen immer mehr spirituelle Praktizierende, dass unser Impuls zum Erwachen und zur Selbstverwirklichung nur dadurch erfüllt werden kann, dass es für andere von echtem Nutzen sind. Während wir in der praktizierenden Gemeinschaft zu einem neuen Gefühl der Dringlichkeit erwachen, beginnt sich unsere innere Arbeit in immer konsequenteren äußeren Arbeiten, Dienst, Sozialunternehmen, Freiwilligenarbeit und anderen guten Werken auszudrücken, die einen sinnvollen Einfluss auf das Leben der Menschen haben. *Während wir erwachen, erwacht eine neue Art von Aktivist in uns.*

Schließlich, da wir zunehmend die Untrennbarkeit der inneren und äußeren Arbeit verstehen, erkennen wir auch, dass ein wichtiger Teil unserer Arbeit darin besteht, uns selbst und andere in Liebe, Freiheit und Klarheit zu erwecken. Das ist der „Aktivismus des Erwachens". Und wir beginnen zu erkennen, dass ein solches Erwachen – weit davon entfernt, uns von der Arbeit „vor Ort" abzubringen – eigentlich eine entscheidende Dimension selbst der fundiertesten Initiativen ist, die sich auf konkrete Vorteile für Systeme, Strukturen, Menschen und den Planeten konzentriert.

3. Ganzheit und Fragmentierung

Ein Mensch ist ein Teil des Ganzen, von uns „Universum" genannt, ein Teil, der in Zeit und Raum begrenzt ist. Er erlebt sich selbst, wie auch seine Gedanken und Gefühle, als etwas vom Rest Getrenntes – eine Art optische Illusion seines Bewusstseins. Das Streben, sich von dieser Illusion zu befreien, ist die eine Frage der wahren Religion. - ALBERT EINSTEIN

Das Wort „ganz" (whole) leitet sich von derselben etymologischen Wurzel ab wie die Worte „gesund", „heilen" und „Gesundheit" (hale, heal, health) Es könnte sogar die gleiche proto-indisch-arische Wurzelsilbe mit dem Homonym „heilig" (holy) teilen. Im Rahmen dieses Buches sind die aussagekräftigsten Synonyme für „Ganzheit" „Integrität", „Kohärenz" und „Gesundheit", und ihre wichtigsten Antonyme wären „Fragmentierung", „Korruption", „Inkohärenz" und „Krankheit".

Aber jenseits dieser Definitionen ist Ganzheit radikal. Man könnte sogar sagen, dass es die essentiellste Natur der Realität ist. Die zeitgenössische Wissenschaft weist uns in genau diese Richtung. Materie und Energie sind nicht getrennt, ebenso wenig wie Raum und Zeit. Alle Lebewesen sind eine Familie, zeigt unsere DNA. Aber selbst diese Beobachtungen erfassen nicht die Radikalität der Ganzheit – oder ihre Schlüpfrigkeit.

Man könnte vor allem sagen, dass Ganzheit schwer fassbar ist. Keine Definition ist ausreichend. Wir können uns da nicht hineindenken. Es ist nichts, was wir mit unserem Gehirn erfassen können – zumindest nicht mit dem Gehirn, das wir jetzt haben. Aber eine Betrachtung und Kontemplation der Ganzheit kann sehr aufschlussreich sein. Und diese Überlegung ist nicht nur für jeden spirituellen oder heiligen Aktivisten absolut notwendig, sondern für jeden, der die Vielschichtigkeit der Realität oder das, was wirklich in unserer Welt geschieht, verstehen möchte.

Eine allgemein verbreitete Idee ist, dass „das Ganze mehr ist als die Summe seiner Teile". Das vermittelt einen Teil des Geschmacks der Ganzheit. Das Wort „Synergie", was „Zusammenarbeit" bedeutet, bezieht sich auf eine holistische Dynamik, die größer ist als die Summe der Teile. Aktivismus erfordert Synergie. Obwohl die Synergie in den Wissenschaften viele Definitionen und Anwendungen hat, weist sie darauf hin, dass das Zusammenspiel scheinbar getrennter Prozesse zu Ergebnissen führen kann, die völlig unvorhersehbar sind, wenn wir nur die Teile selbst betrachten. Der Aktivismus ist ein facettenreicher Prozess, an dem viele Menschen, also viele Teile, beteiligt sind – und damit auch die ganze Realität. Dies gilt umso mehr, wenn man die Unbestimmbarkeit des Ganzen selbst im radikalsten Sinne betrachtet. Alles ist miteinander verbunden, alles ist im Ganzen enthalten, und wir wissen nicht einmal, woraus „alles" besteht!

Die heutige Gesellschaft – und selbst die größten wissenschaftlichen und technologischen Erfolge von heute – drücken alle eine Fragmentierung aus, die, wie wir gesagt haben, das Antonym für Ganzheit ist. Die heutige Kultur und Denkweise spiegelt vor allem die Fragmentierung wider. Wir lernen, wie Dinge funktionieren, indem wir sie zerlegen und auseinander nehmen. Kinder, zumindest in den prädigitalen Generationen, nahmen die Dinge auseinander, um herauszufinden, „was sie antreibt", und mit Geschick, Beharrlichkeit und Glück zu verstehen, wie sie funktionierten, um in der Lage zu sein, sie zu reparieren. Die Wissenschaft arbeitet nach den gleichen Prinzipien: Sie analysiert die Teile. In diese Richtung geht auch die westliche Medizin, was sich besonders im Prinzip der Chirurgie manifestiert. Finde das betreffende Organ oder System im Körper und kümmere dich darum.

Das Problem der Fragmentierung auf allen Ebenen – sei es in der Wissenschaft, in der akademischen Forschung, in der Politik, in der Kultur oder gar im Umgang mit der Sprache – besteht darin, dass sie das Ganze nicht nur schwer fassbar, sondern auch unsichtbar machen kann. Es ist eher ein separativer als ein holistischer Ansatz. Es zerlegt die Dinge in ihre Bestandteile und Mechanismen und lernt dabei sehr viel – einschließlich der Erlangung der reintegrativen Vision unseres sich entwickelnden Kosmos und der revolutionären Kräfte von Wissenschaft und Technologie. Aber die Analyse nimmt nur einen bestimmten Teil und untersucht ihn. Der fragmentierende Ansatz vergisst oft den größeren Kontext des untersuchten Gegenstands – so untersucht und verfeinert er sein Verständnis von ihm und übersieht seinen Beziehungen. Und doch existiert nichts in der Isolation.

Selbst die Art und Weise, wie wir über uns selbst und andere sprechen, offenbart das Gefühl der Isolation und Fragmentierung, das unsere „Konsens-Trance" prägt. Es wurde schon oft von Mystikern und Philosophen und sogar einigen Wissenschaftlern darauf hingewiesen, dass unsere Selbstidentität ein Konstrukt ist, das auf den Konventionen von Denken, Gedächtnis und Sprache basiert. „Ich" soll an der Oberfläche meiner Haut enden, aber alles an mir ist völlig abhängig von – und bezogen auf – meine Umgebung. Würde die Umgebung für einen Moment weggelassen, würde „mein" Körper/Geist aufhören zu existieren. Dies zu ignorieren, bedeutet auch zu ignorieren, dass das ganze Leben ein massives globales Ökosystem ist, und ein lebendiges System in einem dynamischen Universum.

Sobald wir unsere Wechselseitigkeit in seiner Gesamtheit erkennen – im unvorstellbaren Kontext des Ganzen enthalten zu sein – werden bestimmte Dinge offensichtlich. Zum einen ist die „Wir gegen sie"-Mentalität in all ihren unzähligen Formen – „sie", was sich entweder auf Menschen bezieht, die wir als anders betrachten, oder eine Umwelt oder Biosphäre, die wir als verschieden von uns selbst betrachten – nicht nur wenig hilfreich, sondern basiert auf einer Illusion. Zum anderen ist unsere Situation gegenüber dem Ganzen unvorstellbar umfangreicher und mysteriöser und ehrfurchtgebietender, als es sich unser Verstand vorstellen kann. Wir können es nicht „kennen", aber wir können es wahrnehmen, und unsere Intuition von Ganzheit nimmt die Form von Ehrfurcht, Wunder oder Liebe an. Angst, Hass, Zwietracht und oft auch Gewissheit selbst sind die Produkte einer zwanghaften Fragmentierung. Wenn wir unsere Intuition zur Ganzheit wählen – sei es durch kontemplative und meditative Praktiken, sei es durch das Öffnen der Türen der Beziehung zu anderen oder durch das Studium – werden wir in der Regel besser in der Lage sein, uns mit den immer bedingteren, begrenzten Realitäten unseres Lebens auseinanderzusetzen. Wir werden sogar noch besser in der Lage sein, einen positiven Unterschied zu machen, wenn wir konstruktiv und synergistisch handeln.

Ein Ergebnis der ganzheitlicheren Betrachtung unserer Situation – der Situation auf unserem Planeten – besteht darin, dass wir deutlicher sehen werden, dass eine größere Ganzheit für uns in Aussicht steht. Und diese Ganzheit ist nicht und kann nicht gefährdet werden. In der Tat ist sie immer wieder aufgetaucht, egal was passiert. Aber wir können auch sehen, dass die industrielle menschliche Zivilisation – und sogar menschenfreundliche planetare Bedingungen – tatsächlich gefährdet ist. Die Daten, auf denen wir diese Ergebnisse stützen, sind natürlich Produkte der Analyse – und Fragmentierung ist absolut notwendig, um uns zu helfen, Fakten zu erkennen und darauf zu reagieren. Aber die heutige Erd- und Klimawissenschaft mit all ihren Daten und Analysen weist auf eine unfragmentierte Gesamtheit hin. Wissenschaftler sehen heute so deutlich wie nie zuvor, wie voneinander abhängig alles ist.

Während die Erkenntnis der Fragilität unserer Situation fragmentarisch, erschreckend und deprimierend sein kann, weist die Lehre der Interdependenz auch auf etwas hin, aus dem wir Hoffnung und Vertrauen schöpfen können – eine tiefere Dimension der Dinge; den natürlichen *Telos* oder die attraktive Kraft der Ganzheit. Auch wenn die Dinge lautstark auseinander fallen, kommen sie immer auch schweigend zusammen, und zwar auf vielfältige und bemerkenswert unerbittliche Weise. Das Ganze ist dynamisch. Obwohl „Ganzheit" ein Substantiv ist, bezieht sie sich auf einen aktiven *Prozess* – eine natürliche Tendenz von fragmentierter oder verzerrter Energie, ihren natürlichen, kohärenteren Fluss wiederherzustellen. Wir heilen von Krankheiten und Wunden. Das Leben erholt sich und behauptet sich wieder in jedem Frühjahr.

Die gegenseitige Abhängigkeit zeigt auch, wie großartig und unergründlich das Universum ist – nicht nur das beobachtbare, physische Universum, sondern das ganze Leben, die ganze Erfahrung. Wir wissen nicht und *können* letztendlich nicht wissen, woraus das Ganze „besteht". Das ist demütigend und inspirierend zugleich. Wir sind von nichts getrennt, und doch können all die „Dinge" – die Gesamtheit von allem – niemals gezählt und gemessen werden. Das bedeutet, dass wir unsere Ängste abbauen können. Wir können verstehen, dass wir nicht getrennt sind und nie von der Ganzheit getrennt werden können.

Wir können unsere Vorstellungskraft öffnen, um von den großen Heiligen und anderen Individuen, die in unserer Mitte erschienen sind, unterwiesen zu werden, die verstanden haben und uns von diesen wundersamen Paradoxien erzählt haben. Wenn die Welt groß genug ist für große Lehrer und große Aktivisten und selbst große erleuchtete Weisen, die das Geheimnis der Existenz verstanden haben, dann muss die Ganzheit in der Lage sein, ihren Weg in das Innenleben der Menschen zu finden. Wenn es seinen Weg in das Innenleben des Menschen im Allgemeinen findet, dann wird es sich in unseren äußeren Werken ausdrücken, und keine Konsequenz wird uns besiegen. Gleichzeitig gibt es mehr denn je Grund, sich dafür einzusetzen, die Liebe in die Tat umzusetzen, um sich um das zu kümmern, was wir lieben. Aktivismus wird einfach, wie Joanna Macy gesagt hat, zu etwas, was wir ganz natürlich tun.

FACETTEN DER GANZHEIT

Abgesehen von der unendlich großen Totalität des Lebens und der Möglichkeiten können wir weitere interessante Beobachtungen anstellen. Buckminster Fuller wies berühmteweise darauf hin, dass „Ich ein Verb zu sein scheint." Und wie wir gerade gesagt haben, ist Ganzheit eine dynamische Aktivität, ist immer ein Prozess. Ganzheit behauptet sich natürlich immer wieder, auf Arten und Weisen, die wir kennen und zweifellos auf Arten und Weisen, die wir nicht kennen. Ganzheit hat eine Wirkungskraft. Die Dinge *wollen* sich in Richtung Ganzheit bewegen. „Immunreaktionen" können nicht nur in biologischen, sondern auch in sozialen und kulturellen Organismen beobachtet werden. Wir sehen ähnliche Prozesse in der gesamten natürlichen Welt. Und wir sehen sie in der menschlichen Psyche und im Geist.

Wir können uns Ganzheit in vielerlei Hinsicht vorstellen, und keine ist endgültig oder vollständig. Wir haben es als die *grenzenlose Gesamtheit* von allem betrachtet. Wir können es auch als *Quelle* betrachten – als jene, aus der alles Leben, alles Sein, alles Sein entspringt. Oder, wenn wir uns mehr vom westlichen Gedanken leiten lassen, können wir es in einem *teleologischen* Sinne betrachten – als den letzten Omega-Punkt, auf den alles zusteuert. Wir können seine integrativen Qualitäten betrachten, alles zusammenzubringen (so wie es die *integrale* Theorie zu tun versucht). Und wir können es durchaus als *radikal* betrachten, d.h. buchstäblich an der Wurzel liegend.

Vielleicht ist Ganzheit paradoxerweise *all das auf einmal,* und unterbricht jede Unterscheidung mit einer Wiedervereinigung. Daher kann sie ihrer Natur nach und im Sinne des konventionellen Subjekt-Objekt-Bewusstseins nie vollständig erkannt werden. Es ist ein radikales Mysterium, vielleicht nur dann intuitiv zu ergründen, wenn es keinen Unterschied zwischen dem Kenner und dem Bekannten gibt. Unser Verstand neigt dazu, Dinge „begreifen" zu wollen. Aber er kann sich nur in Gegenwart radikaler Ganzheit entspannen – in einem Zustand des „überwältigenden" Staunens. Sobald das Ganze in diesem Maße erfasst ist, könnten wir vielleicht anfangen zu lernen, „vom Ganzen zu den Teilen" in einer Weise zu denken, die eine ganz andere Weltanschauung hervorbringt.

Auf geheimnisvolle Weise könnten wir sagen, dass Ganzheit eine Art Zweck hat: Ganzheit, bereits selbstvervollständigt, will scheinbar mehr empfunden und gelebt werden, vollständiger bekannt, artikuliert und ausgedrückt, und mit mehr Kraft und Integrität und Anmut umgesetzt werden. Wir werden mehr darüber im nächsten Kapitel über das evolutionäre Bewusstsein sehen. Es ist ein Prozess, der kein Ende hat.

Aus dem Gesagten muss ersichtlich sein, dass Ganzheit nicht gleichbedeutend ist mit einer Idee, einem System, einem Rahmen, einer Philosophie oder einem Verstehensmuster; sie widersetzt sich dem „Besitz" durch eine Denkschule. Vielmehr ist es ein *Kontext* für solche Systeme, Frameworks und Philosophien. Ganzheit übersteigt alle Perspektiven und gehört keiner bestimmten Perspektive.

GANZHEIT, WISSENSCHAFT UND SPIRITUALITÄT

Ganzheit ist das zentrale Prinzip der ältesten Weisheiten der Menschheit, auf das viele Namen hinweisen (aber nicht erfassen) – vom „unaussprechlichen Tao" des alten China über das unteilbare Brahman-Atman der Veden bis hin zum „Sein", das von präsokratischen griechischen Philosophen dem Gott (Jahweh, oder JHWH) der abrahamischen Religionen zugeschrieben wird. Ganzheit wird indirekt in einem Großteil spiritueller Weisheit der Welt zum Ausdruck gebracht – apophatisch angerufen in der agnostischen Psychologie des Buddhismus ebenso wie in der „Wolke des Unwissens" der christlichen Mystik.

Moderne weltliche Leser müssen sich dies möglicherweise übersetzen, denn Ganzheit wurde am häufigsten in den alten Texten mit religiösen Worten wie „Gott" bezeichnet, was nicht nur unser Wissen, sondern auch die modernen wissenschaftlichen Überzeugungen herausfordert. Das Göttliche wurde jedoch nicht immer als anthropomorphe mythische Gottheit verstanden; die weisesten esoterischen Mystiker jeder großen Tradition haben die Göttlichkeit schon seit langem in transpersonalen und meist transzendenten Begriffen verstanden.

Diese höhere Ganzheit, oder Gott, war die Quelle der tiefsten Inspiration. Aber sie neigte dazu, sozial mit mythischem religiösem Dogma verschmolzen zu werden und dann als eine Art „letztes Wort" zu fungieren, das Zweifel und Innovation unterdrückt. Nur durch freies Erforschen, Messen, Testen und Analysieren der Komponenten der Dinge kennen wir sie genau genug, um die physikalischen Gesetze der Natur zu erkennen und sie in Physik, Chemie und Biologie zu übersetzen.

Diese Art von „Wissen über die Teile" ist die Quelle der weltverändernden Kraft der westlichen humanistischen Wissenschaft. Wir haben die besondere Dynamik der scheinbar getrennten Phänomene analysiert, die Ganzheit umfassen, und die Fragmente unseres hart erarbeiteten Wissens in eine Reihe von immer ausgefeilteren und umfassenderen Theorien integriert, die unsere Kräfte zum Verständnis und zur Kontrolle dieser Phänomene erhöht haben. Doch während einige Menschen die Macht des Wissens nutzten, indem sie die Realität in immer dünnere Stücke zerlegten, versuchten andere, ihre tiefsten Bedeutungen zu gewinnen, indem sie diese Fragmente in eine klarere Wahrnehmung ihrer nahtlosen Gesamtheit integrierten – manchmal auf eine Weise, die Wissenschaft und Religion wieder integriert.

Im späten achtzehnten und frühen neunzehnten Jahrhundert entstand unter deutschen idealistischen Philosophen wie Fichte, Schelling und Hegel eine der ersten wissenschaftlich fundierten westlichen Beschreibungen der Ganzheit. Obwohl sie die theologische Sprache ihrer Zeit verwendeten, kann ihre Perspektive in etwa wie folgt formuliert werden:

> *Während er alle seine Teile transzendiert hat, hat sich Gott (unsere ursprüngliche Ganzheit und Göttlichkeit) mit und durch die physische Welt manifestiert. Die Evolution – das oft mäandernde, aber stetige und unaufhaltsame Auftauchen neuer und „höherer" Existenzformen, sei es von der Materie über das Leben bis zum Menschen – ist die Art und Weise, wie sich der Geist dieser Ganzheit und Göttlichkeit in Zeit und Raum entfaltet hat. Und dieser Geist entfaltet sich noch immer. Das implizite Potenzial dieser Ganzheit und Göttlichkeit wird allmählich durch die Evolution deutlich gemacht.*

Michael Murphy, einer der Gründer vom Esalen-Institut und der *human potential movement,* beschreibt diese Weltanschauung als einen „aufstrebenden Kanon", der – obwohl er derzeit meist nur am Rande des akademischen, wissenschaftlichen und religiösen

Mainstreams überlebt und gedeiht – schließlich die Fantasie der Welt erregen wird. Er weist auch darauf hin, dass es bereits eine befriedigendere Integration unserer wichtigsten inneren und äußeren Daten ist als naiver wissenschaftlicher materialistischer Positivismus oder traditioneller religiöser Glaube.

Nicht, dass wir jemals auf die unglaublich nützlichen Analysen der Wissenschaft verzichten werden. Meine spirituellen Erfahrungen haben meine Weltanschauung durchdrungen, aber nicht in einer Weise, die mich von der rationalen Rechenschaftspflicht gegenüber den Beweisen befreit, oder die mich vom wissenschaftlichen Modus des Testens und Validierens von Erkenntnissen trennt. Ich erkenne die Notwendigkeit, die Fakten und Beweise rund um unsere sich schnell entwickelnde Welt genau zu lesen.

Wir können ein „sowohl/als auch"-Denken anwenden. Auf der einen Seite kann ich verstehen, dass es wichtig ist, Fakten nicht mit Theorien, dokumentierte Beweise mit eleganten Synthesen oder wissenschaftliche Erkenntnisse mit mystischer Vision zu verwechseln. Auf der anderen Seite kann ich die Kraft und den Wert von Intuition und Vision sowie die moralische Bedeutung des menschlichen Wachstums und der Transformation schätzen. Es besteht keine Notwendigkeit, irgendeine Art von gültiger menschlicher Erfahrung oder Wissen zu marginalisieren. Ganzheit schließt von Natur aus keine Perspektive aus; sie lädt uns ein, zu erforschen, wie sie alle nebeneinander existieren können.

Bestimmte aggressive „Skeptiker" bewachen eifrig die Zitadelle der Wissenschaft, als ob sie von diesem ganzen Bereich des Diskurses bedroht wäre, und verspotten ihn (und selbst die akribischste, rigoroseste, hartnäckigste Erforschung super-normaler menschlicher Fähigkeiten) als „nicht ganz klar im Kopf" oder „pseudo-Wissenschaft". Die skeptischen Unternehmungen machen manchmal gültige und wichtige Punkte, besonders wenn sie Aberglauben, schlampiges Denken und nachlässige Aussagen angreifen. Aber sie greifen oft „Strohmänner" mit übertriebener rechtschaffener Verachtung an und tun so, als wären Materialisten unfähig, Fehler oder Vorurteile zu begehen.

Es gibt einen wichtigen Unterschied zwischen der Beschäftigung mit messbasierter Wissenschaft und der intuitiven Synthese einer angemesseneren, integrativen, nuancierten Weltanschauung. Oder zwischen evidenzbasierter Wissenschaft und Vorlaufforschung zur Erklärung paradigmenschlicher Phänomene oder Anomalien. Diese Aktivitäten sollten nicht zusammengeführt oder miteinander verwechselt werden. Es ist gültig, die naive Begeisterung von ungebildeten Menschen zu kritisieren, die sich wissenschaftliche Ideen zur Unterstützung idealistischen Wunschdenkens aneignen. Aber auch der Versuch, einen anspruchsvollen Diskurs zu delegitimieren, der intuitive Einsichten und höhere Bewusstseinszustände schätzt oder der aus den Implikationen mystischer Erfahrungen lernen will, ist zu kritisieren.

Das Projekt der Integration menschlichen Wissens beinhaltet ein umfangreiches Œuvre, das die Entwicklung der Zustände und Strukturen des inneren Bewusstseins untersucht und diese manchmal mit der Entwicklung der äußeren physischen Strukturen in Beziehung setzt. Diese Arbeit validiert das Potenzial für – und unterstützt in der Tat die Bedeutung des – das Erwachens in höhere Zustände und Stufen des Bewusstseins.

In diesem Zusammenhang ist es sinnvoll, Prärationalität von Transrationalität zu unterscheiden. Das archaische Bewusstsein war prärationell; es war noch nicht in der Lage, Vernunft mit Strenge anzuwenden. Transrationales Bewusstsein ist nicht nur in der Lage, die Vernunft zu nutzen, es hat sich auch genug entwickelt, um für Realitäten, die außerhalb der Reichweite der Vernunft liegen, wach zu sein und sich dafür zu interessieren. Es ist in der Lage zu akzeptieren, dass es Dimensionen und Dynamiken der Realität gibt, die noch nicht vollständig gemessen, validiert oder von der Physik beschrieben wurden (und einige, die es vielleicht nie werden). Es erlaubt sogar, dass diese potenziell wichtig sind. Inzwischen sind etliche unterschiedliche transrationale Studiengänge entstanden (von der Noetik über die transpersonale Psychologie, die kontemplative Neurowissenschaften bis hin zur integralen Philosophie), und Praktiker in diesen Bereichen sind in

Gespräche mit Erfahrungsforschern über die Erfahrung der Ganzheit – also *kontemplative* Praktiker – eingetreten.

Teilweise verkörpern diese neuen Studienrichtungen eine neue Art von Intelligenz, die auf intuitiver Ganzheit beruht und ihre Gesundheit zum Ausdruck bringt. Was ist sein Standpunkt? Wo genau verbirgt sich Ganzheit? Ganzheit kann nicht wirklich visualisiert werden, außer vielleicht als eine explodierte Kugel, „deren Umfang nirgendwo und deren Zentrum überall ist".[23]

Das Zentrum kann überall sein, und doch liegt es auch im Herzen. Subjektiv wird die Ganzheit am ehesten durch unsere Herzintelligenz (auf die wir in Kapitel 6 zurückkommen werden) erfahrbar. Es ist im Herzen spürbar und kann am besten über den Atem erlebt werden. Ganzheit wird im Herzen in unsere weisesten Gefühlsimpulse verwandelt – in Fürsorge, Wertschätzung, Wohlbefinden, Zuneigung, Stärke, Großzügigkeit und Mut.

So ist die Ganzheit unendlich tiefgründig. Hohe mystische Zustände sind Erfahrungen der Ganzheit. In diesen Zuständen fällt die Trennung weg – zwischen Selbst und Anderem, Materie und Energie, Erfahrung und Erfahrung, Bewusstsein und Phänomenen. Ohne Wissen kann es kein Bekanntes geben, kein Subjekt und kein Objekt, keine Grenzen jeglicher Art. Ein sich selbst bestätigendes Gefühl von Wundern, Freude, Glückseligkeit und Liebe umfasst alles. Diese radikale Ganzheit liegt „vor" der Erfahrung von Spaltungen, die als Subjekt-Objekt-Bewusstsein erscheinen. Die tiefgründigsten Äußerungen der alten Schriften, der Mystiker, der Dichter und Philosophen sind oft mit dem geistigen Duft der Gegenwart dieser fühlbaren Ganzheit durchdrungen. Es ist in der Tat die Essenz des Heiligen und der Heiligkeit.

Dieser Drang zur Ganzheit drückt sich auch in der Renaissance einer lebendigen, mehr als nur rationalen Spiritualität unserer Zeit aus. Die vielleicht größten Experten für paradoxe Ganzheit – diese Totalität, die sich nicht mit Subjekt-Objekt-Denken erfassen lässt – sind die großen Mystiker und spirituellen Meister der Menschheit gewesen. Ganzheit hat viele verschiedene Namen: „Dasein" oder „Buddhanatur" oder „das Selbst" oder „Bewusstsein" oder „offene Intelligenz" oder „Geist" oder „Gott" oder

„Liebe" oder „Wunder", um nur einige zu nennen. Wie auch immer sie es nennen, Millionen von spirituellen Praktizierenden sind heute auf die eine oder andere Weise Schüler der Ganzheit.

Aus der Perspektive eines Subjekt-Objekt-Bewusstseins (der Modus der Wissenschaft und der rationalste Diskurs) ist diese einheitliche Wahrnehmung von Ganzheit eine völlig subjektive Erfahrung – vielleicht sogar eine Halluzination ohne intrinsische Bedeutung – und kein gültiges „Wissen" über die Natur der Realität. Es kann nicht getestet und verifiziert oder gefälscht werden, wie gültige wissenschaftliche Erkenntnisse. So neigt sie dazu, vom „Mainstream" des rationalen öffentlichen Diskurses ausgeschlossen zu werden.

Ganzheit kann ignoriert oder geleugnet werden, aber sie verschwindet nicht. Sie ist selbstvalidierend und wiederbelebend – zum Teil, weil sie nicht nur ein Gefühl der friedlichen Klarheit über die Natur der Dinge mit sich bringt, sondern manchmal auch ein weises Verhalten und sogar eine Art „Gnade" oder Glück hervorruft, die es Menschen mit einer solchen Intuition ermöglicht, einen harmonischen Einfluss auf andere auszuüben. Obwohl viele Menschen heutzutage berichten, dass sie diese Bewusstseinszustände zumindest für kurze Zeit erreicht haben, ist es immer noch äußerst selten, dass jemand eine starke direkte Intuition dieser Ganzheit konsequent stabilisiert und mit der Zeit aufrechterhält.

Zunehmend haben jedoch die Intuitionen der Ganzheit begonnen, die Mainstream-Kultur zu durchdringen. Dieser Trend ist nicht mehr aufzuhalten. Es wird letztendlich zu einer breiten Anerkennung führen, dass die Intuitionen der Ganzheit mit der „Aufmerksamkeit für die Teile" übereinstimmen können, die die Dispositionen von Wissenschaftlern und Forschern informieren und beflügeln.

KONTRAKTIONIEREN AUS DER GANZHEIT

Die alten mystischen Traditionen der Welt erzählen die Geschichte von Ganzheit und Fragmentierung in esoterischer

Weise, und zwar in Bezug auf Bewusstsein und Energie. Diese Darstellung greift direkt das Paradoxon auf, dass, obwohl unsere zugrunde liegende Realität Ganzheit ist, die vorherrschende Erfahrung des Menschen eine der Fragmentierung ist.

Diese Traditionen deuten alle darauf hin, dass göttliche Ganzheit die grundlegendste Natur der Realität ist, und sie ist ungebrochen und makellos – und doch trennt sich der Mensch selbst, indem er zu „Ego" wird, anstatt zu harmonischen Ausdrucksformen und Teilnehmern an dieser ursprünglichen Ganzheit zu werden. Das ist die uralte esoterische Bedeutung von „Sünde" – griechisch *Hamartia,* „das Ziel verfehlen", indem man den Kontakt zur Ganzheit selbst verliert und sie verleugnet. Eine nuancierte prozessorientierte Version dieser ursprünglichen Erzählung besagt, dass das Ego weniger eine Entität als eine *gegenwärtige Aktivität* ist. Alle bewusst verkörperten Wesen erfahren einen reflexiven Schock über ihre Sterblichkeit und Verletzlichkeit und fallen immer wieder in die Trennung zurück, indem sie die Position eines separaten Selbst in einer Welt getrennter Wesen und Prozesse annehmen. Diese gegenwärtige Aktivität findet auf einer „extrem subtilen" oder „kausalen" Ebene des Seins statt, die für das gewöhnliche Bewusstsein völlig unsichtbar ist. Die Ganzheit ist, obwohl sie ungebrochen ist, kein Objekt in unserem Blickfeld und entgeht so unserer Aufmerksamkeit. Aus der Sicht der sterblichen Wesen wird die Ganzheit durch diese Aktivität der Selbstkontraktion immer fragmentiert – so konsequent, dass Trennung überhaupt keine Aktivität zu sein scheint; sie scheint einfach „so zu sein, wie die Dinge eben sind".

Dieses ganze Ereignis der Kontraktion ist ein Prozess in einem kontinuierlichen Feld der Potenz oder Energie – dem Schwingungssubstrat (von den Mystikern als „bewusstes Licht" bezeichnet), von dem uns die zeitgenössische Physik sagt, dass es das „Material" aller Materie und Energie ist. Die erlebten Spaltungen finden in einem Kraft- oder Energiefeld statt, ebenso wie die Reaktionen oder Ergebnisse. So wird die Ganzheit ständig fragmentiert. Und doch ist das nur die halbe Miete – *Ganzheit setzt sich auch immer wieder durch.*

Es besteht die Tendenz, dass gestörte Energie den ursprünglichen kontinuierlichen Fluss oder Kreislauf wiedererlangt. So neigt die innewohnende Ganzheit, die die Natur und Form der Realität ist, immer dazu, sich selbst wieder zu behaupten, sich wieder aufzufrischen oder zu verstärken. Diese Tendenz wird beim Einzelnen subjektiv als Wunsch nach Gesundheit, Bewusstsein, Liebe oder Heilsamkeit erlebt. Der Druck dieses Begehrens steht im Gegensatz zur Tendenz zur Kontraktion, Fragmentierung, Teilung, Solidität und Trennung – dem dualistischen Verstand von „mir und dem", der sich aus der Aktivität der Kontraktion ergibt.

Die Dinge fallen nicht nur lautstark auseinander, sie kommen auch immer wieder leise zusammen. Wunden heilen. Das Immunsystem mobilisiert sich, die Erkrankung nimmt ihren Lauf und die Gesundheit wird wiederhergestellt. Und wir können bewusst an diesem Prozess teilnehmen und ihn intensivieren. Die Wiederbehauptung von Gesundheit und Ganzheit ist stärker, wenn sie von einer starken sympathischen Intuition der vorherigen Einheit oder Ganzheit der Existenz getragen wird. Die zunehmende Fragmentierung um uns herum ruft einen zunehmenden subjektiven Impuls hervor, sich mit anderen aus dem Blickfeld zu verlieren und die Ganzheit wiederherzustellen, wenn wir können.

Die radikalste Lehre über Ganzheit und Fragmentierung findet sich einfach in der vorherigen Einheit aller Gegensätze und bedingten Erfahrungen. Kontraktion erzeugt die Erfahrung von Trennung, Spaltung und Dilemma. Problem oder Dilemma sind die Grundstruktur des menschlichen Leidens. Subtil wird es von allen individuellen Egos, in jeder gewöhnlichen Aktivität, und sogar von traditionellen mystischen und spirituellen Pfaden angenommen, die Wege zur Wiedervereinigung mit einer Ganzheit anstreben, die irgendwie „verloren" gegangen war. Aber das Problem lässt sich nicht radikal aus der Perspektive der Trennung lösen, die es überhaupt annimmt. Die Suche nach Erleichterung bei der Trennung funktioniert nicht. Wir können nur aus dem Traum der Trennung erwachen und erkennen, dass es nicht wahr ist und nie war.

Und in der Zwischenzeit – ganz abgesehen von unserem Streben, der Trennung zu entkommen –, behaupten sich Gesundheit und Ganzheit und Integrität immer wieder neu. Die Faszination für Ganzheit treibt unsere gesündesten und edelsten Entscheidungen und Bestrebungen an. Noch grundlegender als das Suchen ist, dass es in unserem Charakter verwoben ist. Wenn wir also am gesündesten und bewusstesten sind, führen wir ein ganzheitliches Leben.

HERAUSFORDERUNGEN FÜR EIN LEBEN IN GANZHEIT

Ganzheit ist der einfachste und grundlegendste aller Werte und Eigenschaften. Und die bereits beschriebene aufkeimende, sich entwickelnde transrationale Weltanschauung, die alle Ausdrucksformen der Ganzheit umfasst, sollte uns in diesem Bestreben unterstützen, diese Werte zu leben.

Doch ein zeitgenössisches Leben, das Ganzheit verkörpert, erweist sich auf hartnäckige Weise schwer fassbar, zumal unsere Welt so schnell komplexer und fragmentierter wird.

Das menschliche Leben und Bewusstsein sind enorm komplex. Wir erleben uns selbst als individuelle und scheinbar isolierte Menschen, die sich aus vielen Unterpersönlichkeiten und Triebkräften, Fähigkeiten und Leistungsstufen zusammensetzen. Wir befinden uns immer in Kontexten, die von uns verlangen, uns selbst als separate Individuen zu betrachten – wie der relationale Handel, bei dem wir unterschiedliche Rollen haben und von Regeln geleitet werden. Aber die Ganzheit der natürlichen Welt entwickelt sich unaufhaltsam und scheint unseren scheinbar getrennten Identitäten gegenüber gleichgültig zu sein.

Wie können wir die sich schnell verändernde Komplexität einbeziehen? Wir können es nicht. Und es gibt keinen Pause-Knopf – unser Leben konfrontiert uns immer wieder mit diskreten, spezifischen Herausforderungen, die schnelle Antworten erfordern. Also handeln wir, reagieren oder handeln gar nicht. Haben wir die Ganzheit angemessen berücksichtigt? Es gibt keine Quelle für objektives Feedback.

Und so tief, wie wir uns auf allen Ebenen entwickelt haben, bewahren die Gewohnheiten unserer neurologischen Festverdrahtung immer noch einen tiefen Zug primitiver Konditionierung, der dazu neigt, große Abstraktionen wie „das Ganze" als etwas „da draußen" zu begreifen – getrennt vom Selbst, und damit zumindest vorerst nicht wichtig für unser Leben. Für die überwiegende Mehrheit, auch unter scheinbar „hoch entwickelten" Menschen, übertrifft das Wohl des Einzelnen, der Familie, der Gruppe, des Stammes, der politischen Partei, der Stadt oder der Nation das Wohl des Ganzen (das wiederum als eigenständige „Sache" angesehen wird). Dies hilft, die Geringschätzung vieler Politiker und Bürger für unser Klima und unsere Umwelt zu erklären; der mit Teilen beschäftigte Verstand bemerkt nicht, dass die Wirtschaft eine Teilmenge der Ökologie ist. Dieses Denken ermutigt getrennte Selbste und separate Gruppen, gegen „die anderen" um begrenzte Ressourcen zu kämpfen. Es ermutigt und belohnt die Kannibalisierung unserer Erde.

Aber ein System, eine Kultur oder eine Zivilisation, die auf diesem Modell beruht, wird irgendwann auseinander fallen. Da *alles* ein Teil des Ganzen ist, hängt das Wohlbefinden aller Teile von der Gesundheit des Ganzen ab. Das Versagen der Menschen, dies zu sehen und zu verkörpern, hat zu einem Chaos der Trennung geführt, in dem die meisten Individuen und Organisationen auf die eine oder andere Weise „das System ausspielen", um sich auf Kosten des Kollektivs Vorteile zu verschaffen. Unternehmen werden dazu angehalten, die Vorteile ihrer Aktionäre zu maximieren, und das oft auf Kosten der Allgemeinheit. Auch die Bürger spielen mit Unternehmen und Regierungen, wenn sie es können. In dieser Hinsicht ermöglichen wir uns gegenseitig, unser gemeinsames Wohlbefinden zu beeinträchtigen. Jeder von uns funktioniert dann so in etwa wie Krebszellen oder Tumore und schwächt die Gesundheit des größeren Körpers. Wir haben in letzter Zeit eine soziale Komplexität erreicht, die unzählige Verstecke für solche krebsartigen „Meme" erschaffen hat. Das ist es, was das

Chaos, die die Fragmentierung, den Konflikt und die Auflösung verursacht haben, die jetzt überall um uns herum stattfinden.

Unsere drohenden Krisen, die wahrscheinlich seit Jahrhunderten in der Vorbereitung sind, sind das Ergebnis dieses Geistes der Trennung – unzählige Generationen von Menschen, die aus einem Bewusstsein leben, streben und erschaffen, das teilweise durch Angst, Trennung, Spaltung, Spaltung, Konflikt und Konkurrenz definiert und beeinträchtigt ist.

Was ironisch ist und ärgerlich erscheinen kann, ist, dass separatives Denken (auch oft als „Subjekt-Objekt-Bewusstsein" bezeichnet) so verdammt produktiv ist. Die Symbole und Ideen, die so viel Verwirrung, Spaltung, Konflikt und Fragmentierung erzeugen, sind die mentalen Werkzeuge, die paradoxerweise den Fortschritt des menschlichen Wissens ermöglicht haben. Wir trennen unser „subjektives" Bewusstsein von den „Objekten", die wir wahrnehmen, bemerken Unterschiede, identifizieren unsere Präferenzen und bemühen uns um Wirkung. Durch die Trennung der Ganzheit in Einzelteile nehmen wir diese Teile wahr, unterscheiden, analysieren, messen und verstehen sie zunehmend. Dies ermöglicht es uns, Rahmenbedingungen, Kategorien und Kriterien für Wissen, Protokolle für Strenge, Beobachtung und Untersuchung und Techniken zur Anwendung von Wissen auf eine Weise zu konstruieren, die uns im Laufe der Zeit enorme Befugnisse verliehen hat.

Die Kognition über Einzelteile war ein immens starker Zug. Es hat uns ermöglicht, die Gesetze der Physik, die Strukturen der Materie und der lebenden Organismen, die zugrunde liegenden Prinzipien und Dynamiken der Energie sowie die Beziehungen und Wechselwirkungen zwischen unendlich kleinen Teilchen im subatomaren Bereich zu erkennen und zu manipulieren. Es hat uns ermöglicht, die Strukturen lebender Organismen zu verstehen; die fossilen Spuren der biologischen Evolution; und die Geheimnisse des Atoms, der Relativitätstheorie, der Galaxien, der Tiefenraumzeit und des Quantenuniversums. Es hat unsere Entwicklung all der Innovationen ermöglicht, die das menschliche Leben in den letzten fünfhundert Jahren verändert haben.

Die durch das „Wissen um die Teile" erworbene Macht war ein großer Segen. Aber es war auch ein Fluch. Auf der einen Seite war es der Schlüssel zu einem Großteil der menschlichen Kreativität und des Fortschritts durch die weltverändernde Kraft der westlich humanistischen Wissenschaften. Und doch ist es zu einer unbewussten Gewohnheit geworden, die uns von der Quelle unseres Wesens entfremdet hat. Wir sind süchtig danach und werden oft reflexartig in sie hineingezogen. Es ist Teil der „Konsens-Trance". Sie ist eine ständige Verstärkung für eine bestimmte und begrenzte Art des Seins und führt oft zu einem kontrahierten, reduzierenden, verengten Weltbild, durch das ein träger Verstand nur Trennung, Spaltung, Konflikt und Zerstörung wahrnimmt – nicht nur bei Männern und Frauen, sondern auch zwischen Mensch und Natur.

Aber der Verstand der Wissenschaft hat sich seit langem mit den Auswirkungen einer multidimensionalen, sich entwickelnden, integrierten Realität auseinandergesetzt, die auf dem Ganzen basiert und es ausdrückt. Ganzheit steht nicht im Spannungsfeld zur Wissenschaft, sie ist die Botschaft unseres besten wissenschaftlichen Verständnisses des Lebens. Die Wissenschaft ist dabei, die Geschichte der Trennung zu rekontextualisieren und letztendlich zu widerlegen, obwohl die Gewohnheit der Trennung in den Köpfen vieler, auch vieler Wissenschaftler, nach wie vor stark ist.

Im Nachhinein können wir sehen, wie sehr sich die kulturelle Evolution aus dem separativen Bewusstsein heraus entwickelt hat. Aus diesem Bewusstsein und mit den Kräften, die es uns gegeben hat, haben wir eine komplexe globale Zivilisation geschaffen, die eine „Konsensrealität" ausdrückt, die sich weitere radikale Trennung, Spaltung, Konflikt und Konkurrenz ausdenkt, während unsere Wissenschaft uns mitteilt, dass es real und natürlich sei.

Und wir haben ein riesiges Netz von sich schnell verschlechternden und nicht nachhaltigen Institutionen sowie sozialen und ökologischen Bedingungen aufgebaut, die heute die Zukunft unserer Zivilisation und einer menschenfreundlichen Biosphäre bedrohen.

Dieses gewohnheitsbasierte separative Bewusstsein neigt nun *selbst* dazu, zu einer echten Gefahr für unser Überleben zu werden. Es hat uns bereits in eine evolutionäre Sackgasse geführt. Aus diesem Bewusstsein heraus zu handeln kann letztlich nicht effektiv sein. Solche Aktionen verstärken ihre eigenen operativen Annahmen, Gewohnheiten und Muster. „Gute Werke", die aus diesem Bewusstseinszustand heraus geleistet werden, werden uns letztendlich nicht retten. Ob es nun mehr um Bildung, Innovation, Recycling, Konservierung und Gesetzgebung geht; mehr um Spenden, Freiwilligenarbeit, Protest, Organisation und Demonstration; mehr gute Absichten und großartige Ideen; mehr Mühe, mehr Intelligenz; zu wissen, was falsch ist und was möglich ist – nichts davon wird letztendlich gelingen. Wenn wir aus dem trennenden Bewusstsein heraus handeln, werden selbst all die guten Dinge, die wir tun, versehentlich die Trennung verstärken, von der wir ausgehen, so dass unsere guten Taten zwangsläufig zusätzliche Probleme hervorrufen werden.

Fortschritte in Technologie, wissenschaftlichem Wissen, kulturellen Werten, spiritueller Vision und psychologischer Raffinesse verändern die Welt so schnell, dass es reichlich Grund zur Hoffnung gibt. Doch es ist diese niedrigere, primitive Struktur – dieses Bewusstsein, das eher in der Trennung als in der Ganzheit verwurzelt ist –, die ungeschickt und sogar destruktiv auf evolutionäre Herausforderungen reagiert. Es muss alchemistisch transformiert werden, wenn wir zu einer neuen evolutionären Oktave aufsteigen wollen.

Die neuesten Wissenschaften in allen Bereichen, die tiefsten psychologischen Erkenntnisse und spirituellen Lehren der Menschheitsgeschichte – das wird uns nicht retten, bis wir sie in unser Selbst, unsere Institutionen und unsere Kulturen *integrieren*. Sonst bleiben sie wie ungelesene Bücher in den Bibliotheksregalen. Sie werden nur lebendig, wenn sie in uns leben und wir leben sie im Leben.

Etwas noch nie da gewesenes wird von uns jetzt verlangt, wenn wir überleben und gedeihen wollen. Und dass etwas Neues in der Ganzheit und im Bewusstsein begründet sein muss. Es ist, *wer wir sind,* dass das Potenzial für den notwendigen radikalen Sprung birgt. Deshalb untersuchen wir in den nächsten beiden Kapiteln, wie eine evolutionäre Perspektive und ein integraler Rahmen die Grundlage und den Treibstoff für diesen immer dringenderen Imperativ bilden kann.

FÜRSORGE FÜR DAS GANZE: AKTIVISMUS UND ERWACHEN INTEGRIEREN

Wie können wir bewusst in einer tiefen, verbindenden Intuition der früheren Ganzheit verwurzelt bleiben – und von dort aus leben? Wie können wir die bloße Präsenz dieser Ganzheit in der Praxis sein? Wie können wir die Quelle der Ganzheit sein, die die Spaltung heilt?

Es ist vielleicht *die* Frage unserer Zeit. Aktivismus und Erwachen sind zwei große Projekte mit dem Potenzial, auf eine Weise integriert zu werden, die eine tiefgreifende, verborgene und sich weltverändernde Synergie freisetzen kann. Es gibt eine tiefe Verwandtschaft zwischen unserem Drang, die Realität zu erkennen, und unseren Impulsen, die Welt durch unseren engagierten Dienst besser zu machen. Wenn sie sich verbinden, wird unser öffentliches Leben erhoben und energetisiert. Eine höhere Integration von Erwachen und Aktivismus könnte das Potenzial haben, eine Bewegung der Ganzheit zu erzeugen, die unseren aktuellen Herausforderungen der Fragmentierung gerecht wird.

Aber allzu oft fallen Schatten auf diese beiden großen Ziele. Sowohl der Aktivismus als auch das innere Erwachen spüren eine höhere Ganzheit und wollen sie zum Leben erwecken. Aber es ist zutiefst schwierig, Aktivismus oder Erwachen in unserer komplexen, schnelllebigen zeitgenössischen Welt in einer Weise zu verkörpern, die nicht auf subtile Weise naiv, unvollständig, vermeidend, selbstsüchtig oder anderweitig ineffektiv – manchmal sogar destruktiv – ist.

Unsere Resonanz mit der Ganzheit ist grundlegend für unseren Drang zum Aktivismus und zum Erwachen. Ob wir es wissen oder nicht, die meisten von uns sind inspiriert, die Illusion der Trennung zu durchdringen, und sehnen sich auf irgendeiner Ebene danach, alles Gesunde und Edle und Heilige in uns und in der Welt zu integrieren.

Und doch verstehen sich selbst „Erwecker" und Aktivisten gemeinhin als getrennt und entfremdet, wie ich es oben beschrieben habe. Die Gewohnheit des menschlichen Denkens und Sprechens liegt darin, sich vorzustellen, dass wir von dem, woran wir denken und was wir beschreiben, getrennt und unabhängig sind. Der Verstand bildet sich ein, dass jedes Objekt der Aufmerksamkeit für sich allein existiert, getrennt und unabhängig von anderen Objekten wie auch von uns.

In einem Universum von mehr als dreihundert Trillionen-Sonnen und einer erstaunlichen Anzahl von Atomen, subatomaren Partikeln und angeblich, unvorstellbar großen Mengen an „dunkler Materie" und Energie, betrachten wir eine Welt separater Einheiten, und auch wir selbst fühlen uns getrennt. Von dort aus kann die volle Integration von allem wie eine mystische Abstraktion oder ein utopisches Ideal wirken, anstatt inhärent und offensichtlich und ermutigend zu sein.

Wir neigen daher dazu, Ganzheit und Integration aus unserem Aktivismus und Erwachen herauszulassen. Unsere Energien neigen dazu, in die eine oder andere Richtung zu fließen, zumindest in jedem Moment der Erfahrung – inner oder äußerlich, Aktivismus oder Erwachen. Dennoch ist das Erkennen und das Intutieren der zugrunde liegenden Ganzheit der Existenz für die Art von Intelligenz, die unsere Zwangslage – und das Potenzial – erfordert, von wesentlicher Bedeutung.

Aktivismus und Erwachen streben in irgendeiner Weise danach, die Fragmentierung der menschlichen Erfahrung zu heilen. Und das erreichen sie auch teilweise. Das Erwachen kultiviert eine Ganzheit in unserem persönlichen Bewusstsein und Leben, die uns tief in Kontakt mit unserer Erfahrung von Moment zu Moment bringt. Es stellt unsere Beziehung zum Erstaunen, zur

Essenz von Leben und Tod und zu allen fühlenden Wesen wieder her.

Der Aktivismus strebt nach einer Ganzheit in unseren sozialen Beziehungen, unseren politischen und wirtschaftlichen Systemen, unseren Institutionen und unseren Machtstrukturen.

Diese Ausdrucksformen von Innen- und Außenarbeit ergänzen sich, sind aber auf ihre Weise unvollständig. Es liegt auf der Hand, sie in einer größeren Ganzheit zusammenzuführen, die sich auf die Stärken jedes dieser beiden großen Ziele stützt, eine gemeinsame Sache findet und neue Synergien und eine höhere Effizienz hervorbringt. Eine „Bewegung der Bewegungen", wenn man so will – ein Ökosystem der Ganzheit.

Natürlich gibt es große spirituelle Aktivisten – von Jesus von Nazareth über Mahatma Gandhi, Mutter Teresa bis Martin Luther King–, die eine gewisse Integration dieser beiden Ziele, der inneren und äußeren Arbeit, verdeutlicht haben, wie wir im letzten Kapitel gesehen haben. Und es sind immer wieder wichtige öffentliche Konversationen unter spirituell inspirierten Aktivisten aufgetaucht, von den Studenten Gandhis und Kings, über Friedensinitiativen der Quäker bis hin zur katholischen Befreiungstheologie.

Ganzheit drückt sich auch in der modernen Arbeit derjenigen aus, die versuchen, einen erwachten Aktivismus zu entwickeln – darunter engagierte Buddhisten wie Joanna Macy, Tiefenökologen wie Thomas Berry und Brian Swimme, Klimaaktivisten wie Paul Hawken, Bill McKibben, Michael Dowd und Connie Barlow sowie heilige Aktivisten wie Andrew Harvey, Marianne Williamson und Charles Eisenstein. Alle diese Individuen versuchen, den Aktivismus zu entwickeln und den sozialen Wandel im Dienst der Ganzheit voranzutreiben.

Wir wissen auch, dass es unzählige unerkannte „erwachende Aktivisten" gibt, die jeden Tag gute Arbeit leisten. Je mehr wir schauen, desto mehr finden wir diese Alltagshelden und Muster der Ganzheit in der Praxis.

Überall dort, wo Wissenschaft und Spiritualität Wege finden, um in einen authentischen Dialog zu treten, wie z.B. auf den Konferenzen des Mind and Life Institute über Neurowissenschaften und Dharma unter Beteiligung des Dalai Lama, kehrt die Ganzheitlichkeit zurück. In der Klimaenzyklika von Papst Franziskus, die für „integrale Ökologie" eintritt, steckt Ganzheitlichkeit. Es gibt eine Öffnung zur Ganzheit in den Versuchen, unser Wissen über die Evolution von Materie, Leben und Geist als Kapitel in einer einzigen Geschichte zu integrieren, der „Big History", für die David Christian und Bill Gates eintreten.

Dennoch hat eine *Bewegung* – ein breites, selbstbewusstes, kulturell wirksames Aufkommen des erwachenden Aktivismus – noch nicht wirklich Fuß gefasst. Der Diskurs, die Praktiken, Institutionen, Erzählungen, Werte und kulturellen Strukturen und Vereinbarungen einer größeren integralen Ganzheit beginnen gerade erst in Erscheinung zu treten.

DIE GANZHEIT KULTIVIEREN: EINE PRAXIS, EIN PROJEKT UND EIN EVOLUTIONÄRER IMPERATIV.

Sobald wir uns auf die Ganzheit eingestellt haben, können wir anfangen zu sehen, wie sie überall um uns herum auftaucht. Und wenn wir uns ernsthaft verpflichten und uns bewusst auf Ganzheit ausrichten, können wir einen bewusst integrativeren und expansiveren Zugang zu jedem Aspekt unseres Lebens verkörpern. Wir können eine gesündere und wichtigere Beziehung zum Leben entwickeln. Wir können unser Handeln nach holistischeren Standards bewerten. Wir können neue Praktiken schaffen, neue Strategien entwickeln und neue Organisationen bilden, die explizit auf die entstehende Ganzheit ausgerichtet sind.

Wir können eine solche Tendenz zu Aufmerksamkeit und Engagement für die Ganzheit – mit dem Potenzial, der Fragmentierung unserer postmodernen Welt entgegenzuwirken und sie zu transzendieren – als einen *integraler Impuls* bezeichnen und diejenigen, die ihn ausdrücken, als *Integralisten* bezeichnen. Diese Orientierung ist Teil der Antwort auf die dringende Frage unseres Augenblicks: Wie kann Ganzheit *gelebt* werden?

Obwohl ein enormer Wandel – noch in der Zukunft – erforderlich ist, zeichnet sich diese Orientierung glücklicherweise bereits in vielen Bereichen der zeitgenössischen Kultur ab.

Ich hatte das Privileg und das Glück, in den letzten vierzig Jahren an einer Reihe von speziell integralen Initiativen teilzunehmen – von meinem Leben in einem zutiefst integrativen spirituellen Ashram bis zu meiner Arbeit als integraler Lehrer, Coach und kultureller Führer. Ich habe die Geburt dessen erlebt, was ich das *integrale evolutionäre Ökosystem* nenne, das viele solcher Initiativen und Praktizierenden umfasst. Doch neben dem Ausmaß und der komplexen Dynamik unserer Herausforderungen sind alle diese Projekte offensichtlich frühe Versionen von etwas viel Mächtigerem, das noch nicht vollständig entstanden ist.

Trotz unserer gegenwärtigen Kulturen von Separation, Polarisation und Entfremdung sind wir nicht voneinander getrennt oder getrennt. Eine integrale Transformation *von uns selbst* und unserer Beziehung zu diesem größeren Netz sowie die Entdeckung und Entwicklung neuer, ganzheitlicher Seins- und Handlungsweisen werden zu evolutionären Imperativen. Wir werden zu unserer nächsten Evolutionsstufe und zu einer neuen Bewusstseinsebene eingeladen. Wir sind aufgerufen, uns über das ausbeuterische, kannibalisierende Verhalten hinaus zu entwickeln, das aus engstem Eigeninteresse entsteht, und Werte zu verkörpern, die dem größeren Wohl des Ganzen dienen. Wir sind aufgerufen, einen neuen revolutionären Rahmen für unsere globale Kultur zu entwickeln, der auf einer tiefen Erkenntnis unserer Interdependenz, unserer vorherigen und letzten Ganzheit und Einheit basiert. Diese Entwicklung der menschlichen Natur kann durch eine ganzheitliche Praxis gefördert werden, die innere Arbeit mit selbstlosem Dienst und Handeln in der Welt verbindet. In den nächsten beiden Kapiteln werden wir sowohl eine evolutionäre Perspektive (Kapitel 4) als auch einen integralen Rahmen (Kapitel 5) untersuchen, der es uns ermöglicht, eine Einfachheit auf der anderen Seite der Komplexität zu verstehen und zu erreichen, aus der heraus wir Ganzheit auf diese Weise ausdrücken können.

4. Die evolutionäre Perspektive

"Der Konflikt begann an dem Tag, an dem ein Mensch wahrnahm, dass die Naturgewalten nicht unveränderlicher in ihren Bahnen fixiert sind als die Sterne selbst, sondern dass ihre ruhige Anordnung um uns herum den Fluss einer gewaltigen Flut darstellt – den Tag, an dem eine erste Stimme ertönte und zu der Menschheit schrie, die friedlich auf dem Floß der Erde schlummerte: „Wir bewegen uns! Wir gehen voran!"
Es ist ein angenehmes und dramatisches Schauspiel, das die Menschheit bis in die Tiefe in zwei unwiderruflich entgegengesetzte Lager geteilt ist – eines blickt auf den Horizont und verkündet mit all seinem neu gewonnenen Glauben: „Wir bewegen uns", während das andere, ohne ihre Position zu ändern, hartnäckig behauptet: „Nichts ändert sich. Wir bewegen uns überhaupt nicht." - PIERRE TEILHARD DE CHARDIN

Wenn eines der Dinge, die uns plagen, die Fragmentierung der Perspektive und die Einschränkung des Blickwinkels ist, liegt ein Gegenmittel darin, zurückzutreten, tief durchzuatmen und unsere Situation von einem breiteren, stärker integrierten Aussichtspunkt aus zu betrachten – einer evolutionären Perspektive. Dies hilft uns, unsere aktuellen Umstände in eine viel größere Trajektorie von Zeit und Leben zu erfassen.

Die Evolutionstheorie basiert streng biologisch betrachtet auf vielen spezifischen Beobachtungen über Fossilgeschichte, genetischen Mutationen und Anpassungen an sich verändernde Umgebungen. Aber das größere Muster der Entdeckungen zeichnet einen Entwicklungsbogen – über längste Zeitspannen – von einfacheren, weniger bewussten und weniger kooperativen

Lebensformen bis hin zu bewussteren, komplexeren und kooperativen Lebensformen.

Bisher haben wir nur Leben auf dem Planeten Erde beobachten können. Aber wir wissen, dass der Planet selbst seinen eigenen evolutionären Bogen aufweist – von einfacheren bis hin zu komplexeren Kombinationen von Materie und Energie.

Der heutige wissenschaftliche Konsens ist, dass es einen „Urknall" gab, als vor 13,8 Milliarden Jahren Raum, Zeit, Materie und Energie in die Existenz explodierten. Über riesige Äonen hinweg hat sich diese Materie/Energie selbst in Atome, Moleküle, Sterne, Planeten und andere Formen organisiert. Es bildeten sich große Gemeinschaften von Sternensystemen, die Galaxien genannt werden; einige dieser Galaxien haben schwarze Löcher in ihrem Zentrum, die einem Photonegativ der Singularität ähneln, die wir uns im Herzen des Urknalls vorstellen, und die Materie und Licht in die Nicht-Existenz schlucken. All dies zeigt sowohl eine bemerkenswerte Ordnung als auch ein mysteriöses Chaos, das wir erst seit kurzem auf physikalischer Ebene zu verstehen beginnen.

Wir wissen auch, dass sich die menschliche Zivilisation entwickelt hat. Während jede Epoche viele Fortschritte und Rückschritte nach sich zieht, können wir doch, wenn wir die letzten 120.000 Jahre betrachten (beginnend in der Steinzeit und bis in unsere postmoderne Zeit), den gleichen evolutionären Bogen bemerken – von einfacheren zu komplexeren und kooperativeren Organisationsformen.

Und wenn wir über die menschliche Zivilisation sprechen, müssen wir nicht nur biologische Anpassungen, sondern auch technologische Innovationen, soziokulturellen Wandel und die Entstehung eines höheren Bewusstseins berücksichtigen. Dieses höhere Bewusstsein hat sich ebenfalls kognitiv, moralisch, ästhetisch und spirituell entwickelt.

Wenn wir diese multiplen evolutionären Trajektorien zusammensetzen, wird deutlich, dass der Evolutionsprozess nicht auf kosmische, biologische oder kulturelle Evolution reduziert werden kann – er ist grundlegender, als es eine bestimmte wissenschaftliche oder humanistische Disziplin erfassen kann. Diese Geschichte umfasst alles, von der Geburt des Kosmos über die landwirtschaftlichen, wissenschaftlichen und kulturellen Revolutionen der jüngeren Geschichte bis hin zu unseren individuellen Versuchen, die Realität zu verstehen oder ein höheres Bewusstsein zu entwickeln.

Die Geschichte der Evolution ist so umfangreich und allumfassend, dass es töricht wäre, vorzugeben, sie erklären zu können oder zu behaupten, zu wissen, was als nächstes passieren wird. Aber obwohl wir nicht genau vorhersagen können, wohin es führt, können wir – zum ersten Mal in dieser großartigen Geschichte – damit beginnen, bewusst daran teilzunehmen.

DER EVOLUTIONÄRE IMPULS

Wir gehören zu den ersten Generationen von Menschen, die in der Lage sind, die wissenschaftliche Geschichte unserer Herkunft zu betrachten. Und diese Geschichte erzählt uns etwas Tieferes als nur materielle wissenschaftliche Fakten.

Wir können heute erkennen und darüber nachdenken, dass Komplexität und Bewusstsein und Kooperation über Tausende von Millionen von Jahren durch die „zufälligen" Prozesse der biologischen Evolution begünstigt wurden. Zumindest wurden sie durch natürliche Selektion begünstigt. Ohne einer so außergewöhnlichen Kraft magische Qualitäten zuzuschreiben, können wir doch vernünftigerweise davon ausgehen, dass eine bedeutende Sinnhaftigkeit in dieser Richtung liegt. Auf dieser Grundlage lohnt es sich, die Implikationen der Beweise zu synthetisieren und darüber hinaus zu spekulieren.

Es gibt keinen wissenschaftlichen Beweis für unsere Spekulationen. Aber ich schließe mich vielen anderen Menschen an, die es nützlich finden, von einem „evolutionären Impuls" zu sprechen, der in allen Bereichen der Existenz aktiv ist – von der Materie über das Leben bis hin zu Geist und Seele. Es ist bezeichnend, dass dieser Impuls nicht nur durch natürliche Selektion wirkt (was das „Überleben des Stärkeren" im strengsten neodarwinistischen Sinne einschließt), sondern auch auf die scheinbar wundersame Entstehung neuer Potenziale – die im Laufe der Zeit zu größerer Komplexität, raffinierteren Formen der Intelligenz und stärkeren Formen der Kooperation neigen.

Aus seiner Tendenz zu Komplexität und Bewusstsein lässt sich schließen, dass das Universum „irgendwo hingeht", wie es Pierre Teilhard de Chardin ausdrückte. Die ganze Zeit über wollte sie metaphorisch gesehen etwas tun. Was ist das für ein Ding? Was ist der Zweck davon, komplexer und bewusster und vernetzt und kooperativ zu werden?

Es ist, als ob die Evolution die ganze Zeit daran gearbeitet hätte, eine Art und Weise zu erschaffen, sich selbst zu sehen und zu erkennen – und jetzt, in unseren Lebenszeiten, sieht sich das Universum zum ersten Mal mit einer neuen, präziseren Klarheit. Es ist, als ob du und ich die Augen des Universums wären, während es plötzlich sein eigenes Antlitz erblickt. In einem atemberaubenden „Zufall" sehen wir auch gerade jetzt, zur gleichen Zeit, dass wir zusammenarbeiten müssen, um unser Verhalten massiv zu ändern, wenn wir uns weiter entwickeln wollen. Diese uralte evolutionäre Trajektorie, die sich die ganze Zeit über in Richtung mehr Komplexität, Bewusstsein und Kooperation bewegt hat, steht vor der Notwendigkeit, einen Quantensprung im Bewusstsein und in der Kooperation zu manifestieren, um den evolutionären Prozess auf gesunde Weise voranzubringen.

Eine weitere Implikation dieser Geschichte hat mit der Art und Weise zu tun, wie die Evolution in diesen Milliarden von Jahren immer schneller geworden ist. Aus der Perspektive eines einzigen menschlichen Lebens war die Evolution schon immer unbemerkbar. Aber diese allmähliche Beschleunigung der biologischen und dann der kulturellen Evolution hat in unserem Leben eine Geschwindigkeit erreicht, in der die kulturelle Evolution zum ersten Mal für den Menschen sichtbar ist. Wir sind die ersten Generationen von Menschen, die sehen, wie sich diese Veränderungen vor uns in einem Zeitrahmen entfalten, den wir direkt erleben können. Und es liegt eine inspirierende und wirklich spirituelle Botschaft in dieser evolutionären Perspektive.

Diese Verschiebung hin zur bewussten (statt unbewussten) Entwicklung ist von großer Bedeutung. Wie dramatisch ist es, dass wir gerade erst anfangen, es in dem Moment zu sehen, in dem wir die Auswirkungen für unser Überleben sehen und verstehen und darauf reagieren müssen.

Von oben können wir sehen, dass die Evolution mehr ist als eine Theorie oder ein System von Ideen; sie ist der natürliche Kontext aller manifesten Existenz, eine „Kurve, der alle Linien folgen müssen", in den schönen Worten von Pierre Teilhard de Chardin. Es ist das größte Metanarrativ – die Geschichte, in die sich alle anderen Erzählungen einfügen müssen.

Dieses Verständnis der Evolution, das die tiefsten Muster nicht nur der Anpassung, sondern auch der Entstehung verfolgt, zeigt Wege auf, auf denen wir – kollektiv und individuell – aktiv und bewusst an der tiefen Bewegung der großen Entfaltung teilnehmen können. Anstatt nur von den Oberflächenströmungen des Tages gedrückt und gezogen zu werden, haben wir die Fähigkeit, den Verlauf dieser Entstehung bewusst zu beeinflussen.

Wenn es jemals eine Zeit gab, diese Kapazität zu entwickeln, voranzubringen und zu nutzen, dann ist es sicherlich jetzt.

DIE ENTWICKLUNG DES EVOLUTIONÄREN WELTBILDES

Viele der größten philosophischen Denker der letzten dreihundert Jahre waren Pioniere darin, zu lernen, uns selbst mit den Augen der Evolution zu sehen – von Georg Hegel und Friedrich Schelling bis Ralph Waldo Emerson, Walt Whitman und Henry James sen.; von Sri Aurobindo und Pierre Teilhard de Chardin bis hin zu Ken Wilber. Dies wird nun durch das *Big History Projekt* fortgesetzt, wie es von David Christian gelehrt und von Bill Gates verbreitet wird.

Dieser Prozess des Erwachens und der Assimilation zu einer evolutionären Weltanschauung hat sich in einer Reihe von revolutionären Veränderungen in den letzten zwei Jahrhunderten der westlichen Geschichte durch jeden Aspekt der menschlichen Kultur gezogen. Dieser Prozess wirkt sich heute auf alle Bereiche des menschlichen Wissens aus – und verändert sie oft sogar. Aber die weit verbreitete Akzeptanz der Evolution als unserem Kontext sowie der Prozess der Einbeziehung ihrer weitreichenden Auswirkungen in unsere gelebte Erfahrung stecken noch in den Kinderschuhen. Nicht jeder sieht oder akzeptiert diese Weltanschauung; nicht jeder ist ein „Evolutionärer".

Meinungsverschiedenheiten sind vorhersehbar und dem Prozess innewohnend. Natürlich wäre das Entstehen einer wirklich evolutionären Weltanschauung genauso chaotisch wie der Prozess der kulturellen Evolution selbst. Es entwickelt sich zum Teil durch Kontroversen. Kreative Spannung, Differenzierung, Konflikt, Verhandlung, Kooperation, gegenseitige Beeinflussung und Synthese fördern und vertiefen den Prozess. Ähnliche Muster sind in der biologischen Evolution zu erkennen.

Historisch bedeutsame Weltanschauungen sind mächtige, multigenerationelle, groß angelegte Systeme der Übereinkunft. Solche Systeme, wenn wir sie übernehmen, neigen dazu, zu bestimmen, wie wir die Realität und unsere eigenen Identitäten gestalten. Und obwohl diese Vereinbarungen im subjektiven Bewusstsein des Einzelnen bestehen, sind sie weder gänzlich subjektiv noch gänzlich objektiv. Die Strukturen der Weltbilder sind auch „intersubjektiv". Sie besetzen das, was der integrale Philosoph Steve McIntosh den „Vereinbarungsraum" genannt hat, der zwischen Individuen existiert. Und auch sie entwickeln sich ständig weiter.

Neue kulturelle Fortschritte entstehen als Reaktion auf die Unzulänglichkeiten der gemeinsamen Abkommen, die es bisher gegeben hatte. Wir verschieben Grenzen, meist entweder durch Differenzierung von etwas Neuem oder durch Reintegration von etwas, das wir vorübergehend zurückgelassen haben und das nun wieder einbezogen werden muss. Dies fördert den evolutionären Fortschritt. Wenn sich jede nachfolgende Welle neuen Verstehens als unvollständig erweist, folgt eine weitere Welle, und unsere Weltanschauung wird erneut neu gestaltet.

Man denke zum Beispiel daran, dass Isaac Newton – bei weitem der fortschrittlichste Wissenschaftler des frühen achtzehnten Jahrhunderts – öffentlich die Berechnung unterstützt hat, dass Gott die Welt am Sonntag, den 23. Oktober 4004 v. Chr. erschaffen hat. In weniger als 150 zusätzlichen Jahren wissenschaftlicher Beobachtung hatten sich genügend geologische, fossile, anthropologische, zoologische und astronomische Beweise angesammelt, um den wissenschaftlichen Konsens radikal zu verändern. In dieser relativ kurzen Zeitspanne wurde den Wissenschaftlern der Mitte des 19. Jahrhunderts klar, dass die Geschichte unseres Planeten nicht Tausende, sondern viele Millionen Jahre zurückreicht.

Nachdem Darwins *Über den Ursprung der Arten* 1859 erschienen war, begann die Evolutionstheorie schnell – auch in der populären Wahrnehmung – von einer skandalösen Ketzerei zu einer unbestreitbaren (wenn auch noch populär umstrittenen) wissenschaftlichen Tatsache zu werden. Eine ganz neue Welt wurde sichtbar. Anstatt sich vorzustellen, dass wir von Gott nach seinem Bild geschaffen wurden, begannen gebildete, rationale Menschen, eine evolutionäre Sicht der Realität zu entwickeln.

Wir konnten erkennen und akzeptieren, dass wir (und alle Lebewesen) uns über Milliarden von Jahren über Generationen hinweg durch winzige Veränderungen von den einfachsten Lebensformen her entwickelten. Wir erkannten, dass der Mensch nicht nur der ferne Verwandte der Affen und Hunde war, sondern auch der Ameisen, Farne, Quallen und Bakterien. Und unser Gehirn und unser Körper sind die kreativen Rekombinationen des Staubs von längst erloschenen Sternen.

In den Jahrzehnten nach Darwin begannen auch Entdeckungen in der Astrophysik und den Sozialwissenschaften deutlich zu machen, dass die Biologie nicht der einzige Bereich ist, der der Evolution unterliegt. Diese Entdeckungen zeigten, dass die kosmische Evolution die biologische Evolution hervorbrachte, die wiederum die kulturelle Evolution hervorbrachte.

Während all diese Implikationen in unserer Kultur bis zu einem gewissen Grad assimiliert wurden, sind wir noch am Anfang, andere evolutionäre Implikationen zu akzeptieren: dass nämlich die Evolution des Bewusstseins so real und signifikant ist wie die biologische Evolution; dass wir bewusst an der Evolution teilnehmen können; und dass die Evolution sich ihrer selbst bewusst werden kann. Wenn sich das Bewusstsein entwickelt, könnten diese neueren Erkenntnisse der Evolution eines Tages so umfassend verstanden und akzeptiert werden wie die biologische Evolution heute.

Realitätsmodelle, in denen der Mensch als diskrete, getrennte Einheit betrachtet wird – die heute fast universell akzeptiert zu sein scheinen – könnten irgendwann als ebenso veraltet angesehen werden wie der biblische Mythos der Weltschöpfung, der auch in wissenschaftlichen Kreisen vor dreihundert Jahren noch in Kraft war. In der gegenwärtigen evolutionären Weltanschauung verstehen viele von uns bereits, dass wir uns in der Tat ständig in *kreativen* Prozessen verändern und an einem riesigen Drama von sich ständig verändernden Mustern teilnehmen. Wir sind *Aktivitäten*. Nach den Worten von Carter Phipps bricht eine evolutionäre Weltanschauung fortwährend „den Zauber der Beständigkeit".

Aber der Mensch hat gerade erst begonnen, die Auswirkungen dieser „Prozessansicht" vollständig aufzunehmen und zu verinnerlichen. Und wir haben gerade erst begonnen, aus der Perspektive der „Tiefen-Zeit" zu denken, die sich langsame Veränderungen über Millionen und Milliarden von Jahren vorstellen kann. Die allgegenwärtige menschliche Tendenz ist immer noch, unsere dynamischen evolutionären Prozesse auf eine verstockte Erzählung zu reduzieren, die von festen, festen, diskreten, separaten „Dingen" durchzogen wird. Es ist auch viel leichter zu greifen. Und praktisch betrachtet, war dieses Verständnis von uns selbst und dem Leben weitgehend ausreichend für das, wie wir bisher gelebt haben. Aber dieses Denken hat dazu beigetragen, unsere missliche Lage herbeizuführen, und wird unsere Fähigkeit, sie genau zu verstehen und effektiv anzugehen, stark einschränken.

Die Verinnerlichung aller Implikationen einer evolutionären Weltanschauung wird weiterhin ein komplexer kultureller Prozess sein. Diese Weltanschauung zu definieren, zu verfeinern, zu beleben und zu erforschen ist ein riesiges, laufendes kollektives Projekt. Es verbindet viele Disziplinen und eine bemerkenswerte Reihe von Epiphanien zu einer zutiefst leuchtenden und inspirierenden Vision. Diese Vision birgt – vielleicht gerade jetzt – nicht nur erklärende und vorausschauende, sondern auch kreative und entwicklungsbezogene Potenziale.

Um diese Potenziale zu erfüllen, wird die menschliche Vorstellungskraft aufgefordert, enorme, expansive Sprünge über unsere derzeitigen Gewohnheiten des Denkens hinaus zu machen. Aber es wird uns helfen, dies zu tun; wir werden von der Evolution selbst gedrängt, ja sogar dazu gezwungen, dies jetzt zu tun.

DER INHÄRENTE OPTIMISMUS DER EVOLUTION

Der Wissenschaftsphilosoph Holmes Rolston[24] weist darauf hin, dass unsere „ Big History" auch „drei Big Bangs" beinhaltet. Der erste Urknall, den wir unter diesem Namen kennen, fand – nach unserem heutigen Stand der Wissenschaft – vor 13,8 Milliarden Jahren statt. Er brachte die Raumzeit und die Materie und Energie und unser Universum von Milliarden von Galaxien hervor – was wir die Physiosphäre nennen können. Der zweite Urknall, durch den das Leben aus der Materie hervorging, ist heute auf etwa 3,8 Milliarden Jahre alt, als die ersten einzelligen Prokaryoten aus der Ursuppe auftauchten und die so genannte Biosphäre hervorbrachten. Der dritte Urknall fand vor etwa einer Million bis 120.000 Jahren statt, als das menschliche Bewusstsein, die Sprache und das kollektive Lernen – das, was wir Kultur nennen – zum ersten Mal auftauchten.

Beim ersten Urknall, als die Physiosphäre entstand, erschienen Photonen und die ersten Wasserstoff- und Heliumatome, dann die ersten Sterne und Galaxien, dann Planeten und einige zusätzliche Elemente – und schließlich manifestierten sie durch Supernovas schwerere Elemente und komplexere Planeten. Aber all diese evolutionären Veränderungen geschahen nur *sehr* langsam über Hunderte von Millionen oder Milliarden von Jahren.

Auf unserem Planeten wurde dieses Muster vor etwa 3,8 Milliarden Jahren abrupt verändert, als die ersten lebenden Zellen während des von Rolston so genannten zweiten Urknalls entstanden. Zellen entwickelten sich, erhielten schließlich Kerne, begannen sich sexuell zu vermehren und wurden zu mehrzelligen Organismen; sie differenzierten und manifestierten mit der Zeit Ökosysteme, die nicht nur die Ozeane, sondern auch das Land und sogar die Atmosphäre durchdrangen. Die Evolution beschleunigte sich bis zu dem Punkt, an dem große Veränderungen in nur wenigen Millionen und sogar Hunderttausenden von Jahren gemessen werden konnten. Mikroben und Algen tauchten auf, dann Weichtiere und Gräser und Farne, dann Insekten und Amphibien und Fische, und Urwälder und Reptilien – und schließlich Primaten –, die sich alle in unzähligen komplexen Ökosystemen zusammen entwickelten. All dies geschah über Epochen hinweg, die dramatische Auslöschungs- und Kataklysmenereignisse, aber auch immer komplexere und kooperative und miteinander verbundene – und schließlich bewusstere – Lebensformen umfassten.

Der dritte Urknall war das Erscheinen von Menschen, Bewusstsein und Kultur auf der Erde. Dieser dritte Urknall brachte das innere Universum des Denkens und der Sprache und Bedeutung hervor – was manchmal als „Noosphäre" bezeichnet wird. Die Menschen begannen einen Prozess des kollektiven Lernens, in dem wir unsere Fähigkeit verfeinerten, Werkzeuge und Kleidung herzustellen, Feuer zu benutzen, Lebensmittel zu lagern, Sprache und Rituale zu schaffen – und schließlich Landwirtschaft zu betreiben, Tiere zu domestizieren und in Städten zusammenzuleben. Und diese kulturelle Evolution vollzog sich viel schneller als frühere evolutionäre Fortschritte, mit großen Veränderungen in nur zehntausenden von Jahren und schließlich in nur etwa tausend Jahren – und in jüngster Zeit dramatisch beschleunigend, mit großen Veränderungen in nur hundert Jahren und dann Jahrzehnten.

Dies hat unsere Beziehung zu evolutionären Veränderungen verändert. Bis vor kurzem sind alle Veränderungen – kosmische, biologische und kulturelle – so langsam vorgegangen, dass sie sich der direkten menschlichen Wahrnehmung bis weit darüber hinaus entzogen haben. Aber die kulturelle Evolution bewegt sich jetzt schnell genug, um während eines Menschenlebens direkt wahrnehmbar zu sein – während sie gerade stattfindet. Das ist radikal und neu.

Die menschliche Kultur hat inzwischen begonnen, die Biosphäre und die Physiosphäre neu zu gestalten. Heute wird die Zukunft Tausender von Lebensarten durch menschliches Verhalten bestimmt werden – durch das, was in der Evolution der menschlichen Kultur geschieht. Gleichzeitig sind das menschliche Bewusstsein und die menschliche Kultur immer komplexer und vernetzter, bewusster, kooperativer und voll artikulierter geworden – jetzt mit atemberaubender Geschwindigkeit.

DIE METHODE DER EVOLUTION: DIFFERENZIERUNG UND INTEGRATION

In jedem dieser Big Bangs kommen einige universelle Prinzipien zur Anwendung. Auf jeder Skala sehen wir die Artikulation neuer, einzigartiger Formen und Verhaltensweisen, die interagieren und Konflikte lösen und Spannungen überwinden. Ihre Lösung führt zu neuen Formen der Zusammenarbeit und Integration und Einheit, die wiederum zu einer neuen Differenzierung führen. Dieser Prozess verfeinert sich schrittweise durch aufeinanderfolgende Generationen von Differenzierung und Reintegration – die Merkmale, die wir im Rückblick auf die Evolutionsgeschichte ausmachen können.

Dieser Prozess der „Differenzierung und Integration", wie er oft zusammengefasst wird, führt in nahezu alle Richtungen und verläuft scheinbar zufällig. Aber im Laufe der Zeit besteht der signifikante Trend („ausgewählt" durch den Prozess selbst) darin, dass sich die Evolution von einfacheren, weniger intelligenten Wesen und Lebensformen zu bewussteren, komplexeren und kooperativen entwickelt. Wir entwickeln uns nach oben. Dies scheint dem retro-romantischen Idealismus zu widersprechen, dass der moderne technologische Fortschritt des Menschen einfach eine falsche Wendung auf unserer evolutionären Bahn ist. Wie bereits erwähnt, lassen sich die enorm toxischen Pathologien unseres heutigen menschlichen Fußabdrucks auf der Biosphäre nicht leugnen. Aber es ist auch wichtig zu beachten, dass es in jeder Phase unserer evolutionären Reise hässliche Ungleichgewichte gab – zusammen mit einzigartiger Schönheit. Jede neue Stufe der Evolution hat sowohl „Würden als auch Katastrophen" erzeugt.

Es besteht große Hoffnung in die Kreativität der evolutionären Entstehung. Da die Hoffnung und das Versprechen der evolutionären Geschichte so unwiderstehlich, so inspirierend und letztendlich so positiv (wenn sie von Natur aus chaotisch ist) sind, kann es einige Anstrengungen erfordern, unsere gegenwärtigen Unsicherheiten in der *Ganzheit* zu halten – besonders für diejenigen, die eine evolutionäre Weltanschauung verinnerlicht haben.

Ungeachtet der Weisheit, Neugierde, Perspektive und Widerstandsfähigkeit, die die evolutionäre Weltanschauung mit sich bringt, könnte sie uns auch dazu bringen, uns zu sehr auf die der Evolution innewohnende Kreativität in einer Weise zu verlassen, die subtil (oder nicht so subtil) zu Selbstzufriedenheit oder Abstraktion führt. Wir könnten auf eine schmale Linie zwischen Optimismus und Verleugnung stoßen. Sicherlich erfordert es ein fein abgestimmtes Bewusstsein, einen Weg zwischen Hoffnung und Verleugnung zu gehen.

Dennoch ist ein evolutionäres Bewusstsein durch einen geerdeten Optimismus gekennzeichnet. Es ist eines von mehreren Schlüsselmerkmalen einer Disposition, das uns bei der Bewältigung der Zukunft des „bösen Problems", das uns wahrscheinlich erwartet, gut helfen könnte.

Aus evolutionärer Sicht sehen wir, dass jede Zukunft wahrscheinlich keine Erweiterung vergangener Trends sein wird und dass uns neu entstehende und schöpferische Möglichkeiten wahrscheinlich überraschen werden, meistens eher positiv als negativ.

(Wer hätte die Entstehung des Geistes aus dem Leben oder des Lebens aus der Materie voraussehen können?)

Ebenso werden wir jedes Mal, wenn wir versuchen, Gewalt oder Verderbtheit zu messen, mit Beweisen konfrontiert, dass die Menschheitsgeschichte eine viel gutmütigere und tröstendere Flugbahn aufweist, als wir normalerweise annehmen. Gewalt ist stetig und dramatisch zurückgegangen. Dies wird besonders deutlich, wenn wir es im Kotext jedes Jahrtausends betrachten, aber es ist auch innerhalb den meisten Jahrhunderten deutlich. Es kann nicht geleugnet werden, dass es Fälle von schrecklichem kulturellem Rückfall in die Gewalt gibt, aber es gibt auch anhaltende und oft wundersame Fortschritte. Unser *evolutionärer* Kontext besteht nicht in der erschreckenden Welt der Schwierigkeiten, die wir uns allzu oft vorstellen und miteinander kommunizieren.

Dies schmälert *nicht* die sehr realen und epochalen Gefahren, denen wir ausgesetzt sind. In den kommenden Jahre, Jahrzehnten und darüber hinaus wird es unweigerlich viel zu trauern geben. Aber ein düsteres Gefühl des drohenden Verderbens, *das nicht von einem Gefühl der evolutionären Möglichkeit abgeschwächt* wird, ist nicht nur ungenau, es wird eindeutig nicht unser Bestes hervorrufen. Ich habe seit langer Zeit argumentiert, dass, ob es nun durch Daten bestätigt werden kann oder nicht, eine Art von Grundoptimismus ein moralisches Gebot ist – zumindest eine positive Orientierung in jedem Moment des Lebens .

Gleichzeitig ist es wirklich dringend erforderlich, dass die menschlichen Gesellschaften zu Energiequellen übergehen, die keinen Kohlenstoff in die Atmosphäre spucken; dass wir unseren ökologischen Fußabdruck verkleinern, damit sich gesunde natürliche Lebensräume regenerieren oder gedeihen können; und dass wir unsere dauerhaften und sogar vorübergehenden Schäden am Lebenskörper unseres Mutterplaneten minimieren. Auch diese Dinge sind moralische Gebote. Und es ist auch unerlässlich, dass wir mit allen informierten und intelligenten Perspektiven auf unsere ökologische Situation in Verbindung bleiben – und dass wir wachsen, uns verändern, in Beziehung gehen und uns auf eine Weise verbinden, die die Situation ernst nimmt und effektiv reagiert.

Die evolutionäre Perspektive erfordert letztlich keinen einfachen naiven Optimismus, ebenso wenig wie sie auf einer rein pessimistischen Einstellung besteht. Es spaltet sich nicht in deklarative Extreme auf, sondern fordert *Ganzheitlichkeit*. Sie ruft uns daher auf, uns der Dunkelheit zu stellen, ohne die glaubwürdigen Grundlagen für den Pessimismus mit dem Optimismus über die Potentiale der evolutionären Entstehung aus den Augen zu verlieren.

Sie tut dies in einem Geist des radikalen Glaubens – dem Glauben, dass das, was am inspirierendsten ist, die Realität ist, und dass Leben und Evolution unter allen Umständen erstaunliche Ausdrucksformen finden werden.

INSPIRIERT DURCH DEN KONTAKT MIT DEM IMPULS DER EVOLUTION.

Weil der ganze Kosmos auf natürliche Weise immer seine latente Ganzheit und Göttlichkeit manifestiert und sie in vielerlei Hinsicht ausdrückt – und sich alles immer weiterentwickelt, fortschreitet und sich entwickelt –, können wir es auf einer gewissen Ebene spüren. Wenn wir wach und klar genug sind, kann jeder von uns diesen universellen Impuls intuitiv wahrnehmen, den Fluss erleben, der durch alles fließt (einschließlich uns), und ihn in unserer subjektiven Erfahrung lokalisieren. Es zeigt sich in unseren höchsten Bestrebungen – nach Erwachen, Erleuchtung, Liebe, Freiheit und Freude, und danach, durch unsere Kreativität, Wissenschaft, Industrie, Nächstenliebe und Freundlichkeit einen positiven Unterschied in der Welt zu bewirken. Diese Wünsche sind gesunde Ausdrucksformen der größeren Ganzheit, die unsere Natur ist.

Das Potenzial, die Kraft und die Hebelwirkung, die die individuelle und kollektive Erfahrung dieses „evolutionären Impulses" darstellt, haben ein enormes Potenzial. Einige von uns, die von dieser größeren Geschichte der Evolution inspiriert werden und die eine Chance für eine aktive und bewusste Teilnahme sehen, anstatt nur zuzusehen und darüber zu berichten – nennen sich „Evolutionäre". Unsere Anzahl wächst, ebenso wie unser Verständnis der Auswirkungen und Potenziale der Evolution.

Ein Gefühl des gefühlten Kontakts mit dem „evolutionären Impuls", der auf verschiedene Weise zum Ausdruck kommt, ist eine besondere Eigenschaft der Evolutionären. Viele von uns arbeiten hart daran, Projekte zu schaffen, neue Organisationen, Initiativen, Unternehmen, Konferenzen und Websites zu fördern, Kunden und Studenten zu bedienen oder Blogs, Artikel und Bücher zu schreiben. Einige gehen an die Grenzen, indem sie neue Arten von Organisationen und Führung innovieren und über die Grenzen hinaus gehen, die bisher Unternehmertum, Philanthropie, Gemeinschaftsorganisation, internationale Entwicklung, künstlerische Inspiration, menschliche Ermächtigung und die Neudefinition von Regierungen gespaltet haben.

Es gibt einen innovativen, inspirierenden Geist, der in einer wachsenden Gemeinschaft lebendig ist – ein tiefes Bestreben, zu Diensten zu sein. Es gibt eine Offenheit für den „seltsamen Attraktor" einer aufkommenden höheren Ganzheit – sogar ein Gefühl des Kontakts mit ihr. Wir scheinen das Gefühl zu teilen, dass wir kokreativ an dem teilnehmen, was Alfred North Whitehead „den kreativen Fortschritt in Richtung Neuheit" nannte.

Eine Version dieser selbstbewussten Erregung und des Sinnesbewusstseins war in der italienischen Renaissance zu finden, und unter den französischen Philosophen, den deutschen Idealisten, den kontinentalen Romantikern, den amerikanischen Transzendentalisten und der von ihnen ins Leben gerufenen „New Thought" Bewegung. *Der fühlbare Kontakt mit dem Geist der Evolution* ist auch ein bestimmendes Merkmal der evolutionären Kultur.

Ein gewisses Gefühl für den lebendigen Impuls der Evolution hat mich seit meiner Kindheit inspiriert und angetrieben. Paradoxerweise hat es mich heute noch weiter vorangetrieben, mich den ernüchternden Auswirkungen unserer ökologischen Situation zu stellen.

Und es ist etwas, auf das wir bei der sorgfältigen Vorbereitung auf die vollständigste, kreativste und konstruktivste Antwort auf diese beispiellose Gegenwart und Zukunft bewusst zurückgreifen und darauf aufbauen können. Was bereits eine aufstrebende Bewegung ist, wird entwickelt, erweitert und vertieft werden. Dieser evolutionäre Geist und Impuls kann gezielt in alle Bemühungen zur Unterstützung oder zum Aufbau einer lebenserhaltenden Gesellschaft eingebracht werden. Die Individuen und Gemeinschaften, die diese neue Zukunft miterleben und gestalten werden, werden diejenigen sein, die diese Verbindung zum Impuls der Evolution nicht nur teilen, sondern ihn auch bewusst umsetzen.

EIN EVOLUTIONÄRER SPRUNG

Unsere gegenwärtige Krise ist nicht nur ein historisches, sondern ein evolutionäres Ereignis, das den historischen Wandel transzendiert und unsere Spezies als Ganzes betrifft. Familien, Stämme, Städte und Nationen wurden in unserer historischen Vergangenheit vernichtet, aber andere Familien, Stämme, Städte und Nationen haben weitergemacht. Noch nie zuvor musste die globale menschliche Zivilisation mit Bedrohungen für ihr Überleben rechnen. Noch nie waren wir mit so gravierenden und wahrscheinlich anhaltenden Veränderungen in der planetaren Biosphäre konfrontiert. Erst in jüngster Zeit sind wir in der Lage, uns solche Ereignisse überhaupt vorzustellen.

Tausende von Futuristen, Propheten und Visionären sind sich einig, dass die Menschheit in unserem Leben und dem unserer Kinder und Enkelkinder vor einem radikalen Wandel steht. Einige stellen sich eine „Singularität" im goldenen Zeitalter vor, in der Wissenschaft, Technologie und künstliche Intelligenz es der menschlichen Spezies ermöglichen, sich von Grenzen zu befreien. Andere denken, dass wir in eine Zeit der ökologischen Zerrüttung eintreten, die ein apokalyptisches Ende der menschlichen Zivilisation, wie wir sie kennen, vorwegnimmt. Aber evolutionäre Theoretiker bieten ein Modell, das sowohl das Licht als auch das

Dunkel unseres aktuellen Szenarios berücksichtigt: das Konzept des *punktierten Gleichgewichts*.

Gemäß des Paläontologen Stephen Jay Gould offenbaren die fossile Daten lange Zeiträume des Gleichgewichts, in denen Arten sehr allmähliche evolutionäre Veränderungen durchlaufen haben, unterbrochen von relativ kurzen Zeiträumen, in denen sie schnelle dramatische Veränderungen erfahren. Oftmals ist die kulturelle Evolution einem ähnlichen Muster gefolgt.

Es kann sein, dass die menschliche Spezies jetzt in eine Zeit der so schnellen neuen Anpassung eintritt, dass wir einen Evolutionssprung erleben werden. Diese notwendigen Veränderungen werden psychologischer, kultureller, sozialer, technologischer, politischer und sogar physischer Natur sein. *Der Sprung vermag auch am stärksten im menschlichen Bewusstsein selbst stattfinden* – ein Sprung in dem, was es bedeutet, ein Mensch zu sein. Der aufkommende Sturm globaler und persönlicher Unruhen wird dramatisch neue Entscheidungen und Verhaltensweisen erfordern – in der Tat ganz neue Seinseinstellungen.

Es wird angenommen, dass plötzlicher, dramatischer evolutionärer Fortschritt unter Bedingungen extremer evolutionärer Spannung stattfindet. Obwohl gewöhnliche Ebenen evolutionärer Spannungen langsame, allmähliche Veränderungen aufweisen, erfordern intensive Belastungen ein schnelles und radikales Auftreten. Wo eine Art in ihrem alten Ökosystem seit Zehntausenden von Generationen nahezu unverändert gedeiht hat, muss sie sich heute – in relativ wenigen Generationen – drastisch verändern, um zu überleben und zu gedeihen.

Viele Wissenschaftler und Gelehrte sind sich einig, dass wir in eine dieser „punktierten" Zeiten des schnellen Wandels eintreten – und wir müssen uns schnell wieder anpassen oder werden vergehen. Mit anderen Worten, es kommt jetzt auf uns an! Wir werden uns entweder – schnell – weiterentwickeln, oder untergehen.

Diese Vorgabe, dass wir uns verändern oder untergehen, ist eine natürliche Folge unseres eigenen evolutionären Erfolgs. Ist es nicht ganz natürlich, dass jede intelligente, geschickte Spezies, die Werkzeuge, Sprache, Schrift und Technologien entwickelt, irgendwann erfolgreich werden wird – und dass ihr Erfolg zunehmen und sich beschleunigen würde? Könnte es für eine solche Art auch normal sein, irgendwann ihre Grenzen zu überschreiten, bis sie ihre Umwelt überbevölkert, verschmutzt und erschöpft hat – und das alles, bevor sie vollständig begriff, was sie tat?

William Cattons Buch *Overshoot* von 1980 beschreibt detailliert diese Dynamik. Er stellte fest, dass, wenn irgendeine Art auf einem Planeten (oder einer Insel, einem Teich oder einer Petrischale) entdeckt, wie man die Tragfähigkeit des Planeten (oder einer Insel usw.) auf eine Weise erweitert, dies nicht dauerhaft nachhaltig ist, und sie übervölkern und die Tragfähigkeit übersteigen wird. Wenn das passiert, wird es schließlich die erneuerbaren Ressourcen, von denen es abhängt, abbauen und wichtige nicht erneuerbare Ressourcen erschöpfen. Es ist auch ersichtlich, dass selbst wenn das Problem offenbar wird, es viel Zeit brauchen wird, bis die Art diese Informationen psychologisch, kulturell und sozial verstoffwechselt hat und den koordinierten Willen aufbringt, sich auf einer artenweiten Ebene anzupassen.

Unsere missliche Lage wird daher vielleicht am besten als natürlich und vielleicht – zumindest teilweise – unvermeidlich angesehen. Unser evolutionärer Notfall *könnte* ein völlig vorhersehbares Phänomen sein. Dies gibt uns eine intelligente Grundlage, um die (eher nutzlose) Sorge zu zerstreuen, dass die Menschheit irgendwie eine schreckliche Sünde oder zumindest einen Fehler begangen hat. Wir können aufhören, mit dem Finger auf einen Täter zu zeigen, andere zu beschuldigen oder *irgendetwas* zu beschuldigen – selbst menschliche Gier, Faulheit oder Dickköpfigkeit; sogar kartesische Paradigmen der Trennung, oder patriarchalische Sozialpsychologie, oder mechanistische Denkweisen. Stattdessen können wir als intelligente Spezies zu dem gegenwärtigen Moment gelangen – einer Spezies, die eine bemerkenswerte Trajektorie durch die Menschheitsgeschichte verfolgt hat und nun noch weiter gehen muss.

Nachdem wir aus unseren gröbsten Ursprüngen hervorgegangen waren, entwickelten wir Sprache, Landwirtschaft, Schrift und Literatur und erbauten Kathedralen. Dann haben wir ein Verständnis nicht nur der newtonschen Wissenschaft gewonnen, durch die wir uns industrialisieren konnten, und dann auch der Relativitätstheorie und Quantentheorie, und dann der Genetik, der Neurowissenschaften und der Informationswissenschaften, die zum Internet, zur Nanotechnologie, zur Robotik und zu einer sich beschleunigenden Zukunft unvorstellbarer technologischer Durchbrüche führen. Jetzt nähert sich auch unser Wissen – *und vor allem unser Bewusstsein* – einer Singularität. Sie schreitet nicht nur voran, sondern beschleunigt sich mit unvorstellbarer Geschwindigkeit zu einem radikalen Wandel. Ein großer Übergang ist unvermeidlich, entweder zu einer lebenserhaltenden Gesellschaft oder zu einer düsteren, verödeten menschlichen Zukunft.

Der Schlüssel zur Zukunft der menschlichen Evolution kann nicht auf einen einzigen Faktor oder eine einzige Domäne reduziert werden. Er kann nicht nur ökologisch, technologisch, kulturell, physisch oder sozial sein. Er wird sicherlich all diese Dinge beinhalten, aber die Transformationen, die dieser evolutionäre Druck hervorruft, müssen auch spirituell, ontologisch und psychologisch sein. Wir sprechen nicht nur über die Evolution des menschlichen Verstandes oder Körpers, sondern auch über die Evolution des menschlichen Geistes.

Unsere gesamte Art und Weise, mit uns selbst und miteinander zu sein – individuell, gegenseitig und kollektiv – steht nun unter evolutionärem Druck, radikal neue entstehende Eigenschaften zu manifestieren. Ich glaube, dies erzeugt die Voraussetzungen für ein enormes Potenzial und eine große Hoffnung.

5. Die integrale Revolution

Alles, was von Ewigkeit an in Himmel und Erde geschehen ist, das Leben Gottes und alle Taten der Zeit, sind einfach die Kämpfe des Geistes, um sich selbst zu erkennen, sich zu finden ... und sich schließlich mit sich selbst zu vereinen; er ist entfremdet und getrennt, aber nur, um so in der Lage zu sein, sich selbst zu finden und zu sich zurückzukehren. - GEORG WILHELM FRIEDRICH HEGEL

Mit der Wissenschaft berühren wir das Wahre, das „Es" des Geistes. Mit der Moral berühren wir das Gute, das „Wir" des Geistes. Was würde also ein integraler Ansatz über das Schöne, das „Ich" des Geistes zu sagen haben? Was ist die Schönheit, die im Auge des Betrachters liegt? Wenn wir im Auge des Geistes, des Ichs des Geistes, angelangt sind, was sehen wir dann endlich? - KEN WILBER

Um bei der Bewältigung der Krisen, die die Menschheit und die Erde bedrohen, Fortschritte zu erzielen, müssen wir Wege finden, radikale Veränderungen in unserem Verständnis und Wissen herbeizuführen. Ich werde eine Art des Verstehens und Wissens – oft als *integraler* Ansatz bezeichnet – beschreiben, die ich in meiner eigenen Laufbahn des Lernens sehr wertvoll gefunden habe. Meine Erfahrung hat mir gezeigt, dass dieser Ansatz unsere kognitiven Fähigkeiten zur Bewältigung vieler Arten von Herausforderungen und zur besseren (theoretischen und praktischen) Nutzung der ganzheitlichen, spirituellen, wissenschaftlichen und evolutionären Perspektiven schult und erweitert.

In den letzten zwei Jahrzehnten war einer der bedeutendsten und am dringendsten benötigten Trends in der zeitgenössischen Kultur die Entstehung eines *integralen Impulses* – ein Instinkt, durch verwirrte Kategorien und unzählige Fachgebiete zu sehen, um zu begreifen, was wirklich als Ganzes passiert. Unsere Sprache, unsere Gewohnheiten und unser Verstand neigen dazu, Grenzlinien zu ziehen, die die Realität auf eine Weise trennen, die nur für unseren Verstand real ist. Unsere Spezialwissensbereiche erzeugen fragmentierte Perspektiven auf unsere Welt – die unglaublich komplex und schnell, aber in Wirklichkeit ungeteilt und ganz ist. Die Realität ist ein ungeteiltes Ganzes, in dem wir einen Tanz ganzer Systeme erkennen können, die ihrerseits aus kleineren Ganzen bestehen, und so weiter, „bis zu unseren Zellen, Molekülen, Atomen und Quarks". Ein Begriff für ein solches Verständnis von Ganzheitlichkeit ist das Wort „integral".

Während wir jeden, der Ganzheit versteht und praktiziert, als „integralen" Denker und Praktiker oder „Integralen" (da Integration wirklich im Mittelpunkt ihrer Arbeit steht) bezeichnen können, gibt es auch Bewegungen, Gemeinschaften, Institutionen und Einzelpersonen, die explizit verstehen, was sie im Sinne einer solchen größeren Integration tun, und einige von ihnen nennen sich auch „Integrale". Dies ist eine wichtige, herausfordernde und paradoxe Arbeit, denn Ganzheit ist zutiefst schwer zu erfassen, besonders wenn unsere Welt so schnell komplexer und fragmentierter wird. Sobald wir uns ernsthaft verpflichten und uns bewusst auf Ganzheit ausrichten, können wir einen *bewusst* integrativeren und kohärenteren Ansatz für jeden Aspekt unseres Lebens verkörpern.

Von 2004 bis 2007 nahm ich an einem außergewöhnlichen Experiment zur integralen Kultur teil. Ende 2003 kündigten der integrale Philosoph Ken Wilber und seine aufstrebende Organisation, das Integral Institute (I-I), ihr erstes öffentliches Seminar für den Anfang des folgenden Jahres an. Es fühlte sich an wie ein historischer Moment. Ich hatte noch nie zuvor so viel Geld für ein Seminar ausgegeben, aber es gab keine Zweifel: Ich musste dabei sein. Und ich wurde nicht enttäuscht; das Seminar war erstaunlich intelligent, offenherzig, mehrdimensional und lebendig, und ich empfand die Menschen, die sich dort versammelt hatten, als sehr reizvoll.

Wilbers Ideen hatten Tausende von intelligenten und interessanten Menschen angezogen, und um sein Werk herum bildete sich eine Gemeinschaft von Diskursen. Ich wurde fast sofort eingeladen, dem Kernteam beizutreten, das er zusammenstellte, und sehr schnell wurde ich nicht nur von der Tiefe und der Vortrefflichkeit meiner Kollegen und der Art und Weise, wie wir mit unseren Projekten umgingen, inspiriert, sondern auch von der reichen Matrix wichtiger „integraler" und „evolutionärer" Erkenntnisse in einer Reihe von Bereichen, die so viele von uns inspiriert hatten. Darüber hinaus haben wir an einer Reihe von anspruchsvollen Projekten mitgewirkt. Wir haben mehrere Dutzend öffentliche Seminare zu den Themen Integrale Lebenspraxis, Integrale Führung, Integrale Psychologie, Integrale Ökologie und Nachhaltigkeit sowie Integrale Spiritualität angeboten. Für all diese und viele weitere Studienrichtungen haben wir umfangreiche integrale Praktiken und Lehrpläne entwickelt.

Da die Forschung so lebendig war, wurden viele von uns inspiriert, das integrale Projekt zu neuen Bereichen zu führen und mit Wissenschaftlern und Praktikern in vielen Bereichen zusammenzuarbeiten, insbesondere mit denen, die mit den Strukturen und Phasen der Erwachsenenentwicklung arbeiteten. Aber das Integrale Institut wurde, nachdem es einige Jahre lang schnell gewachsen war, nie vollständig nachhaltig. Wir haben viele Spannungen und Faktoren so gut wie möglich gemeistert, aber unsere Herausforderungen erwiesen sich letztlich als zu gewaltig. Ende 2006 und Anfang 2007 ging das I-I im Wesentlichen für ein Jahrzehnt in den Winterschlaf, während viele seiner Initiativen von einer großen Anzahl neuer, unabhängiger Unternehmen vorangetrieben wurden.

Ein Großteil des ursprünglichem Geistes des I-I's überlebte jedoch. Und er reifte, diversifizierte und fand viele neue Ausdrucksformen. Alumni dieser ursprünglichen Bemühungen haben Graduiertenprogramme, internationale Konferenzen, Unternehmen, Workshops, Schulen, Online-Communities, Podcasts und ein ganzes Ökosystem verschiedener Projekte gegründet. Die integrale Bewegung wächst weiter und durchdringt viele andere Spitzeninitiativen. Anstatt sich nur auf die Förderung des

„integralen Projekts" zu konzentrieren, wurde es zu einem integralen evolutionären Ökosystem – einem lockeren Netzwerk von Praktizierenden, Wissenschaftlern und Gemeinschaften, die kreativ mit Praktizierenden in vielen Bereichen von Kultur und Gesellschaft zusammenarbeiten. Diese gegenseitige Dynamik erhellt neue Pixel des nächsten neu entstehenden Bildes des menschlichen Bewusstseins und der Kultur. Seitdem haben andere Denker zusätzliche Differenzierungen eingebracht, die weitere Ebenen der Komplexität ermöglichten, wie Edgar Morins „komplexes Denken", Otto Laskes „dialektisches Denken" und Steve McIntoshs integrales philosophisches Werk, sowie die metatheoretischen Kritiken von Roy Bashkar, Sean Esbjörn-Hargens, Mark Edwards, Bonnita Roy und anderen.

Wilbers integrale Philosophie ist weit verbreitet, sogar in einigen der höchsten Ebenen von Regierung und Wirtschaft. Obwohl es zahlreiche Kritiker hat, bietet es dennoch kritische Einstellungen, Ansätze und analytische Rahmenbedingungen, die es ermöglichen, einer evolutionären, in Ganzheit geerdeten Trajektorie durch die Krisen, in die wir uns befinden zu folgen. Ich diskutiere Wilber hier ausführlich, weil er bei weitem der einflussreichste und gründlichste integrale Theoretiker ist, außerdem ein enger Kollege, der einen großen Einfluss auf mein Denken hat. Integrales Bewusstsein ist weit verbreitet. Es gibt heute viele integrale Denker, Philosophen und Kulturführer, die alle eine neue Weltanschauung jenseits der Postmoderne erkennen. Viele nehmen das Label „integral" an; aber viele andere kulturelle Innovatoren bezeichnen sich selbst nicht als „integral" und reflektieren und drücken dennoch das aus, was ich als ein wachsendes integrales Bewusstsein empfinde. Ein vielfältiger, lebendiger Diskurs findet innerhalb und außerhalb der integralen Gemeinschaft statt, und dieses aufkommende Konversation ist entscheidend dafür, wie ich denke, dass es seine volle und absolut entscheidende kulturelle Rolle spielen wird.

DER INTEGRALE GESCHMACK

Als ich zum ersten Mal Wilbers integraler Theorie begegnete, war es für mich kaum eine Neuigkeit, dass ich in einer vielfältigen Welt lebe, die von den Wechselwirkungen widersprüchlicher Perspektiven geprägt ist. Die Phänomene scheinen sich wirklich von verschiedenen Aussichtspunkten aus zu unterscheiden. Aber auch Menschen, die es besser wissen, neigen häufig zum „Entweder-Oder-Denken". In diesem Rahmen ist eine Person oder ein Standpunkt richtig und eine andere falsch. In diesen Momenten der Sackgasse ermöglicht die integrale Theorie neue Möglichkeiten. Die integrale Theorie fragt nicht nach „Wer hat Recht", sondern nach „Wie machen wir Sinn aus mehreren scheinbar widersprüchlichen Perspektiven"? Wie Wilber geschrieben hat: „Niemand ist klug genug, um 100 Prozent der Zeit falsch zu liegen", und, besonders resonant, „Jede Perspektive ist sowohl wahr als auch unvollständig".

Es ist unmöglich, die Bedeutung dieser Erkenntnis überzubewerten. Wenn jede Perspektive sowohl wahr als auch unvollständig ist, dann gibt es wirkliche Wahrheit in dem, was wir sehen. Und es gibt eine echte Wahrheit, die von denen gesehen wird, die mit uns nicht einverstanden sind. Und es gibt mehr in der Realität, als jeder sehen kann. Diese Einsicht befreit uns von den Fallen falscher Gewissheiten, und führt uns in ein viel breiteres Bewusstsein. Es führt von der „epistemischen Schließung" – der engstirnigen Gewissheit, dass wir Recht haben – zur „epistemischen Demut" – dem verkörperten Verständnis, dass Wissen ein Prozess ist, der sich ständig weiterentwickelt, so dass es am besten ist, neugierig und offen zu sein und unsere Gewissheiten immer in Frage zu stellen. Glücklicherweise ist dies nicht die ausschließliche Zuständigkeit der integralen Evolutionäre. Es spiegelt sich auch in populären Einstellungen wie „Je mehr ich lerne, desto mehr merke ich, dass ich es nicht weiß." Eine solche Haltung ermöglicht es uns, zuzuhören, so dass wir Wege finden können, die Gräben zwischen uns zu überbrücken, die uns allen schaden.

Wenn man darüber nachdenkt, entwickeln gesunde, intelligente Menschen natürlich Skepsis gegenüber ihren eigenen Ansichten und entwickeln so ihr Denken. Irgendwann in ihrer Reifung beginnt das, was ich einen ausgesprochen integralen „Geschmack" nennen würde, ihre Disposition zu charakterisieren. Aber dies wird auf eine andere Ebene gehoben, wenn es durch spirituelle Einsicht beeinflusst wird. In dem *Plattform Sutra*, einer buddhistischen Schrift, wies der Sechste Patriarch seine Jünger an: „Sollte dich jemand nach einem Dharma fragen, antworte ihm mit dem Gegenteil. Wenn ihr immer mit dem Gegenteil antwortet – da [Gegensätze] für ihre Existenz voneinander abhängen –, werden beide eliminiert und somit nichts zurückgelassen." So wird die radikale Ganzheit des Seins erhellt – Form nicht getrennt von der Formlosigkeit, Handlung nicht getrennt von Nichthandlung, und zwar über „die 36 Paare von Gegensätzen". Und diese Aufklärung steht im Mittelpunkt des integralen Projekts, das nicht nur von höherer kognitiver Komplexität, sondern auch von höheren Bewusstseinszuständen beeinflusst wird.

Hier beschreibe ich das Ideal, das dazu neigt, integrale Sensibilitäten zu beeinflussen und zu organisieren. Es wird selten, wenn überhaupt, vollständig verwirklicht, so wie ich es hier beschreibe. Aber das ist der Geist, der diese entstehende Struktur des Bewusstseins bestimmt.

Da diese integrale Disposition im Grunde genommen holistisch ist, neigt sie dazu, sich nicht in die veralteten Auseinandersetzungen zwischen links und rechts, Fortschritt und Natur, Wissenschaft und Spiritualität einzumischen. Sie versteht und schätzt die Teilwahrheiten in den Einstellungen widersprüchlicher Weltanschauungen. Es ist sowohl ruhig als auch engagiert. Sie ist misstrauisch gegenüber antimodernistischer (oder postmoderner) Angst und Pessimismus, auch wenn sie die grundlegende Bedeutung einer gesunden Biosphäre schätzt. Es resoniert nicht mit der Politik der blinden Wut oder der Reaktion auf einen Kurzschluss. Sie kann intensiv pro-wissenschaftlich sein, ohne in starre szientistische Skepsis zu geraten. Sie ist rational, aber auch emotional verbunden und intuitiv wach. Sie ist spirituell wach, ohne in magisches Denken oder naiven Glauben zu verfallen. Sie beabsichtigt konsequent, zu handeln, ohne der Reaktion nachzugeben. Sie orientiert sich an der Möglichkeit. Und sie hat eine langfristige Perspektive.

Diese Eigenschaften beginnen an vielen Stellen an die Oberfläche zu kommen. Der Philosoph Jurgen Habermas drückt einen integralen Geschmack des Bewusstseins aus, ohne mit dem Wort ‚integral' oder dem „evolutionären" Dialog verbunden zu sein. Ein integrales Bewusstsein hat begonnen, das Denken von Mainstream-Figuren von Papst Francis über Barack Obama bis hin zu David Brooks zu färben. Zukunftsforscher wie Stewart Brand, Kevin Kelley, Larry Page, Bill Gates, John Mackey, Nick Bostrom und unzählige andere stellen sich die Entwicklung der modernen Wissenschaft und Technologie vor, die gelegentlich in neue, integrationistische Bereiche vordringt. Einige europäische Intellektuelle, darunter Habermas, Peter Sloterdijk, Alain Badiou und Bruno Latour, bringen einen integraleren Geschmack in den postmodernen philosophischen Diskurs. Sie werden auf dieser Seite des Atlantiks nicht nur von explizit integralen Theoretikern wie Steve McIntosh, sondern auch von verschiedenen ursprünglichen Denkern von außerhalb dieses Ökosystems wie Jeremy Lent (ein postreduktiver Kognitionshistoriker) und Holmes Rolston III (ein führender Philosoph der Wissenschaft und Religion) unterstützt. Sozialunternehmer, die von Muhammad Yunus, Paul Hawken, Van Jones und Charles Eisenstein inspiriert sind, drücken die Anfänge eines integralen Geschmacks aus, der sich unter Ökoaktivisten und anderen Menschen der amerikanischen Linken entwickelt. Menschen mit ganzheitlichem Bewusstsein werden von politischen Karrieren auf der ganzen Welt angezogen. Es gibt ein integrales und evolutionäres Bewusstsein, das in der aufsteigenden schamanischen Welt erscheint, gekennzeichnet durch verkörpertes Fühl-Wissen, rationales wissenschaftliches Urteilsvermögen und mehrdimensionales Bewusstsein. Dies stellt nur eine winzige Auswahl unter Hunderten von gleichwertigen Beispielen dar. Wenn wir uns entscheiden, uns einzubringen und uns mit ihren Einsichten auseinanderzusetzen, können wir eine greifbare Hoffnung für unsere gemeinsame Zukunft entdecken.

INTEGRALE HALTUNGEN UND HÖHEN

Wilbers integrale Theorie lädt nicht nur zu einer offenen und engagierten Haltung ein, sie bietet auch einige wichtige „orientierende Verallgemeinerungen" an, die zeigen, wie verschiedene Perspektiven miteinander umgehen. Wilber beobachtet die universelle Struktur, wie die großen spirituellen Traditionen der Welt den Prozess des „Aufwachens" aus dem Traum von getrennter Existenz in Ganzheit und dann in hohe meditative Bewusstseinszustände abbilden, und er empfiehlt Meditation als eine zentrale integrale Praxis. Er unterscheidet dies jedoch von dem ebenso wichtigen Prozess des „Aufwachsens" zu einer bewussteren und komplexeren Geisteshaltung, den wir hier diskutieren werden.

Veränderungen in der Art und Weise, wie wir denken, geschehen über die gesamte menschliche Lebensdauer hinweg in einem bemerkenswerten Prozess, der Komplexität und Selbstreflexion aufbaut. Neue Fähigkeiten zum Verständnis von Erfahrungen entstehen, wenn man über seine eigenen Denk- und Wahrnehmungsmuster nachdenken kann. Wie der Entwicklungswissenschaftler Robert Kegan sagte, machen neue Ebenen der Kognition das, was früher Subjekt war, zum „Objekt" und verwandeln das, was unsere Wahrnehmung (Subjekt) unsichtbar geformt hatte, in ein bewusstes Objekt der Wahrnehmung. Während also zum Beispiel ein Säugling vollständig in und mit seinen Gefühlen und Empfindungen, wie Hunger, identifiziert ist, beginnt das sich entwickelnde Kind, diese Empfindungen zu beobachten und Entscheidungen in Bezug auf sie zu treffen – und entscheidet sich zum Beispiel dafür, das Mittagessen zu verschieben, um zu spielen.

Neue Entwicklungsstufen bieten uns mehr Freiheitsgrade von instinktiven Reaktionen, Denkgewohnheiten oder Gefühlsmustern. Jede neue Ebene *transzendiert und beinhaltet* das, was zuvor geschehen ist, so dass sich neuen Kapazitäten aus den Älteren entwickeln. Es ist, als erhielten wir eine größere Höhe, eine „Vogelperspektive", um alles zu sehen. So steht beispielsweise unsere Fähigkeit, abstrakte Gedanken zu lesen und zu verstehen, auf den Schultern unserer Fähigkeit zur Sprache – abstraktes Denken wäre ohne Sprache nicht möglich. Genau wie in der materiellen Evolution, wo Atome die Bausteine von Molekülen sind, die wiederum die Bestandteile von Zellen sind, die zusammen Organismen bilden, so ist die menschliche Entwicklung eine Holarchie[25] von „Großgruppen innerhalb von Großgruppen", was insofern etwas ganz anderes ist als eine Hierarchie von Werten. Atome stehen den Molekülen nicht nach. Ein Fünfjähriger ist kein mangelhafter Zwölfjähriger. Es gibt jedoch Unterschiede zwischen ihren Eigenschaften und Fähigkeiten.

Integralisten verbinden die Erkenntnisse der menschlichen Entwicklung mit der kulturellen Evolution. Wie wir gerade gesehen haben, sind historisch bedeutsame Weltanschauungen mächtige, mehrgenerationale, groß angelegte Konsenssysteme, die bestimmen, wie wir die Realität und unsere eigenen Identitäten gestalten. Sie beginnen erst mit der Zeit Wurzeln zu schlagen. Eine wirklich integrale Weltanschauung würde nach Wilber notwendigerweise die dauerhaften Einsichten umfassen, die aus jeder der vorherigen Wellen der kulturellen Entwicklung kommen. Wir können dies verstehen, wenn wir uns nur drei große Strukturen ansehen – die *vormodernen* (oder *traditionalistischen*), *modernen* und *postmodernen* Weltanschauungen.

Die vormoderne Weltanschauung ist autoritär, religiös und traditionell. Die Moderne ist leistungsorientiert, egalitär und rational. Postmoderne Weltanschauungen betonen eine mitfühlende Sensibilität für sich selbst und andere, fordern Objektivität heraus und drücken liberale, pluralistische Ideale aus. Diese Weltanschauungen existieren in einer historischen Beziehung: Vormoderne, traditionalistische Kulturen begannen vor etwa fünftausend Jahren, moderne vor etwa fünfhundert Jahren und die Postmoderne vor nur 150 Jahren – die in den Bürgerrechtsbewegungen der 1960er Jahre stärker zum Tragen gekommen ist. Die Spannungen zwischen diesen Weltanschauungen sind das allzu vertraute Zeug unserer aktuellen „Kulturkriege".

Es ist wichtig zu erkennen, dass Individuen nicht in eine einzige Weltanschauung eingeordnet werden können; wir drücken normalerweise eine einzigartige Mischung aus Wahrnehmungen, Werten, emotionaler Reife, zwischenmenschlichem Bewusstsein oder einer von mehreren Dutzend anderen verschiedenen Intelligenzlinien aus, von denen jede unterschiedliche Entwicklungsstufen ausdrücken kann. Aber wir alle sind tief von diesen dominanten Weltanschauungen geprägt, und meistens schwingen wir in erster Linie mit einer von ihnen mit.

Integrale Philosophie bietet eine potenzielle Synthese, welche die traditionelle, moderne und postmoderne Perspektiven auf die Realität einschließt und transzendiert. Sie erkennt an, dass die späteren historischen Weltanschauungen auf dem Fundament derjenigen aufbauen, die zuvor entstanden sind, und schätzt dennoch, dass selbst die fortgeschritteneren Perspektiven dazu neigen, blind für bestimmte Werte und Realitäten zu sein, die die anderen Weltanschauungen sehen und sehr schätzen, und dass sie auch blind für die kritische Wechselwirkung dieser Weltanschauungen sind. Da eine integrale Disposition in der Lage ist, scheinbare Widersprüche einzudämmen und sich mit ihnen vertraut zu machen, ist sie im voll ausgereiften Zustand in der Lage, natürlich, spontan und bequem bestimmte Aspekte der Dispositionen aller Weltanschauungen aufzunehmen. Dieses Buch nutzt oft rational moderne und pluralistisch postmoderne Begriffen. In dieser Sprache bemühe ich mich, die notwendigen grundlegenden Tugenden traditioneller Menschen, Werte und Institutionen zu integrieren und auch von indigenen und indigenen Völkern zu lernen.

Eine integrale Disposition versteht, dass wir immer in einer Welt leben, in der diese scheinbar widersprüchlichen Weltanschauungen und Identitäten (aber potenziell synergistische Energien) nebeneinander existieren. Kurz gesagt, eine ganzheitliche Perspektive hilft uns, die Probleme, mit denen wir konfrontiert sind, zu verstehen und andere Menschen in ihrer ganzen Vielfalt besser zu begreifen und mit ihnen zu arbeiten und so zu einer gesunden Kultur beizutragen. Jede dieser anderen Weltanschauungen neigt naturgemäß dazu, in bestimmten Nullsummen-Gewissheiten über die Natur der Realität eingeschlossen zu sein, in der ihr Standpunkt als richtig angesehen wird und alle anderen falsch zu sein scheinen. Strukturen, die sich nicht für eine höhere Integration öffnen können, unterstützen jede Seite unserer Kulturkriege. Eine reife integrale Weltanschauung hat das Potenzial, sich geschickt über den Kampf zu erheben, den Wert aller anderen Standpunkte zu akzeptieren und das kulturelle Gefüge neu zu verflechten.

Die integrale Theorie hat einen paradoxen Zusammenhang zur menschlichen Entwicklung – und einige der Kritiker der integralen Theorie übersehen die reiche Zweiseitigkeit dieser Entwicklungskategorien. Im Gegensatz zu vielen Postmodernisten und Traditionalisten schätzen und befürworten Integralisten die Entwicklung. Andererseits zeigen uns die theoretischen Grundlagen der integralen Theorie eine legitime Grundlage für die Vorstellung, dass Weisheit und die richtige Beziehung zu den Dingen auf allen Ebenen auftritt – und dass die „späteren" Entwicklungsstufen von den „früheren" Ebenen lernen müssen, und umgekehrt. So gibt es beispielsweise eine valide Grundlage für eine integrale Aufwertung der Weisheit und Führung indigener Völker.

Es ist wahr, dass je „höher" wir uns entwickeln, desto komplexer, bewusster und vernetzter werden unsere kognitiven Strukturen, und desto angemessener können sie die komplexen Nuancen unserer Welt berücksichtigen. Andererseits ist man in einem „früheren" Moment dieses Entwicklungsprozesses stärker im Körper und in der lebenden Erde und ihrer Psyche und Anima mundi verwurzelt und wird weniger wahrscheinlich krankhaft voneinander getrennt und in seiner eigenen Komplexität verloren. Der „Boden" ist das Grundlegende und Zentrale und verdient tiefen Respekt und sogar Ehrfurcht. So kann jede Entwicklungsskala auch manchmal angemessen umgekehrt werden, um das zu schätzen, was am wichtigsten ist, und die grundlegende Natur dessen zu schätzen, was uns vorausging.

DREI KONKURRIERENDE WELTANSCHAUUNGEN UND VIER QUADRANTEN

Ken Wilbers philosophische Unterscheidungen waren sehr einflussreich – zum Teil wegen der Art und Weise, wie sie das wissenschaftliche, psychologische, soziologische, philosophische und spirituelle Verständnis aller Weltanschauungen verstanden und integrierten. Eine solche Synthese ermöglicht es uns, das, was uns bevorsteht, aus verschiedenen Blickwinkeln so zu sehen, dass eine umfassendere Antwort möglich ist. Obwohl es wichtige Weltanschauungen gibt – *archaische, magische* und *kriegerische* –, die früher als die „traditionelle" Weltanschauung in der menschlichen Existenz aufgetreten sind, und obwohl neue „integrale" Weltanschauungen entstehen, die über die postmoderne Weltanschauung hinausgehen, werden wir uns zunächst darauf konzentrieren, die drei konkurrierenden Standpunkte, die unter gebildeten Menschen dominieren, weiter zu klären: die *vormoderne* (oder *traditionelle*), *moderne* und *postmoderne* Weltanschauung.

Die integrale Theorie betont zwei wichtige Erkenntnisse, die ihren Ursprung in der traditionellen, vormodernen Weltanschauung haben und erst jetzt von einer großen Anzahl von Menschen vertieft werden. Erstens bieten uns die tieferen, oft geheimen, mystischen Traditionen der Weltreligionen eine außergewöhnliche Karte der höheren meditativen Zustände des menschlichen Bewusstseins, die eine bemerkenswerte Übereinstimmung zwischen den mystischen Traditionen zeigt. Zweitens erkennt die Philosophia perennis, also die gemeinsame Essenz der großen alten Weisheitstraditionen der Welt, verschiedene Ebenen der Existenz an, des „Seins und Wissens", von der Materie über das Leben, den Verstand, die Seele bis hin zum Geist. Dieses Spektrum findet sich in Plotinus und durchdringt die großen Traditionen, darunter den Schriften unzähliger Religionswissenschaftlern. Es wurde angenommen, dass diese „große Kette (oder Nest) des Seins" von Gott „gegeben" wurde, und drückt eine inhärente göttliche Holarchie aus.[26]

Die moderne rationale Weltanschauung ist die *Lingua franca* der ernsthaften Wissenschaft und des Diskurses, der die integrale

Philosophie hervorgebracht hat. Wilber schuf seine Vier-Quadranten-Karte des menschlichen Wissens, indem er mit den Disziplinen begann, die in jeder modernen Universität zu finden sind – zum Beispiel Biologie, Physik, Psychologie, Archäologie, Literatur, Anthropologie und Ingenieurswesen. Wilber stellt fest, dass jede von ihnen die Evolution auf eine Weise beschreibt, in der sie durch progressive Stufen oder Wellen hindurchgeht – aber in jeweils ganz unterschiedlichen Begriffen.

Physik, Chemie und Biologie konzentrieren sich auf verschiedene Aspekte der „äußeren" materiellen Realität und leiten daraus das Verständnis der Gesetze ab, die die Physiologie und das Verhalten einzelner Atome, Moleküle, Sterne, Galaxien, Planeten und Organismen regeln. P*sychotherapie, Spiritualität, Kunst und Literatur* konzentrieren sich auf die innere Realität des einzelnen Menschen. Die Systemwissenschaften, einschließlich eines Großteils der Ökonomie und Ökologie, konzentrieren sich auf das Verständnis der Dynamik des kollektiven Außenverhaltens von Menschen oder von lebenden oder nicht lebenden Systemen. *Ethik und viele Sozialwissenschaften* konzentrieren sich auf das Verständnis der Vereinbarungen, die das Innenleben von Gruppen strukturieren. Nur zwei grundlegende Unterschiede – zwischen Innen und Außen, und zwischen Individuen und Kollektiven – markieren diese vier Bereiche. Jede repräsentiert eine grundlegende Dimension der Realität, in der wir die Entwicklung von Absichten und Werten (Innenräume von Individuen), von Verhalten (Außenräume von Individuen), von Kultur (Innenräume von Kollektiven) und von Systemen (Außenräume von Kollektiven) beobachten können. Zusammengenommen bilden diese vier Quadranten das Verhältnis zwischen den verschiedenen Dimensionen der Realität und den Wissensgebieten. Dieses Schema zeigt die einzigartige und notwendige Perspektive, die jeder von ihnen bietet, und schlägt vor, dass alle vier Bereiche notwendig sind, um jede wichtige Situation zu verstehen und adäquate Lösungen zu entwickeln. (Siehe Abbildung 1.)

Integrales Bewusstsein schätzt auch die Sensibilität und das Bewusstsein, das im postmodernen Weltbild verankert ist, welches die Gültigkeit der Seinsformen verschiedener Kulturen und der vielfältigen Perspektiven im Allgemeinen sowie die Bedeutung unseres Innenlebens schätzt. Durch das Experimentieren mit verschiedenen Ansätzen der psychologischen Forschung, Psychotherapie, spirituellen Praxis, alternativen Heilmethoden und Psychedelika haben abenteuerlustige Postmoderne viele Dimensionen menschlicher Innenräume erforscht und Wissen gewonnen, das für die integrale Synthese zentral ist. Hinzu kommt eine tiefe postmoderne Wertschätzung für das gesamte Netz des Lebens und für ökologische Nachhaltigkeit.

Dennoch ist die Postmoderne, wie integrale Philosophen hervorgehoben haben, auch – vor allem in akademischen Kreisen – zu einer Bastion einer „liberalen" Orthodoxie geworden, die oft Untersuchung und Dissens erstickt und zur kulturellen Polarisierung beigetragen hat. Und doch reift das integrale Bewusstsein aus den grundlegenden Erkenntnissen der Postmoderne und erkennt, dass traditionelle Perspektiven zum Beispiel unterschiedliche Teilwahrheiten offenbaren. Dies vervollständigt das objektive Wissen der modernen rationalen Wissenschaft und ermöglicht eine ganzheitliche Beurteilung der Fülle der objektiven und subjektiven Dimensionen von menschlicher Erfahrung, Wissen, Forschung und Fortschritt.

Integralisten verstehen, dass es unmöglich ist, sich produktiv mit der menschlichen Situation auseinanderzusetzen, ohne diese vielfältigen Dimensionen der Realität zu berücksichtigen – alle Quadranten und alle Perspektiven. Und das bedeutet, sich mit den Hoffnungen, Bedürfnissen und Wünschen von Menschen auseinanderzusetzen, die unterschiedliche Weltanschauungen und Identitäten haben, verschiedene Sprachen sprechen und deren Denken aus verschiedenen Disziplinen kommt. Wir müssen jede Perspektive besser verstehen und erkennen, dass sie alle in uns leben. Unser eigener unbewusster Wunsch, uns von Elementen früherer Weltanschauungen zu distanzieren, erzeugt blinde Flecken oder Schatten, die oft Verbindung und Kreativität nahezu unmöglich machen.

Das menschliche Bewusstsein entstand zuerst bei Menschen, die sich mit dem Überleben beschäftigen und sich auf die Befriedigung grundlegender Bedürfnisse konzentrieren und dabei ein *archaisches* Bewusstsein zum Ausdruck brachten. Wir reiften zu einem magischen Stammesbewusstsein heran, das wahrscheinlich unsere erste semi-kohärente Weltanschauung zum Ausdruck brachte. Aus diesem Bewusstsein heraus überwogen die Machtgötter, und das *mächtige, rechte Kriegerbewusstsein* unserer frühesten Königreichsgesellschaften entstand. Dies sind die Stufen vor dem nachfolgend beschriebenen „traditionellen" Bewusstsein. All diese Weltanschauungen haben nach wie vor Einfluss auf viele Individuen – und in jüngster Zeit haben wir zahlreiche Beispiele auf der Weltbühne gesehen, wo die „Macht bringt Recht"-Position wieder auflebt – obwohl, im weiteren Sinne, diese Formen des Bewusstseins in den letzten fünftausend Jahren an Einfluss verloren haben.

Jetzt werden wir tiefer in die drei großen Weltanschauungen eintauchen, die heute den größten Teil unserer Welt dominieren, und die Eigenschaften von Individuen erforschen, die jede dieser Weltanschauungen am stärksten vertreten. Ein Vorbehalt ist hier angebracht: Im wirklichen Leben drücken nur sehr wenige Menschen eine dieser Weltanschauungen in einer völlig reinen Form aus. Die meisten von uns drücken einen Hybrid aus. Aber da die Strukturen, über die wir hier sprechen, enorm mächtig sind, werden wir uns die Freiheit nehmen, über sie mit Hilfe breiter Verallgemeinerungen zu sprechen, denn dadurch wird noch mehr erhellt, als es verdunkelt wird.

TRADITIONALISMUS HEUTE

Traditionalisten verkörpern viele der vormodernen Werte, die es den Menschen stets ermöglicht haben, sich mit anderen Mitgliedern ihrer ethnischen und religiösen Gruppen zu verbinden und zusammenzuarbeiten. Schon früh entwickelten die Menschen starke neurologische Mechanismen, die uns mit unseren Familien und Stämmen verbinden. Innerhalb des „Wir" unseres Stammes wissen wir, wo wir stehen. Wir sind auch fest verdrahtet, um die Werte der Autorität, Konformität, Loyalität und wahrgenommenen Reinheit zu schätzen, die uns mit „unserer" Tugend und Ordnung und gegen „ihr" Übel und Chaos ausrichten. Die Ansicht ist binär, absolut, schwarz-weiß. So war das Gesetz am Anfang der großen religiösen Traditionen der Welt streng, aber die Menschen wurden fähig, sich für Gott und das Land und andere höhere Werte zu opfern. Die Fähigkeit, das eigene Interesse um der Pflicht willen zu unterordnen, ist der Klebstoff jeder zivilisierten Gesellschaft. Der Traditionalismus ist die Grundlage der Zivilisation und der Kontext der anderen Werte nachstehend.

Traditionalisten sind oft leicht zu erkennen. Ihre Meinungen im – und ihr Einfluss auf – die Öffentlichkeit, insbesondere in den Vereinigten Staaten, machen sie oft zur Karikatur, und ihr Einfluss auf fast alle Aspekte des öffentlichen Lebens gibt den Modernisten und Postmodernisten oft Anlass zur Sorge. Doch während sich der Traditionalismus in den Mitgliedern aller Rassen und Nationalitäten zeigt, wird er in seinen politischeren Aspekten in den Vereinigten Staaten – einschließlich des „Kulturkriegs" gegen politische Progressive, Umweltaktivisten und den internationalen neoliberalen Konsens – viel stärker mit weißen Traditionalisten assoziiert als mit Afroamerikanern, Hispaniern, Asiaten oder Ureinwohnern. (Tatsächlich neigen Traditionalisten unter diesen anderen Gruppen im Großen und Ganzen dazu, politisch recht liberal zu sein, insbesondere in Bereichen der sozialen Gerechtigkeit, aber auch in anderen Bereichen, einschließlich der Akzeptanz der Umweltwissenschaft. Hier ist die ethnische Identität der stärkste Steuerungsfaktor). Trotz unserer Tendenz, in Form von „roten Staaten" und „blauen Staaten" zu denken, ist der Traditionalismus viel stärker mit dem ländlichen oder kleinstädtischen Leben verbunden als mit dem städtischen Leben. Diese Unterscheidung gilt fast überall in den USA. Kleine Städte im Landesinneren Kaliforniens sind im Allgemeinen viel konservativer als große Städte im Süden oder Mittleren Westen. Ein weiteres Merkmal von Traditionalisten – eines, das auf breiter Front zutrifft – ist eine viel stärkere Bindung an den traditionellen religiösen Glauben.

Traditionalisten bleiben sehr wichtige Akteure in der heutigen Gesellschaft. Wegen der Tugenden, die in traditionellen Familien kultiviert werden, sind Traditionalisten in vielerlei Hinsicht die besten unter uns. In Amerika und auf der ganzen Welt verfügen Menschen, die in ländlichen Gebieten leben, die eine starke Arbeitsmoral haben, die sich auf die Sicherheit ihrer Familie und ihrer Traditionen konzentrieren, und die regelmäßig die Kirche besuchen, eher traditionelle Werte und Weltanschauungen. Die besten von ihnen sind fleißig, einfallsreich und belastbar. Trotz ihrer oft politisierten und negativen Ansichten zu Themen wie der Klimawissenschaft leben viele dieser Menschen in einem direkteren Kontakt mit der lebenden Erde und Natur als viele „grüne" Stadtbewohner. Sie können vor Tagesanbruch aufstehen, um zu arbeiten und gehen dann früh ins Bett. Viele haben Geschäfte; sie sind auch oft die Soldaten, Polizisten und Feuerwehrleute, die Ersthelfer, die ihr Leben aufs Spiel setzen, um ihre Gemeinden und die Nation zu schützen. Sie sind unsere Cousins und Nachbarn, die Menschen, mit denen wir dieses Land teilen. Ironischerweise verkörpern Traditionalisten oft die Tugenden, die Postmodernisten vorschlagen, wie Sorgfalt und einen echten Gemeinschaftssinn. Sie geben ihren Familien und ihren Kirchen- und Nachbarschaftsgemeinschaften Priorität, und ihr bürgerschaftliches Engagement ist in der Regel viel höher als bei den meisten städtischen Nicht-Traditionalisten. Ihre Lebenserfahrung wird nicht so konstant durch mentale und virtuelle Abstraktionen vermittelt wie die der städtisch lebenden Wissensarbeiter.

Trotz ihrer oft starren Glaubenssysteme definieren Überzeugungen in den meisten Fällen Traditionalisten nicht so sehr wie Handlungen und Verhaltensweisen. Traditionalisten sind in der Regel praktisch, direkt und konzentrieren sich auf objektive, greifbare Realitäten. So arbeiten sie hart, betonen Eigenverantwortung und verachten Abhängigkeit. Sie jagen und fischen und gründen ihr eigenes Unternehmen.

Wenn sie in die politische Arena betreten und „drill, baby, drill" singen (und aufgeklärte moderne und postmoderne Köpfe daran Anstoß nehmen), basiert dies oft nicht auf einer Missachtung der Klimawissenschaft und des gesunden Menschenverstands (oder was auch immer andere Faktoren zutreffen). Das mag vielmehr daran liegen, dass sie das oft weniger eigenverantwortliche Leben vieler Postmoderne und Modernen mißachten. Dies – kombiniert mit der rechtschaffenen moralischen Überlegenheit und dem dekonstruktiven Relativismus der zeitgenössischen postmodernen Kultur und den gelegentlich rachsüchtigen oder unterdrückenden Exzessen derjenigen, die politische Korrektheit durchsetzen –, sind die Faktoren, die sie wütend gemacht haben, und erklärt die Militanz ihres Zorns – wie auch die Abgrenzungsmentalität, in der sie sich gegenüber überqualifizierten städtischen „Außenseiter" stellen, die ihre Freiheiten und Traditionen zu bedrohen scheinen, ihnen andere Lebensstile aufzwingen und ihr Land an Ausländer ausliefern.

Es gibt natürlich einen großen Haken. Die Komplexität der zeitgenössischen Kultur hat sich in jüngster Zeit über die traditionellen Weltanschauungen hinaus entwickelt – sie selbst sind die kulturelle Erweiterung der Denkweise agrarwirtschaftlicher Gesellschaften. Konformismus fördert nicht die Neugierde. Traditionalisten sind also in unserer postmodernen Welt „überfordert". Traditionalisten neigen dazu, die Erfahrungen in Schwarz-Weiß-Begriffen zu interpretieren, die am stärksten von den Einstellungen der Gruppe bestimmt werden, mit der sie sich identifizieren, wie sie von etablierten Behörden weitergegeben werden. Dies ermöglicht es ihnen, „im Gleichschritt" zu marschieren, was sie politisch mächtiger macht.

Früher wussten Traditionalisten, was wahr war, indem sie auf die Autoritäten blickten – auf die Bibel oder auf Aristoteles oder auf die Edikte des Papstes oder Königs. Die Bereitschaft, sich der Autorität anzupassen, war ein Markenzeichen der traditionellen Moral. Noch heute behandeln Traditionalisten oft die Theologie, die vorwissenschaftlichen Vorstellungen und die Weltanschauungen der alten Schriften als gültiger als das durch die wissenschaftliche Methode erzeugte Wissen. Im heutigen Leben erfüllen die Führer von traditionellen Kirchen, politischen Organisationen und parteipolitischen Medien diese Funktion und sind enorm mächtig. Ihre Basis übernimmt bereitwillig eine gemeinsame soziale Identität und passt sich leicht den Normen an. Das bedeutet, dass sie nicht wirklich rational und modern denken. Sie denken, dass sich ihre Traditionen und Überzeugungen im Laufe der Zeit als vertrauenswürdiger erwiesen haben als abstrakte wissenschaftliche Argumente.

Grundlegende traditionelle Muster liegen der Struktur jedes einzelnen Geistes zugrunde. Wir alle spüren die starke, fest verdrahtete Anziehungskraft der Zustimmung oder Missbilligung der Gemeinschaften und Gruppen, zu denen wir gehören. Deshalb bleibt der Traditionalismus der fundamentalste „Quellcode" für die Erzeugung sozialer Vereinbarungen. Mit diesen Kodizes schaffen wir am ehesten starke Familien und nachhaltige Gemeinschaften. Wenn Nachhaltigkeit *für* Traditionalisten funktionieren kann, werden sie mächtige Verfechter des Kampfes für eine menschliche Zivilisation sein, die eine gesunde Biosphäre unterstützt.

MODERNE RATIONALITÄT

In der Schule lernen wir über die Geschichte der Renaissance, das Zeitalter der Aufklärung, die wissenschaftliche Revolution, die industrielle Revolution und jetzt die digitale Revolution. Diese Geschichte wird gewöhnlich als der Sieg der Vernunft und ihrer wundersamen Kräfte über den primitiven „Aberglauben" erzählt. Das moderne rationale Weltbild setzt sich für universelle Werte wie evidenzbasiertes wissenschaftliches Wissen, individuelle Rechte, Exzellenz und Leistung, Rechtsstaatlichkeit und leistungsorientierten Wettbewerb in einem freien Markt ein. Es bringt intelligentes langfristiges strategisches Denken, Innovation und eine ausgewogene Verantwortlichkeit. Die Moderne konzentriert sich auf die materielle Realität, wobei empirische wissenschaftliche Beweise als die wichtigste, wenn nicht sogar einzige Grundlage für valides Wissen angesehen werden. (Während der Aufklärung forderten moderne Denker die Christen auf, „das Buch der Natur zu lesen", anstatt nur die Bibel.)

Der Moderne ist vor etwa fünfhundert Jahren zusammen mit der Wissenschaft und den freien Märkten auf die Weltbühne gekommen, und sie ist nach wie vor die dominante Weltanschauung in der westlichen Kultur. Obwohl die modernen kapitalistischen Gesellschaften die Welt berühmtermaßen entzaubert und die Biosphäre verwüstet haben, haben sie auch das menschliche Wissen radikal erweitert, die Sklaverei abgeschafft, die universellen Menschenrechte anerkannt, die Demokratie geschaffen und die materiellen Bedingungen für die große Mehrheit der Menschen verbessert.

Der Modernismus ist im besten Fall optimistisch, fleißig, intelligent und in der Lage, seine Ziele zu erreichen. Im schlimmsten

Fall ist er arrogant, weil er glaubt, die Wahrheit zu kennen, er trennt die Welt in „Gewinner" und „Verlierer" und verliert den Überblick über größere Anliegen, einschließlich der tieferen Werte der menschlichen Seele. Durch sein Vertrauen in den unternehmerischen Kapitalismus und die freien Märkte ist er in der Regel sehr wettbewerbsfähig und erfolgsorientiert. Es ist aber auch die Fähigkeit, langfristig nicht nur ethnozentrisch, sondern weltzentriert zu denken. Sein „neoliberaler Konsens" hat das technokratische Regime der offenen Märkte in einer Weltwirtschaft hervorgebracht. Dieses modernistische Projekt wird von den Brüsseler Bürokraten, die die EU führen, und von den amerikanischen Küsteneliten von der Ivy League über die Wall Street bis zum Silicon Valley verkörpert.

Die Moderne ist geprägt von leistungsorientierten Idealen, in denen „die Besten und Klügsten" mit Geld und Prestige belohnt werden. Eine Moral der Proportionalität (man sollte bekommen, was man verdient), die sich auch im Traditionalismus zeigt, nimmt im Modernismus einen starken Platz ein. Es schätzt auch den persönlichen Einsatz und die Problemlösungen zum Wohle der Allgemeinheit. Das Ergebnis ist Erfolg, der Erfolg bringt – aber der Rausch wiederholter Erfolge in einem Bereich kann zu einer Einschränkung der Weitsicht, zu übertriebenem Selbstvertrauen und zur Abhängigkeit von technischen Lösungen führen, die destruktive Downstream-Ergebnisse oder „unbeabsichtigte Folgen" hervorrufen oder verschärfen können.

Die Intelligenz und Kraft des modernen Geistes stammt zum Teil aus der Ermächtigung der Individualität – der Trennung des subjektiven Bewusstseins des menschlichen Individuums von den Objekten, die er beobachtet. Der Übergang zur Moderne brachte ein individuelles Selbst hervor, das buchstäblich „für sich selbst denken" konnte, wie es seine Vorgänger nicht konnten. Aus dieser ursprünglichen Trennung oder Fragmentierung sind viele weitere Fragmentierungen entstanden. Traditionelle Abspaltungen der menschlichen Kultur von der Natur und des Geistes vom Körper waren kein Ausdruck göttlicher Ordnung mehr, sondern galten als Ausdruck objektiver Realität und menschlicher Physiologie – der Realität einer fragmentierten Welt getrennter

Wesen. Die Vernunft wurde als überlegen gegenüber unzuverlässigen Gefühlen und Intuition gehoben. Und es folgte eine weitere Trennung. Die „Wissensdisziplinen" differenzierten immer mehr Fachgebiete, differenzierten zwischen Psychologie und Philosophie, Endokrinologie und Medizin, Zytologie und Biologie, Mensch-Computer-Interface-Design und Informatik – und die Hyperspezialisierung schreitet voran.

Die Differenzierung rutscht jedoch leicht in die Dissoziation, was ein weiterer Grund dafür ist, dass die großen Würden der Moderne von den Katastrophen der Neuzeit begleitet wurden. Die Wissenschaft untersucht nur die beobachtbaren Außenseiten der Realität, die Faktoren, die wahrgenommen und gemessen werden können, so dass sie das Innenleben von Menschen, Kollektiven und allem nichtmenschlichen Leben dominiert (oder, wie Habermas es ausdrückte, „kolonisiert") hat. Die moderne Kultur engagiert sich nämlich durch ihre Fähigkeit zur Objektivierung und Differenzierung vor allem in der *instrumentellen Vernunft,* die die effizientesten Mittel zum Zweck zu bestimmen sucht – oft unter Missachtung der Kosten für andere Menschen, die natürliche Welt und das Netz des Lebens und sogar die eigene Seele. Eine holistische „Visionslogik" ist notwendig, um über diese Kurzsichtigkeit hinaus zu denken und praktische Weisheit zu fördern, und diese Lücke sät die Keime für einen kognitiven Fortschritt in postmoderne Denkstrukturen.

Es ist nicht angebracht, die Modernisten für ihre Grenzen zu beschuldigen, ebenso wenig wie es angemessen ist, die Traditionalisten für ihre Grenzen zu beschuldigen. Es ist für die modernistische Vernunft nicht offensichtlich, dass sie sich selbst entwickelt hat. Sie verwechselt ihre neu entdeckte Fähigkeit, über das, was sie sieht, losgelöst zu reflektieren, mit dem, was sie buchstäblich von der Welt abhebt und es als das sieht, was sie ist. Die Illusion der Objektivität kann zu tiefer Arroganz führen. Subjektive Psyche, Seele, Geist und das Leben selbst werden dann als unzuverlässige Epiphänomene materieller Prozesse betrachtet (die Wilber denkwürdig als „munterer Dreck" bezeichnet). Die uralte Weisheit der Menschheit in den Bereichen Kunst, Moral und Spiritualität wird als rein poetisch und wertlos bei der Bereitstellung von Informationen und der Enthüllung von Wahrheit und Realität angesehen. Der Scientismus usurpiert die tatsächliche wissenschaftliche Praxis. Die moderne Kultur verwarf allmählich das, was über das Wachstum der Seele in höhere Bewusstseinsebenen gelernt worden war. Unser traditioneller Lehrplan für die moralische Entwicklung galt als altmodisch und obsolet. Die höheren transrationalen Dimensionen des Menschen wurden mit prärationellem „Aberglauben" vermengt und delegitimiert.

Obwohl ich denke, dass es fair ist, die Moderne hart zu kritisieren, müssen wir sie ehren und viele ihrer Diskursbedingungen einhalten. Es ist wichtig, das Baby nicht mit dem Badewasser auszuschütten. Es wird mit gutem Grund gesagt, dass der Modernismus zu weit ging und emotional dissoziiert, spirituell tot und an Mitgefühl, Gefühl und gemeinschaftlichen Instinkten verarmte ist. Der moderne rationale Diskurs ist jedoch eine enorme Leistung. Es ist vielleicht unsere unersetzliche Gemeinsamkeit, die einzige Möglichkeit, wie Menschen miteinander reden können, um unsere Meinungsverschiedenheiten friedlich zu beurteilen.

Wir leben in einer Welt, die hauptsächlich von vormodernen Menschen bevölkert wird, deren öffentlicher und offizieller Schwerpunkt jedoch modern ist. Traditionelle Akteure im öffentlichen Raum haben ihre Diskursregeln gelernt, ebenso wie die Postmodernisten. Die Vernunft ist die gemeinsame Sprache, mit der wir einen öffentlichen Dialog über unsere gemeinsamen Interessen als Menschen führen können und durch die wir Intelligenz und Weisheit in unsere gemeinsame Entscheidungsfindung einbringen können. Wir haben einen ausreichenden kulturellen Konsens über Evidenz, Wissenschaft und Vernunft, dass sie die beste gemeinsame Sprache bieten, mit der wir unsere politischen, sozialen und kollektiven Entscheidungen treffen können. Deshalb bietet die Moderne die Struktur der Bedeutungsbildung, die gemeinsame Sprache, in die wir lernen müssen, das zu übersetzen, was wir sonst noch sagen wollen. Wir können neue Werte einbringen, die nicht im Mittelpunkt des bestehenden neoliberalen kapitalistischen Konsenses stehen; aber wenn wir sie rational begründen, können wir mit Menschen kommunizieren, die unsere Weltanschauung nicht teilen. Die Kommunikation über diese Grenzen hinweg ist kostbar und kann der Dreh- und Angelpunkt unseres Überlebens sein.

Eine entscheidende kulturelle Aufgabe für alle intelligenten Menschen besteht darin, den rationalen Diskurs wiederzubeleben und anzuheben sowie ihn auf eine ganz neue Art und Weise relevant und stark zu machen. Wir werden es sicherlich zulassen müssen, dass wichtige Dimensionen der Realität, die sie bisher eher ausgeschlossen hat, einbezogen werden und dass sie aus ungeprüften Annahmen und Gewohnheiten erwacht. Aber unsere Krise erfordert, dass wir Wege finden, um eine echte, energische und kulturweite Untersuchung durchzuführen. Und der rationale öffentliche Diskurs muss aufgefrischt und wiederhergestellt werden, nicht abgerissen durch die zynische „Post-Wahrheit"-Nullsummentaktik („I win – you lose") der politischen und kulturellen Gruppen. Unsere aktuelle Aufgabe besteht darin, unser soziales Gefüge neu zu strukturieren, indem wir prinzipiell an die Vernunft appellieren und uns um unser gemeinsames Wohlbefinden kümmern.

POSTMODERNES BEWUSSTSEIN

Die Grenzen der modernen Weltanschauung konnten nicht überwunden werden außer durch die Entwicklung eines neuen Bewusstseins, aus dem das postmoderne Weltbild hervorging. Das postmoderne Bewusstsein erkannte die Grenzen des „objektiven" Wissens, da es so etwas wie radikale Objektivität nicht gibt. Denn wo Sie stehen bestimmt, was Sie sehen können. Die Sprache, die Sie sprechen, bestimmt, welche Fragen Sie stellen können und welche Antworten Sie hören können.

Das postmoderne Bewusstsein bemerkte auch die Grenzen von Wissen und Reichtum, von Wissenschaft und Fortschritt. Es bemerkte die strukturellen Ungerechtigkeiten, die in die „leistungsorientierten" Marktplätze der modernen Welt eingebaut sind, und setzt sich für marginalisierte Gruppen ein – von indigenen Völkern über Farbige, kolonisierte Subjekte, Frauen bis hin zu geschlechts-nonkonformen Menschen. Und es ist sensibel für das saturierte Unglück, das so oft aus dem „guten Leben" unserer Konsumkultur resultiert. Es weiß, dass „wer auch immer mit den meisten Spielzeugen stirbt" nur ein seelenloses Spiel gewinnt. Es achtet auf Gefühle, Beziehungen, Kommunikation, Psychologie und Spiritualität.

Postmoderne Sensibilitäten sehen und fühlen den spirituellen Bankrott des bloßen egoistischen Wettbewerbserfolgs, besonders wenn er rücksichtslos über die Empfindlichkeiten des menschlichen Geistes und die ökologische Gesundheit der natürlichen Welt hinwegfegt. Das „sensible Selbst", das in der Postmoderne entsteht, spürt seine Beziehung zu allen Lebewesen, der gesamten lebenden Erde. Einige der tiefsten Ausdrucksformen sind die Tiefenpsychologie und die Ökopsychologie, die in der Haltung der Tiefenökologie verwurzelt sind. Der Geist erwacht zu einer neu verzauberten natürlichen Welt und sieht den *natürlichen* Wert der Natur, unabhängig von ihrem instrumentellen Wert für den Menschen.

Der politische Schwerpunkt der Postmoderne bestand darin, die Narrative, die alle Formen institutionalisierter Ungerechtigkeit unterstützt haben – Rassen-bezüglich, religiös, geschlechtsspezifisch und ökologisch – zu dekonstruieren. Sie sieht, dass wissenschaftliche Erkenntnisse nie ganz objektiv und dass sie manchmal durch Kurzsichtigkeit und Arroganz gekennzeichnet sind. Aber dies geht auch leicht zu weit. Der extreme postmoderne Relativismus dekonstruiert alles Wissen und alle Wahrheiten und betrachtet sie als nichts anderes als soziale Konstruktionen. Obwohl diese Kritik sehr ausgefeilt ist, ist sie in den Mainstream eingedrungen und hat eine Öffnung geschaffen, die zynisch ausgenutzt wurde, um unseren kulturellen Moment der „Post-Wahrheit" zu produzieren. Es ist eine eindeutig *postmoderne* Begründung, mit der Apologeten *traditioneller* Werte eine Ablehnung jeder *modernen* rationalen Rechenschaftspflicht gerechtfertigt haben. Die Postmoderne hat versehentlich bei der kulturellen Regression geholfen.

Die philosophische Raffinesse der postmodernen Kritik steht im Gegensatz zur sklerotischen Natur vieler postmoderner Diskurse. Sie neigt dazu, durch „politische Korrektheit" stark behindert zu werden – in einem schwerfälligen Diskurs, der durch erzwungene Terminologien, reflexive Akzeptanz von Viktimisierungs- und Beschwerdehaltungen und mühsame Konsensfindung gekennzeichnet ist. Es ist kein Wunder, dass die Postmoderne nie in der Lage war, mehr zu bündeln als marginale kulturelle, soziale und politische Macht.

Viele Zentren der postmodernen Kultur haben den Kontakt zu wichtigen traditionellen und modernen Tugenden so völlig verloren, dass sie bereit sind, große Bevölkerungsschichten zu beurteilen und zu verachten und dabei eine moralische Überlegenheit für sich in Anspruch zu nehmen. Ironischerweise sind sie sich angesichts ihrer Sorge um das Wohlergehen und die Rechte anderer nicht bewusst, dass sie als Individuen einige der Tugenden fleißiger Traditionalisten nicht verkörpern. Für Traditionalisten erscheinen Postmoderne noch extremer, dissoziierter und arroganter als die neoliberalen Eliten. Für Traditionalisten, die die Stabilität der Werte, die seit langem die Grundlage unserer Sozialvereinbarungen sind, schätzen, wollen und brauchen, erscheinen Postmodernisten wie extreme Modernisten. In ihren extremsten Ausdrucksformen leugnen sie nicht nur alle traditionellen Autoritäten wie Kirche und Staat, sondern scheinen entschlossen zu sein, sie und die Grundlagen der Ordnung in der Gesellschaft in die Luft zu sprengen. Postmoderne scheinen all die Impulse, Wünsche und Begierden freisetzen zu wollen, die die traditionelle religiöse Moral nur knapp unter Kontrolle gehalten hat. Während die postmoderne Kultur die Traditionalisten verunsichert, konzentriert sie sich oft auf den Kampf gegen die Moderne. (Wenn neue Bewusstseinsphasen als Reaktion auf die Einschränkungen der vorherigen Phase entstehen, neigt man dazu, eine Überempfindlichkeit gegenüber diesen Einschränkungen zu entwickeln.) Da der moderne Geist den Kontakt zu höheren Zuständen und Bewusstseinsebenen verloren hat, kann der postmoderne Geist die nicht-westliche Spiritualität idealisieren. So wie der moderne Geist nicht sehen kann, wie er sich aus dem Traditionalismus entwickelt hat, kann das postmoderne Bewusstsein nicht sehen, dass es sich aus der modernen Rationalität entwickelt hat und von ihr abhängt. Es sieht den modernen Geist so, dass er sich vom großen Netz des Lebens so radikal getrennt hat, dass er von Natur aus dazu neigt, es zu zerstören. Das große „Böse" ist in seinen Augen die Moderne – und diejenigen, die moderne Ziele verfolgen. Die Vorliebe der Moderne für das „Tun", für die männliche Handlung in der Beherrschung der Welt, ist ein weiteres Problem, das ausgewogen werden muss, wie postmoderne Menschen fühlen, und zwar durch eine Rückkehr zur weiblichen Kommunion mit der Natur.

Da das postmoderne Bewusstsein sieht, wie die am Boden der Gesellschaft von Dominanzhierarchien heimgesucht werden, neigt es dazu, instinktiv allen Hierarchien als feindlich gesinnt zu betrachten. Viele postmoderne Denker widersetzen sich sogar den reich dokumentierten Entwicklungsstufen, die Wilber als grundlegend ansieht. Wilber hat ausführlich darüber geschrieben, wie der Relativismus und die Abneigung gegenüber Hierarchien, die das postmoderne Bewusstsein charakterisieren, dazu neigen, mit dem Narzissmus der Boomer-, Gen X- und der Millenials zu interagieren, um einen giftigen Eintopf von Weltbild-Pathologien zu erzeugen – Selbstverwöhnung, Selbstgerechtigkeit, Zynismus, dystopische Ökologie und New Age Wunschdenken. Anstatt die kulturelle Evolution zu leiten, stellt diese postmodernistisch geprägte Kultur ein Hindernis für die individuelle und kollektive Gesundheit und das Wachstum dar. Indem sie alle Wahrheiten dekonstruiert, neigt die ungesunde Postmoderne oft dazu, die weitere kulturelle Evolution zu behindern und nicht voranzutreiben. Und indem sie die Strenge und den Optimismus des integralen Bewusstseins (mehr dazu unten) mit den „Übeln" des Modernismus verwechselt, widersetzt sie sich den hier beschriebenen Wahrheiten. Es gibt jedoch einen wichtigen Bereich, in dem die Postmoderne Recht hat, und zwar die Anerkennung unserer ökologischen Situation als das bestimmende Thema unserer Zeit. Wie bereits erwähnt, sind die aktuellen Trends so gravierend wie die extremsten Propheten der Umweltkatastrophe prophezeit haben. Weltanschauungen entstehen in Bezug auf sich ändernde

Lebensbedingungen – und die Lebensbedingungen, die jetzt in einer Zeit des schnellen Klimawandels entstehen, werden am direktesten von der postmodernen Weltanschauung angesprochen.

Wenn wir in einer Welt, die sich in einer ökologischen Krise befindet, navigieren wollen, brauchen wir viele der Erkenntnisse und Empfindlichkeiten des postmodernen Geistes. Die weiter entwickelte Weltsicht, jenseits der Postmoderne, kann selbst als „integral" bezeichnet werden. Wie in jeder neuen Entwicklungsphase ist der integrale Standpunkt als Reaktion auf die Einschränkungen der vorherigen Phase entstanden und er ist sehr empfindlich gegenüber seinen Pathologien. Im Unterschied zur Postmoderne hat die integrale Kultur noch nicht genügend effektive moralische Führung in Bezug auf die ökologische Situation behauptet. Um ihre entscheidende kulturelle Funktion zu erfüllen, darf sie nicht im Widerstand gegen den postmodernen Umweltschutz verharren, sondern muss die kritische ökologische Agenda auf- und beleben und den ganzheitlichen Übergang befähigen, von dem sie weiß, dass er notwendig ist. Die integrale Kultur muss von der Reife geprägt sein, die dem integralen Bewusstsein selbst innewohnt, mit seiner eingebauten Inklusivität und Offenheit für jede Ebene der Wahrheit.

INTEGRALES BEWUSSTSEIN

Das integrale Bewusstsein erkennt die fragmentierte Welt, die der postmoderne „aperspektivische Wahnsinn" hervorbringt, und erkennt, dass darunter eine tiefere, unbemerkte Ganzheit liegt. Spontan beginnt es, die vielen gültigen, aber widersprüchlichen Perspektiven der Menschheit zu integrieren. Sie erkennt die Möglichkeit eines umfassenden Verständnisses einer Realität, in der sich alles, einschließlich Bewusstsein und Kultur, ständig weiterentwickelt. Das integrale Bewusstsein schätzt, dass alle Weltanschauungen – primitiv, traditionell, modern und postmodern – jeweils in engem Kontakt mit verschiedenen dauerhaften Wahrheiten stehen. Und es verspürt die Notwendigkeit, aus den Grenzen postmoderner Gewohnheiten hervorzugehen, um die gesamte Bandbreite der Realität kohärent zu erfassen – von der Göttlichkeit über den Schmutz bis hin zu subatomaren Teilchen. Integrales Bewusstsein versucht, jede Dimension von Entwicklung, Evolution und Erfahrung zu berücksichtigen und zu ehren.

Diese integrale Disposition muss beginnen, ihren Weg in die Einstellungen derer zu finden, die beginnen, über die Grenzen der Postmoderne hinaus zu wachsen. Die integrale Disposition in ihrer wahrsten Verwirklichung ist in der Lage, Widersprüche einzubeziehen. Es ist in der Lage, bestimmte Aspekte der Dispositionen sowohl der rationalen Moderne als auch der pluralistischen Postmoderne bequem einzubeziehen, selbst wenn es die traditionalistischen Menschen, Werte und Institutionen bewertet. Auf der einen Seite ist es geprägt von modernistischem Optimismus, einem pragmatischen, „einfach-machen"-Sinn für persönliches Handeln und kulturellen Fortschritt und einem ausgeprägten Interesse an langfristigen, groß angelegten strategischen Analysen und Umsetzungen. Andererseits ist sie auch gekennzeichnet durch pluralistische kulturelle Sensibilität, ökologische Fürsorge für das gesamte planetare Leben, egalitäre Sorge um die ganze Menschheitsfamilie, tiefe Wertschätzung für weibliche Sensibilitäten und einen warmen Gemeinschaftsimpuls, der auf Empathie und gegenseitiger Zugehörigkeit beruht. Es ist durch intelligentes Erwachen und innere Arbeit spirituell lebendig, inspiriert und informiert. Es ist jedoch nicht „New Agey" in seinem Charakter, oder anti-intellektuell. Und sie ist nicht bereit, durch irgendeine Form der politischen Korrektheit als Geisel gehalten zu werden.

Ken Wilbers weitreichender Überblick der intellektuellen Geschichte versucht, die widersprüchlichen Perspektiven der gesamten Menschheit systematisch mit nur fünf mächtigen Unterscheidungen – Quadranten, Ebenen, Linien, Zustände und Typen – zu berücksichtigen. Wilber präsentiert eine verständliche und geordnete „Theorie von allem". Die „AQAL"-Theorie (steht für All Quadrants/All Levels – oder alle Linien/alle Zustände/alle Typen) bietet eine meisterhafte Rhetorik, die dazu beigetragen hat, enorme Einsichten und kraftvolle Wissenschaft, Dialog,

Praxisinnovationen und Aktivismus zu stimulieren.[27] Diese Synthese ist spannend, weil sie so strukturiert ist, dass sie jeden möglichen Ausdruck menschlicher Erfahrung in einer einzigen, multidimensionalen ganzheitlichen Umarmung honorieren kann.

Eine weitere Möglichkeit, die einzigartigen Eigenschaften des integralen Bewusstseins zu klären, besteht darin, die mit jeder Weltanschauung verbundenen Denkweisen zu identifizieren. *Formal-operationales Denken* (ursprünglich von Jean Piaget beschrieben) wird meist mit dem modernistischen Bewusstsein in Verbindung gebracht, und es neigt dazu, die Realität so wahrzunehmen, dass sie klare, korrekte oder falsche Alternativen innerhalb einer geschlossenen, positivistischen Welt objektiver äußerer Realitäten präsentiert. *Frühes visionslogisches* oder *relativistisches* Denken wird am häufigsten mit postmodernem Bewusstsein in Verbindung gebracht. Es kann die Gültigkeit vieler Perspektiven erkennen, aber es fällt ihm schwer zu erkennen, wie sie integriert werden können. Es ist besser, sich gegen begrenzte Ansichten zu stellen, als eine klare neue Vision zu entwickeln. Die *mittlere Visionslogik* oder das *dialektische* Denken betrachtet die Realität als einen hyperkomplexen „Prozess der Prozesse" sich verändernder dynamischer Systeme und Beziehungen, die natürlich zu Wachstum und Entwicklung neigen. Eine solche dialektische Visionslogik ermöglicht auf natürliche Weise sowohl spirituelle als auch materielle Realitäten, sowohl Fortschritt als auch Ökologie. Es entsteht ein *integrales Bewusstsein,* das auf natürliche Weise intuitiv wahrnimmt, wie widersprüchliche Weltanschauungen und Perspektiven, auch wenn sie sich in scheinbaren Konflikten befinden, sich gegenseitig in ihrer gegenseitigen Entwicklung unterstützen. Es sieht mit Augen, die neue Dimensionen dynamischer Komplexität wahrnehmen können, ohne die Ganzheit aus den Augen zu verlieren.

EINE RADIKALE INTEGRALE ÖKOLOGIE

Wie wir gesehen haben, befinden sich die meisten Menschen in einer konsensuellen Verleugnung über die Schwere unserer ökologischen Krise. Unter denjenigen, die bereit sind, diese Verleugnung zu durchbrechen, hören wir oft eine klare und einfache, moralisch begründete Erklärung der jüngsten Geschichte der menschlichen Gewalt gegen die natürliche Welt. Diese postmoderne Erzählung besagt, dass die Arroganz der weißen europäischen christlichen Männer, die von der modernen Wissenschaft, dem freien Markt und der Geschichte des Kolonialismus angetrieben werden, die Hauptquelle des Ungleichgewichts in unserer Welt war. Ihre Ursünde, die in der Annahme einer Trennung zwischen Mensch und Natur, Selbst und Anderem wurzelt, hat zu dem schrecklichen Problem geführt, die Tragfähigkeit der Erde überschritten zu haben. Nach dieser Erzählung sind der moderne Verstand, die Wissenschaft, die Technologie und der Kapitalismus böse – sie sind die Quelle unserer „falschen evolutionären Wendung".

Ich glaube, dass in dieser zwar wahren, aber unvollständigen Geschichte valide Einsichten zu finden sind – viel mehr, als einige Integralisten zugeben –, aber sie enthält auch enorme Verzerrungen. Das moderne Entwicklungsstadium ist die notwendige Grundlage für postmodernes und integrales Bewusstsein. Und die Moderne ist ein unersetzlicher Verbündeter der Postmoderne, wenn es darum geht, die Achtung vor wissenschaftlichen Erkenntnissen und rationalem Diskurs wiederherzustellen – eine notwendige Aufgabe, wenn es die menschliche Zivilisation vermeiden will, sich selbst zu zerstören.

Gefordert ist eine radikale integrale Ökologie – mit anderen Worten, ein integrales Weltbild, das die Wechselbeziehung des gesamten lebenden Planeten umfasst und vollständig anerkennt.[28] Es drückt ein reifes integrales Bewusstsein aus, das mit dem postmodernen Umweltbewusstsein gemeinsame Sache machen kann, weil beide bereit sind, sich mit den moralischen Implikationen der destruktiven Arroganz der Moderne auseinanderzusetzen. Gleichzeitig ist es bereit, sich mit den pragmatischen, rationalen und technischen Fähigkeiten der Moderne im Dienste angemessenerer und umfassenderer Lösungen zu verbinden. Er erkennt an, dass unsere ökologische und klimatische Situation eine Vier-Quadranten-Affäre ist. Es stellt eine große

Reihe von technischen Problemen dar, aber es ist vor allem ein Problem des Bewusstseins und der Kultur. Ein holistischer Übergang ist zweifellos notwendig, aber er stellt eine große Herausforderung dar, und zwar aus Gründen, die mit der Dynamik der kulturellen Evolution selbst zu tun haben. Eine bescheidene, integrale kulturelle Führung ist erforderlich.

Die Krisen unserer Zeit zügeln uns und werden mit der Zeit von uns allen verlangen, die unbestreitbaren grundlegenden Wahrheiten der Tiefenökologie anzuerkennen (ungeachtet der gemeinsamen Tendenz, dass diese Wahrheiten mit anderen unglücklichen postmodernen Exzessen verschmolzen werden). „Die Natur zu erobern" war in der Tat ein verblendetes Ziel, das letztendlich für unser eigenes Lebenserhaltungssystem äußerst destruktiv war. Die Gesundheit des „Netzes des Lebens" (das von einigen Tiefenökologen mit einer retroromantischen Sehnsucht nach einem illusorischen, unberührten und heiligen Naturzustand versehen wird) ist in Wirklichkeit die irreduzible Grundlage für die Gesundheit der gesamten menschlichen Existenz. Das kann man nicht wegtheoretisieren. Wohin sich die Biosphäre entwickelt, geht auch die Menschheit. Und Postmodernisten irren sich nicht, wenn sie ein atemberaubendes Maß an dynamischer Synergie zwischen Lebewesen bemerken, das auf die Gaia-Hypothese und vieles mehr hinweist. Unsere Biosphäre hat sowohl Außen- als auch Innenräume.

Die innere, „spirituelle" Entdeckung der Tiefenökologie besteht darin, dass das weniger ausgeprägte Bewusstsein von Tieren, Pflanzen und dem miteinander verbundenen Leben auf dem Planeten viel weiser und intelligenter ist, als es sich Modernste und Traditionalisten vorgestellt haben oder vorstellen konnten.

Ein radikal integrales Verständnis von Ökologie verkörpert eine verborgene Synergie zwischen Tiefenökologie und integraler Philosophie. Die Tiefenökologie lädt uns zu einem Perspektivenwechsel über unseren Platz und Zweck im Kosmos ein. Das richtige Verständnis und Verhalten der menschlichen Kultur und des menschlichen Verhaltens, so sagen uns Tiefenökologen, muss in der Wahrnehmung unseres begrenzten Platzes in der größeren

Biosphäre begründet sein, deren Leben und Gesundheit die Grundlage unseres eigenen ist.

Integralisten können hier grundsätzlich zustimmen: Die holarchische Natur der Existenz bedeutet, dass komplexere Lebensformen von den früheren, einfacheren abhängig sind. „Höhere" Ebenen haben mehr Tiefe oder Komplexität, aber „niedrigere" Ebenen sind grundlegender. In einer fragmentierten Welt ist es manchmal notwendig, die Hierarchie auf den Kopf zu stellen und das „Untere" als „wichtiger" zu verehren. Wahrhaft integrales Bewusstsein bewertet die gesamte Spirale oder das gesamte Spektrum der evolutionären Entwicklung. Das Leben hat einen tiefen Wert, der über den der leblosen Materie hinausgeht, denn ohne Materie gäbe es kein Leben. Dies gilt auch für jede Lebensschicht auf der Erde: Jede neu entstehende Lebensform entsteht untrennbar aus früheren Lebensformen, mit denen sie verwoben sind. Wir sind die Söhne und Töchter der Bäume.

Tiefökologen erkennen, dass menschliches Glück, Gesundheit und Erfüllung von einer gesunden natürlichen Welt abhängen. Sie haben erkannt, dass in unserer historischen anthropozentrischen Arroganz eine tiefe Kurzsichtigkeit liegt. Sie verbringen Zeit in der Natur und erwachen in Bezug auf die ganze Familie des Lebens zu Ehrfurcht und Staunen. Wenn sie sich in die Gemeinschaft mit Pflanzen, Tieren und natürlichen Orten begeben, befreien sie sich von einem zugrunde liegenden Stress, den sie vorher nicht erkannt hatten. Sie erkennen, dass die gesamte Beziehung der industriellen menschlichen Zivilisation zum Leben auf subtile Weise schmerzhaft ist, denn sie hängt von der Trennung ab, von der Anstrengung, die Natur zu unterwerfen und auszunutzen, und von Abgrenzung und Überlegenheit. Dieser Perspektivenwechsel führt zu den psychischen Wurzeln unserer Umweltkrise, die wir nicht nur äußerlich in Form von Ungleichgewichten in der Natur erleben, sondern innerlich, als subtile, feige, getriebene Dissoziation von der verkörperten Beziehung zur natürlichen Welt. Wir werden beflügelt, wenn wir erkennen und fühlen, dass wir viele Beziehungen zu einer größeren Familie des Lebens haben.

Aber die Tiefenökologie ist an sich sehr unvollständig. Um ihre Ambitionen zu erfüllen, muss es in ein integrales Bewusstsein hineinwachsen. Beide dieser Ansichten erkennen an, dass der Mensch Teil eines weitaus größeren, kosmischen Evolutionsprozesses ist, der unserem Leben einen größeren Kontext und Zweck gibt, so dass beide inspiriert sind, mit dem gesamten Netz des Lebens zu kommunizieren um sich darum zu kümmern. Das integrale Bewusstsein erkennt jedoch auch, dass sich das Bewusstsein entwickelt, und dass die innere Evolution genauso wunderbar ist wie die biologische Evolution. Selbst wenn man die Unreife des pathologischen Anthropozentrismus anerkennt, schätzt das integrale Bewusstsein zutiefst die einzigartigen kreativen Potentiale der menschlichen Innenräume, in Individuen und in menschlichen Kollektiven. Das integrale Bewusstsein schätzt die besondere Tiefe, die beim Menschen entsteht, einschließlich der Würde der Moderne und der Grundlagen des Traditionalismus.

Im Gegensatz zum postmodernen Geist der Tiefenökologie erkennt das wahre integrale Bewusstsein also die Heiligkeit in den höchsten inneren menschlichen Potentialen, nicht nur in dem äußeren Netz des Lebens, welches unsere Grundlage ist. Es hat das Potenzial, das ganze Spektrum zu schätzen, sich in Traditionalisten und Modernisten einzufühlen und zumindest im Prinzip respektvoll und effektiv mit ihnen zu kommunizieren; es kann sogar erfolgreich mit den egozentrischen Impulsen des Kriegerbewusstseins ringen. Es überwindet die postmoderne Impotenz, die zwar „der Macht die Wahrheit sagen kann", die aber diese Macht nicht effektiv übernehmen und ausüben kann. Es ruht in einem tieferen Vertrauen in den Prozess der kulturellen Evolution, so dass es sich hybride entstehende Lösungen vorstellen und daran teilnehmen kann, die technologische Fortschritte mit tiefer ökologischer Ehrfurcht und Zurückhaltung kombinieren.

Im Gegensatz zur schwachen relativistischen Postmoderne hat das integrale Bewusstsein also das Potenzial, eine starke kulturelle und soziale Führung und konstruktive (versus dekonstruktive) Kreativität auszuüben. Dies kann sich in allen Bereichen des menschlichen Lebens widerspiegeln, von der Wirtschaft über die öffentliche Ordnung, die Wissenschaft und Technologie des 21.

Jahrhunderts, die akademische Philosophie, die Kunst und Literatur bis hin zur Popkultur. Sie kann uns über die machtlosen „Antihelden" der ironischen postmodernen Kunst hinaus zu einer neuen vollwertigen „post-ironischen" Affirmation menschlicher Werte und Tugenden führen, die sich in unsere ganze natürliche Welt integrieren.

Eine radikale integrale Ökologie wird aber auch über die unreifen Tendenzen der aufkommenden integralen Kultur hinaus erwachen, einschließlich der reaktiven Ablehnung und Distanzierung von den vielen gültigen Dimensionen postmoderner Sensibilitäten und der Tendenz, sich blauäugig vorzustellen, dass die Kreativität der Evolution automatisch alle Probleme lösen wird. Die Entwicklung der menschlichen Kultur und des Menschen ist keineswegs gesichert. Die Ehrfurcht und das Gefühl des Optimismus, das entsteht, wenn wir die Herrlichkeit und Komplexität des evolutionären Prozesses in uns aufnehmen, ist eine starke Inspiration und hilft uns, über vereinfachte materialistische Modelle von Ursache und Wirkung hinaus aufzuwachen. Dennoch ist die Evolution nicht nur ein garantierter linearer Weg von zunehmender Komplexität und Tiefe. Die Dinosaurier waren eine evolutionäre Sackgasse. Sie brachten nicht die nächste Phase des evolutionären Ausdrucks des Lebens hervor. Die Menschen müssen viele gute Entscheidungen treffen, wenn wir nicht zu einer weiteren evolutionären Sackgasse werden wollen.

Eine radikale integrale Ökologie wird auch eine wirklich integrale Spiritualität zum Ausdruck bringen. Es wird transzendentale Spiritualität und Intuitionen höherer Bewusstseinszustände mit ehrfürchtiger Anbetung der immanenten heiligen lebenden Erde integrieren. Es wird zur Göttlichkeit des „Höchsten" und wirklich Universellen erwachen, des nondualen Bewusstseins, das die Essenz und das eigentliche Mysterium der Existenz ist. Aber es wird ebenso wach sein für das, was „tief" und grundlegend ist, den verkörperten Boden aller menschlichen Erfahrung – Erde und Himmel und die vier Richtungen, die von unseren ältesten erdbasierten spirituellen Traditionen verehrt werden, durch die wir unsere Brüderlichkeit und Schwesternschaft mit all unseren inkarnierten Beziehungen (die ganze menschliche und mehr als menschliche Familie, einschließlich der Pflanzengeister und Mitgeschöpfe) zum Ausdruck bringen. Sie wird auch anerkennen, dass der evolutionäre Prozess des „Transzendierens und Einschließens" ungeordnet und unvollkommen ist, so wie wir es auch sind. Was „transzendiert und einbezogen" wird, während wir im Bewusstsein wachsen, wird nicht immer auf eine ganze oder gesunde Weise beherrscht oder erhalten. Es ist nicht regressiv, Aspekte früherer Zustände und Bewusstseinsstrukturen, die nicht vollständig integriert sind, wieder aufzunehmen und zu betonen. Tatsächlich ist dies manchmal notwendig, um ein breiteres Fundament für die Pyramide der totalen Persönlichkeitsentwicklung zu schaffen. Dies gilt insbesondere im Hinblick auf die Wiederherstellung einer vollständigen und gesunden Beziehung zur Natur.

Ob man nun mit einer Sympathie für die Tiefenökologie oder mit einer integralen Theorie beginnt, jeder ernsthafte Beobachter dieses Moments in der Geschichte der Menschheit sollte in der Lage sein zu erkennen, dass wir vor einer Krise stehen, die nicht überwunden werden kann, ohne eine Führung, die auf den dauerhaften Wahrheiten dieser beiden Paradigmen beruht. Und wir können das Beste nicht allein durch technologische Innovation bewahren. Eine drastische Verlangsamung des menschlichen Konsums und die Zerstörung der natürlichen Welt ist unvermeidlich. Das einzige gutartige Szenario, mit dem dies erreicht werden kann, ist eine tiefgreifende und umfassende Kulturwende, ein großer Übergang. Wir werden sowohl innere als auch äußere Veränderungen brauchen, einschließlich der Transformationen der Psychologie und des Verhaltens von Individuen und Gesellschaften. Eine radikale integrale Ökologie ist daher notwendig und unvermeidlich.

SCHAFFUNG EINER INTEGRALEN KULTUR

Die radikale integrale Ökologie zeichnet sich durch Lösungen aus, die sowohl kein „Nullsummen-Spiel" als auch „out of the box" sind.

Nicht-Nullsummen-Spiel bedeutet Win-Win: Der Gewinn einer Partei ist nicht der Verlust einer anderen Partei. Wir werden aufgefordert, einen umfassenderen Blick darauf zu werfen, wer und was an einer Lösung beteiligt ist, damit die Auswirkungen auf die Allgemeinheit – insbesondere die Luft, das Wasser, die Wälder, die Tiere und die Erde, die wir gemeinsam nutzen – nie vernachlässigt werden. Zukünftige Lösungen müssen tatsächlich *„win-win-win"* sein – Gewinne für beide Seiten als auch ein Gewinn für die Gesundheit des Ganzen. Aber nicht auf dogmatische Weise. Win-Win-Lösungen sind nicht immer möglich; manchmal ist es notwendig, für eine einzige Position und gegen eine andere zu kämpfen. Manchmal kann ein integraler Ansatz zur Ökologie einfach nur einen Kampf führen müssen (z.B. für eine CO2-Steuer oder andere geeignete öffentliche Maßnahmen). Da man weiß, dass das Perfekte der Feind des Guten ist, sind Integralisten nicht gelähmt von dem Wunsch, nicht-Nullsummen-Transaktionen zu schaffen, und verpassen keine Gelegenheit, positive Veränderungen zu schaffen. Der integrale Geschmack nimmt die Selbstgerechtigkeit aus der Gleichung heraus, so dass wir tatsächlich hören und menschlich aufeinander reagieren können, anstatt von Identitäten oder Polaritäten gefangen zu werden.

Ein integraler Ansatz wird nicht nur in bekannten „Boxen" oder Kategorien denken, sondern sich lediglich darauf konzentrieren, wie wir unsere bestehenden Systeme verbessern können. Integrale Ansätze werden diese Probleme auf eine ganze Reihe von Wegen angehen, die den Rahmenbedingungen, durch die wir sie gewohnt sind, trotzen. Ein Out-of-the-Box-Ansatz, der bereits die globale Phantasie beflügelt hat, ist die Ausbildung von Mädchen in den Entwicklungsländern. Eine weitere ebenso wichtige Priorität besteht darin, fossile Brennstoffe aus dem Wettbewerb zu verbannen. Viele Out-of-the-Box-Ansätze brodeln in der Kultur und der integralen evolutionären Gemeinschaft. Einige integrale Initiativen machen eine unternehmerische Kunstform aus der Inkubation neuer Out-of-the-box-Communities, künstlerischer Kreationen oder Ideen. Auch hier werden neue Technologien entscheidend sein: effizientere erneuerbare Energiequellen, neuartige Batterien und Ideen, an die noch niemand gedacht hat. Anstatt das derzeitige System nur schrittweise zu optimieren, müssen wir uns auch vorstellen, wie es umgangen werden kann. Wir schaffen in den Vereinigten Staaten bereits mehr Arbeitsplätze mit Solar und Wind als mit Kohle; sie könnten bereits in vielen Situationen den fossilen Brennstoffen überlegen sein, wenn staatliche Subventionen für fossile Brennstoffe abgeschafft würden. Aber es bedarf noch radikalerer Veränderungen. Die evolutionäre Spannung baut auf exponentielle Fortschritte, ebenso wie der integrale Impuls, sich diese vorzustellen und in das bevorstehende Gebiet zu extrapolieren.

Da es sich hierbei um *integrale* Ansätze handelt, werden sie sich nicht nur auf solche technischen *Außenlösungen* und System-Upgrades (die rechten Quadranten) konzentrieren, sondern auch die *Innenräume* der Individuen und Gemeinschaften berücksichtigen, die sie implementieren und erhalten müssen (die linken Quadranten). Die integrale Vier-Quadranten-Matrix ist out-of-the-box – sie ermöglicht es uns, über jedes Fachgebiet hinaus zu blicken. Die meisten Menschen verstehen bereits, dass der Übergang zu erneuerbaren Energien in Gemeinden, die von der Kohlewirtschaft abhängig sind, mit den Einstellungen, Bedürfnissen und Identitäten ihrer Arbeiter und Bewohner kollidieren wird. Was schwerer vorstellbar ist, ist der tiefgreifende kulturelle Wandel, der zwangsläufig eintreten wird, wenn die menschlichen Gesellschaften unseren Verbrauch an nicht erneuerbaren natürlichen Ressourcen radikal senken.

Egal wie viele große, out-of-the-box, nicht Nullsummen-Spiele, technologisch schillernde, sozial orientierte und wirtschaftlich generative Innovationen wir entwickeln, der wahre Test einer radikalen integralen Ökologie wird aus unserer Fähigkeit resultieren, miteinander zu kommunizieren, zu kooperieren, einander zu tolerieren und für einander zu sorgen. Kulturelle Fragmentierung und Konflikte sowie der Zynismus und die Ressentiments, die sie befähigen, sind Umweltgifte. Die reale ökologische Krise ist nicht nur ein praktisches und technisches Problem, sondern ebenso eine Krise des kollektiven Willens, eine kulturelle Krise.

EIN 10-PROZENTIGER TIPPING POINT?

Ken Wilber hat darauf hingewiesen, dass zur Zeit der Amerikanischen Revolution etwa 10 Prozent der Kolonisten gebildete Menschen waren, die die Welt tatsächlich in rational-modernen Begriffen betrachteten, wie sie die Gründerväter in unseren Gründungsdokumenten durchdrangen. Er hat auch spekuliert, dass, wenn 10 Prozent der Bevölkerung in eine neue Struktur der Bedeutungsgebung und Werte hineinwachsen, eine ganze Gesellschaft in der Lage ist, ihre öffentlichen Regeln auf der Grundlage dieser neuen Struktur neu zu schreiben. Obwohl diese Behauptung keineswegs Mainstream ist, ist sie eine äußerst interessante Vermutung. In mehreren anderen soziokulturellen Modellen wird über einen Tipping Point von etwa 10 Prozent nachgedacht. Wissenschaftler des Rensselaer Polytechnischen Instituts berichteten 2011, dass, wenn nur 10 Prozent einer Bevölkerung einen unerschütterlichen Glauben haben, ihr Glaube immer von der Mehrheit übernommen wird. Mitglieder des Social Cognitive Networks Academic Research Center (SCNARC) bei Rensselaer entdeckten mit rechnergestützten und analytischen Methoden den Tipping Point, an dem eine Minderheitsüberzeugung zur Mehrheit wird. Die wissenschaftliche Presse sah in diesem Ergebnis „Implikationen für die Erforschung und den Einfluss gesellschaftlicher Interaktionen, die von der Verbreitung von Innovationen bis zur Bewegung politischer Ideale reichen". SCNARC-Direktor Boleslaw Szymanski: „Wenn die Zahl der engagierten Meinungsbildner unter 10 Prozent liegt, sind keine Fortschritte bei der Verbreitung von Ideen erkennbar. Es würde buchstäblich die Zeit in Anspruch nehmen, die mit dem Alter des Universums vergleichbar ist, bis diese Mehrheit erreicht würde. Sobald diese Zahl über 10 Prozent wächst, breitet sich die Idee wie eine Flamme aus."[29] Diese Forschung unterstützt Wilbers „integrale Tipping Point"-Vermutung. Ich finde es absolut denkbar, dass ein neuer Reifegrad und eine integralere Weltanschauung auf diesem Niveau von 10 Prozent die kritische Masse erreichen könnten.

An verschiedenen Orten und zu verschiedenen Zeiten haben integrale Theoretiker, insbesondere Wilber, den Prozentsatz der

Bevölkerung der USA, Europas und der Welt geschätzt, die verschiedene Weltanschauungen miteinander teilen. Es wird geschätzt, dass zwischen 2 Prozent und 7 Prozent der Bevölkerung der gebildeten wohlhabenden Gesellschaften ein integrales Weltbild auf einer bestimmten Ebene angenommen haben. Wenn diese Theorie zutrifft und wenn allgemeine soziale Kräfte immer mehr Menschen zu Bewusstseinsstrukturen reifen lassen, die frei von den Grenzen postmoderner Annahmen, Einstellungen, Gewohnheiten und Überzeugungen sind, dann könnte ein sozialer Übergang bald möglich sein. Der Übergang in eine neue Bedeutungsstruktur ist eine spannende Zeit, eine kulturelle Renaissance. Sie zeigt sich in der Renaissance und der Aufklärung und in dem, was wir oft die sechziger Jahre nennen – der Ankunft einer bedeutenden Gruppe von Menschen, die neue postmoderne Werte besitzen. Vor uns könnte ein weiterer Übergang sein, diesmal zu einem integralen Bewusstsein – selbstbewusst in wichtigen neuen Hinsichten und fähig zu einer neuen Ebene des kompetenten und harmonischen Sich-Beziehens.

Vielleicht oder vielleicht auch nicht. Aber es ist gut zu wissen, dass es unerwarteten Rückenwind geben kann, für den die jüngste Vergangenheit kein Prolog ist. Es kann psychologisch positiv sein, Glück zu erwarten, sich vorzustellen, dass in dem großen Unternehmen, auf das dieses Buch hinweist, die „Gnade" bei uns ist. Vielleicht können kulturelle Kräfte nichtlineare Gewinne in unserer Fähigkeit, unsere kollektiven Angelegenheiten weise zu regeln, katalysieren, selbst wenn der technologische Fortschritt es für unser kollektives Überleben entscheidend macht.

Vielleicht kann die radikale integrale Ökologie eine Rolle spielen. Schließlich ist es eine holistische Art des Seins. Es spiegelt ein verwurzeltes integrales Bewusstsein mit einem angeborenen Telos zur Neuverflechtung unseres sozialen Gefüges und zur Heilung unserer allgemeinen Unfähigkeit wider, miteinander zu sprechen und gegenseitig gehört zu werden, und zwar intim, sozial und über unsere kulturellen Grenzen hinweg.

Und doch ist selbst das kein Dogma. Es gibt viele Möglichkeiten, es zu tun. Es gibt viele frühe Ausprägungen der radikalen integralen Ökologie. Sie finden sich in Praxisgemeinschaften an der Spitze der Kultur, wie z.B. Cohousing-Vereinbarungen oder Ökodörfer. In einigen dieser Gemeinschaften experimentieren Menschen mit kooperativen und altruistischen Seins- und Lebensweisen. Das Spiel, das wir spielen, wird durch selbsttranszendierende Praxis, starke Freundschaften und die Vertiefung des gegenseitigen Vertrauens erreicht. Um eine kulturelle Kraft zu werden, müssen wir eine starke konzerninterne Resonanz und gemeinsame Praxis aufbauen. Deshalb bedeuten die radikalen Auswirkungen einer integralen Ökologie eine Revolution des Herzens – eine wachsende Fähigkeit zur Wertschätzung, Fürsorge, Großzügigkeit, Mut und Kreativität. Es ist sowohl eine Einzel- als auch eine Teamleistung.

TEIL 2

Der Wandel sein

6. Leben als Praxis

Was wir „Meisterschaft" nennen, kann als jener mysteriöse Prozess definiert werden, durch den das, was anfangs schwierig oder gar unmöglich ist, durch sorgfältige, geduldige und langfristige Praxis einfach und angenehm wird. - GEORGE LEONARD, THE WAY OF AIKIDO

Das ist ein Werk, das lebendig, sprudelnd, frei, befreit, herrlich erleuchtet, wahr und großartig ist. Glaubst du, dass es von Menschen erreicht werden kann, die die Tür hinter sich schließen und ruhig mit leeren Gedanken dasitzen? - LIU I-MING, AWAKENING TO THE TAO

Solange der Himmel existiert und solange es fühlende Wesen gibt, darf ich bleiben, um ihnen zu helfen, all ihren Schmerz zu lindern. - DALAI LAMA XIV, THE BODHISATTVA VOW

Die Öffnung für holistische, evolutionäre, integrale Perspektiven beleuchtet sowohl die äußeren als auch die inneren Facetten unserer Welt, einschließlich unsere multidimensionalen Krisen. Aber, wie wir bereits gesehen haben, müssen wir, um diese Perspektiven zu verwirklichen, für die Gestaltung unserer persönlichen und kollektiven Zukunft verantwortlich werden – und das geht weit darüber hinaus, dass wir nur anders denken oder uns stückweise für verschiedene Ursachen engagieren. Die Evolution in unser volles menschliches und spirituelles Potential kann nicht von der Schaffung der Bedingungen getrennt werden, die eine solche Evolution ermöglichen. Und das erfordert ein gesundes Lebenserhaltungssystem – unseren lebendigen Planeten. Jeder von diesen Aspekten – unsere Evolution und unser Lebenserhaltungssystem – ist völlig abhängig den von anderen Aspekten. Das menschliche Leben ist abhängig von einem gesunden Planeten, und die lebendige Erde hängt jetzt davon ab, was der Mensch tun wird.

Da wir wissen, wie schwierig es ist, eine hyperkomplexe Realität genau zu erfassen, und da wir bestimmte begrenzte und tief verwurzelte Denk- und Gefühlsweisen haben, können wir die neuen erforderlichen Fähigkeiten und Lebensweisen nur auf die gleiche Weise erlernen, wie jeder – vom Sportler über den Künstler und den Musiker bis zum Ingenieur – eben neue Fähigkeiten erlernt: *durch engagierte Praxis*. Aus einer integralen evolutionären Perspektive besteht die Praxis aus vielen Dingen, von der Meditation über physische Disziplinen bis hin zu Einstellungsentscheidungen. Und ein entscheidendes Element der Praxis ist die Praxis in der *Gemeinschaft*, d.h. die Schaffung einer Gemeinschaft und eines erweiterten Netzwerks von Praktizierenden mit ähnlichen Absichten (unabhängig von unseren universellen menschlichen Eigenschaften), die sich gegenseitig unterstützen können – und deren Beziehungen zueinander wachsen und entwickeln können.

Die Praxis in der Gemeinschaft beinhaltet die Kultivierung höherer Zustände und Strukturen des Bewusstseins wie auch das Ausbrechen aus den Gewohnheiten der „Konsens-Trance". Basierend auf der Erkenntnis der natürlichen Ganzheit der Realität ist ein integraler Rahmen und Verständnis hilfreich. Wir können alle Blickwinkel und Weltanschauungen in einem intuitiv zugänglichen ganzheitlichen Kontext sehen und damit die reflexiven, vertrauten Denkweisen transzendieren, die in unserem öffentlichen Diskurs fast allgegenwärtig sind. Und die Praxis in der Gemeinschaft bedeutet auch gemeinsame Werte – insbesondere eine Wertschätzung für Entwicklung auf jeder Ebene, die sich auf jeden von uns individuell erstreckt – und eine „Wachstumsmentalität", ein Gefühl, dass wir immer lernen und verändern und wachsen können. Das bedeutet, so viel Klarheit und Exzellenz, Großzügigkeit und Kreativität wie möglich anzustreben und zu fördern. Und indem wir beabsichtigen, ein Leben in ständigem Wachstum und Transformation zu führen, und indem wir das in anderen fördern, schaffen wir die Voraussetzungen für einen tatsächlichen kulturellen Fortschritt.

Die Wurzel all dieser Veränderungen ist die *Praxis*, sowohl individuell als auch kollektiv. In meiner Leidenschaft, zum wesentlichen Ziel der Transformation zu gelangen, habe ich mich seit vielen Jahren direkt auf die Lehrpraxis spezialisiert. Die folgende Zusammenfassung der Praxis ist in den Begriffen zusammengefasst, die sich direkt auf die Erfüllung des Rufs unseres evolutionären Notfalls beziehen.

Praxis ist gemeinhin definiert als die „wiederholte Ausübung oder Durchführung einer Tätigkeit, um eine größere Leistungsfähigkeit oder Kapazität zu entwickeln". Und wie wir gesehen haben, beinhalten alle Formen der Praxis diese Dinge. Aber ich finde oft eine andere Definition noch nützlicher: „Immer wieder aufwachen und sich entscheiden, im Leben und in Übereinstimmung mit der höchsten gesunden Intelligenz aufzutauchen." Die Praxis ist es, was uns die Klarheit, Präsenz, Intelligenz und Empathie verleiht, die notwendig sind, um für alles, was wir tun, einschließlich Aktivismus, vollständig zur Verfügung zu stehen.

Ich hatte das große Glück, dass mein erster Lehrer, Adi Da Samraj, mich lehrte, die *Sadhana* – oder spirituelle Praxis – als radikale, globale und integrative Angelegenheit zu betrachten. Ich wurde dazu gebracht, in meinen Knochen zu verstehen, dass die Praxis immer unmittelbar ist. Es geht darum, tiefer in die Realität dieses Augenblicks einzutauchen. So beinhaltet es nicht nur, *was* ich tue, sondern auch, *wie* ich mit ihm (und mit allem) umgehe und *warum*. Und es hängt davon ab, dass ich in jedem Moment Verantwortung dafür übernehme, dass ich Ganzheit, Bewusstsein, Leben und Liebe diene.

Natürlich ist eine solche Ausbildung oder Lehre viel mehr die Ausnahme als die Regel. Aber an einem bestimmten Punkt auf der Reise eines Lebens beginnen viele Menschen zu erkennen, zumindest auf einer gewissen Ebene, dass das Leben eine Schule ist – oder, anders ausgedrückt, ein Lehrer. Es liefert immer wieder die gleichen Lektionen, in neuen Formen, bis wir sie wirklich lernen und zu neuen Lektionen und einer immer feineren Beziehung zum Leben übergehen.

GANZHEIT UND PRAXIS

In vielerlei Hinsicht ist das frühe 21. Jahrhundert – dieser Moment der Krise und des Dilemmas – eine Zeit der Fragmentierung. Es ist eine Zeit des schnellen Wandels und der Turbulenzen, in der bestehende Muster immer mehr gestört werden, was zu Reaktionen und Verwirrung führt, die zu Inkohärenz und sogar Korruption in der Öffentlichkeit und auch im intimeren Bereich unserer Beziehungen führen. Das erfordert, dass wir Gesundheit, Integrität und Ganzheit wählen, praktizieren und verkörpern. Ganzheitlich zu verharren, sich zu weigern, dem reaktiven Geist der Trennung und Fragmentierung zu glauben – das ist es, was, im besten Sinne, wirklich *subversiv* ist. Es ist nicht nur ein spiritueller Akt, sondern ein revolutionärer.

Alle bewussten Wesen neigen dazu, sich zusammenzuziehen, zurückzuweichen, abzuschalten und sich von den Herausforderungen der sterblichen Existenz abzuschotten. Wir wiederholen unsere unvollständigen psychologischen Prozesse, die auf Ursachen beruhen, die von Traumata über Bindungswunden bis hin zur Sucht reichen. Die Kontraktion ist ein tiefliegendes Muster, selbst bei den am besten angepassten Individuen. Und doch ist es möglich, die Aktivität der Kontraktion zu beobachten und zu erkennen. Basierend auf dieser Erkenntnis wird es mit anhaltender, nachhaltiger Praxis möglich, das Muster zu entspannen – sich zu mehr Bewusstsein, Freiheit, Mut und Funktionsfähigkeit zu öffnen.

Das Wissen um Ganzheit wird am direktesten in der Meditation kultiviert. In Bewusstseinszuständen der Einheit haben Menschen eine direkte intuitive Erfahrung der untrennbaren Ganzheit aller objektiven und subjektiven Realitäten oder des „Bewusstseins selbst". Diese Intuitionen sind viel mehr als kognitive Erkenntnisse. Sie werden energetisch, kinästhetisch, emotional und kognitiv erlebt. Und sie können so die Art und Weise, wie sich

Menschen verhalten und in Beziehung zueinander stehen, beeinflussen. Dies führt oft zu einer Verschiebung der Perspektive zu einer, *in der das Leben uns lebt,* und nicht umgekehrt. Diese Depersonalisierung (in der Erkenntnis des „Ich bin Gewahrsein"), in der das Gewahrsein am freisten ist, erzeugt keine Dissoziation, sondern entspannt den Widerstand und schließt einen Kreislauf zurück zu einer intimen, warmen, persönlichen, verkörperten Lebenserfahrung.

Diese Dynamik der Kontraktion und Expansion, des Bewusstseins und des Unbewussten kommt im Leben immer zum Tragen. Dies gilt nicht nur für Einzelpersonen, sondern auch für Beziehungen und Gruppen. Tendenzen zur Fragmentierung konkurrieren mit Entscheidungen für die Integration. Tendenzen zu Krankheit und Tod stehen Zyklen wieder auflebender Vitalität und Gesundheit gegenüber. Korrupte Impulse stehen im Widerspruch zu dem Wunsch nach Integrität. Mut konkurriert mit Angst. Demut kämpft mit Arroganz. Das Leben verwundet uns, und der Körper heilt auf natürliche Weise. Die universellen Prinzipien der Ganzheit drücken sich in jedem einzelnen Leben und in jedem Moment aus.

Die *Praxis der Ganzheit* geht also weiter und durchdringt jeden Bereich unseres Lebens. Es bedeutet, die Gesundheit und Ganzheit des Körpers, des Geistes, der Emotionen, der Beziehungen, der Kultur, der Gesellschaft und der gesamten natürlichen Welt zu verwirklichen. Es geht auch darum, bewusst und konstruktiv an jeder Dimension des größeren Ganzen teilzunehmen. Am wichtigsten ist, dass die integrale Praxis eine so genannte „ontologische" Haltung oder eine „Art zu sein" ausdrückt – eine Kernaufgabe, die das ganze Leben organisiert. In dieser grundlegenden Absicht fließen die innere Arbeit und die äußere Arbeit zusammen. Verpflichtungen führen zu Handlungen, die uns verändern und uns in die Lage versetzen, unsere Verpflichtungen zu erfüllen, die sich vertiefen und weiterentwickeln.

Worum geht es bei der Ausübung von Ganzheit? Erstens fordert sie uns auf, intuitiv die mysteriöse Ganzheit zu erkennen, die *bereits* unser Zustand ist. Auf der Grundlage dieses Verständnisses und unserer natürlichen Anziehungskraft auf mehr Ganzheit praktizieren wir, indem wir beabsichtigen, diese wundersame dynamische Ganzheit immer vollständiger zu erkennen und daran teilzunehmen.

Was traditionell als „Ich" oder „Sünde" bezeichnet wird, ist die anhaltende Neigung zu fühlen und zu glauben, dass wir in einer toten und mechanischen Welt, in der jeder gegen jeden ist, getrennte Selbste sind. Gemäß der Konsens-Trance ist dies eben „so, wie die Dinge sind", aber diese Perspektive ist eigentlich das Ergebnis einer *Aktivität*: der Aktivität der Kontraktion auf der tiefsten Ebene unseres Bewusstseins. Das ist etwas, was wir aktiv *tun*. Es geschieht auf einer äußerst subtilen Ebene, weit unter der Ebene unseres Bewusstseins. Es braucht Jahrzehnte, bis versierte Praktizierende den mentalen Fokus und die Sensibilität entwickeln, die notwendig sind, um ihn zu bemerken. Aber es ist nicht einfach „so, wie die Dinge sind".

Diese Kontraktion in die Getrenntheit zeigt sich an der Oberfläche als Gefühl – Angst, Trauer, Wut, Faulheit, Trägheit, Gier, Lust, Angst, Depression und jede andere „negative" menschliche Emotion und einschränkenden Glauben. Selbst wenn die Praxis solche groben Ausdrucksformen der Kontraktion überwunden zu haben scheint, ist es immer noch sehr wahrscheinlich, dass wir auf der allerfeinsten Ebene des Wesens in eine subtile mentale Haltung der Trennung verfallen.

Aber bevor wir es wahrnehmen können, können wir Verantwortung dafür übernehmen – zumindest im Prinzip. Durch Feedback und Intention können wir zunehmend auf der Grundlage der Realität leben, die der Selbstkontraktion vorausgeht und sie überwinden. Wir können erkennen, dass die Selbstkontraktion nicht unsere fundamentale Realität ist. Es ist zweitrangig gegenüber der Ganzheit, die von Natur aus glücklich, anmutig und wach ist – wirklich frei von Problemen und jeglichem Mangelgefühl. *Auf der Grundlage dieser Ganzheit zu leben, erfordert Praxis.*

Die Anerkennung der Ganzheit zeigt, dass trotz aller Bedrohungen, mit denen wir täglich konfrontiert sind, ein grundlegender Kontext der Güte, der Nachhaltigkeit besteht – von dem, was Aldous Huxley als „grundlegende Richtigkeit" der Dinge bezeichnete. Manchmal kommt ungebeten eine Intuition dieser Güte als spirituelle Erfahrung, und diese Offenbarung zieht den Einzelnen in ein Leben der Praxis. Aber ob es nun früh oder spät im Laufe deines Praxislebens kommt, es kann schließlich eine starke emotionale „Umwandlung" in einem intelligenten Praktizierenden hervorrufen.

In den Momenten, in denen du dich daran erinnerst zu üben, handelst du basierend auf deinem Bewusstsein, dass du (zumindest irgendwann in der Vergangenheit) *durch die Illusion der Trennung gesehen hast*. Ihr seid in den Schleier eingedrungen, und ihr könnt euch die anmutige Realität der radikalen, nicht getrennten Ganzheit vorstellen und fühlen. Diese Intuition leitet deine Entscheidungen. Dein Herz hat sich geöffnet und du hast erkannt, dass du nicht von allem getrennt bist, was ganz und heilig ist. Eine nahtlose Realität vor der Selbstkontraktion ist der Kontext. Du weißt, dass du eins bist mit und verliebt bist in alle Existenz, eins mit der Liebe selbst. Dies wird zu einem führenden Nordstern, der deine tiefste emotionale Gesundheit vitalisiert, dich durch harte Zeiten führt, mit deinen tiefsten Erfahrungen der Liebe resoniert – die Liebe, die du in Bezug auf deine Familie, Freunde, Haustiere, die ganze Menschheit, die natürliche Welt und dem Puls des Lebens selbst empfunden hast.

VOM SUCHENDEN ZUM PRAKTIZIERENDEN

Menschen entdecken oft eine vollständige spirituelle Praxis nach Jahren des Suchens. Sucher streben nach etwas, das sie nicht haben. An der Oberfläche mögen sie sich hoffnungsvoll fühlen und verhalten, aber darunter liegt ein Gefühl der Trennung und Unvollständigkeit. Sie streben danach, ganzheitlicher, gesünder und integrierter zu sein. Sie wollen weiser, glücklicher, weniger gestresst, weniger verwirrt, weniger unzulänglich sein.

Das Problem ist, dass das Suchen aktiv das Glück verhindert, das es sich vorstellt. Der Akt des Suchens selbst setzt einen zugrunde liegenden Mangel – oder eine Trennung – voraus. Es gibt ein angenommenes Problem und eine angenommene Trennung von der Lebensquelle, von der sich die Suchenden vorstellen, dass sie „woanders" ist. Wenn wir auf unseren Glauben an diesen Mangel reagieren, verstärken wir ihn. Paradoxerweise muss, damit die Objekte des Suchens gefunden werden können, das Suchen selbst ein Ende finden.

Um wirklich ein Praktizierender zu werden, bedarf es eines Wandels in der eigenen Motivation – von einem Gefühl des Mangels zur soliden Verankerung in der zugrunde liegenden Realität, die das Suchen unnötig macht. Wie offenbart sich diese Ursprungsbedingung? Es kann als stillschweigendes Vertrauen in das Leben selbst, oder in Gott, oder in die eigene Existenz erlebt werden. Es könnte eine Intuition wundersamer Gnade sein, die einen Zustand der Dankbarkeit für das Leben selbst hervorruft. Es kann eine sehr einfache und bescheidene „Okay-ness" sein – eine tiefe Akzeptanz und ein Vertrauen in die Dinge.

Sobald wir uns in dieser tieferen Realität verankert haben, verschiebt sich unsere Motivation über das Suchen hinaus – und bei der Praxis geht es nicht darum, „etwas zu bekommen" oder „etwas zu erreichen". Es geht darum, auf der Grundlage von der gesunden Ganzheit oder dem Wohlbefinden oder der Heiligkeit zu handeln, die wir erkennen. Der Praktizierende praktiziert, indem er diese Gesundheit und Ganzheit immer wieder neu aufgreift. Nicht zu versuchen, es zu suchen, zu erreichen oder zu erschaffen – sondern sich daran zu *erinnern*, es zu *erleben*, daran *teilzunehmen* und es zu *vollziehen*.

Die Unterscheidung zwischen Suchen und Üben ist tief greifend und wesentlich. Und diese Unterscheidung ist heute wichtiger denn je. Denn die Art von Praxis, von der ich spreche – das Leben der Praxis, die der Realität der Ganzheit, der Heiligkeit oder der grundlegenden Güte kennt und vertraut – drückt die Vernunft aus und überträgt sie. Das ist genau das, was unsere revolutionären Zeiten erfordern. Die Art des „Suchens", die viele gut meinende Menschen als spirituelle Praxis betrachtet haben, wird nicht ausreichen, um uns zu den mächtigen neuen Ausdrucksformen von Zweck, Belastbarkeit, Weisheit, Mut und selbst-transzendierender Liebe zu führen, zu denen wir berufen sind.

Paradoxerweise erfordert die Umsetzung effektiver Veränderungen ein tiefes Vertrauen in das, was ist – eine tiefe Hingabe an eine Quelle, die wir nicht benennen können. Dieses Vertrauen ist die Essenz des wahren Praktizierenden, und es ist das, was dem Suchenden fehlt. Das Erkennen, Vertrauen und Bestätigen von Ganzheit, Heiligkeit und Güte neigt dazu, das Erwachen in die Realität zu erleben. Es bestätigt, was so ist. Und die Solidität und Unerschütterlichkeit dieser Haltung, diese Praxis-„Haltung", neigt dazu, eine Erfahrung von Belastbarkeit und Selbstvertrauen zu schaffen, die von Natur aus generativ ist.

Und das Handeln im Dienste von etwas Größerem als uns selbst neigt dazu, ein tieferes und dauerhafteres „Glück" zu erzeugen – mehr eine dauerhafte, geerdete Freude als das flüchtige Glück, das eine Reaktion auf Umstände ist. In gewisser Weise ist es „Glück ohne Grund", und nicht die dünne Freude, die von äußeren Ursachen abhängt.

Die moderne psychologische Forschung bestätigt die alte Lektion, dass der Versuch, Glück zu erlangen, nicht funktioniert. Wenn es darum geht, wird Glück meist *indirekt* verursacht; es ist ein Nebenprodukt eines Lebens, in dem man sich mitfühlend um andere kümmert und etwas Größerem als sich selbst dient. Die Fürsorge und der Dienst an anderen macht uns nicht nur glücklich, sondern verlangt auch, dass wir wachsen – und Wachstum ist etwas, das sich selbst bestätigt. Während wir die Freude am Dienen für andere und unser eigenes Wachstum und unsere eigene Entwicklung erfahren, wächst unser Interesse, mehr zu üben, zu reifen und zu erwachen und zu dienen.

LEBEN ALS PRAXIS

Selbst diejenigen, die ihr Leben der Praxis widmen, werden in unterschiedlichem Maße zwischen wahrer Praxis und einem Rückzug in das Suchen schwanken. Aber wenn wir einmal fester in unserem vorherigen Zustand der Ganzheit verankert sind, können wir immer häufiger zu diesem Zustand des tiefen Vertrauens und der Offenheit zurückkehren. Zunehmend wird es zum ständigen, tiefen Quell unseres Lebens – ein ständiger „Grundbass" neben den sich ständig verändernden „Melodien", die an der Oberfläche gespielt werden. Dieser Grundbass ist unsere tiefere Intuition und Erkenntnis dessen, was offensichtlich ist, auch wenn wir ihn nicht benennen können. Es ist die fühlende Intuition des Ganzen.

Unsere Rückfälle werden dadurch kürzer. Wenn wir „vergessen", werden wir uns wieder erinnern. Und wie auch immer wir uns in einem bestimmten Moment fühlen – auch wenn wir uns schrecklich fühlen; auch wenn wir überhaupt nichts fühlen – bleibt unser Engagement für die Praxis unvermindert. Also, ob wir nun für eine Minute, eine Stunde, eine Woche, einen Monat oder mehrere Jahre zurückgefallen sind, wir können jetzt immer wieder von vorne anfangen.

Es braucht mehr, als unsere Ess-, Schlaf- oder Bewegungsgewohnheiten für einen Monat zu ändern, um unseren Körper oder unsere körperliche Gesundheit für immer zu verändern. Wir müssen *ständig* gut essen und uns bewegen und erholsamen Schlaf bekommen, um unsere körperliche Gesundheit zu erhalten. Ebenso kann ein Blick auf die Erleuchtung blitzschnell erfolgen, aber sie wird ohne ein Leben in der Praxis nicht stabil bleiben. Ebenso wenig können wir erwarten, dass psychologische Erkenntnisse, gesunde Gefühle oder energetische Veränderungen, so tief greifend sie auch sein mögen, unsere emotionalen Muster dauerhaft verändern.

Ich erinnere mich, wie Michael Murphy und George Leonard ihre ungeheure Begeisterung bei den Seminaren in Esalen beschrieben haben, das eine bahnbrechende Plattform für die *human potential movement* in den 1970er Jahren war. Die Menschen hatten atemberaubende Einblicke. Ihre Herzen öffneten sich. Sie verbanden sich mit einer höheren Macht. Mit Tränen und Ekstase und Dankbarkeit schworen sie, dass ihr Leben nie wieder dasselbe sein würde.

Aber dann, nur eine Woche oder so später, würden die gleichen Leute, die auf ihr Leben geschworen hatten, nie wieder die gleichen sein, ziemlich genau dorthin zurückfallen, wo sie angefangen hatten. Die Transformationen blieben nicht bestehen. Egal wie radikal die Einsichten erschienen und wie solide sich die Veränderungen anfühlten, nach ein paar Tagen oder Wochen oder Monaten hatten sich die Effekte „abgeschwächt". Die Menschen kehrten gleichmäßig zu ihren gewohnten Mustern zurück.

Murphy und Leonard kamen zu dem Schluss, dass die alten Wege richtig waren: *Es ist notwendig, ein ganzes Leben lang regelmäßig und kontinuierlich zu praktizieren. Es gibt keine „schnelle Lösung".* Es bedarf eines kontinuierlichen transformativen *Lebensstils*, um die Früchte der Praxis zu erhalten.

Der Neurowissenschaftler Donald Hebb hat eine berühmte Maxime: „Neuronen, die zusammen feuern, verdrahten sich miteinander".[30] Wir verstärken immer die neuronalen Schaltkreise, die mit dem verbunden sind, was wir gerade tun. Mit anderen Worten, was auch immer wir sind, werden wir wahrscheinlich in der Zukunft auch sein. *Das bedeutet, dass wir immer etwas praktizieren* – sei es Entspannung oder Anspannung, Akzeptanz oder Widerstand, Mitgefühl oder Reizbarkeit, Fokus oder Ablenkbarkeit.

In gleicher Weise praktizieren wir entweder ein statisches, fragmentiertes Bewusstsein der Trennung oder ein dynamisches, wachsendes Bewusstsein, das die Ganzheit intuitiv wahrnimmt und umsetzt. Wir können immer fragen: Praktiziere ich Trennung und Spaltung oder Ganzheit und Wechselseitigkeit? Vermeide ich die Beziehung zu allem, was ist, oder bewege ich mich darauf zu?

Murphy und Leonard, die auf einer alten Tradition aufbauen, die auf den alten indischen Philosophen und Mystologen Patanjali zurückgeht, bemerkten aber noch etwas anderes. *Ein transformatives Leben der Praxis muss jede Dimension des Wesens umfassen.* Um am stärksten transformatorisch zu sein, darf unser Praxisleben nicht *ausschließlich* auf das meditative Erwachen ausgerichtet sein. Oder nur auf sportliche Fähigkeiten, Fitness oder somatische Gesundheit und Integration. Oder nur auf unser psychologisches

Wachstum und Heilung. Oder ausschließlich über unsere Beziehung zur Natur oder unsere Beziehungen zu anderen Menschen. Oder nur auf unser Leben als Bürgerinnen und Bürger in unseren Gemeinschaften, Nationen und der Welt.

Die Praxis katalysiert die Transformation, und Transformation bedeutet buchstäblich eine Veränderung der Form. In der individuellen inneren Transformation verändert sich die Form unseres Selbst – die Schnittstelle zwischen unserer inneren Erfahrung und unserem Verhalten in der Welt. Oft wird dies als „Bewusstseinsentwicklung" bezeichnet, weil die grundlegenden unsichtbaren Strukturen unserer inneren Erfahrung und äußeren Wahrnehmung die Fähigkeit entwickeln, größere Komplexität und Nuancierung – mehr Ganzheit – zu bewahren. Dieses „Big-Picture"-Bewusstsein ermöglicht es uns, inmitten von Konflikten und Verwirrung Gewahrsein und Ruhe zu bewahren, frei von kleinlichen und defensiven Reaktionen zu sein, kreativ „über den Tellerrand" zu schauen und höhere Synthesen der Polaritäten zu ergründen, die uns auseinanderziehen. Der Wert dieser Art von Bewusstsein und dieser Fähigkeiten in diesem Moment in unserer Notlage kann nicht genug betont werden. Transformation ist eine Notwendigkeit, und kein Luxus – besonders jetzt.

DIE ENTSCHEIDUNG, IN JEDEM MOMENT ZU ÜBEN.

Wir können genau dort beginnen, wo wir sind – hier, und nur hier. Das Schöne daran ist, dass wir immer wieder beginnen können, zu üben. Das gilt für jeden Moment. Es ist eine Entscheidung, die wir in jedem Moment treffen können. Und diese Entscheidungen weiter zu fällen – dies zu erstreben und zu beabsichtigen und sich dieses Prozesses der immer wiederkehrenden Entscheidung bewusst zu bleiben – ist selbst eine Praxis. Es ist das *Leben als Praxis*.

Durch Praktiken, die Gleichmut kultivieren, wie z.B. Meditation, könnten wir beginnen, zu erkennen, dass wir kein separates Körper-Geist-Selbst sind, das eine Welt „da draußen" erlebt. Stattdessen könnten wir sehen, dass wir das Gewahrsein selbst sind, der stille und unbewegliche Zeuge aller Erfahrungen. Und das Bewusstsein bezeugt den Körper, den Geist und das Selbst genauso sicher wie es „ andere " und eine Welt „ da draußen " bezeugt. Als Gewahrsein haben wir völlige Freiheit von dem, was entsteht, und doch sind wir paradoxerweise untrennbar mit dem Ganzen verbunden. Dann wird es möglich, noch weiter zu gehen und zu bemerken, dass das Bewusstsein von jedem und allem, was wir sehen, auf uns zurückstrahlt.

Dann können wir uns als *Bewusstsein ausruhen*. In jedem Moment, in dem das Bewusstsein unsere Kontraktion frei beobachtet, gibt es zumindest ein kleines Maß an freiem, unkontrahiertem Gewahrsein – und dieses Gewahrsein ist die Ganzheit selbst. Dieses kleine bisschen freies Gewahrsein ist der Schlüssel zu unserer Transformation. Die Tendenz zur Kontraktion und zum falschen Sinn der Trennung lockert sich bis zu einem gewissen Grad.

Wenn sich die Praxis vertieft, öffnet sich die Aufmerksamkeit. Wir können eine tiefe, seelische Dimension von uns selbst bemerken, inmitten der belebenden subtilen energetischen Felder, die die Erfahrung hervorrufen. Wir können sogar so weit gehen, dass wir die ständige Tendenz zur Kontraktion auf allen Ebenen unseres Seins leidenschaftslos beobachten können. Wir können feststellen, dass wir uns körperlich zusammenziehen, sowohl in der Atmung als auch in unseren muskulären Spannungsmustern. Wir können erkennen, dass wir mental kontrahieren, vielleicht ein wenig langweilig werden, als ob wir „automatisch vorgehen" würden, und auf Erfahrungen reagieren, anstatt proaktiv zu entscheiden, wie wir uns darauf beziehen. Wir können die Dynamik unserer Gewohnheiten wahrnehmen und sogar feststellen, dass es möglich ist, diese Dynamik zu unterbrechen.

Jeder Moment des Lebens ist eine kreative Gelegenheit. Wir können wählen, wie wir uns auf den Moment beziehen. Der Praktizierende wagt sich in seine höchsten Möglichkeiten, wenn er die volle Tiefe und Breite des Lebens betrachtet. Wie kann ich als Liebe/Bewusstsein präsent sein – wie würde Liebe sein, und was würde Liebe tun? Worauf richte ich meine Aufmerksamkeit? Wie werde ich entschädigt? Werde ich in irgendeiner Weise bewusstlos oder taub? Wie verliere ich auf subtile Weise den Kontakt zu meinem inneren Wohlbefinden? Wie kann ich aus reaktiven oder unbewussten Mustern erwachen und sie verändern? Wie beeinflusse ich andere? Wie kann ich von mehr Nutzen sein? Auf welche Weise vermeide ich das bewusste Gewahrsein und die Teilnahme an dem unendlich tiefen Geheimnis der Existenz? Wie kann ich in jedem Moment des Lebens – und ganz besonders in diesem nächsten Moment – mehr Verantwortung zeigen?

Die Dynamik der Gewohnheit wird sich unweigerlich manchmal durchsetzen, aber das wird nicht am besten als Misserfolg angesehen; es ist einfach das, womit wir arbeiten müssen. Die Tendenz zur Kontraktion lässt nicht so leicht nach; es ist eine hartnäckige, allgegenwärtige Gewohnheit. Euer Bewusstsein, wie das aller anderen, wird dazu neigen, in Trance zu gehen, sich von der Klarheit zusammenzuziehen, ins Denken zu verfallen, faul zu werden, auf wahrgenommene Entmutigungen zu reagieren. Die konditionierten Tendenzen sind stark. Aber das ist kein Problem. Es ist, was es ist. Wir brauchen nicht von der selbstentfremdeten Weisung als Geisel gehalten werden, dass wir solche Tendenzen überwinden müssen, indem wir übermenschliche Willenskraft einsetzen. Diese spirituelle Haltung (die wir als „hypermaskulin" bezeichnen können) kann durch eine viel selbstakzeptierendere (posthypermaskulin) und geschicktere Disposition ersetzt werden. Sie erkennt an, dass es nie zu spät ist, *genau diesen Moment* als meine nächste Gelegenheit zu bemerken, frisch und offen aufzutauchen. Ich kann immer üben, immer entscheiden.

Es gibt nur den Jetzt-Moment, der immer wieder verschwindet. Ich kann entweder weiter loslassen und mich dafür öffnen, oder ich kann versuchen, durchzuhalten. Ich kann mein Bestes tun, um zu vergeben und zu entspannen und zu vertrauen und mich mit einer Haltung der Neugier und Bereitschaft für den nächsten neuen Moment zu öffnen. Ich kann erkennen, dass es eine Chance für kreatives Engagement ist. Ich kann erkennen, dass all dieses Leben „improvisiert" ist. Es gibt keinen „richtigen" oder „falschen" Weg zu sein und keine „richtigen" oder „falschen" Dinge zu tun. Aber ich kann immer „im Jetzt" sein – oder zum

Jetzt zurückkehren, indem ich aus kontrahierten Mustern aufwache und in lebendigen Kontakt mit dem komme, was im nächsten „Jetzt"-Moment entsteht.

Die Praxis beinhaltet zahlreiche komplementäre und synergetische Elemente. Diese Elemente – das Innere und das Äußere, das Kontemplative und das Aktivistische, die Praktiken, die einzeln und in Gemeinschaft, das Physische und das Geistige – sind nicht nur gut in sich selbst, sie verstärken sich gegenseitig. Das gesamte Spektrum der Praktiken ist weitaus größer als die Summe seiner Teile. Das Zusammenspiel dieser Elemente ist ein virtuoser Zyklus. Das einfache Einsteigen ermöglicht ein gewisses Maß an Öffnung und Entspannung, das mehr Öffnung ermöglicht, das ein größeres Bewusstsein hervorruft, das mehr Liebe zulässt, und das immer weiter und weiter. Diese positive Verstärkung schafft schließlich einen evolutionären Impuls im Leben der Praxis. Praxis bedeutet auch, nicht an die fragmentierte und getrennte „Konsens-Trance"-Version der Realität zu glauben, die dazu neigt, sich immer wieder neu zu behaupten. Es bedeutet, dass wir es als eine hartnäckige Illusion erkennen, und wir leben auf der Grundlage der tieferen Ganzheit, von der wir wissen, dass sie die wahre Natur der Dinge ist. Das bedeutet, der Ganzheit mehr und mehr zu erlauben, unsere Wahrnehmungen, Gedanken und Gefühle zu beeinflussen.

DER KERN DER SACHE

Die Ganzheit wird im Herzen intuitiv wahrgenommen. Um auf der Grundlage von Ganzheit zu leben, müssen wir in der Lage sein, zu erkennen und zu vertrauen, dass Ganzheit unser eigentlicher Wesenszustand ist. Und das ist keine rein kognitive Entscheidung, sondern ein tiefes Wissen über das ganze Wesen, das im Zentrum des Organismus – im Herzen – zu spüren ist.

Die Wissenschaft bestätigt zunehmend, dass es im menschlichen Herzen etwas Ähnliches wie ein Gehirn gibt. Die tiefere Intelligenz unseres Herzens ist real – und sehr wichtig im Kontext des Lebens als Praxis, und all der Praxis, die uns zu unserer am weitesten entwickelten Antwort auf diesen Moment führen wird. In den 90er Jahren arbeitete ich eng mit Forschern am *Institute of HeartMath* zusammen, wo unsere Arbeit die Tatsache gemessen und bestätigt hat, dass das Herz ein vitales Intelligenzzentrum im menschlichen System ist.

Früher dachten wir, dass sich die Neuronen ausschließlich in unserem Gehirn und Rückenmark konzentrieren. Jetzt wissen wir, dass sie sich auch in unserem Herzen und in unserem Darm sammeln. Die Fachgebiete Neurokardiologie und Neurogastroenterologie untersuchen die Wechselwirkungen von Gehirn und dem ganzen Körper, mit dem „zweiten Gehirn" im Herzen und dem „dritten Gehirn" im Darm.

Sowohl im Herzen als auch im Darm befinden sich Massen von Neuronen, die sich ähnlich wie die Neuronen im Gehirn verhalten. Mehr als hundert Milliarden Nervenzellen befinden sich im Verdauungstrakt (mehr als im Rückenmark). Es kann sein, dass unbewusste Entscheidungen vom Magennetzwerk getroffen werden, auch wenn sie später vom bewussten Gehirn im Kopf als bewusste Entscheidungen beansprucht werden.

Das „Gehirn im Herzen" ist komplex und selbst-organisiert. Es führt einen kontinuierlichen Dialog mit dem Gehirn und dem Rest des Körpers und registriert oft Veränderungen *bevor* das Gehirn im Kopf reagiert. Die Menschen wissen intuitiv um seine Weisheit. Wie Antoine de Saint-Exupery in *Der kleine Prinz* schrieb: „Hier mein Geheimnis. Es ist ganz einfach: man sieht nur mit dem Herzen gut. Das Wesentliche ist für die Augen unsichtbar." Bei *HeartMath* haben wir beobachtet, dass, wenn Menschen absichtlich die Intelligenz ihres Herzens konsultieren, es ruhige und gelassene Perspektiven bietet, sogar wenn der denkende Verstand aufgeregt, ängstlich, besorgt, besorgt oder defensiv ist.

Als ich meine eigene Untersuchung fortsetzte, bemerkte ich etwas anderes. Die Herzintelligenz hat eine integrative Funktion. Sie ist mit den Intelligenzen des Kopfes und des Darms verbunden. Und sie ist durchaus in der Lage, Widersprüche zwischen ihnen intuitiv zu vermitteln. Sie integriert auf natürliche Weise die gesamte Intelligenz des Wesens. Das intelligente integrale

Herz ist älter und weiser als das getrennte Gehirn und viel schwieriger zu täuschen.

Pierre Teilhard de Chardin schrieb: „Der Tag wird kommen, an dem wir nach der Nutzung des Äthers, der Winde, der Gezeiten, der Gravitation für Gott die Energien der Liebe nutzen werden. Und an diesem Tag, zum zweiten Mal in der Weltgeschichte, wird der Mensch das Feuer entdeckt haben."[31] All dies drückt die evolutionäre Notwendigkeit einer Revolution der Liebe aus, aber nicht in der Weise, wie sie gemeinhin angenommen wird.

Die Liebe drückt Ganzheit aus, die vom Herzen her bekannt ist. Wie wir gesehen haben, ist Ganzheit die primärste, tiefste Qualität der Existenz, und das Herz ist der Ort, an dem Ganzheit intuitiv wahrgenommen wird – und Liebe ist ihr Ausdruck. Von Liebe zu sprechen bedeutet, richtig von diesem Ausdruck zu sprechen. Dies ist weit entfernt von der Liebe, von der wir sprechen, wenn wir eigentlich entweder romantische Bindung, begeisterte Sympathie oder sogar familiäre oder Stammesfürsorge oder Loyalität meinen.

Immer wieder ist es im Laufe der Praxis wichtig zu erkennen, dass Ganzheit tiefer – primärer – ist als die Fragmentierung, Teilung und Trennung, die der Geist zu erkennen neigt. Das Herz ist wichtig, denn diese Erkenntnis kann nicht nur abstrakt und mental sein. Unsere mentale Intelligenz, die im Kopf zentriert ist, und unsere visuelle Intelligenz, die in der Hara, unterhalb des Bauchnabels, zentriert ist, müssen über unsere Herzintelligenz integriert werden, um die Ganzheit zu erkennen, die die Quelle von Vernunft, Stärke und Gesundheit ist. Und wenn wir das tatsächlich tun, werden wir zu Liebe in der Praxis.

DAS „WIE" UND „WAS" DER PRAXIS

In dem Buch *Integral Life Practice,*[32] wiesen ich und meine Mitautoren Ken Wilber, Adam Leonard und Marco Morelli auf ein Schlüsselparadoxon hin. Es ist nicht einfach, unser Leben zu einer Praxis der Ganzheit zu machen, so dass unsere Intuitionen und Absichten aus diesem Ganzen stammen. Spezifische Praxisverpflichtungen sind notwendig. Sie sind noch mächtiger, wenn sie bewusst in einer größeren Struktur gehalten werden, die explizit darauf abzielt, die Brücke des Praktizierenden von einer Reihe diskreter unabhängiger Praktiken zu einem ganzen Leben der Praxis zu schlagen.

Angesichts (a) der Vielfalt und Einzigartigkeit der Menschen und (b) des Reichtums der Praxiswelt und (c) der Tatsache, dass jeder ein einzigartiges Individuum ist, existiert keine „one size fits all"-Empfehlung für die besten spezifischen Praktiken. Aber das lässt uns nicht mit einem Durcheinander von unzusammenhängenden individuellen Entscheidungen zurück. Meine Kollegen und ich haben einige wichtige Prinzipien beachtet, so dass wir ein „modulares" Verständnis der Praxis beschrieben und vier Kernmodule vorgeschlagen haben, die fast jedes Leben der Praxis fruchtbar beinhalten sollte. Das waren sie:

- **Körperübungen**, einschließlich Ernährung, Schlaf und viele Arten von Bewegung, vom Qigong über Yoga bis hin zum Krafttraining.
- **Geistespraktiken**, einschließlich Lesen, Lernen, Forschen, Experimentieren, Rechnen, kritische Analyse, Diskussion, mentale Übungen und Wachsen in unserer Fähigkeit, nuanciertere und selbstbewusstere Perspektiven einzunehmen.
- **Spirituelle** Praktiken, insbesondere Meditation, und auch Praktiken der liebenden Hingabe und des Gebets, der Kommunikation mit der natürlichen Welt und der Kontemplation, einschließlich sowohl mystischer Einsichten als auch natürlicher Philosophie.
- **Schattenpraktiken**, die sich auf andere emotionale Arbeiten erstrecken, aber auch Seelenarbeit und somatische Arbeit umfassen – letztendlich das gesamte Spektrum der psychotherapeutischen Heilung und Gesundheit.

Zu Beginn, wenn die Intuition der Ganzheit noch wächst, ist es unerlässlich, das eigene Leben in der konkreten Ausprägung bestimmter Praktiken zu verankern. Wir wollen uns nicht in der scheinbar formlosen Tiefe des Lebens als Praxis verlieren. Du kannst zuerst ein Leben mit spezifischen Praxisverpflichtungen aufbauen. Es ist auch wertvoll, bestimmte Übungen zu bestimmten Zeiten des Tages und der Woche und des Jahres zu machen. Solche Strukturen des Engagements sind grundlegend. Das Hinzufügen von Strukturen der Verantwortlichkeit (wie eine Checkliste, ein Praxispartner oder ein Lehrer) kann die Dinge noch weiter vertiefen und den Praktizierenden mehr transformative Traktion geben.

Ich lehre seit mehr als einem Dutzend Jahren ganzheitliche Praxis und habe einige interessante Muster gesehen:

- Der erste Punkt wurde von Baseball Jedi Yogi Berra berühmterweise zusammengefasst: „Das Wichtigste am Training ist ... es zu tun". Das ist sicher. Und deshalb ist es am Anfang so wichtig, sich auf spezifische Praxisverpflichtungen zu konzentrieren.
- Zen–Meister Richard Baker Roshi sagte einmal: „Satori ist ein glücklicher Zufall", aber fleißiges Üben „macht uns anfälliger für Unfälle". Spezifische Disziplinen können uns „in Form" bringen und eröffnen viele Möglichkeiten für Einblicke und Einsichten in diese unbegrenzte Ganzheit.
- Das hier beschriebene Praxisleben muss sowohl von „außen nach innen" als auch von „innen nach außen" gelebt werden. Unsere Absicht ist nur ein Teil des Bildes; sie wird durch eine ganze Reihe spezifischer Praktiken umgesetzt. Und die Praktiken sind nicht der Punkt; sie müssen zu einem ganzen Leben der Praxis werden.

DIE FÜNF M'S

In den meisten Fällen wird es erst nach dem Aufbau einer Grundlage vieler gesunder Praktiken, kleiner wie großer, möglich, dass die Praxis der Liebe und Ganzheit das eigene Leben durchdringt. Dennoch ist es von Anfang an hilfreich, einen *holistischen Verständniskontext* zu haben, der die eigene Beziehung zu den konkreten, zeitlich verankerten, spezifischen Praxisverpflichtungen integrieren kann.

Während ich meine Art, Integrale Lebenspraxis zu lehren, weiter verfeinerte, fasste ich sie auf neue Weise zusammen, um diesen Kontext des Verstehens zu schaffen. Ich wies nicht auf die Praktiken selbst hin, sondern auf die wichtigsten Wege, die Menschen normalerweise mit der Praxis in Verbindung bringen, während sie allmählich unser Leben durchdringen. Mir sind fünf große Kategorien aufgefallen, die wie Zeltpfähle den Übergang zu einem integrierten Praxisleben verankern können. Ich benutzte fünf Wörter, die mit dem Buchstaben „M" beginnen, um fünf allgemeine Orientierungsprinzipien zu nennen: Morgens, Momente, Mission, Meilensteine und Momentum – die „Fünf M's".

Morgens. Fast jeder ernsthafte Praktizierende beginnt damit, eine tägliche Praxis zu etablieren, und der Morgen ist oft die beste Zeit dafür. Jeden Tag wache ich auf und mache bewusste körperliche Bewegungen, die mir helfen, meine groben, subtilen und kausalen Körper zu integrieren. Ich bemerke, dass ich ein bewusst verkörpertes Wesen bin, das in Kontakt mit meinem Nervensystem, meinen Muskeln, Knochen und meinem Atem steht, der mit der gesamten Atmosphäre in Verbindung steht. Ich führe eine Reihe von bewussten Bewegungen durch, die das energetische Gleichgewicht wiederherstellen und mir helfen, einen gesunden Tag zu beginnen. Ich kümmere mich um mich selbst. Ich tue das in einer hingebungsvollen Stimmung, in Beziehung zum lebendigen Gott, dem lebendigen Göttlichen. Während ich den Segen des Lebendigseins erlebe und einatme, werde ich von Dankbarkeit und dem Wunsch, zu dienen, erleuchtet.

Wenn es die Verpflichtungen meines Tages erlauben, verbringe ich jeden Morgen neunzig Minuten oder mehr damit, mich bewusst zu bewegen, zu meditieren, zu lesen und zu kontemplieren. Das ist es, was die größten transformativen Heiligen, Weisen und Propheten getan haben. Es ist interessant festzustellen, dass Mahatma Gandhi, der Dalai Lama und Mutter Teresa alle zwischen einer und drei Stunden mit täglicher Praxis verbrachten, bevor sie etwas anderes taten. Wie wir unseren Tag beginnen, hat einen großen Einfluss darauf, wie sich der ganze Tag entwickelt. Ob du dir diese Zeit nimmst oder nicht, und selbst wenn dein Leben eher eine Abendpraxis vorschreibt, ist es ratsam, eine bewusste Praxis zu machen, um deinen Körper-Geist zurückzusetzen, wenn du deinen Tag beginnst.

Momente sind alles, was wir haben, denn auch die Vergangenheit und die Zukunft entstehen für uns gerade *jetzt*. Eine primäre Möglichkeit, wie wir unser ganzes Leben zu einer Form der Praxis machen können, besteht also darin, *die Absicht zu zufälligen Momenten über den Tag verteilt zu bringen.* Auf diese Weise beginnen unsere Absichten unser ganzes Leben zu durchdringen. „Die Praxis des Moments" bedeutet, deine unbewusste, kontrahierte, gewohnte Lebensweise zu unterbrechen – nur für einen Moment. Es ist gut, sich die Gewohnheit anzueignen, „den Aktualisierungsknopf zu drücken", für kurze Momente und viele Male jeden Tag. In nur einem Moment, oder vielleicht über ein paar Atemzüge, kann eine kurze Übung den Zustand und die Ausrichtung des Geistes, der Emotionen, der Energie und des Verhaltens verändern. Moment-Praktiken können so alltäglich sein wie die Anpassung der Körperhaltung oder so „spirituell" sein wie das Sprechen eines Mantra als Erinnerung an die Absicht, als Liebe zu leben. Sie können auch einfach einen tiefen Atemzug machen, oder ein paar tiefe Atemzüge, und Sie können Ihre Aufmerksamkeit auf Ihr Herz lenken und sich an die wesentliche Güte der Existenz erinnern. Sie können bewusste Pausen vom Computer einlegen, um sich zu dehnen. Sie können sich erinnern und sich mit Ihren Werten oder Zielen verbinden. Sie können Ihre Aufmerksamkeit auf die Gnade lenken, die Ihre Existenz unterstützt, und Dankbarkeit als expliziten absichtlichen Fokus für eine Minute oder so empfinden, bis sie beginnt, die Emotionen zu erweichen und zu öffnen und idie Biochemie zu verändern. Es ist ratsam, sich häufig an das lebendige Ganze zu erinnern, das einen umarmt.

Sie können sich auf eine bestimmte Frequenz einer bestimmten Moments-Übung festlegen – z.B. „mindestens dreimal täglich" – aber da die Übung zur zweiten Natur werden soll, ist es hilfreich, ihre Frequenz zu maximieren, auch wenn diese Momente spontan und nicht starr geplant bleiben.

Unsere **Mission** ist tiefgründig und grundlegend für unsere gesamte Existenz: sie ist unser Lebensinhalt, die Absicht, die alles organisiert. Den eigenen Lebenszweck zu klären und sich bewusst dafür einzusetzen, ist vielleicht die mächtigste aller Praktiken. Aber der Zweck ist keine statische Sache. Er entwickelt sich über den gesamten Lebenszyklus. Wenn wir uns entscheiden, es in Worte zu fassen, können wir unsere Absichtserklärung durchaus regelmäßig überarbeiten, wenn sich unser Verständnis und unser Zweck entwickeln. Wenn man seine Bestimmung bewusst lebt, bedeutet das eine ontologische Veränderung. „Ontologisch" bedeutet, *sich auf die eigene Lebensweise zu beziehen*. Wenn wir von ganzem Herzen für etwas eintreten, wird unsere ganze Art zu sein damit deckungsgleich, und wir setzen es tatsächlich um. Unser Ziel beginnt, Wege zu finden, nicht nur unser eigenes Leben, sondern auch unsere Möglichkeiten und Gemeinschaften zu organisieren. Schließlich kann es in Synergie mit dem Zweck der anderen und des Ganzen handeln. Zweck, vollständig gelebt, ist sowohl dynamisch als auch ansteckend. Wir setzen uns natürlich mit anderen auseinander und beziehen sie in unsere Arbeit ein. Dies ist ein wichtiger Weg, auf dem die Praxis das erwachende Bewusstsein in das Leben anderer bringt und die Welt beeinflusst.

Die Mission ist stark an das vierte M gebunden – **Meilensteine**. Die Mission des Einzelnen ist global. Aber die eigenen Handlungen müssen konkret und zeitspezifisch sein.

Das bedeutet, dass wir unsere Mission durch eine Reihe von konkreten Projekten umsetzen. Wir sind immer an Projekten oder Meilensteinen beteiligt – bei der Suche nach einem intimen Partner, der Erziehung eines Kindes, der Schaffung eines Hauses oder

Gartens, dem Aufbau eines Unternehmens, dem Schreiben eines Buches, der Vorbereitung auf eine Aufführung oder einen Wettbewerb, der Erstellung einer Website, eines Seminars, eines Podcasts, eines Produkts, einer Publikation. Wir verwirklichen unseren Zweck oder unsere Mission durch eine Reihe von spezifischen Projekten. Wenn wir ein Projekt annehmen (1) um etwas Größeres als unser selbst willen zu verwirklichen, (2) uns in Partnerschaft mit einer höheren Macht oder Quelle der Gnade befinden und (3) mit der Bereitschaft, den Prozess der Lehre und Transformation zu unterstützen, dann wird es zu einer sehr realen und kraftvollen Praxis. Es kann zu einer transformativen Passage werden, und wenn Sie das Projekt abschließen, werden Sie deutlich über das hinausgewachsen sein, was Sie waren, als Sie es begonnen haben. Ein Großteil des Praxislebens drückt sich in unseren Meilenstein-Projekten aus. Wir alle tun das auf natürliche Weise. Sie arbeiten wahrscheinlich gerade an mehreren Meilensteinen.

Das fünfte M ist **Momentum**. Damit beziehe ich mich auf die vielen anderen Praktiken, die wir bewusst durchführen – alle Praktiken, die wir in den „Modulen" der Integralen Lebenspraxis aufgeführt haben. Wir müssen die Säge immer weiter schärfen. So üben wir jeden Tag, zusätzlich zu unseren Morgen und Momenten, in der Natur, im Fitnessstudio oder im Yogastudio. Wir machen zusätzliche spezifische körperliche, geistige, psychologische, spirituelle und soziale Praktiken. Wir praktizieren spezifische Praktiken über das gesamte Spektrum unseres Lebens hinweg und führen ein *integrales Cross-Training* durch.

Ein Leben mit verschiedenen Praktiken wird gesunde Synergien schaffen. Es kann unsere Energie und Aufmerksamkeit freisetzen und festgefahrene Muster in vielen Bereichen unseres Lebens und Bewusstseins aufbrechen und transformatorische Impulse erzeugen. Ein ganzes Leben der integralen Praxis ermöglicht es, dass unsere feste Identität und unser kontrahiertes Gefühl der Trennung durch das offene Bewusstsein, das wir wirklich sind, geöffnet und verändert werden.

INTEGRALES CROSS-TRAINING

„Integrales Cross-Training" ist die explizite Kultivierung von Wachstums- und Entwicklungssynergien unter den Praktiken, die wir in verschiedenen Bereichen unserer Existenz anwenden. In dem Buch *Integral Life Practice* stellten meine Kollegen und ich dieses Konzept vor und bemerkten die „Cross-Training"-Synergie, die sich zwischen den verschiedenen oben beschriebenen Modulen der Praxis (physisch, mental, psychisch und spirituell) ergeben kann. Die spirituelle Praxis der Meditation kann synergetisch mit der geistigen Praxis der kritischen Analyse wirken, die wiederum synergetisch mit der physischen Praxis des Herz- und Krafttrainings verbunden sein kann, um nur einige Beispiele zu nennen. Weil wir ein Ganzes sind und die Bewegung zur Ganzheit ein Antrieb in der Natur selbst ist, bringt ein solches Cross-Training überraschende Vorteile mit sich.

Ken Wilber hat oft eine Anfängerklasse in Achtsamkeitsmeditation beschrieben, in der eine Untergruppe zusätzlich Gewichtheben machte. Einige Monate später wurden die Meditationslehrer gebeten, ihre Schüler zu bewerten. Interessanterweise bestand ein überproportionaler Anteil derjenigen, deren Meditation am schnellsten gereift war, aus Studenten, die auch mit dem Gewichtheben begonnen hatten. Die Lehrer hatten keine Ahnung, wer in dieser Gruppe gewesen war. Diese Personen hatten nicht mehr meditiert als die anderen. Und wir alle wissen, dass die Fähigkeiten des Gewichthebens nichts mit Achtsamkeitsmeditation zu tun haben! Und doch reifte sie schneller. Warum? Ich vermute, dass wenn wir Energie und Aufmerksamkeit freisetzen, indem wir üben und die festgefahrenen Muster in einem Lebensbereich aufbrechen, wir einen ganzheitlichen Wachstumszustand katalysieren, indem wir verfügbare Ressourcen für die Transformation in unserem gesamten Sein freisetzen und manchmal tugendhafte Zyklen einrichten.

Eine Forschungsstudie aus dem Jahr 2016 bestätigte formell, dass mehrere transformative Praktiken wichtige umfassende Effekte hervorrufen, die mehr sind als die Summe der Teile der isolierten Interventionen.[33] In dieser Studie absolvierte eine Gruppe von

Schülern eine Stunde pro Tag mit beaufsichtigten Dehnungs-, Widerstands- und Gleichgewichtsübungen, gefolgt von einer Stunde Training in Achtsamkeit und Stressabbau, zu der auch ruhige Spaziergänge und Meditation gehörten. Am Nachmittag trainierten sie weitere neunzig Minuten lang. Zweimal pro Woche absolvierten sie zwei Ausdauertrainingseinheiten im Intervallstil. Sie besuchten Vorträge über Ernährung und Schlaf und führten tägliche Protokolle, in denen sie ihre Übungen, Diäten, Schlafgewohnheiten und Stimmungen aufführten.

Sechs Wochen später machten die Schüler die ursprünglichen Tests erneut. Diejenigen in der Kontrollgruppe zeigten keine Veränderungen. Aber diejenigen, die ein integrales Cross-Training durchgeführt hatten, waren wesentlich stärker, fitter und flexibler; sie erzielten viel bessere Ergebnisse in Bezug aufs Denken, Fokus und Arbeitsgedächtnis; und sie berichteten, dass sie sich glücklicher und ruhiger fühlten, und mehr Selbstwertgefühl hatten. Ihre Hirnscans zeigten Aktivitätsmuster, von denen angenommen wurde, dass sie auf eine verbesserte Fähigkeit hindeuteten, länger konzentriert zu bleiben.

Die Verbesserungen übertrafen im Allgemeinen um ein Vielfaches das, was in vielen früheren Experimenten beobachtet worden war, deren Probanden nur ein Verhalten veränderten. Die Autoren der Studie glaubten, dass eine Art von Veränderung (wie der Beginn eines Trainingsprogramms) die Auswirkungen einer anderen verstärkt, wie etwa das Aufgreifen von Meditation. Und diese Verbesserungen blieben bestehen: Sechs Wochen nach dem Ende des Experiments zeigten weitere Tests, dass die Studenten, die alles veränderten, viel höher abschnitten als ursprünglich bei den Messungen in Bezug auf Fitness, Stimmung, Denkvermögen und Wohlbefinden, obwohl keiner von ihnen noch so viel trainierte oder meditierte wie während des Experiments.

Dies bestätigt einen „modularen" integralen Praxisansatz. Viele Traditionen (wie Patanjalis acht Yogas, die Betonung von Athletik und Studium im antiken Griechenland und die Disziplinen der Mönche des Shaolin-Tempels) legen einen integralen Ansatz für die Praxis nahe. Eine ganzheitliche Praxis kombiniert bewusst

Praktiken in den Bereichen Körper, Geist, Seele, Geist, Schatten und Seele.

Statt „modular" bevorzuge ich den Begriff „Sphären" unseres Lebens, weil er unsere Aufmerksamkeit auf die verschiedenen Bereiche unserer Existenz lenkt (die sich alle verändern) und nicht auf die „Module", an denen wir arbeiten. Während die integrale Praxis als eine Art Selbstverbesserungsprojekt beginnt und somit modular gedacht werden kann, wird sie letztlich zu einer einfachen, gesunden und angenehmen Lebensweise. Wenn wir die Praktiken in den verschiedenen Bereichen unseres Lebens beibehalten, vertiefen bemerkenswerte Synergien das Wachstum.

Kernmodule der individuellen Praxis

Lassen Sie uns diese ersten vier „Kernmodule" einer Integralen Lebenspraxis als Sphären unseres Lebens näher untersuchen und dann zu einer umfassenderen Beschreibung der Schlüsselbereiche einer solchen Praxis übergehen:

Körperpraktiken beziehen sich hauptsächlich auf drei Bereiche – Bewegung, Ernährung und Schlaf. Körperliche Übungen bauen Muskelkraft, kardiovaskuläre aerobe Fitness und/oder neuromuskuläre Konditionierung (athletische Koordination) auf. Subtile Energiepraktiken wie Yoga, Tai Chi und Qigong verbessern sowohl die körperliche Kondition als auch die harmonischen Zustände der Körper-Geist Integration. Körperübungen sind grundlegend. Sie gehen eine starke Synergie mit allen anderen Praktiken ein und sind unerlässlich, damit wir mit gesunder Lebenskraft strahlen können.

Geistesübungen können das Lesen, die Selbstbildung, den Aufbau unseres mentalen Fokus, die Lösung komplexer Probleme, den Besuch von Kursen, das Schreiben, die Durchführung von Forschungen und die Teilnahme an kritischen Analysen und intelligenten Diskussionen beinhalten. Es gibt spezifische Geistespraktiken in den meisten Fachberufen. Durch sie können wir unseren Intellekt schärfen und lernen, komplexere und flexiblere Perspektiven einzunehmen, die einen differenzierteren Sinn für unsere Erfahrung ergeben und es uns ermöglichen, effektiver zu reagieren. Wir werden auch klug und bleiben aufmerksam. Dazu gehören Medienkompetenz und Verständnis für menschliche Angelegenheiten, die mit kritischem Denken Wahrheit und Lüge trennen. Indem wir gute Entscheidungen darüber treffen, wie wir unsere Aufmerksamkeit lenken, neue Informationen, Forschungen und kulturelle Bewegungen aufnehmen und verdauen, können wir auch die verborgene Ganzheit und sinnvolle Muster erkennen, die sonst in der Informationslawine verborgen sind.

Spirituelle Praktiken wie Meditation, Gebetsgemeinschaften und Kontemplation sind die grundlegenden Praktiken für das Erwachen zur radikalen Einheit, die der Trennung und Fragmentierung vorausgeht. Diese Einheit ist ein tiefes Geheimnis, jenseits jeglicher menschlicher Perspektiven. Aber der Mensch kann nicht anders, als sich mit Perspektiven auseinanderzusetzen, so dass es drei große Kategorien von spirituellen Praktiken gibt, die den drei persönlichen Pronomen entsprechen. Im Jahr 2006, als Ken Wilber diese Unterscheidung zum ersten Mal traf, nannte er sie „das 1-2-3 Gottes". Während dieser Zeit arbeitete ich eng mit ihm zusammen und schlug eine Alternativbezeichnung vor, „die drei Gesichter Gottes", die inzwischen weit verbreitet ist. Kurz gesagt, die „drei Gesichter Gottes" sind die erste Person („Ich"), die zweite Person („Du") und die dritte Person („Es" oder „das").

- In den Praktiken der dritten Person betrachten wir „Es", das Geheimnis der Existenz, manchmal abstrakt und philosophisch, wie das, was wir jetzt tun, wenn wir diese Unterscheidungen bemerken; und manchmal auch auf sensorische Weise, wie wir es tun, wenn wir die sinnliche Schönheit der natürlichen Welt betrachten.

- In den Praktiken der ersten Person entspannt sich das Bewusstsein wieder auf seinen Grund oder seine Quelle, und wir ruhen als die offene Intelligenz, die einfach Zeuge aller Erfahrungen ist und als das Selbst oder „I-Am-Ness" erwacht, frei von unseren Geschichten, die in jedem neuen Jetzt-Moment losgelassen werden.

- In der Spiritualität der zweiten Person erkennen wir, dass wir soziale Geschöpfe sind, deren Neurologie so strukturiert ist, dass sie sich auf andere bezieht. Unsere Spiritualität verarmt, wenn sie sich nicht in unsere Beziehungsnetze einmischen würde, also wenden wir uns dem Geheimnis der Existenz als unserem primären Geliebten zu, indem wir dem Wunder und der Dankbarkeit erlauben, unser Herz und unseren Atem für die Gnade zu öffnen, die unsere innerste Beziehung in jedem Moment ist.

Durch solche Praktiken wird unserer Gewohnheit der Trennung und Fragmentierung geholfen, zu einer kontinuierlichen Anerkennung der vorherigen Einheit und Wechselseitigkeit zu reifen. Daraus ergeben sich nicht nur höhere Zustände und Bewusstseinsebenen, sondern auch überraschend neue Ebenen des Vertrauens in das Leben, Freiheit, Mut, Kreativität und Innovation.

Die **Schattenarbeit** umfasst nur eine Dimension der **Psychosphäre**. Es ist auch die Domäne der emotionalen und psychologischen und subtil energetischen Praxis. Durch die Schattenarbeit werden wir uns der zugrunde liegenden Unterdrückung, Scham, Angst und Kompensation, die sonst dazu neigen, unsere Reaktionen auf Erfahrungen zu sabotieren, bewusst und frei. Die Psychosphäre beinhaltet auch die **Seelenarbeit**, einschließlich der Praktiken der Tiefenpsychologie, der Ökopsychologie und der erdbasierten Spiritualität – und integriert diese oft somatisch, yogisch und energetisch. Durch solche Praktiken vertiefen und integrieren wir unsere Psyche und unser tiefes Gefühlsleben. Wir lernen auch unsere Berufung, unsere einzigartigen Gaben und Beiträge und unseren Lebenszweck kennen.

Wir identifizierten diese vier Bereiche – Körper, Geist, Spiritualität und Schattenarbeit – als die „Kernmodule" der Integralen Lebenspraxis, wie sie im Buch dieses Titels vorgestellt wurde. Aber es sind alles **individuelle Praktiken**, die sich auf meinen Körper, meinen Geist, meine spirituelle Verwirklichung und *meine* psychologische Integration konzentrieren.

Ebenso wichtig und noch konsequenter sind *relationale Praktiken* oder „soziale Praxen", auf die wir uns jetzt konzentrieren.

Wir können nicht allein auf unsere immer dringenderen großen globalen und sozialen Bedürfnisse eingehen, und unser spirituelles Wachstum kann nicht mehr wirklich gesund sein, wenn es uns nicht hilft, dynamisch an einer Welt der Beziehungen über die Grenzen unserer persönlichen Psyche hinaus teilzunehmen.

Beziehungspraktiken

Unsere innere Transformation, die unsere persönliche subjektive Erfahrung verändert (oder den oberen linken Quadranten in Wilbers Matrix), kann unser Verhalten (oder den oberen rechten Quadranten) und unsere Art und Weise, sich auf andere zu beziehen, verändern und in unsere intersubjektiven Vereinbarungen und Ethik und zwischenmenschliche Dynamik oder Kultur (den unteren linken Quadranten) übergehen. Und eine Transformation der Kultur kann die dringend benötigten und daraus resultierenden Veränderungen in unseren Systemen und Institutionen, in der Regierungspolitik sowie in den Finanz- und Wirtschaftsstrukturen (der untere rechte Quadrant) bewirken.

Es gibt drei offensichtliche Hauptbereiche der sozialen Praxis: **Intime Beziehungen**, **Arbeit** und **kreativer Dienst** sowie b – also die Praxis, Bürger unserer Gemeinschaften und der Welt zu sein. Jede dieser Sphären drückt auf unterschiedliche Weise die Praxis im unteren linken Quadranten, dem „Wir-Raum", aus, so dass man mehr Liebe, Wirksamkeit/Effizienz und kraftvolle Weisheit ins Leben bringen kann.

Intime Beziehungen sind zentral, wunderbar und berüchtigterweise herausfordernd. Nichts ist uns wichtiger als Liebe und Intimität, und nichts ist schwieriger, sie frisch und bewusst zu halten.

In den vergangenen Jahrhunderten wurde von der Ehe nicht erwartet, dass sie uns erfüllt. Es war ein rechtsgültiger Vertrag und eine notwendige soziale Vereinbarung, die sogar mit Polygamie und Prostitution koexistierte. Heute erwarten wir so viel mehr – wir wollen, dass unser Partner unser romantischer und sexueller Geliebter ist, unser bester Freund, unser bequemer

Begleiter, jemand, der die gleichen Aktivitäten und Interessen und Menschen genießt, ein verantwortungsbewusster, vollwertiger Partner bei allen Herausforderungen unseres gemeinsamen Lebens und unser Seelenverwandter – und jemand, der unsere Interessen und Werte auch bei jedem Wandel im Laufe der Zeit teilen wird. Es ist ein großes Abenteuer, wenn Menschen all die Wendungen und Enttäuschungen des Lebens und der Liebe als wahre Verbündete, die sich immer wieder ineinander verlieben, erleben und bewältigen. Und das Wachstum der Intimität kann ein tiefer und unendlicher Weg des persönlichen und beziehungsmäßigen Wachstums sein. Aber es ist nicht alles von Vorteil.

Keiner von uns ist immun gegen Gefühle des Verrats. Sie sind auch in den bewusstesten und liebevollsten Beziehungen gegenwärtig, in denen sich neue Ebenen kreativer Möglichkeiten und Herausforderungen ergeben. Keiner von uns ist immun gegen Karma und Enttäuschung. Sei es auf körperlicher, emotionaler, mentaler oder spiritueller Ebene, jedes Maß an „Perfektion" ist zum Scheitern verurteilt. Aber überall gibt es Druck in diese Richtung – im Internet, in der Werbung, in anderen Medien und unter Kollegen. Infolgedessen werden wir zu tollwütigen Suchenden nach bedingten Zuständen des Seins, die weitgehend unerreichbar sind, und wir neigen dazu, zu wollen, dass unsere gewählten intimen „Anderen" unsere unmöglichen Erwartungen erfüllen. Da das Leben nur Zweiseitigkeit bietet, ist es kein Wunder, dass mehr als die Hälfte aller Ehen in Scheidung endet.

Wenn wir das Glück haben, uns zu verlieben und unser Leben einer anderen Person zu widmen, verfügen wir über erstaunliche Möglichkeiten. Aber wir müssen Partner werden, um die Früchte zu verdienen. Der anfängliche Strom der besonderen Magie, wenn es denn einen gab, wird sich im Laufe der Zeit verändern, während wir lernen, Freunde, Begleiter und Lebenspartner zu sein. Wenn wir uns für eine exklusive Monogamie und möglicherweise für Kinder entscheiden, bei der wir uns für eine „sichere psychologische Bindung" entscheiden (was ein so wichtiger Faktor für das Gedeihen eines Kindes ist), werden alle unsere eigenen Bindungswunden aus der Kindheit stimuliert.

Selbst eine sichere Bindung wird durch zumindest Spuren der häufigeren traumatischen Muster berührt – vermeidende Unnahbarkeit, anhängliche Unsicherheit, inkonsistente Ambivalenz und oft ein Hauch von schlichter alter böser Verrücktheit. Ganz zu schweigen von Sucht und Depression. Die einzige fruchtbare Antwort auf die Herausforderungen der Intimität ist die Praxis mit diesen Herausforderungen.

Intime Beziehungen sind für viele von uns die primäre Arena der Transformation. Ein Individuum kann als Reaktion auf die Herausforderungen seiner Beziehung selbstständig üben, oder beide Partner können sich darauf einigen, gemeinsam zu üben. Und es gibt viele Möglichkeiten zu üben – in der Tat kann jeder gewöhnliche Kontext eine Arena für die Praxis sein: Komplimente, Zuhören, Date-Nächte, fröhliche Zeit allein, Reisen, Seminare, Retreats, soziale Abenteuer bei Konferenzen, explizite Paarberatungen oder andere Gesprächs- und Sexualpraktiken. Reife Ehen zwischen engagierten Praktizierenden finden manchmal einen Weg, den liebenden Geist der Flitterwochen zu regenerieren. Sie können letztendlich zu einer heiligen Erfahrung von Intimität und gemeinsamer Mission werden, die ein Geschenk der Liebe nicht nur zueinander, sondern zu all ihren Beziehungen sein kann, indem sie eine ständige Offenbarung, Welle für Welle, für Jahrzehnte entfalten.

Intime Beziehungen umfassen auch unsere Beziehungen zu Freunden, unseren Kindern, unseren Eltern und anderen Familienmitgliedern, Orte, an denen viele von uns unsere tiefsten Lektionen lernen. Wie können wir Liebe und Unterstützung ausdrücken und dennoch einige notwendige Grenzen setzen, um mit Menschen zusammenzuleben, die manchmal intime Fremde sind? Wir reifen heran, wenn wir unsere Familienbeziehungen, Freundschaften, Mitbewohnerbeziehungen und Nachbarschaftsbeziehungen erhalten und idealerweise vertiefen. Ich werde sie hier nicht im Detail beschreiben, da sie eine viel größere Bandbreite an Mustern annehmen als intime sexuelle Beziehungen. Aber es ist wichtig, den Bereich der „intimen Beziehungen" liberaler zu definieren, um die Vielfalt der Formen der Intimität einzubeziehen, die Menschen teilen.

Arbeit und kreativer Dienst sind der Ort, an dem wir am besten funktionieren und unseren Lebensunterhalt verdienen. Um dies zu tun, müssen wir alles praktizieren, von Zeitmanagement oder elektronischer und Online-Kompetenz bis hin zu all den spezifischen Fähigkeiten und Praktiken, die es uns ermöglichen, funktionale Exzellenz in unseren Rollen zu fördern und uns zu guten Teamplayern und Führungskräften zu machen. Organisationspsychologen haben vielen führenden Unternehmen geholfen, eine Kultur des Erforschens und Wachstums zu entwickeln, die neue Ebenen der Kompetenz einrichten kann. Dies führt zu einer anderen Praxisordnung, in der der evolutionäre Zweck, der „Ganzheitswert" des Unternehmens selbst, untersucht und angenommen wird, was aufgeklärten Unternehmen besser ermöglicht, unsere Gesellschaft zu entwickeln.

Die **bürgerliche Teilnahme** an der Gemeinschaft ist nicht nur durch unsere Zwangslage vorgeschrieben, sondern drückt natürlich einige der neuen Fähigkeiten aus, die wir im Zuge unserer spirituellen Entwicklung entwickeln. Wir fangen gerade erst an, unser Leben als totales Praxisfeld leben zu können. Unsere Spezies lernt neue und wichtige Lektionen über unsere Verantwortung, zusammenzukommen, um für unsere menschliche Zukunft zu sorgen, auch wenn die Evolution uns vor neue Herausforderungen stellt. Wir wollen unseren Teil dazu beitragen, unsere Welt und Kultur zu heilen. Wir wollen einen positiven Unterschied machen. Wir sind bereit, unser Verhalten zu ändern, um uns stärker in die Politik einzubringen. Dieser Impuls erwacht seit Jahren. Er ist stark angestiegen, während die Schwere der ökologischen Notlage sichtbar wurde, und wurde in jüngster Zeit weltweit nach den Schockwellen nach der Wahl der USA im Jahr 2016 enorm vergrößert. Damit unser Aktivismus wirklich gesund, reaktionsschnell, ausgeglichen und stabil ist, muss er im ganzheitlichen Kontext eines ganzen Lebens in der Praxis durchgeführt werden. (Daher dieses Buch!)

BEZIEHUNGSORIENTIERTE „WE-SPACE"-PRAKTIKEN

Unser Leben wird weitgehend durch unsere Interaktion mit anderen getestet und erfüllt. In einer Zeit der existentiellen Herausforderung und des schnellen Wandels bedeutet dies, dass wir zu neuen Beziehungsformen aufgerufen werden. Wir alle haben die Verantwortung, tiefere und dynamischere Interaktionen, Beziehungen, Freundschaften, Familien, Organisationen, Gemeinschaften, Allianzen und Kollektive aller Art zu entdecken und zu verkörpern. Wenn sich unsere Institutionen und Systeme ändern sollen, wird dies nur durch das Zusammenkommen unzähliger Menschen geschehen, die sich zusammenschließen, um eine gesündere menschliche Kultur zu erschaffen.

Es ist nützlich, diese Fähigkeiten zu üben. Eine ganz neue Kategorie von Workshops, Seminaren, Kursen und Versammlungen konzentriert sich speziell darauf, uns zu helfen, zu lernen, erfolgreicher zu kommunizieren. Unzählige Missverständnisse verderben menschliche Beziehungen auf allen Ebenen, sei es im intimen oder globalen Kontext. Es wurde gesagt, dass wir Wunden, die in einer Beziehung entstanden sind, am besten in der Beziehung selbst heilen können. Gruppenpsychotherapie und Begegnungsgruppen leisten etwas Wichtiges und unterscheiden sich von dem, was in der individuellen Psychotherapie geschieht. Die Bereiche Dialog, kollektive Intelligenz, Familientherapie, Organisationsentwicklung, Gruppenmoderation und Mediation spiegeln wider, wie viel wir darüber lernen, wie man kommuniziert und in Beziehung tritt.

Ein besonderes Element der zwischenmenschlichen Arbeit achtet auf die Qualität des Beziehungsfeldes selbst. Wenn Menschen Augenkontakt haben, erleben sie oft mehr als „Ich" und „Du". Es gibt eine dritte Präsenz – das „Wir" –, die sich im „Dazwischen", auf halbem Weg zwischen den beiden Augenpaaren befindet. Wenn sich die Menschen, oft durch strukturierte Übungen, um die Qualität dieser dritten Präsenz kümmern, verändert und vertieft das den „Wir-Raum" selbst. Es ist tiefgründig und erfreulich, von einem subjektiven zu einem intersubjektiven Ort des

Gewahrseins zu wechseln, zu einem gemeinsamen Feld zu erwachen, während ein erfahrungsmäßiges Gefühl des erwachten kollektiven Gewahrseins immer voller und tiefer und freier wird. Die Praxis erlaubt es diesen Qualitäten, sich zu entfalten. Es kann sogar zu einer neuen Form der spirituellen Autorität werden (einige meinen, dass das „Wir" eine Alternative zu einem menschlichen Lehrer sein kann).

Es kann auch ein neuer Rahmen für kreative philosophische, kulturelle, organisatorische und politische Gespräche werden, die die Kultur direkt fördern können. Ein solches Feld kann die Grenzen unserer Fähigkeit, uns unsere Zukunft vorzustellen, sprengen – ein Ort, an dem wir die Auswirkungen neu entstehender Perspektiven und Erkenntnisse erforschen und anwenden können, um uns neue Wege zu eröffnen, um aktuelle soziale, kulturelle und politische Herausforderungen anzugehen. Aber das Wichtigste ist, dass es uns zeigen kann, wie sich die Evolution von innen heraus anfühlt.

In den letzten zwanzig Jahren hat es eine langsame, aber überraschende Entwicklung der „We-space"-Praktiken gegeben. Im Gegensatz zu den Gruppenprozessen und therapeutischen Arbeiten, die in den 1970er Jahren entstanden sind, sind diese Arbeiten nicht sonderlich therapeutisch. Stattdessen kommen Gruppen von Menschen zusammen, um das gegenseitige Erwachen, die kollektive Intelligenz und die kollektive Weisheit zu erforschen. Sie stützen sich auf das, was im Bereich des Dialogs gelernt wurde, aber der Übergang von einer subjektiven zu einer intersubjektiven Orientierung unterscheidet die Praktiken im Raum. Einige dieser Experimente wurden im Rahmen von intentionalen Gemeinschaften durchgeführt, andere finden in Workshops, Kursen, Retreats oder virtuellen Gemeinschaften über einen längeren Zeitraum statt.

Diese neue We-space-Arbeit verschiebt die grundlegenden Annahmen der menschlichen Beziehung und Kultur von der Trennung („Wir sind alle Individuen, die versuchen, miteinander in Beziehung zu treten") auf die Verbindung („Wir sind Teilnehmer und Ausdruck eines größeren Bewusstseinsfeldes, das uns erheben, uns durchdringen und sich selbst entwickeln kann"). We-space-Praktiken sind im Wesentlichen transpersonale Praktiken der Ganzheit.

Das persönliche spirituelle Erwachen muss nicht privat sein. Wenn es ausschließlich privat ist, fehlt ihm nämlich etwas Wesentliches. Im Allgemeinen, je weniger privat es ist, desto integraler ist es. Je mehr es verstanden wird, sich auf alle vier Quadranten der Realität zu beziehen, die alle anderen Menschen einschließt, desto mehr muss die potenzielle Spiritualität die Kultur verändern.

BEZIEHUNGSPRAKTIKEN UND AKTIVISMUS

Die Beziehungspraktiken sind ein Bereich, in dem wir Spaltungen überwinden und den Boden für ein kluges gemeinsames Handeln bereiten können. Aber das Reden wird letztendlich nicht ausreichen. Unsere wichtigsten Praktiken sind konkrete Initiativen zur Unterstützung der Gesundheit und Entwicklung unserer sozialen Strukturen, Systeme und Institutionen – der unteren rechten Quadrantensysteme, in denen wir leben. Dazu gehören unsere Ökosysteme, politische Systeme, Regierungspolitik, Energie- und Nahrungsmittelproduktion, Transport und Abfallverarbeitungssysteme. Der Systemwandel erfordert, wie wir bald sehen werden, eine *aktivistische Staatsbürgerschaft* dreierlei Art: *In-dem-System*-Aktivismus, *Gegen-das-System*-Aktivismus und *Um-das-System*-Aktivismus.

Selbst wenn wir uns nicht mit äußeren Aktivitäten beschäftigen, die wie „Aktivismus" aussehen, haben wir alle einen Beitrag zu leisten und damit eine Verantwortung. Wir vermitteln alle unsere inneren Zustände und kommunizieren der größeren Kultur die Einstellungen und Werte, die wir leben. Unsere Lebensweise entwickelt sich ständig weiter und beeinflusst andere sowie die Welt im Allgemeinen. Denn die Natur der Realität ist holographisch; wer ich bin und wer du bist, ist ein Abbild des Ganzen. Dies ist eines der außergewöhnlichsten Geheimnisse, die die Wissenschaft uns gezeigt hat das wir noch nicht verinnerlicht haben und mit dem wir arbeiten müssen.

Die daraus resultierenden und revolutionären Potenziale des Wir-Raums würden sich zu realisieren beginnen, wenn Gruppen von Menschen lernen könnten, sich auf der Grundlage einer ausgewogenen Selbstversorgung und Altruismus, ohne Energie zu verlieren, nachhaltig aufeinander zu beziehen und zwar in einer Weise, die erhebliche selektive Vorteile bringt und selektive Nachteile mildert. Die Spieltheorie-Analyse fordert den Altruismus mit dem tiefen Rätsel heraus: „Wie kann die Zusammenarbeit konkurrenzfähig sein, insbesondere in einem größeren wettbewerbsfähigen wirtschaftlichen, sozialen und politischen Umfeld"? Vielleicht liefert uns eine neue postkonventionelle Ebene des gruppeninternen Altruismus, kombiniert mit einem entsprechend umsichtigen (ja sogar vorsichtigen) guten Willen gegenüber Gruppenmitgliedern und Fremden, die Grundzüge für einen neuen und positiven Tribalismus. Experimente in dieser Richtung spiegeln eine entscheidende Dimension der intersubjektiven Praxis wider.

Wie könnten wir das praktizieren? Wir müssen entdecken. Aber wir können bestimmte Prinzipien bei der Arbeit sehen. Jedes ernsthafte Experiment in dieser Richtung, glaube ich, muss von der integralen Herzintelligenz des ganzen Wesens geleitet werden. Allein die rein mentale „Kopf"-Intelligenz ist unzureichend. Sie hat die Entscheidungsfindung in der jüngeren Neuzeit dominiert und vermittelt. Und jetzt scheitert es, da Rechts- und Kommunikationsstrategien „das System spielen" und die Ausübung der Weisheit des Ganzen in unserer kollektiven Entscheidungsfindung behindern. Der Kopf ist zu leicht zu täuschen und zu betrügen. Das Herz ist ein klügerer Pokerspieler. Und wir brauchen die Straßenkünste unseres Hara, unseres Bauchgefühls. Unser Bezugspunkt muss die Fähigkeit sein, kollektive Entscheidungen zu treffen und Unterschiede zu beurteilen, die von einer gemeinsamen Wahrnehmung der Intelligenz des „integralen" Herzens bestimmt werden, das die Intelligenz von Kopf und Darm integriert und vermittelt.

Diese subjektiven Veränderungen implizieren Veränderungen im Verhalten. Und es sind Veränderungen im *tatsächlichen Verhalten,* die die Folge für unsere gesamte Situation sein werden. Betrachten wir also ein System zum Üben der Lebensweisen, die es uns ermöglichen, uns in einer Weise zu verhalten, die einem neuen menschlichen Erwachsenenalter angemessen ist.

VIER ARTEN, EINE FÜHRUNGSKRAFT ZU SEIN

In Werner Erhards und Michael Jensens wegweisender Arbeit zum Thema Führung identifizieren sie vier „Wege des Seins "[34] als Grundlage für eine erfolgreiche Führung. Dies sind vier umfassende, subjektive Entscheidungen, Verpflichtungen oder Orientierungen zum Leben, die sich als eine ganze Reihe von diskreten beobachtbaren Verhaltensweisen manifestieren. Diese Verhaltensweisen sind für den Erfolg von Unternehmensführungskräften notwendig, und sie erhöhen auch den Erfolg jedes Unternehmens, einschließlich des persönlichen Lebens. Es handelt sich um Kapazitäten, die wir über einen längeren Zeitraum entwickeln können. Ich unterrichte mehrere von ihnen seit Jahren. Aber ich denke, dass uns die Synthese von Erhard und Jensen einen ausgezeichneten Rahmen für integrale Praxis und effektiven evolutionären Aktivismus bietet.

Ich werde diese vier Arten, zu sein, beschreiben, weil sie so direkt und effektiv die Selbsttäuschung beseitigen, die die Gesundheit und Ganzheit der menschlichen Gesellschaft als Ganzes untergraben hat. Wie der Harvard-Professor Chris Argyris schrieb: „Einfach ausgedrückt, handeln die Menschen immer uneinheitlich, ohne sich des Widerspruchs zwischen ihrer vertretenen Theorie und ihrer Theorie im Gebrauch bewusst zu sein, zwischen der Art und Weise, wie sie denken, dass sie handeln, und der Art und Weise, wie sie tatsächlich handeln". [35]

Heuchelei ist ein fast universelles menschliches Versagen. Und sie ist die Ursache dafür, wie wir unsere aktuellen Krisen verursacht haben. Um die Heuchelei auf gesellschaftlicher Ebene zu durchdringen, müssen wir uns zuerst der Sache stellen und sie auf eine sehr persönliche Weise verändern. Erhard und Jensen kommentieren pointiert: „Wenn Sie denken, dass dies nicht auf Sie zutrifft, machen Sie sich selbst etwas vor, indem Sie sich selbst etwas vormachen."

Sie haben ihre Beschreibungen dieser vier wesentlichen Unterscheidungen mit großer Präzision erstellt, so dass ich in den folgenden Beschreibungen dieser vier Seinsformen großzügig von dem oben genannten Papier paraphrasiere.

- Das erste Seinsform ist, **authentisch zu sein**. Wir sprechen gemeinhin von einem „walking your talk" – also einem konsequenten Verhalten gegenüber dem, was man sich vorgibt zu sein. Wir alle versuchen, das zu tun. Aber wir können auch vor uns selbst die Tatsache verbergen, dass wir es nicht tun – normalerweise, weil wir nicht schlecht aussehen wollen, und wir fürchten, den Respekt der anderen zu verlieren. Aber man kann nicht *vorgeben*, authentisch zu sein – per Definition ist das unauthentisch. Paradoxerweise ist der einzige Weg, authentisch zu sein, authentisch über die eigenen Unwahrheiten zu sein. Sie müssen bereit sein, die Wahrheit darüber zu entdecken, zu konfrontieren und zu sagen, wo Sie versagen – sogar dort, wo Sie sich etwas vortäuschen. Sie werden es nicht genießen, sich das anzusehen. Aber ich habe die Erfahrung gemacht, dass es nicht so schlimm ist, meine Schwächen zu zeigen und mein Gesicht zu verlieren, wie es scheint. Es gibt mir eine mächtige Gelegenheit, über Scham und Täuschung hinwegzuwachsen und zu erkennen, dass ich tatsächlich größer bin als meine Schwächen. Es ermöglicht mir auch einen authentischen Kontakt mit anderen. Meine Herzintelligenz erkennt, dass der Kompromiss seine Kosten wert ist. Aber das ist eine kontinuierliche, lebenslange Praxis, denn jeden Tag tauchen neue Unwahrheiten auf, und damit neue Möglichkeiten, sich für die Authentizität zu entscheiden.

- Die zweite Seinsform **geht davon aus, dass sie in Bezug auf alles im Leben „die Ursache" sind.** Das bedeutet, dass Sie bereit sind, das Leben aus der Perspektive zu betrachten und damit umzugehen, dass Sie „die Ursache" oder „voll verantwortlich" für Ihre Erfahrungen sind. Es ist nicht wahr, dass Sie die Ursache für alles in Ihrem Leben sind. Sie können sogar in irgendeinem Sinne oder in gewisser Hinsicht ein Opfer sein. Aber selbst wenn man nur für 1 Prozent der Ursachen einer Situation verantwortlich ist, ist es wirkungsvoll, sich auf das zu konzentrieren, wofür man verantwortlich sein kann. Es versetzt Sie in Beziehung zu Ihrer Macht und nicht zu Ihrer Machtlosigkeit. Sie beschäftigen sich nicht mehr mit dem Leben aus der Perspektive eines Opfers, in dem Sie die Ursache den Umständen oder anderen zuweisen. Dies ist eine strenge Disziplin, aber sie kann eine dramatische Steigerung Ihrer Effektivität und Kraft hervorrufen. Ich arbeite jeden Tag mit dieser Disziplin.

- Der dritte Seinsform ist, **sich für etwas Größeres als sich selbst zu engagieren**. Dies ist offensichtlich ein Thema, das jedes Kapitel dieses Buches durchdringt. Ohne die Leidenschaft, die sich daraus ergibt, dass wir uns für etwas Größeres als uns selbst engagieren, werden wir wahrscheinlich nicht durchhalten, wenn mal nichts richtig läuft. Hier kommt der „Mut" der Führung her. Wenn keine Hilfe zur Verfügung steht, wie kann ich in mir selbst die Kraft finden, angesichts unmöglicher, unüberwindbarer Hürden und Barrieren durchzuhalten? Wenn ich mich wirklich für etwas Größeres als mich selbst einsetze, kann ich nach innen greifen und die Kraft, Leidenschaft und Ausstrahlung finden, die nötig sind. Ich kann weitermachen; ich kann mutig und kreativ sein.

- Der vierte Seinsform ist, **eine integre Person zu sein**. Dies war ein großes Thema in Erhards einflussreichem Werk aus den 1970er Jahren. Wenn wir zusammenarbeiten, müssen wir uns aufeinander verlassen können, dass wir das tun, was wir wollen. Wenn wir zusammenarbeiten, müssen wir uns aufeinander verlassen können, dass wir das tun, was wir sagen – und wenn wir gesagt haben, dass wir es tun werden. Wenn die Integrität abnimmt, sinken Wert und Leistung. Optimale Leistung erfordert also Integrität. „Ohne Integrität geht nichts." [36]

Wenn Sie nicht in der Lage sind, Ihr Wort immer zu halten, können Sie es doch jederzeit ehren. Die Einhaltung Ihres Wortes, wann immer Sie es nicht in dem Zeitrahmen halten werden, dem Sie zugestimmt haben, erfordert Kommunikation. Sobald Sie sich bewusst werden, dass Sie Ihr Wort nicht rechtzeitig halten können, können Sie allen Betroffenen mitteilen, dass Sie Ihr Wort nicht halten werden, dass Sie es aber in Zukunft tun werden, und bis wann – oder dass Sie Ihr Wort überhaupt nicht halten werden; in diesem Fall können Sie sagen, was Sie tun werden, um mit den Auswirkungen dieses Scheiterns auf andere umzugehen.

Erhard und Jensen geben zu, dass sich niemand, auch nicht sie selbst, vollständig in einem Zustand der Integrität befindet. Integrität, sagen sie, ist ein „Berg ohne Gipfel", also weisen sie in ihrer Arbeit darauf hin, dass wir uns besser „an das Klettern gewöhnen sollten." Und wir sollten lernen, es zu genießen. Dennoch führen alle Fehler der Integrität zu Problemen. Wir versagen, verpassen Termine und Fristen und enttäuschen unsere Partner, Mitarbeiter und Freunde. Und wir werden von anderen beeinflusst, deren Funktionieren die Integrität verletzt. Die Auswirkungen sind enorm. Es ist eine starke Praxis, diese Lücken verantwortungsbewusst anzugehen und zu schließen.

Integrität ist die notwendige und ausreichende Voraussetzung für die Funktionsfähigkeit, die uns die Möglichkeit zur Leistung gibt. Wenn Sie mit Integrität arbeiten, gibt es keine Kommunikationsausfälle. Sie haben jedes Durcheinander beseitigt, das Sie für andere verursacht haben. Ohne solche Ausfälle können Menschen bemerkenswerte Dinge vollbringen. Wir sind durch unsere gegenwärtige Krise aufgerufen, große Dinge zu erreichen, also werden wir gut daran tun, die Praxis der Integrität anzunehmen.

Diese vier Seinsformen und das Verhalten, das aus ihnen hervorgeht, sind eine wesentliche Dimension der Praxis. Wenn eine neue Republik des Herzens entstehen soll, müssen sich ihre Bürger mehr als nur auf den guten Willen verlassen. Wir werden viele Dinge gemeinsam und effektiv tun müssen. Das ist eine sehr praktische Herausforderung. Wir müssen uns darauf verlassen können, dass wir uns weiterhin an höheren Verpflichtungen orientieren – und nicht darauf, sie in schwierigen Zeiten zu ignorieren. Wir brauchen andere, die von uns Rechenschaft verlangen, dass wir jederzeit praktizieren, auch wenn wir es nicht schaffen. Wir werden auch Verbündete brauchen, die effektive, hochfunktionale Organisationen gründen und leiten können.

Diese vier Formen des Seins stellen also starke praktische Prinzipien dar, auf die wir uns bei der Umsetzung der Praxis der Ganzheit in sozialer Hinsicht stützen können. Sie sind bei der Arbeit und in unseren Projekten und Organisationen unerlässlich – in der Tat sind sie bei allem, was wir als Aktivisten und als Mitpraktiker tun, unerlässlich.

UNSERE GROẞE GEMEINSAME ARBEIT – DIE TRANSFORMATION DER MENSCHLICHEN KULTUR

Unsere Zukunft wird nicht nur von den Reichen, Berühmten und Mächtigen gestaltet werden. Wir alle haben die Möglichkeit, einen Beitrag zu leisten. Die Verantwortung für unseren Planeten kann nicht ausschließlich bei Menschen wie Barack Obama oder Angela Merkel, Bill Gates oder Warren Buffet, Bono oder Angelina Jolie, Larry Page oder Elon Musk liegen. Sie kann nicht nur

Papst Franziskus und dem Dalai Lama und den Heiligen aller Religionen zukommen. Es muss bei jedem einzelnen von uns liegen. Wir sind alle mächtiger, als wir es uns vorstellen, weit über die Narrative hinaus, die uns darauf reduzieren, nur Verbraucher oder Wähler oder Meinungsumfragen zu sein.

Und doch ist es nicht einfach, mit anderen Menschen zusammenzuarbeiten. So schwierig unsere eigene Transformation auch sein mag, der Boden der menschlichen Beziehung und wie wir *miteinander umgehen,* ist viel schwieriger. Deshalb ist es wichtig, gemeinsame Erwartungen daran zu haben, wie sich unsere Ideale in unserem Verhalten ausdrücken.

Das ist hehre Ziele. Aber wie wir immer wieder in virtuellen Foren sehen, gilt selbst für die Besten von uns, dass es im virtuellen Raum bemerkenswert einfach ist, arrogant zu werden, das „Andere" zu entmenschlichen, zu beschimpfen, zu trollen, zu dämonisieren und sich antisozial zu verhalten. Es ist ein Leichtes, dass unsere Art und Weise, miteinander umzugehen, erodiert, da aufgrund der Verstädterung, der Mobilität und des Zusammenbruchs von Familie und Gemeinschaft der menschliche Kontakt verloren geht. Der daraus resultierende Verlust an Empathie macht Vertrauen unangemessen. Und Misstrauen wird zu einer sich selbst erfüllenden Prophezeiung.

In vielen Bereichen hat sich die menschliche Kultur zu einem Niveau ethischer Kompromisse und Nichtkommunikation entwickelt, das nur für die am wenigsten vertrauenswürdigen Mitmenschen geeignet ist. Wir lassen versehentlich zu, dass die Psychopathen unter uns die Bedingungen unserer Beziehungen zu Freunden und Nachbarn diktieren, die wir noch nicht einmal getroffen haben, in einem wahnsinnigen Wettlauf nach unten, weit entfernt von unserem höchsten (oder sogar unserem gewöhnlichsten) menschlichen Potenzial. Und wir fragen uns, wie wir die Hölle vermeiden können, die unsere brutaler „kleinsten gemeinsamen Nenner" im Umgang miteinander ist.

Es ist schwer, Menschen zu vertrauen, die wir nicht kennen, auch wenn die meisten von ihnen gute Absichten haben. Und es ist praktisch unmöglich, Menschen zu vertrauen, die wir nicht sehen können – besonders, ihnen mehr zu vertrauen, als wir uns in der Lage fühlen, denen zu vertrauen, die wir sehen können. Aber die Massenkommunikation ermöglicht es uns heute, Menschen auf der ganzen Welt zu sehen. Weil unsere Aufmerksamkeit auf die bizarrsten, schockierendsten und schrecklichsten Nachrichten gelenkt wird, und weil so viele Menschen so verschieden von uns sind, und weil wir manchmal Psychopathen und Soziopathen begegnen, haben sich unsere Beziehungen des entsprechenden gegenseitigen Vertrauens rasch verschlechtert. Wir haben oft das Gefühl, dass uns eine rationale Grundlage fehlt, um anderen zu vertrauen – auch den meisten, die sehr vertrauenswürdig sind.

Ein so tiefgreifender kultureller Wandel ist ein beträchtliches Unterfangen, das gewaltige Hindernisse überwinden muss. Aber wir sind kaum machtlos. Unsere individuellen Transformationen können synergistisch überproportionale Macht ausüben – auf vielen Wegen, einschließlich unserer zunächst scheinbar unwichtigen Bemühungen –, um unser gesamtes zivilisatorisches System zu verändern. Es ist wahr, dass sie oft so funktionieren können, dass sie sich dem widersetzen, was wir als Logik wahrnehmen.

Die Popularität von Ideen wie dem „Tipping Point" oder die Geschichten des Hundertstel-Affen sind nicht nur Märchen. Wie bereits erwähnt, hat Ken Wilber auf die Behauptung hingewiesen, die sich auf die historischen Beweise des späten 17. Jahrhunderts und der Amerikanischen Revolution stützt, dass, wenn 10 Prozent der Bevölkerung zu einer wirklich höheren Bewusstseinsstruktur heranwachsen, die Natur öffentlicher Vereinbarungen und Machtbörsen nach einem höheren Satz von (postmonarchischen, verfassungsmäßigen, demokratischen, leistungsorientierten, freiberuflichen) Regeln umstrukturiert werden kann.

Auf der Ebene des gesunden Menschenverstands kann jeder erkennen, dass es ein größeres Ganzes gibt, an dem wir alle teilnehmen, und unsere Handlungen sind wirklich wichtig, weil sie mit diesem Ganzen übereinstimmen und es beeinflussen. Ein echter Praktizierender mit einem klaren, starken Engagement und starken Beziehungskapazitäten kann Synergieeffekte mit anderen erzeugen, insbesondere indem er sie in eine Reihe von gemeinsamen Vereinbarungen einbezieht, wie die vier oben beschriebenen Arten. Indirekt können Individuen enorme Auswirkungen erzielen. Ein solides, höheres Engagement steht fest und organisiert die Zufälligkeit der Ereignisse in der Art und Weise, etwa wie ein unbeweglicher Obelisk (man denke an das Washington Monument), der mitten eines Sandsturms steht, die chaotischen Muster des wirbelnden Sandes organisiert. Einige wenige außerordentlich engagierte Praktizierende können überproportionale Auswirkungen erzielen („die Stärke von zehntausend Menschen").

Die Geschichte wurde mehr als einmal von einem „großen Erwachen" beeinflusst, von spirituellen Erneuerungen, die auch zu politischen Bewegungen geworden sind. Authentische integrale Praxis kann somit die Grundlage für eine transformative kulturelle und politische Bewegung sein. Wenn sie alle hier beschriebenen Prinzipien anwendet, kann sie große Dinge erreichen und *gleichzeitig das menschliche Herz zutiefst befriedigen.* Dies kann die Praxis des politischen Aktivismus verändern. Wenn politischer Aktivismus nur bedeutet, zu langweiligen öffentlichen Versammlungen zu gehen und seine Wut herauszulassen, nachdem man lange auf seinen Zug gewartet hat, werden die meisten Menschen nicht beteiligt sein wollen.

Wenn wir jedoch in einem Geist der Freude, Fürsorge und Intimität zusammenkommen können, in dem wir uns gegenseitig anregen und erheben, dann kann die politische Partizipation zu einer Art Feier werden – zu einer herzlichen Gemeinschaft und einer transformativen Öffnung in eine neue Möglichkeit. Wenn wir uns auch darauf verlassen können, dass wir Authentizität, Integrität und Verantwortung übernehmen, können wir den Prüfungen der Zeit standhalten. So kann die Praxis uns befähigen, der Anfang von etwas wirklich Neuem zu sein. Die geistliche Gemeinschaft kann uns stärken, die harte, „undankbare" Arbeit zu leisten, die auch notwendig ist (und wir können uns gegenseitig dafür danken, dass wir es auch tun!).

DIE POTENTIALE DER PRAXIS

Auf der großen archetypischen Reise verirrt sich der Held meist – vorübergehend. Und nicht nur einmal. Zu diesen Zeiten könnten wir das Gefühl haben, gescheitert zu sein, obwohl wir transformiert wurden und wachsen. Die Reise ist sowohl ermächtigend als auch demütigend.

Der Weg lehrt uns, tiefe Werte zu schätzen, die eines dauerhaften Engagements würdig sind, wertvolle Jahre und sogar Jahrzehnte „verzögerter Befriedigung" auszuhalten. Wir handeln nach diesen Werten und erhalten sie im Laufe der Zeit. (Und manchmal auch nicht.) Wir finden Wege, jeden Tag zu üben. (Und manchmal versagen wir dabei.) Langsam aber sicher, wenn wir zur Arbeit zurückkehren, erhebt und transformiert sie uns, befreit uns von unbewussten Gewohnheitsmustern und weckt Einsichten, Weisheit und Mitgefühl.

Wir lernen allmählich, erfülltere Beziehungen zu haben, glücklicher zu leben oder unsere Dysphorie besser zu bewältigen und produktiver und effektiver zu sein. Wir fühlen uns ruhiger, gesünder, ausgeglichener – und oft inspirierter, lebendiger und leidenschaftlicher. Wenn wir konventionelle Erfolge erzielen, sehen wir sie einfach als das, was sie sind. Und zumindest für eine Weile verwirklichen sich einige von uns, werden frei und dem kreativen Ausdruck unserer Gaben überlassen. Wir genießen die wunderbare und doch vorübergehende Erfüllung, die das Leben bieten kann.

Einige von uns werden sogar in gewisser Weise „erleuchtet". Niemand scheint vollkommen zu werden, aber *etwas* passiert immer wieder. Wir beginnen zu bemerken, dass unsere wahre Identität Bewusstsein, Liebe und Glückseligkeit ist – eine allumfassende Ganzheit, die aus dem Herzen kommt. Und doch leiden unsere Freunde, und wir sehen und sind Teil einer gefährdeten Welt. Und paradoxerweise, wenn wir einmal in die Ganzheit des Herzens gefallen sind, obwohl wir zutiefst glücklich sind, sind die Leiden von Mensch und Natur nicht nur weiterhin wichtig – sie sind noch wichtiger als zuvor! Wie die großen Bodhisattvas reagieren die heutigen aktivistischen Praktizierenden in vollem

Umfang auf das Leiden der anderen und der Schöpfung, auch wenn sie in das atemberaubende Geheimnis, das alle Dinge durchdringt, aufgenommen werden und ihre Kraft aus diesem beziehen.

Der Weg hat nicht nur kein Ende – er beginnt mit jedem neuen Atemzug erneut. Und es ist unser menschlicher Zustand, dass der Geist dazu neigt, zu treiben, taub zu werden und einzuschlafen. Wenn wir uns in Angst und Trennung verstricken, beginnen wir, die kleine Geschichte des Egos zu leben.

Sind wir in diesem nächsten Moment wach genug und bereit und mutig genug, um wieder Anfänger zu werden? Können wir uns im Staunen für das Herz des Geheimnisses der Existenz öffnen? Können wir von unseren Vorstellungen vom Geheimnis zur Realität erwachen – der lebendigen Gegenwart des Geheimnisses in diesem Moment? Sobald wir uns in erstauntem Staunen geöffnet haben, ist alles so offensichtlich, und es kann für eine Weile offensichtlich erscheinen. Irgendwann werden wir wahrscheinlich anfangen zu denken, dass wir jetzt das Geheimnis „kennen"; dann, wenn wir uns am wenigsten selbst bewusst sind, wird die Trance unsichtbar zurückschleichen.

Wenn wir Glück haben, werden wir weiter aus dem Schlaf erwachen und vage bemerken, dass wir irgendwie subtil den Kontakt zu der lebendigen, zarten, glitzernden Lebendigkeit des echten Erwachens verloren haben. Wir werden merken, dass wir wieder automatisch geworden sind, und dann werden wir uns entscheiden, von vorne anzufangen. Die einzige „letzte" Erkenntnis ist die bedingungslose Bereitschaft, in jedem neuen Moment frisch und wach aufzutauchen und den Weg neu und für immer zu beginnen.

7. Die neuen Geschichten unserer Seelen

Bitte wisse dies. Du bist kein verkapselter Sack Haut, der sich ein tristes kleines Ego mit sich schleppt. Du bist ein evolutionäres Wunder, eine Billion Zellen, die in einem riesigen Chor zusammen singen, eine Organismus-Umgebung, eine Symbiose aus Zelle und Seele. - JEAN HOUSTON

Unser normales Wachbewusstsein ... ist nur eine besondere Art von Bewusstsein, während jenseits von ihm, getrennt durch den dünnsten aller Schirme, ganz andere mögliche Formen von Bewusstsein liegen. - WILLIAM JAMES

Alles, was du siehst, hat seine Wurzeln in der unsichtbaren Welt. - RUMI

Das ultimative Erwachen, sagen die großen Weisheitstraditionen, ist radikal, nicht getrennt, „nonduales" Gewahrsein – stabile, bewusste Ganzheit. Paradoxerweise führt jedoch die Anwendung nondualer Orientierungen auf das Chaos des Lebens oft zu Wahnvorstellungen. In der Praxis sind transzendentale spirituelle Lehren gewiss eine unvollständige Beschreibung dessen, was es tatsächlich braucht, um ein vollständiges und integrales Leben in der Praxis zu führen. Für die meisten Menschen ist ein zweites und gleichzeitiges mystisches Abenteuer ebenfalls real und notwendig. Ich nenne es „Seelenarbeit".[37] Diese Art von mystischem Wachstum wird in der Lebensreise durch ihre Prüfungen, Lektionen und Abenteuer sichtbar. Die Seelenarbeit ermöglicht intuitive Führung, kultiviert den Charakter und entdeckt den höheren Sinn. Sie bezieht sich auf die Kraft der grundlegenden Strukturen der menschlichen Psyche und der menschlichen Kultur, wie sie sich in archetypischen Geschichten offenbaren. Jeder von uns lebt eine einzigartige Geschichte, auch wenn wir alle eine gemeinsame Geschichte teilen. Heute entfalten sich all diese Geschichten in einem beispiellos dramatischen Kontext. Wir erleben einen bestimmten Moment in unserer großen kollektiven Geschichte, und sie verleiht jeder einzelnen Lebensreise eine zusätzliche Dimension von Sinn und Zweck.

Während das ultimative spirituelle Erwachen im radikalen und transzendentalen Bewusstsein liegt, partizipiert die Seelenarbeit vor allem an der subtilen, belebenden Energetik unseres Lebens und ihren Quellen der Führung und Inspiration.

ZWECK UND SEELE

Ein Großteil der dynamischen persönlichen Wachstumsarbeit konzentriert sich auf den höheren Sinn. Der Sinn verleiht uns Bedeutung. Bedeutung verleiht Wert. Wert ist eine Grundlage für Würde. Und Würde ist für die Gesundheit unerlässlich. Menschen, die ein Gefühl für einen positiven Zweck haben, gedeihen mehr. Die Forschung belegt, dass ein Gefühl für Sinn und Zweck mit dramatischen Vorteilen für die Stimmung, die Qualität der Beziehungen, den Erfolg in der Karriere, die kognitive Funktion, die kardiovaskuläre Gesundheit, die Immunfunktion und die Langlebigkeit korreliert.[38] Der egoistische Zweck ist ausreichend für die Basisgesundheit, aber umfassendere Zwecke jenseits des scheinbar getrennten Egos – zum Beispiel solche, die sich um die eigene Gemeinschaft oder Nation oder die Welt oder den Kosmos konzentrieren – haben das Potenzial, allmählich höhere Ebenen von Glück und Wohlstand freizusetzen. Aus diesen Beobachtungen heraus haben sich die Bereiche Coaching und Psychotherapie einen neuen Schwerpunkt entwickelt, in dem Menschen in eine vollständige, gesunde Beziehung zu ihrem Lebenszweck geführt werden.

Während Methoden für das Gedeihen auf einer neuen Ebene entwickelt werden, lernen wir die Kunst und Wissenschaft der Meisterschaft, wie sie organisch aus Bedeutung und Motivation entsteht.

Dies ist ein wichtiger zeitgenössischer Ausdruck der alten Tradition des Seelenabenteuers und der Reifung, die in den esoterischen Traditionen aller Religionen gefeiert wird. In diesem alten Rahmen war der Sinn des Helden seine Geschichte. Er oder sie ergriff ein Mittel, um ein bedeutungsvolles Schicksal zu leben. Heute müssen wir alle die Helden unserer eigenen Geschichten werden. Niemand von uns will ein unbedeutendes, ignorantes, verarmtes, vermindertes Schicksal in einer sich verschlechternden Welt erfahren. Wir fühlen uns berufen, die Helden unseres Lebens zu sein, und vielleicht auch die Helden unseres kollektiven Lebens. Die Konzentration auf den Zweck ist also eine immer wichtigere Dimension der persönlichen Transformation. Es ist eine wichtige Dimension auch der indigenen Seelentraditionen. Ökopsychologen wie Bill Plotkin haben erforscht, wie Menschen ihr Seelenleben und ihren Zweck verkörpern können, indem sie Tugend, Vitalität und Orientierung aus Beziehungen zu natürlichen Orten, Tieren, Bäumen und Pflanzen ableiten. Sowohl von lokalen als auch von globalen Stiftungen aus können wir uns heroisch mit unserer gesamten mehr als menschlichen Welt identifizieren.

Sokrates, wie von Platon in *Der Staat* erzählt, berichtete uns von „dem Mythos von Er", der beschreibt, was zwischen den Lebenszeiten passiert. Nach dem Tod trinkt jede Seele das Wasser von Lethe und vergisst alles aus dem gerade beendeten Leben und alle früheren Identitäten. Aber der Charakter, geprägt von der Tugend, die man in seinem früheren Leben und Leben kultiviert hat, bleibt bestehen. Und auf der Grundlage des Charakters wird einem der *Daimon* zugewiesen, dem Seelenbegleiter des Lebens, dem Träger des tieferen Geschmacks, der seelischen Natur und dem leitenden Geist. Dann tritt man vor das Schicksal: Clotho, Lachesis und Atropos.

Auf der Grundlage des Charakters und Daimons spinnt Clotho die einzigartigen Umstände der Geburt – einschließlich allem, was wir normalerweise mit Vererbung und Umwelt in Verbindung bringen – als das „Spindelschicksal". Als nächstes tritt man vor Lachesis, die das Glück, den subtilen Magnetismus, der den Dämon umgibt, zuweist und bestimmte Personen, Ereignisse und

Qualitäten der Erfahrung anzieht und abweist. Auch das reagiert auf den eigenen Charakter, und wie der Charakter bleibt dieser Magnetismus formbar, während man weiterhin Tugend übt und kultiviert. Das letzte Schicksal, Atropos, bestimmt den Moment des Todes, der bestimmt wird, bevor man überhaupt geboren wirst. Sie war „diejenige, die nicht gewandelt werden kann" – überhaupt nicht formbar.

Die tiefere Bedeutung dieser altgriechischen Sichtweise ist das, was sie über die Aufgabe einer Seele sagt, nämlich Tugend zu kultivieren, Charakter zu entwickeln und eine Beziehung zu dem Daimon aufzubauen – zu lernen, auf die Stimme des Daimons mit dem „Ohr des Herzens" zu hören und das höchste Schicksal der Seele zu erkennen. Dies schwingt mit James Hillmans „Eichel-Theorie" (1997) zusammen, in der die Seele wie eine Eichel, die zu einer Eiche werden kann, dazu befähigt wird, ihren einzigartigen Charakter allmählich über die Trajektorie eines menschlichen Lebens auszudrücken. Ernsthafte Seelenarbeit ist darauf ausgerichtet, die tiefsten Ziele der Seele zu entdecken und zu verwirklichen.

In dieser Arbeit bitten wir darum, die Stimme unserer Seele, unseres Daimons zu hören. Und dann machen wir uns ein erfreuliches Angebot und warten still. Nach einiger Zeit segnet es uns, indem es einen Kommunikationskanal erweckt und uns schließlich hilft, zu entdecken, dass unsere eigene Art zu sein, unsere eigene Art, die Dinge zu sehen, unsere eigene Art, durch die Welt zu gehen, paradoxerweise eine Art Erlösung ist. Auf diese Weise kommen wir in der Authentizität auf Seelenebene an, wo sich unser Ziel uns natürlich zeigen kann, und zeigen uns, wie wir wachsen können, um es immer vollständiger zu verkörpern und seine äußersten Ecken zu entdecken. Während wir dies tun und jeden Schritt auf unseren einzigartigen Pfaden gehen, können wir entdecken, dass wir alle zusammen eine präzise, schöne holographische Choreographie tanzen, durch die die Seele der Welt ihre leidenschaftliche Logik oder Entelechie ausarbeitet.

VOM TRANSZENDENTEN ZUM SUBTILEN

Die Seelenarbeit unterscheidet sich sehr von der spirituellen Praxis der transzendentalen Ganzheit. Letztendlich sind diese beiden Dimensionen von Praxis und Wachstum komplementär und einheitlich. Sie befassen sich mit verschiedenen Ebenen unserer bewussten Erfahrung – entsprechend den *kausalen* und *subtilen* Hüllen unserer esoterischen Anatomie. Es ist nützlich zu verstehen, dass, obwohl die kausale Ebene älter, radikal und grundlegend ist, die Subtilität ebenso notwendig und zentral ist, um die Art von Bewusstsein und Kultur zu erwecken, die ausreicht, um unseren epochalen Entwicklungsübergang zu steuern. Also lassen Sie uns ein wenig abschweifen und klären, was all das bedeutet.

Das tiefste organisierende Prinzip der Praxis ist die Ganzheit. Spirituelles Wachstum, sowohl transzendent als auch verkörpert, beginnt mit einer Intuition der Ganzheit. Transzendentale Spiritualität ist der „direkte Weg". Sie verläuft durch die Auflösung aller kontrahierten Muster, die die Ganzheit verdecken können; und sie gipfelt in der Transzendenz der Identifikation mit der Trennung, in der die vielfältige Welt der scheinbar einzelnen Teile und Wesen und Kräfte für ihre zugrunde liegende göttliche Einheit transparent wird.[39]

Aus dieser Erkenntnis entspringt eine neue, tiefere Motivation, die meist eher intuitiv als mental wahrgenommen wird, da sie das Denken loslässt. Wenn man es verbalisiert, könnte es lauten: „Meine höchste Bestimmung ist es, zu dienen oder von der größeren Ganzheit, die meine wahre Natur ist, benutzt zu werden. Wie kann ich immer wieder aus kontrahierten Mustern der Trennung erwachen, um Ganzheit konsequent zu erfahren und zu verwirklichen und dieser gleichen Freiheit in anderen zu dienen?" Diese transpersonale Liebe fließt spontan aus der intuitiven Freiheit.

Ein solches Erwachen zum transzendenten Göttlichen katalysiert tiefe Demut – die Erkenntnis, dass wir existieren, um dem Ganzen in seiner Güte, Wahrheit und Schönheit zu dienen. Wir kommen, um die Tatsache zu erkennen und zu feiern, dass es zwar tiefe Momente der Erfüllung in diesem Leben gibt, sie aber Nebenprodukte eines Lebens sind, in dem es im Grunde genommen ums *Geben* geht. Unser höchstes Glück kommt vom Dienen, transparent für das Ganze, einem Katalysator für die evolutionäre Entstehung beispielloser Gesundheit und Ganzheit. Die Offenbarung der ungeteilten Göttlichkeit des Ganzen inspiriert und demütigt uns immer wieder. Sie führt uns in authentischere kooperative gegenseitige Beziehungen zueinander. Sie überwindet alle Arroganz. Das Sein genießt und ruht einfach in strahlender Ganzheit, ohne Motive, etwas zu suchen. Es gibt nur Güte und einen freien, fürsorglichen Impuls, zu helfen. In gewisser Weise könnte man sagen, dass ein solches Erwachen uns in eine transzendente Beziehung zum Leben erhebt und dass es uns auch in bescheidenem Dienst auf die Knie bringt. Aber wir können nicht das ganze Leben im Himmel oder auf den Knien leben. Nach dem Fliegen müssen wir landen, und nach dem Knien müssen wir aufstehen. So oder so, wir müssen uns dem chaotischen Kampf stellen – kreativ und jeder auf seine eigene Weise. Um unser Leben entlang einer sinnvollen Trajektorie zu leben, die kreativ auf unsere aktuelle Situation reagiert, reicht Transzendenz nicht aus. Während uns die Wahrnehmung der Einheit dazu bringt, auf dramatisch neue Weise auf das Leben zu reagieren – denn der gesamte lebendige Kosmos ist, wie die Indianer sagen, „alle meine Beziehungen" – sagt sie uns nicht genau, wie.

Transzendentales Bewusstsein kann nichts über unsere spezifischen Lebensentscheidungen aussagen. Soll ich diesen oder jenen heiraten? In eine neue Stadt ziehen oder hier bleiben? Medizin oder Philosophie studieren? Sollte ich zum Amazonasgebiet gehen, um indigene Völker im Kampf gegen Big Oil zu unterstützen? Soll ich ein weiteres Buch schreiben? Mich verpflichten, ein neues Unternehmen zu gründen? Mein Haus verkaufen und gemeinsam mit anderen leben? Jetzt oder später in Rente gehen? Das sind sehr konsequente Entscheidungen. Es ist wichtig, dass sie sich von unserer höchsten Weisheit leiten lassen. Aber transzendentales Bewusstsein und radikale Verwirklichung greifen sie nicht auf. Sie bieten „keinen Kommentar". Die tiefste Quelle der spezifischen Führung über die Besonderheiten unseres sich ständig verändernden Lebens kommt aus dem „subtilen"

Bereich und der Seele. Unser Zugang zu subtilen intuitiven Informationen kann durch unsere Ausrichtung auf transzendentales Bewusstsein stark verbessert (oder alternativ ganz umgangen) werden, da es sich um eine eigene Domäne handelt.

DER SUBTILE BEREICH DER PRAXIS

Nach der universellen mystischen Kosmologie, die im alten Indien, Ägypten, Griechenland und China bekannt ist (und vom indigenen Schamanismus widergespiegelt wird), gibt es drei große Bereiche der Existenz: *grob, subtil* und *kausal*. Unsere vertraute, konkrete, grob physische Realität entspricht dem Wachzustand, und sie verfügt über bekannte Gesetze. Aber die kreative Gestalt ihrer Zufälligkeit ergibt sich aus einem Spektrum von tanzenden subtilen Energien, die hypnogogischen Theta- oder Traumzuständen entsprechen. Schließlich gibt es noch die *kausale* (auch als *extrem subtile*) Domäne des Bewusstseins selbst, die dem Tiefschlaf entspricht.

Die große Bandbreite des subtilen Bereichs wurde auf vielfältige Weise entschlüsselt. Die Wahrnehmung ist abhängig vom eigenen Aufmerksamkeits- und Bewusstseinszustand und wird daher oft als „nur" subjektiv angesehen. Es ist jedoch viel bedeutender, als es rationale Skeptiker vermuten. Aber das Wissen darüber beinhaltet eine ganz andere Art von „Wissenschaft" als die Physik und Chemie, mit der wir das grobe physikalische Universum messen und verstehen. Und die „Kunst" dieser „Wissenschaft" hat viele Ausdrucksformen. Die intuitiven Fähigkeiten werden geweckt, und man interessiert sich für die Glaubensvorstellungen und Metaphern, die Archetypen, die Geschichten, die den Ausdruck der subtilen Energien prägen.

Beliebte Selbstverbesserungsprojekte beziehen sich oft indirekt auf die subtile Domäne, indem sie die starken Verbindungen zwischen Denken und Realität anerkennen. In den meisten Fällen erkennt die Selbst-Verbesserung Bewegung eine Übereinstimmung zwischen Glauben und Erfahrung an und arbeitet daran, dies im Namen unserer Wünsche nach Liebe, Vermögen,

Status und Glück ausnutzen. Obwohl dies häufig im Kontext der Wünsche der Ich-Persönlichkeit geschieht, bezieht es sich auf die reale Dynamik, durch die subtile Energien konkrete Erfahrungen erzeugen.

Ganze Übungsbereiche kultivieren subtiles Bewusstsein und Intuition. Mit erweitertem Bewusstsein lernen Praktizierende, sich auf das subtile Feld einzustellen, das große Bereiche intuitiven Wissens enthält, und noch tiefer die Stimme ihres *Daimons* oder ihrer Seele und ihren tieferen Lebenszweck. Sie können lernen, subtile Hindernisse loszulassen und an der subtilen Domäne auf eine Weise teilzunehmen, die Freiheit und Segen anzieht.

Die hypnogogischen Thetazustände und Träume der menschlichen Psyche sind subtile Erfahrungen. Aber auch die Emotionen, die Energie des Willens, der Kraft und des Engagements und die Akupunkturmeridiane. So sind auch die erhabenen spirituellen Zustände wie *Savikalpa Samadhi* (ein hoher meditativer Zustand). Es gibt ein breites Spektrum subtiler Energien, vom Rand des Kausalen bis zum Rand des grob-physischen. Die sieben Chakren, darunter die drei Primärenergiezentren des Körpers – das Hara unter dem Nabel, das Herz und das „dritte Auge" in der Mitte der Stirn – drücken drei breite Bereiche aus, und sind Dichteebenen mit unterschiedlicher Dynamik. All dies liegt in der Gesamtheit des subtilen Körpers.

Die Mystik des subtilen Reiches ist mit Visionen, außergewöhnlichen Erfahrungen und bestimmten Kräften verbunden. In seinen reinsten Formen, ausgerichtet auf das Kausale und konkret verkörpert, finden wir ein Spektrum von Individuen, die wir oft „Heilige" nennen.

Die indigene Spiritualität betrachtet den Menschen als nicht von der Natur getrennt, und sie ist sehr stark auf die belebende Energetik der Urkräfte, Orte und Kreaturen der natürlichen Welt abgestimmt. Die indigenen Kulturen sind voll von Geschichten über diese Begegnungen, zumal sie einen gewissen Einfluss über Lebensereignisse ausüben. Die indigene Spiritualität versucht zu „sehen", wie die subtile Seele grobe körperliche Lebensereignisse „träumt". Es weiß (in einer Weise, wie es die meisten „zivilisierten" Westler nicht tun), dass es wichtig ist, sich um Gaia zu kümmern. Bei der Pflege wird sie manchmal auf außergewöhnliche Weise geführt. In diesem Zusammenhang muss die integrale evolutionäre Skala richtig verstanden werden. „Höhere" Ebenen von Kultur und Bewusstsein sind von enormem Wert und werden angemessen wertgeschätzt; sie können kaum überbetont werden. Aber es ist auch wahr, dass die „Niedrigsten" grundlegend und grundlegend sind, und dass die „ Höheren " völlig von ihnen abhängig sind – und somit wirkt die Hierarchie in gewisser Weise in beide Richtungen und muss manchmal auf den Kopf gestellt werden.

Es gibt Menschen, die allein in die Wüste hinausgegangen sind, auf sich selbst gestellt waren und dennoch sicher waren – zum Beispiel auch, wenn sie in einer mondlosen Nacht ohne Fehltritte durch eine Kakteenwüste gelaufen sind. Dies ist ein anschauliches Beispiel dafür, wie das Subtile Kräfte im grobstofflichen Bereich ausüben kann. Die wilde Natur steht mit uns seit unseren archaischsten Ursprüngen im Gespräch, daher ist es kein Wunder.

Die indigene Spiritualität schöpft aus der Universalität des Menschen und der menschlichen Struktur, so dass sie Elemente aller drei Zentren hat. Aber sie ist an der Wurzel besonders stark. Sie wurzelt in den Füßen und dem Hara, dem vitalen Zentrum und der hellen Lebenskraft der Schöpfung, die das Leben bejaht.

Die radikal integrale Ökologie integriert eine transzendentale und erdbasierte Spiritualität. Sie erkennt an, dass die nonduale Verwirklichung *in Beziehung* mit der bedingten Erfahrung gelebt werden muss, in der wir eine Familie mit der ganzen und über den Menschen hinausgehenden Welt sind. Und das können wir am effizientesten erreichen, indem wir eine Rolle in einer Geschichte spielen, die unsere Fähigkeiten einbezieht. So ist es unserem Herzimpuls treu, aber auch am *einfachsten und produktivsten,* unsere Mutter Erde anzubeten, unsere Gewalt gegen sie zu bereuen und eine neue, technologisch fortgeschrittene spirituelle Beziehung zu ihr zu entdecken. Das ist nur gesund und vernünftig. Indigene Völker auf der ganzen Welt flehen uns an, mit der Sprengung der Berge, dem Dämmen der Flüsse und der Verschmutzung der Ozeane und des Himmels aufzuhören. Und sie haben Recht. Eine integrale Spiritualität kann mit der transzendenten Anerkennung des Einsseins beginnen, muss aber auch die subtilen Dimensionen, die Seele und unsere lebendige, lebendige Verbindung mit der Erde und all unseren Beziehungen beinhalten.

An diesem Punkt der Reise der menschlichen Spezies fordert uns eine integrale Revolution des Herzens auf, unsere Verbindung nicht nur zum radikalen Bewusstsein, sondern auch zum verkörperten Herzen und zur Seele zurückzugewinnen und wieder zu öffnen, und zwar nicht nur zu uns selbst, sondern auch zu den Lebensenergien und der Intelligenz der lebenden Erde. Wie ein Ältester der australischen Ureinwohner der Warlpiri sagte: „Es war das Land, das die Menschen kultiviert hat, bevor die Menschen das Land kultiviert haben."

DIE ROLLE DES TRANSZENDENTEN IN DER SEELENARBEIT

Diese mittlere, subtile Position der Seele wird im tibetischen Buddhismus „das Transformationsreich" oder *Sambhogakaya* genannt. Sie steht zwischen dem groben Bereich (*Nirmanakaya*) und dem *Dharmakaya* – der transzendentalen Realität. Der subtile Bereich ist ein Ort der tiefen und notwendigen Praxis, obwohl es auch eine rutschige Domäne sein kann, die leicht zu Verwirrung führt. Die höchsten spirituellen Realisationen der Dharmakaya sind transzendent und radikal, während das Subtile (Sambhogakaya) sich mit den Eigenschaften beschäftigt, die für jeden von uns einzigartig sind.

Subtile Seelenarbeit ist notwendig – und sie kann nicht fruchtbar sein, wenn sie nicht von transzendentaler, nondualer Ganzheit geprägt ist. Wenn du dich in Bezug auf die Energien des Subtilen entwickelst, kommst du an einen Punkt, an dem du, anstatt die Wirkung der subtilen Einflüsse um dich herum passiv zu spüren, beginnst, sie um dich herum zu organisieren. Du wirst zu einer stärkeren Präsenz. Du beginnst, die Energie des Universums anzuziehen. Anstatt auf der Empfängerseite der Ich-Energie anderer zu sein, sind sie auf der Empfängerseite von dir, und es fühlt sich fast wie Magie an. Wenn man sich jedoch nicht von der Disposition radikaler Selbsttranszendenz leiten lässt, können diese Gefühle zu einer zutiefst getäuschten „Spiritualität" führen, die auf Egoinflation basiert – einer Spiritualität mit einem großen „Ich" im Zentrum. Du kannst glauben, dass du einen ganz besonderen, einzigartigen Zweck hast – oder dass du ein Leben erreichen wirst, in dem all deine tiefsten Wünsche erfüllt werden. Das subtile Feld kann eine enorme Falle für das Ego sein – der Teil des Selbst, der sich nur wirklich um sich selbst kümmert. Deshalb muss das subtile Feld, das die Seele hält, im Kontext der Transzendenz des Egos verstanden werden.

Viele hohe spirituelle Lehren sind sich einig, dass der Mensch nicht wirklich als eigenständige Einheit existiert. Mein erster Lehrer, Adi Da Samraj, lehrte, dass das, was eine „Einheit" zu sein scheint, nur ein oberflächlich auftauchendes Muster ist. Das tatsächliche Bewusstsein jeder so genannten Person ist identisch mit dem Sein selbst – und das Sein ist es, was sich als der Traum von bedingt manifestierter Existenz zeigt. Wir nehmen von uns an, solche Wesenheiten zu sein, wenn wir uns mit der Erfahrung identifizieren, und bestenfalls denken wir, dass das Reich, in dem wir „eins mit Gott" sind, irgendwo „anders" ist. Aber die eigentliche Göttlichkeit ist einfach das leuchtende, bewusste Wesen, das zu jeder Zeit und unter allen Umständen unsere Natur ist. Mein Lehrer beschrieb sein Erwachen als die buchstäblich gefühlte Erkenntnis, dass der Körper in der Psyche entsteht, und nicht umgekehrt – mit anderen Worten, die Wahrnehmung, dass der Körper eine psychische Manifestation ist, nicht nur eine elementare. Dann ist es offensichtlich, dass das wahre Selbst nicht tief in uns verborgen ist, sondern nur durch dramatische mystische Erfahrungen erreichbar ist. Die spirituelle Verwirklichung erwacht einfach zu der direkten stabilen Wahrnehmung, dass alle Wesen tatsächlich nur die eine Wesenheit aller Dinge ist.[40]

Durch eine solche Intuition der eigenen untrennbaren Identität mit dem Allumfassenden informiert, kannst du das ganze Leben – einschließlich der subtilen Seelenarbeit – auf eine ego-transzendierende Weise gestalten. Du wirst dazu bewegt, dich jederzeit einem höheren Prinzip hinzugeben. Volle Erleuchtung ist dazu nicht erforderlich, aber eine entsprechende Intuition dieser Orientierung ist eine notwendige Grundlage für eine gesunde Beziehung zur Seelenarbeit.

Schließlich müssen die Grenzen der „ich"-zentrierten Spiritualität überwunden werden. Nichts auf der Welt existiert in einem Vakuum, und kein Teil der Welt kann die Erfüllung außerhalb oder auf Kosten des Ganzen erreichen. Während wir weiterhin an so vielen „Umkehrgrenzpunkten" der globalen Erwärmung vorbeiziehen und das soziale Gefüge, das uns zusammenhielt, auseinander gerissen wird, macht es überhaupt Sinn, die eigene Ehre, den eigenen Reichtum und die eigene Erfüllung zu suchen? Ist das Ego immun gegen ein bedrohtes Lebenserhaltungssystem?

Unsere Vernetzung macht eine Intuition radikaler Ganzheit absolut notwendig. Es verschiebt unsere Identität und unsere Sensibilität, so dass wir beginnen, den *Animus Mundi*, der Seele der ganzen natürlichen Welt, durch uns hindurch wirken zu lassen, von unserer tiefsten Psyche bis zu unserem gewöhnlichsten Verhalten. Dann kann eine transzendentale, kausale und nonduale Spiritualität (am radikalsten verstanden) eine Intuition einer größeren Identität und ein Streben nach Nutzen für das Ganze vermitteln. Das ist das Telos der Ganzheit. Sie „will" mehr Gesundheit und Wohlstand, Kohärenz und Integrität und erweitert sich immer weiter.

Ein Blick auf die nonduale Ungeteiltheit allen Seins kann als Initiation wirken. Es kann die Seele nachhaltig prägen. Die transzendente spirituelle Praxis hilft uns, die spirituelle Kraft zu entwickeln, um uns ständig für die transparente Lebendigkeit zu öffnen, die die Essenz aller Erfahrungen ist. In den tibetischen Lehren wird sie „strahlende Leere" genannt. Es kann eine selbsttranszendente Intuition verleihen und die Fähigkeit befreien, durch die Ängste und Ressentiments und Stolz und Gier und Unsicherheiten des getrennten Selbst zu sehen. Immer wieder sieht man, dass dieses Leben nichts für das „getrennte Ich" ist. Wir erwachen zur Liebe als Grundhaltung und Lebensverpflichtung. Wir wollen dem Leben selbst dienen und es verherrlichen. Wir entdecken, dass unser tiefster, wahrhaftigster Seelenzweck die Reise des Helden ist, von diesem größeren Leben benutzt und geformt wird.

DIE VERSTECKTEN ERZÄHLUNGEN UNSERES LEBENS.

Wenn wir uns auf das Transzendente ausrichten, verwenden wir manchmal Praktiken, die in uns „die Leere des Selbst" und „die Leere der Zeit" verwirklichen. Wir wachen aus der Geschichte unseres Lebens auf. Es kann so aussehen, als wäre alles nur eine Illusion. Auf eine Art und Weise ist das auch wahr. Wir entwickeln uns über die bedingten Grenzen des Selbst hinaus in einem Prozess, der unser Bewusstsein „erweitert", was eine treffende Metapher ist, denn transzendente Spiritualität ist analog zum Raum.

Aber wenn wir uns unsem tiefen Innenleben öffnen, durch die Zeit und durch die Seelenlinie unserer Vorfahren hindurch, verändert sich etwas. Wir spüren die ganze lebendige Erde, die universelle, freie, primitive Spiritualität jedes Stammes auf Erden, und plötzlich sind wir Selbste – Gruppen von Individuen – die sich in der Zeit durch unsere Lebensreise bewegen. Dies ist jedem in jeder aufrichtigen, seelischen oder erdbezogenen spirituellen Praxis bekannt. Zu diesem Zweck übernehmen wir eine Perspektive, in der unser Selbst und unsere Seele real sind, wie auch Zeit und Raum. Anstatt sie zu transzendieren, begegnen wir der Seele direkt, entdecken ihre Geschichte und vollziehen ihre Reise – auch wenn sie aus der radikalen transzendentalen Perspektive letztlich nichts anderes ist als die Verspieltheit der strahlenden Leere.

Aus dieser Perspektive wären selbst radikale, nonduale Erleuchtung und die Auflösung des separaten Selbstgefühls – auch die ultimative Erkenntnis – noch ein Ereignis in der Geschichte des Seelenwegs. Alles kann in Bezug auf diese Reise betrachtet werden. Die „letzten" Wahrheiten der Nicht-Dualität sind ebenfalls wahr. Aber jede Perspektive ist sowohl wahr als auch unvollständig, einschließlich der Allerhöchsten. Unsere Lebensgeschichte ist also eine weitere gültige und sehr nützliche Perspektive. Mit dieser Perspektive kann viel verstanden und erreicht werden; eine streng transzendente Perspektive liefert diese Informationen nicht. Beide Perspektiven sind zutiefst wahr, aber wenn sie sich voneinander entfremden, sind sie auch kritisch *unvollständig*.

Auf was für einer Reise sind wir – wir alle! Wenn wir es in der poetischen Sprache der Seele beschreiben, könnten wir sagen: „Wir alle haben uns entschieden, in diesem Moment in der evolutionären Zeit geboren zu werden, genau dann, wenn wir beginnen, erstaunliche technologische Fortschritte zu vollbringen, genau dann, wenn wir beginnen, die Gesundheit (zumindest zu menschenfreundlichen Bedingungen) unserer Mutter Erde mit unserer Bevölkerung und Umweltverschmutzung zu gefährden. Wir sind gerade in dem Moment auf die Bühne des Lebens getreten, in dem ein fast mythischer Heldentum erforderlich zu sein scheint – und von so vielen erwachten Menschen wie möglich."

GESCHICHTEN DES ÜBERGANGS

Die moderne Erzählung hat uns im Stich gelassen. Wir sind nicht nur getrennte Egos, die in einer bedeutungslosen materialistischen Welt um Dominanz konkurrieren, die in Gesellschaften leben, die wachsen oder sterben müssen. Auch die postmoderne Erzählung ist gescheitert. Wenn wir unsere Gefühle und alle Geschöpfe und andere Opfer des Systems umarmen und alle „großen Metanarrative" ablehnen, sind wir verloren im a-perspektivischen Wahnsinn einer 'Posttruth'-Welt. Die integrale Erzählung der Evolution eröffnet einen Raum, in dem viele Geschichten neue Ebenen von Bedeutung und Zweck eröffnen können.

Eine einzige zusammenhängende Erzählung kann zurückkehren, eine, die unsere Vorstellungskraft weitaus stärker anspricht als der bloße Aufstieg auf eine Treppe. Die Geschichte der Entfaltung und Vervollständigung und des Erwachens des

Geistes in der Materie ist schön, inspirierend und umfangreich; es gibt darin Platz für viele Geschichten. Und wir leben alle eine bestimmte *Geschichte.* Wir entfalten uns am vollständigsten in unserem Leben, wenn wir eine Identität auf einer Reise annehmen, so dass unsere Art zu sein durch Metaphern, Archetypen und Geschichten organisiert ist. Wenn wir uns verlieben, durchdringt ein Gefühl der Freude das Sein, und unsere Aufmerksamkeit und unser Interesse werden auf unsere Geliebte gerichtet. Obwohl wir Praktiken zur Kultivierung von Liebe und Hoffnung und positiven Erwartungen durchführen könnten, ist es einfacher und intuitiver, einfach zu einer eigentlichen Liebesgeschichte zu gelangen, und den mächtigen Archetyp der Geliebten zu übernehmen. Wir können uns in die Existenz verlieben, in Maria, in Shiva, in unsere eigene Buddha-Natur oder in einen anderen verkörperten Menschen, aber es ist trotzdem eine echte Liebesgeschichte. Metaphern sind eine ermächtigende Abkürzung, die unsere Aufmerksamkeit und Neurologie und Absicht organisiert.

Joseph Campbell und andere Neo-Jungianer haben viele große archetypische Geschichten kartiert, die der Mensch zu verwirklichen neigt: die Reise des Helden, die göttliche Romanze, den Todes- und Wiedergeburtszyklus, das Ritual des Erwachsenwerdens – und so weiter. In der Zwischenzeit erkennen wir alle langsam, dass wir uns auf einer gemeinsamen Reise befinden – und dass es an der Zeit ist, dass sich die menschliche Spezies schnell verändert. Die archetypische Geschichte unserer Seele beinhaltet also die Teilnahme an der archetypischen Metakrise, der wir gemeinsam begegnen – was unsere Demut, Reife und Heldentum erfordert.

Wie können wir diese Krise verstehen? Was ist unsere wahre Geschichte? Sicherlich ist der gesamte Kosmos eine sich entfaltende evolutionäre Geschichte. Aber sein Drama enthält Handlungswendungen – Momente des Auslöschens, der Geburt und der Transformation. Sterne und Dinosaurier sind ausgestorben, ebenso wie 99 Prozent der Arten in unserer planetarischen Geschichte, wie ganze Ökosysteme, die seit Millionen von Jahren existieren. In der Zwischenzeit gab es außergewöhnliche Zeiten, in denen sich viele neue Kreaturen entwickelt haben. Wie würden wir also unseren gegenwärtigen Moment beschreiben, wenn wir alle Ebenen der Physiologie, des Sinns und des Engagements berücksichtigen würden?

Der Futurist Duane Elgin hat beobachtet, dass die soziale und kulturelle Transformation von den Geschichten abhängen wird, an die wir glauben und die wir leben – Geschichten, die uns entweder lähmen oder neue Reaktionen auf unsere Zwangslage katalysieren. Elgin berichtet, dass, wenn er die Menschen fragt, wie sie die Zukunft einschätzen, die Antworten bezeichnend sind. „Viele Leute sagen: „Wir werden an unsere Grenzen stoßen", sagt er. „Die Menschen haben eine sehr verminderte, verarmte und erschreckende Sicht auf unsere gemeinsame Zukunft. Infolgedessen ziehen sich viele Menschen in die Verleugnung zurück, leben in der Gegenwart und ignorieren die Zukunft. Und wenn sie nicht in Verleugnung leben, sind sie oft verzweifelt. "[41]

Aus diesen Antworten gehen zwei Geschichten hervor. Die eine ist „Es geschieht nicht", was uns erlaubt, so weiterzuleben, wie wir sind. Die andere ist: „Es geschieht und es gibt nichts, was wir dagegen tun können", was letztendlich zu dem Gleichen führt – Untätigkeit – und auch Depression. Obwohl der Zusammenbruch und Wiederaufbau von Zivilisationen im Laufe der Menschheitsgeschichte stattgefunden hat, ist die Welt heute ein integriertes System (geologisch und sozial) – also werden wir gemeinsam aufsteigen oder fallen, je nachdem, wie wir reagieren. „Wir brauchen eine Geschichte, die uns alle in eine vielversprechendere gemeinsame Zukunft führt", sagt Elgin. „Aber was für eine Geschichte ist das?"

Elgin argumentiert, dass die Klimakrise keine solche Geschichte ist. Die Krise selbst muss kontextualisiert und in eine Geschichte eingebettet werden, um uns Menschen eine Möglichkeit zu geben, unsere Vorstellungskraft und Energie zu koordinieren und zu bündeln. „Die Klimakrise ist im Grunde genommen eine Kommunikationskrise", sagt er. „Wir werden den Klimawandel und die Krisen, die er darstellt, nicht bewältigen, wenn wir nicht beginnen, ihn effektiver zu kommunizieren. Ich denke, aus diesem Grund ist eine Geschichte hilfreich." Elgin bietet mehrere übergreifende Narrative, die die Realität des Klimawandels und die anderen, ineinandergreifenden Spannungen und Krisen, von denen ich gesprochen habe, festhalten können:

- *Die Menschheit wird erwachsen.* Wir befinden uns in unserer Adoleszenz als Menschheitsfamilie. Wir sind rebellisch und rücksichtslos, unser Denken ist kurzfristig, unser Appetit groß und unser Verhalten impulsiv. Alle von uns Erwachsenen erinnern sich daran, wie schwierig dieser Abschnitt in unserem eigenen Leben war – es ist eine Initiation, die die meisten von uns am Ende selbst herausfinden, weil unsere Kultur uns keine Orientierung gibt, wenn wir diesen Übergang vom Kind zum Erwachsenen vollziehen können. Stellen Sie sich also unsere gesamte Spezies von 7,5 Milliarden Menschen vor, die versuchen, dieses Übergangsritual ohne Anleitung durchzuführen.
- *Das globale Gehirn erwacht.* Mehr als drei Milliarden Menschen haben heute Zugang zum Internet, und innerhalb der nächsten Jahre werden fünf Milliarden Menschen einen Zugang haben. Dies verleiht uns eine außergewöhnliche Kommunikationsfähigkeit. Es ist ein bemerkenswerter Zufall, dass wir, gerade während wir uns in diesem Übergang befinden, neue Wege der Kommunikation entwickeln, um kollektives Verständnis zu entwickeln und das menschliche Bewusstsein zu teilen. Das ist neu in der Menschheitsgeschichte. Die ganze Welt wird in dieses kommunikative Netz verwoben. Was kann passieren, wenn dieses „globale Gehirn" bewusst und sogar selbstbewusst wird?
- *Dies ist eine Zeit der planetaren Geburt.* Wie die Wehen einer Frau ist dieser Prozess schmerzhaft, beängstigend, schwierig und unberechenbar. Erstaunlicherweise liegt auf der anderen Seite dieses Schmerzes und dieser Kontraktion ein neues Leben! Was wir jetzt sehen, sind die

> Geburtsschmerzen einer neuen Spezies Zivilisation. Wie können wir diesen Geburtsvorgang unterstützen? Wie können wir die Absicht halten und in die kommende neue Lebenswelt „hineinleben"?

Das Projekt *Great Transition Story*[42] hat sich mehr als ein Dutzend weiterer positiver Narrative vorgestellt, die frei „miteinander verwoben" werden können. Dies kann eine große Heldenreise sein, bei der die Menschheit lernt, der Kraft der Liebe zu vertrauen und sich bewusst zu entwickeln. Vielleicht ist es eine große Versöhnung, in der die hypermaskuline moderne Welt lernt, das göttliche Weibliche zu schätzen und die indigene Weisheit zu integrieren. Vielleicht erwachen wir aus einem falschen Traum von einer toten Welt und verbinden uns wieder mit dem lebendigen Universum. Vielleicht drücken unsere Mühen eine große heilende Krise aus. Vielleicht findet die Menschheit als aufstrebender Superorganismus mit einer neuen Art von Weisheit und Intelligenz zusammen. (Und vielleicht ist es unsere Geschichte, dass wir „aus allen Geschichten aufwachen", und zwar in unmittelbare Weisheit, die sogar beginnen kann, unser Leben zu organisieren.) Klare und nachvollziehbare Geschichten ermöglichen es uns zu verstehen, wer und wo wir sind und was wir tun, damit wir effektiv auf unsere aktuellen Herausforderungen reagieren können. Wir können sie betrachten und uns inspirieren lassen. Sie schließen sich nicht gegenseitig aus – in gewisser Weise ist jeder eine Metapher für den anderen. Stellen Sie sich vor, wie bemerkenswert unterschiedlich unsere Erfahrung wäre, wenn diese großen Übergangsgeschichten zu den funktionierenden Metaphern für die globale Kultur würden – und wir haben sie dann umgesetzt.

Wenn du tief in dich selbst versinkst, siehst du in einer dieser Geschichten des Übergangs eine Trajektorie für dein Leben? Welche Kräfte und Fähigkeiten werden ins Leben gerufen? Auf welche Weise erfordern diese Rollen, dass du übst und dich entwickelst? Vielleicht sagt dein Herz: „Die Welt ist in Schwierigkeiten und ich fühle mich berufen, mich heldenhaft zu erheben, um Gaia zu verteidigen." Wie kann das deine Entscheidungen, dein Verhalten und deine Fähigkeiten leiten und gestalten, um diesen heroischen Archetypen zu verwirklichen?

Indem wir eine Erzählung beleben, werden unsere Überzeugungen, Verhaltensweisen und Reden kohärent. Die fragmentierten Teile werden durch die Geschichte zusammenhängend gemacht, und wir rufen subtile Energien und anmutige Synchronizitäten hervor. Die Gesetze des subtilen Bereichs sind in der Struktur mythischer und archetypischer Narrative implizit enthalten. Wenn du dich zunächst mit der „irrationalen" Natur dieses Prinzips unwohl fühlst, denke daran, eine Erzählung zu leben, die mit deinem Sein und der Realität um dich herum übereinstimmt, eine, die deine Teilnahme am Leben stärken kann.

DIE KRAFT DER ARCHETYPEN

Eine einzelne Metapher oder archetypische Geschichte kann unseren Zustand und unsere Wirksamkeit viel effizienter und kraftvoller machen als eine Reihe von unzusammenhängenden täglichen Praktiken. Alle Praktiken, wie mächtig sie auch sein mögen, haben eine neue Bedeutung und Kohärenz, wenn sie als Ausdruck einer archetypischen Geschichte eingesetzt werden. Wenn ich zum Beispiel erkenne, dass diese ganze Welt meine Geliebte ist, verwandelt sich, wie ich mich durch meinen Tag bewege. Was auch immer vor mir liegt, es ist Gott! In diesen Zeiten der Herausforderung kann uns diese Metapher tief führen, durch Schichten der Verteidigung, des Zweifels und der Kompensation und in ein fundamentales Vertrauen in das Leben, das einer Umgebung von Verwirrung und Chaos widerstehen kann. Metaphern prägen unsere Struktur. Geschichten bestimmen, wie wir aufgebaut sind. Archetypische Geschichten machen für uns neurologisch Sinn.

Zu diesem Zeitpunkt ist es wichtig, dass wir archetypische Geschichten ausmachen, die für uns *individuell und auch kulturell wahr sein können.* Glücklicherweise sind die großen Übergangsgeschichten, die wir oben erwähnt haben, organisch miteinander verknüpft. Auf der einen Seite scheinen wir aufgefordert zu sein, unsere wahre Identität als souveräne Beschützer unserer Mutter Erde zu entwickeln. Zum anderen sind wir, wie ich bereits früher in diesem Buch sagte, auch Süchtige, die jetzt aufgerufen werden, endlich unsere kollektive Sucht nach unserem komfortablen, aber entwürdigten Leben bürgerlichen Konsums zu überwinden. Wir können uns gegenseitig als Brüder und Schwestern in der guten Arbeit der Suchtgenesung unterstützen – wie ein Zwölf-Schritte-Programm, das vom ganzen lebenden Planeten durchgeführt wird. Aber wir fühlen uns vielleicht auch wie friedliche Revolutionäre. Dieser Archetyp schwingt in mir mit – schließlich wurde ich in einer 'vorsätzlichen Gemeinschaft' aufgezogen,[43] und von meinen Genossenschaftstanten und Onkeln betreut, um ein gewaltfreier Revolutionär zu sein. Und einige von uns fühlen sich berufen, als Doula zu dienen und Mutter Erde bei ihrer schwierigen Geburt einer neuen Zivilisation zu unterstützen. Wir alle erwachen, vielleicht durchlaufen wir einen Prozess der Auflösung in der Chrysalis und der anschließenden Metamorphose zu einem menschlichen Schmetterling.

Um Michael Meade's *The Genius Mythos* zu zitieren:

> *Die Antworten auf die überwältigenden und gewaltigen globalen Probleme, mit denen wir alle konfrontiert sind, können nicht einfach aus dem begrenzten Bewusstsein des abstrakten Denkens und der wissenschaftlichen Einstellungen stammen, die derzeit die Welt beherrschen. Die Probleme gehen tiefer als die einfachen Fakten der Sache. Die Antworten müssen auch an tieferen Stellen gefunden werden. Der Verlust einer fühlbaren Verbindung zum göttlichen Funken, der in jedem Menschen verborgen ist, könnte der größte Fluch der modernen Massengesellschaften sein. Wenn die dunklen Zeiten vorbeiziehen und große Veränderungen im Gange sind, wird es immer wichtiger, dass wache Menschen wach bleiben und dass mehr Individuen sich der Natur des Funken, den sie in sich tragen, bewusst werden. Und das große Drama des Lebens, die menschliche Seele wird zur zusätzlichen Quantität und ausgeprägten Lebensqualität, die benötigt wird, um das Gleichgewicht der Welt in Richtung Schöpfung zu kippen.*[44]

Wenn wir beginnen, uns an dem subtilen Feld zu beteiligen, eröffnet sich eine enorme Bandbreite an Möglichkeiten. Wir entdecken, dass wir eine ganze Symphonie von belebenden poetischen Energien durch unseren Körper und unsere Psychen leiten. Wir können zu Blitzableitern für die größeren Energien der Anima Mundi oder der Weltseele werden. Dies ist die Domäne der Praktiken, die unserem grobstofflichen Leben lehren, das Subtile zu ehren und eine neue Dimension der Kreativität zu eröffnen. Wir können lernen, die größeren Kräfte, die eine bestimmte archetypische Geschichte durch uns verwirklichen wollen – den Krieger, den Magier, den tragischen Helden, die Geliebte, die Mutter, den König oder die Königin – in uns hineinzulassen.

Der Mensch ist strukturiert, um all dies körperlich zu erleben. Wir *spüren* es. Wie ein Schauspieler, der einen Charakter verkörpert, finden wir unseren Weg in unsere Rolle in der archetypischen Geschichte, die wir tatsächlich leben. Dies schwingt in uns auf mehreren Ebenen mit. Es greift auf eine Vielzahl von versteckten Fähigkeiten zurück, indem es die neurologischen Signale, die höhere Kapazitäten des Gehirns, des Nervensystems und unserer Biochemie auslösen, entwickelt. Ohne naiv an die objektive ontologische Wahrheit dieser Archetypen zu glauben, wie es jemand mit einer präationalen magischen oder mythischen Perspektive tun würde, können wir dennoch an sie „glauben" und auf mächtige Weise einbinden. Den Archetyp aufzugreifen, organisiert und befreit unsere groben, subtilen und kausalen Fähigkeiten – insbesondere das subtile –, die wiederum unseren Körper beeinflussen.

Eine neue Geschichte zu leben, ist auf jeden Fall unvermeidlich, jetzt, da wir in eine Ära eingetreten sind, in der unser Weltdrama seine apokalyptischen Zähne gezeigt hat und keinen Sinn mehr ergibt. Die absurde und existenzielle Gefahr der Weltkrise, die an Dynamik gewinnt, gibt uns die Möglichkeit, Risiken einzugehen, theatralische Posen einzunehmen, die Mäntel unserer Archetypen anzulegen und ihre Kraft liebevoll und spielerisch durch eine Art Zeremonie der Transformation, einen magischen Tanz, zu entfesseln, dessen Ziel es ist, eine bessere Geschichte für uns alle zu zaubern. In dem Maße, wie sich unsere größere menschliche Welt in einer Krise befindet und vor neuen Herausforderungen steht, die neue Antworten erfordern, drückt sich dies nicht nur auf grobstoffliche physische Weise aus, sondern auch auf subtile energetische und psychische Weise. Es gibt eine grössere subtile Dynamik, und sogar einen Impuls in der Seele der Welt, der versucht, eine neue Ebene der Intelligenz durch jeden von uns auszudrücken. In Anbetracht dessen eröffnet die Seelenarbeit eine politische Praxis, eine Form des subtilen Aktivismus, die den Aktivismus in der grobstofflichen Welt ergänzt. Wir sind alle Künstler und stehen der Seele einer Welt gegenüber, die jede unserer Seelen zu ihrem einzigartigen Schicksal berufen hat. Wir alle spielen mit anderen Seelen, die darauf bedacht sind, neue Menschen in einer neuen Art von Menschenkultur zu werden, einer Kultur, die natürlich eine gesunde Zukunft für einander und für unsere Kinder, unsere Spezies und alle unsere anderen Beziehungen auf diesem Planeten schafft.

Für Klimaaktivisten ist klar, dass unsere Regierungen und Industrie viel zu langsam auf die Realität der globalen Erwärmung reagieren. Aber die physischen Tendenzen, die zu Katastrophen führen, erzählen nicht die ganze Geschichte. Subtile und andere nichtlineare Dynamiken sind ebenfalls im Spiel, und sie eröffnen den Raum für zusätzliche Hoffnung. Zu oft vergessen wir, dass kollektive Zeremonien und Rituale und andere gemeinschaftliche psychophysikalische Inszenierungen archetypischer Metaphern und Erzählungen gültige Dimensionen des Aktivismus sein können – solche, die die lebenswichtige Funktion der Wiederherstellung grober, subtiler und kausaler Harmonie und Ganzheit sowohl für einzelne Aktivisten als auch für ihre gesamte Gemeinschaft erfüllen.

MEINE EIGENE SEELENARBEIT

Um Ihnen ein Beispiel dafür zu geben, wie man sich an dem beteiligen kann, was ich Integrale Seelenarbeit nenne, werde ich hier meine eigene Aueinandersetzung mit dem Helden-Archetyp teilen. Der Held ist ein primärer Archetyp, besonders für Männer. Die ursprünglichen magischen und mythischen Helden waren männlich, und ihre Reise vom sicheren Hafen des Zuhauses und der Mutter in eine weltliche Suche, Schlacht, Sieg und anschließende Rückkehr ist seit Jahrtausenden eine subtile Blaupause für das Leben der Menschen. Dieser Mythos hat immer Resonanz in mir gefunden. Aber angesichts unserer aktuellen globalen Situation hat mein Verständnis davon dramatische Veränderungen erfahren.

Ich komme aus einer Gruppe von Menschen, die auf die Pilger zurückgeht, unerschrockene und rechtschaffene Pioniere, die auf der Suche nach Religionsfreiheit in die Neue Welt kamen. Eine Generation später, als Siedler, leisteten unsere Vorfahren Pionierarbeit für ein Leben auf einem neuen Kontinent und versuchten, eine neue fromme, fleißige Lebensweise an einem wilden neuen Ort zu führen. Dabei wurde mindestens einer meiner Vorfahren zum Täter des Völkermords an den Ureinwohnern, aber erst nachdem seine Frau und seine Kinder Opfer von Einheimischen geworden waren.

Obwohl es für mich viele Jahre lang nicht sichtbar war, wurde ich durch den Charakter meiner Linie geprägt. Sie hielten und vermittelten die idealistischen Werte, die das gesamte westliche Zivilisationsprojekt antrieben, wie ich jetzt sehe, mit einer fast überwältigenden Tendenz, alle anderen Werte ihren eigenen zu unterwerfen. Dieselbe Hybris ermöglichte es anderen Mitgliedern unseres WASP-Stammes, von ganzem Herzen zu glauben, dass sie „Gutes taten", als sie „Wilde" an Jesus und sein Evangelium der Liebe heranführten und das Werk der Verbreitung ihrer „zivilisierten" Lebensweise taten.

Ich erinnere mich an meine Großeltern, die mir das Lesen und Rechnen, die Geschichte, den großen westlichen literarischen Kanon und den Wert der harten Arbeit beigebracht haben. Sie haben in mir die klassischen Werte und Fähigkeiten der weißen angelsächsischen protestantischen Kultur gefördert. Diese Werte sind in meinem Blut und in der Milch meiner Mutter. Ich enthalte in mir die Würde und die Katastrophen des modernen Geistes, aber auch sein Wachstum zu pluralistischen postmodernen Werten.

Aber jetzt kollidiert dies Projekt mit den planetaren Grenzen, und unsere Überschreitung der Tragfähigkeit unserem Planeten ungeahnte Gewalt antut. Wenn ich das sehe, möchte ich heldenhaft reagieren. Dazu muss ich meine heldenhaften Instinkte in Frage stellen, da sie in der Weltanschauung verwurzelt sind, die die missliche Lage geschaffen hat, in der ich mich befinde.

Ironischerweise besteht der Lebensstil der großen globalen und gebildeten Mittelschicht in der Unnachhaltigkeit, die ich verändern möchte. Bewusste Praktizierende sind nun alle aufgefordert, die Natur des Strebens, mit dem wir unser Wohlbefinden verewigen, zu hinterfragen und zu verändern. Wir sind in vielerlei Hinsicht die Hoffnung der Welt, und doch bedeutet die Tatsache, dass so viele von uns so viel konsumieren, dass wir auch die größte Bedrohung für die Welt sind – genau das, was unsere Biosphäre und Noosphäre am stärksten überhitzt, die Aussichten unserer Nachkommen und unser eigenes Wohlbefinden verringert und unseren Planeten bedroht. Wir können nur wiederholen: „Wir haben den Feind getroffen, und er ist wir."

Nach Perioden erneuter Hoffnung und verzweifelter Anerkennung kämpfte ich monatelang darum, die Implikationen dieser Entwicklung zu begreifen. Obwohl ich die Sinnlosigkeit der moralischen Selbstgeißelung verstehe, habe ich auch die Verlockung einer zu schnellen Selbstgerechtigkeit erkannt. Heroisch hatte ich es auf mich genommen, mich der Krise unseres Augenblicks zu stellen und sie zu verstehen. Und als ich mich der Komplizenschaft meiner eigenen Herkunft und meines Lebensstils stellte, wurde mir klar, dass ich meine eigene Lebensweise in Frage stellen musste. Der Heldentum des Fortschritts und des Idealismus verkörpert die Arroganz, die uns an den Rand der Destabilisierung des Gleichgewichts der gesamten Biosphäre gebracht hat.

Ironischerweise war der Höhepunkt meiner Heldenreise nicht ein heldenhafter Kampf und Sieg, sondern es führte mich in unbequemes Neuland. Es sah nicht aus, noch fühlte es sich an oder schmeckte wie jenes Heldentum, das ich mir zu Beginn vorgestellt hatte. Auf der Reise des Helden, auf dem Höhepunkt des

Dramas, kämpft der Held mit seinem Erzfeind in der Unterwelt und wird fast getötet, erkennt aber dann, wer er ist und nutzt seine magischen Kräfte, um seinen Gegner zu töten und siegreich aufzutauchen.

Aber es scheint jetzt, dass diese Geschichte auf den Kopf gestellt werden muss. Anstatt eine äußere Nemesis oder einen feindlichen „Anderen" zu töten, bin ich aufgefordert, das Monster im Inneren zu töten, also jene subtile Arroganz, die dazu neigt, sich ständig durch die Einbringung des Idealismus in unsere Lebensaufgaben einzuschleichen. Ich muss handeln, aber zuerst muss ich zusehen und zuhören.

Daraus entsteht ein neuer Heldenarchetyp, der des *Yin-Helden*. Anstatt einen konventionellen Sieg zu erringen, indem man einen bestimmten inkarnierten „anderen" Gegner tötet, ist ein ganz anderes „inneres Heldentum" gefordert. Ich kann vielleicht die Reste des ganzen Erbes der Arroganz in mir finden und töten. Ich kann Buße tun. Ich kann bekehrt werden. Es kann zu einer echten Entsagung kommen. Es kann Dienst und Freundlichkeit und Großzügigkeit geben. Statt eines Heldentums, das auf der Annahme der Trennung von der Welt beruht, könnte dies der heldenhafte Geist sein, der diese Trennung durchschaut und an ihrer Stelle Ganzheit inszeniert.

Diese Demut ist nicht nur demütiger als das klassische Heldentum der alten Mythen, sie ist edler als die Geschichte des ironischen Antihelden aus so vielen Filmen und Geschichten. Es ist eine neue Geschichte, eine Geschichte des bescheidenen spirituellen Heldentums. Es ist vielleicht ein *feminines* Heldentum – nicht nur das Ausbalancieren des zuvor maskulinen Heldentums und seiner Exzesse, sondern auch der Ausdruck eines wichtigen Entwicklungsfortschritts.

Ich habe die Sünden meiner Linie nicht begangen, aber ich habe ihre Privilegien geerbt. Ich kann eine gewisse Verantwortung übernehmen und mich der Realität der Rolle meines Stammes in der menschlichen Notlage stellen. Die Stämme der Weißen eroberten die Welt. Ich bin ein Teil davon. Ich kann Beziehungen der Tiefe suchen: innerhalb meines angestammten Stammes und über Stammesgrenzen hinweg, mit anderen Stämmen und auch mit neuen Stammesbrüdern und -schwestern – Menschen, die jetzt „mein Stamm" sind, weil wir uns gemeinsam für die Weisheit des Herzens einsetzen. Ich kann vielleicht „den Frieden erklären" und mich anderen demütig nähern, indem ich wirklich beabsichtige, von Nutzen zu sein.

Das Vorbild ist also nicht der Kriegerheld, sondern die Demut des Heiligen. Nicht Achilles, sondern der heilige Franziskus. Vielleicht ist es jetzt an der Zeit, die Füße des Aussätzigen zu waschen. Meine erste Absicht, diesen Archetyp in mir selbst zu transformieren, war also, ehrlich genug zu sein, um dem zu begegnen, was ich lieber nicht sehen würde, und es normalerweise zu vermeiden. Durch mein Beispiel kann ich vielleicht dadurch die mutige Ehrlichkeit anderer hervorrufen.

Dies ist keine *Yang*-Angelegenheit (männlich, aktiv, aggressiv) des *Tuns* oder *Behauptens* von Einsicht oder Stärke, wie bei einem alten mythischen Helden. Das Heldentum, der jetzt gebraucht wird, besteht nicht darin, dass ich auf der Grundlage meines bestehenden Verständnisses in Bezug auf die großen, unmöglichen Fragen, die sich aus der menschlichen Zwangslage ergeben, entschlossen handle. Die Antworten, die ich bereits zur Hand habe, sind eine unzureichende Grundlage für effektives Handeln.

Die neuen herausfordernden Wahrheiten unserer Notlage müssen *geöffnet und empfangen werden*. Es ist eine *Yin*-Angelegenheit (weiblich, empfänglich, gemeinschaftlich), die es erlaubt, einen viel größeren Blick auf die Realität zu ermöglichen, sich im Bewusstsein zu registrieren und sich der vollen Wahrnehmung ihrer Gesamtheit hinzugeben. Dieses Yin-Yoga erfordert den Aufbau neuer Aufmerksamkeits- und Einstellungsmuskeln, neue Fähigkeiten, die der Mensch bisher nicht oft ausgeübt und entwickelt hat. Dies erfordert eine tiefe, nachhaltige Fähigkeit zur *Empfänglichkeit*. Aber es ist nicht so einfach; im Herzen des Yin-Heldentums gibt es den Ruf nach einer neuen Ebene der Yang-Praxis.

WILDE ALTE GESCHICHTEN

Es ist wichtig zu verstehen, dass diese großen archetypischen Geschichten nicht die einzigen Geschichten sind, denen wir uns zuwenden können. Wir schreiben fleißig viele neue Geschichten, große und kleine, und entdecken alte. Das große integrale evolutionäre Metanarrativ ist vielleicht die einfachste, größte und neueste dieser Geschichten. Zeitgenössisches Geschichtenerzählen tüftelt nach neuen Begriffen – vom Comic über Sci-Fi bis hin zum Mythos – um uns wachzurütteln und in eine tiefere Beziehung zum Leben zu bringen. Und einige beleben unsere ältesten Geschichten, die eine andere Magie entfalten können, und informieren die Psyche über Aspekte ihrer Tiefe.

Die primären großen archetypischen Geschichten sind im Vergleich zu unseren zahlreichsten alten Geschichten scheinbar sehr schön – die reich strukturierten und oft makabren Volksgeschichten, Märchen und Mythen, deren Ursprung im Grabtuch der Vorgeschichte verloren geht. Es gibt Tausende solcher Geschichten. Wir kennen nur wenige, wie die Geschichten von Hänsel und Gretel oder Rumpelstilzchen. Jede von ihnen drückt in irgendeiner Weise eine große archetypische Geschichte aus – aber mit unauslöschlichen dunklen Bildern und speziellen Handlungswendungen, die alle einzigartig und nachhallend sind. Diese vielleicht fünftausend Jahre alten Geschichten sind voll von lebhaften Details und schrecklicher Hässlichkeit. Aber in ihnen können wir manchmal einen Blick auf etwas anderes werfen, als dass ein Mensch in einer fremden, aber vertrauten Symbolsprache zu uns spricht. Vielleicht liegt das zum Teil daran, dass sie keinen bestimmten Autor haben – sie wurden von unzähligen mündlichen Geschichtenerzählern weitergegeben. Sie stammen aus einem Gebiet, das die Ureinwohner Australiens die „Traumzeit" nannten, einem Ort, an dem die Menschen auf etwas Mächtiges, Heftiges, Heiliges und Tiefes trafen. Etwas auf dieser „anderen Seite" träumte die menschliche Geschichte in Begriffen, die uns Schlüssel zum Verständnis unserer Menschheit jetzt bieten könnten. Diese dunklen alten Volksmärchen können uns helfen, die Türen zu öffnen, durch die jeder von uns gehen muss, um unseren Weg durch und auf die andere Seite des großen Genjo Koan zu finden, dem wir jetzt gegenüber stehen.

Da unsere Kultur durch die Folgen unserer nachlässigen Zerstörung aufgebrochen wird, können diese dunklen, komplizierten Geschichten noch nachhallender und aufschlussreicher sein als je zuvor. Sie drücken eine sinnstiftende, reflektierende, unruhige Psyche aus, ganz wie unsere eigenen, unzugänglichen Tiefen. Vielleicht wussten die Ältesten etwas, das wir vergessen haben und jetzt erinnern müssen, etwas, das unserer Angst zugrunde liegt, etwas, das eine lebendige, aufregende neue Art des Zusammenseins eröffnet. Ich habe die Notwendigkeit erkannt, die Geschichten zu entdecken und anzurufen, die mit mir resonieren – Einsichten, die auf eine Zeit zurückgehen, bevor ich zu viel wusste, um überrascht zu sein.

Auf meiner eigenen Reise zum „Yin-Heroismus" finde ich eine sinnvolle Anleitung in der Geschichte des Lindwurms und seiner Braut, wie sie der Mythologe und Geschichtenerzähler Martin Shaw erzählt. In diesem norwegischen Märchen wird die Zukunft des Königreichs von einem königlichen Drachen (dem „Lindwurm") bedroht, der eine Braut fordert, bevor der einzige Prinz heiraten darf. Aber jede Magd, die er heiratet, verschwindet und man hört nie wieder von ihr, bis es keine Kandidatinnen mehr gibt. Ein Hirtenmädchen vom Rande des Königreichs stimmt zu, ihn zu heiraten – in einem Jahr und einem Tag. Sie macht dieses Angebot spontan, ohne zu wissen, warum. Dann, als sie durch den Wald wandert, trifft sie auf eine weise alte Frau und bittet um ihre Führung.

Heirate den Lindwurm, wird ihr gesagt, aber hier ist ihr Preis: Sie muss dieses Jahr damit verbringen, sich zehn weiße Nachthemden zu machen. Sie muss die Brust und das Herz jeder Schicht reichlich besticken, so dass jedes Kleid so angepasst ist, dass es über die letzte Schicht getragen werden kann. Sie muss einen Laugenbehälter, einen Milchbehälter und viele Peitschen besorgen. Kommt die Hochzeitsnacht, muss sie anbieten, sich auszuziehen, muss aber dem Bräutigam befehlen, zuerst auch seine Haut zu verlieren – dann eine weitere und eine weitere, Schicht für Schicht, bis alle Häute abgeworfen wurden. Dann wird sie ihn mit laugengetränkten Hieben kräftig peitschen und ihn dann in Milch baden – und ihn umarmen.

Alles läuft nach Plan. Als das Monster seine letzten Schutzschichten abgelegt hat, umarmt die Braut ihren hübschen Prinzen. Am Morgen öffnet das beunruhigte Hof die Tür der Schlafkammer, um herauszufinden, dass das Paar in den Armen des anderen schläft. Es herrscht große Freude, es findet eine weitere Hochzeit statt, und die beiden leben glücklich bis ans Ende ihrer Tage.

Dieses Königreich wurde von einem armen, unbekannten, jungen Mädchen gerettet, das ohne zu wissen, warum es vorwärts trat, das Monate damit verbrachte, zu nähen, und sich um das Herz zu kümmerte, Schicht um Schicht. Sie war bereit, sich ganz dem Unbekannten hinzugeben, lernte aber, eine gegenseitige Unterwerfung zu verlangen, Schicht für Schicht.

In dieser Geschichte sehe ich reiche, mysteriöse Anweisungen. Einige Monster müssen verwandelt und geliebt werden, anstatt nur bekämpft und getötet zu werden. Ich identifiziere mich mit der Braut des Lindwurms. Jede Naht am Busen des Hochzeitsshirts bereitet mich darauf vor. Ich muss in den Wald gehen, um eine höhere Führung zu finden. Meine Führung und Herzintelligenz erlauben es mir, aus Kraft zu verhandeln; schließlich will und reagiert auch mein „Gegner" auf Weisheit und Liebe.

Wie ich werden meine Mitbürger dieser neuen Herzrepublik entdecken, dass sie vortreten, bevor sie einen Plan haben. Auch sie werden ihre einzigartige Orientierung finden müssen. Es kann unsere Bereitschaft sein, das zu lieben, was oberflächlich unliebsam erscheint, was einen entscheidenden Unterschied für das Königreich machen wird. Möglicherweise benötigen wir „ein Jahr und einen Tag" einer aktiven Vorbereitung.

Und wir sollten nicht erwarten, dass unsere Liebe erwidert wird, bis wir den Balsam der Milch aufgetragen haben, und nachdem wir das Ablösen vieler Schichten der gegenseitigen Verteidigung verlangt haben und stark genug sind, um die schmerzhafteste Art der Heilmedizin anzuwenden.

Es gibt viel Dunkelheit zu verwandeln, und der einzige Lindwurm der Geschichte hat sich in unserer Zeit zu tausend Schlangen und ein paar abscheulichen Drachen vervielfacht, die alle verheiratet und in Prinzen verwandelt sein müssen. Aber heftige Liebe, die sich der Angst widersetzt, ist eine starke Geheimwaffe.

VON YIN ZU YANG

Das Praktizieren der Ganzheit zieht mich in die Yin-Haltung der tiefen Empfänglichkeit. Typischerweise neigen wir dazu, uns schnell für Maßnahmen zu entscheiden, anstatt uns länger mit den großen Fragen zu beschäftigen. Wir leben in einem Labyrinth von kulturell konstruierten Narrativen und mentalen Strukturen, die immer das einschränken, was wir wahrnehmen können. Die großen Fragen unserer Zeit erfordern, dass wir unseren Geist und unser Herz durch eine ganze Reihe von tiefgreifenden Veränderungen öffnen und uns in einem kontinuierlichen Prozess der Ruhe in tiefer Untersuchung befinden und unsere Annahmen in Frage stellen.

Das ist hart. Unser Nervensystem hat sich nicht entwickelt, um zu lange in tiefer Empfänglichkeit zu bleiben. Und wir haben Angst vor dem, was wir sehen werden. Es ist schwer für mich, aber ich scheine bereit zu sein (vielleicht in ungewöhnlichem Maße), die Unannehmlichkeiten zu tolerieren, die durch langwieriges Fragen entstehen. Es erweitert die Spannbreite des Nervensystems, das sich nicht vollständig an eine solche Aufgabe in dieser Größenordnung angepasst hat. Die meisten Menschen werden ungeduldig, wenn eine Entscheidung mehr als ein paar Stunden Überlegung erfordert. Es kann Folter sein, tagelang auf dringende Fragen zu drängen, geschweige denn Monate, Jahre oder Jahrzehnte. Und doch scheint uns die Natur des großen Genjo Koan der Menschheit zu bitten, diese Kapazität individuell und kulturell aufzubauen.

Das menschliche Nervensystem gleicht die Spannungen der anhaltenden Empfänglichkeit mit dem Fluss der Erfahrung aus, die sich entfaltet, wenn wir in Aktion treten. Es ist eine Erleichterung, von den abstrakten zu den konkreten Details der direkten Lebenserfahrung zu gelangen. Auf diese Weise sammeln wir eine andere Art von Daten, die unser Innenleben mit realem Feedback untermauern. Aber damit wir wirksame Agenten des Wandels sein können, bedarf es alternierender Zyklen von Empfänglichkeit und Verabschiedung. Wir sammeln Daten, aber dann entwerfen wir eine Strategie. Wir mögen diese Strategie in Frage stellen, aber dann überarbeiten wir sie und führen sie aus. Wir nehmen Informationen auf, analysieren sie aber dann und ziehen Schlussfolgerungen. Das Handeln ist nie weit weg, und immer ein wesentlicher Bestandteil des Prozesses.

Unser Wunsch, den Yin-Prozess kurzzuschließen, führt zu unserer fast universellen Tendenz, zu voreiligen Schlüssen gelangen zu wollen. Unsere beispiellose Begegnung mit den planetaren Grenzen und die damit verbundene exponentielle Komplexisierung versetzt uns in eine radikal neue Situation, die eine tiefe Empfänglichkeit für eine neue Art von Logik erfordert. Aber wir sind strukturell voreingenommen, unsere Situation mit unseren vertrauten, unzureichenden kognitiven und intuitiven Strukturen zu interpretieren.

Um auf diese neue und sich verändernde Realität zu reagieren, muss unser Handeln auf einer größeren Ganzheit beruhen, die uns zu einem völlig neuen Modus auffordert. Wir müssen in der Lage sein, Perspektiven und Metaperspektiven (Perspektiven auf unsere Perspektiven) einzunehmen, die wir noch nicht vollständig verstehen können. Das erfordert Hingabe – die Yin-Methode des Seins.

Aufgeben bedeutet, den Handlungszwang auf der Grundlage des Übervertrauens des analytischen, trennenden Geistes zu entspannen. Der Yin-Modus des Seins erlaubt es uns, in ein Gefühl der Ungeteiltheit zu fallen, so dass wir von dem Ganzen, von dem wir ein Teil sind, informiert werden. Dies schafft den Boden für die Transformation. Ihr müsst loslassen, bevor ihr auf eine neue Weise zusammenkommen könnt. Durch die tiefste Yin-Aufnahme lasse ich mich durch den Kontakt mit dem, was ich bisher nicht sehen und wissen konnte, neu organisieren. Es ist ein tiefgreifender Prozess, einer, bei dem ich mich nur wenig festhalten kann, weshalb er Demut und geistigen Mut erfordert – um dem Unbekannten zu vertrauen.

Aus dieser Yin-Aufnahme entfaltet sich eine neue Praxis. Im klassischen Yin-Yang-Symbol liegt ein Punkt von Yin (weiß) in der Mitte des Yang (schwarz) Feldes und Yang (schwarz) im Yin (weiß).

Dies weist darauf hin, dass paradoxerweise die mächtigste Yang-Essenz aus dem Yin kommt und umgekehrt. Unsere missliche Lage erfordert Taten, aber eine wirklich effektive Yang-Aktion muss aus der Empfänglichkeit von Yin entstehen. Wenn wir diese tiefe Empfänglichkeit kultivieren, „verlangsamen wir uns, um schneller zu werden". Obwohl die von unserer misslichen Lage diktierten Veränderungen sicherlich dringend sind, wird uns ein ängstliches, verkrampftes Gefühl der Dringlichkeit, das sich aus der bereits bekannten Yang-Agentur ergibt, nur zum Stolpern bringen. Was helfen wird, ist Neugierde, Demut, Offenheit, Sinn für Humor und Mitgefühl für uns selbst und einander. Das sind die Qualitäten eines Yin-Ansatzes.

Die Yin-Aufnahme bringt uns in Kontakt mit unserer Seele. Diese tiefe Empfänglichkeit lässt uns ins *Dasein* fallen (mit dem du dich manchmal so fühlst, sehr oder kaum in Berührung zu sein). Du bist immer schon völlig untrennbar mit deiner Seele verbunden. Du warst immer in Kontakt mit der Stimme deiner Seele. Du musst einfach tief genug eintauchen, um dies zu erkennen.

Nietzsche beschwört dies in der dritten seiner *Unzeitgemäßen Betrachtungen*, „Schopenhauer als Erzieher":

> *Aber wie finden wir uns selbst wieder? Wie kann sich der Mensch kennen? Er ist eine dunkle und verhüllte Sache; und wenn der Hase sieben Häute hat, so kann der Mensch sich sieben mal siebzig abziehn und wird noch nicht sagen können: »das bist du nun wirklich, das ist nicht mehr Schale«. Zudem ist es ein quälerisches, gefährliches Beginnen, sich selbst derartig anzugraben und in den Schacht seines Wesens auf dem nächsten Wege gewaltsam hinabzusteigen. Wie leicht beschädigt er sich dabei so, daß kein Arzt ihn heilen kann. Und überdies: wozu wäre es nötig, wenn*

doch alles Zeugnis von unserm Wesen ablegt, unsre Freund- und Feindschaften, unser Blick und Händedruck, unser Gedächtnis und das, was wir vergessen, unsre Bücher und die Züge unsrer Feder. Um aber das wichtigste Verhör zu veranstalten, gibt es dies Mittel. Die junge Seele sehe auf das Leben zurück mit der Frage: was hast du bis jetzt wahrhaft geliebt, was hat deine Seele hinangezogen, was hat sie beherrscht und zugleich beglückt? Stelle dir die Reihe dieser verehrten Gegenstände vor dir auf, und vielleicht ergeben sie dir, durch ihr Wesen und ihre Folge, ein Gesetz, das Grundgesetz deines eigentlichen Selbst. Vergleiche diese Gegenstände, sieh, wie einer den andern ergänzt, erweitert, überbietet, verklärt, wie sie eine Stufenleiter bilden, auf welcher du bis jetzt zu dir selbst hingeklettert bist; denn dein wahres Wesen liegt nicht tief verborgen in dir, sondern unermeßlich hoch über dir, oder wenigstens über dem, was du gewöhnlich als dein Ich nimmst. 45

Was hier vorwärts schießt, ist existentiell, leidenschaftlich und durchsetzungsfähig, was zutiefst Yang ist. Jeder von uns hat ein vitales Bedürfnis, die wahre Form seines Seins zu entdecken, den *wahren* Zweck seines Lebens zu leben, den Grund unserer Seele zum Leben zu erwecken und zu handeln, um uns in den Schoß unserer Mutter zu bringen.

Wir müssen dazu „Ja" sagen – wir müssen es wählen. Es ist das, was es unserem geschäftigen Geist ermöglicht, aus dem Weg zu gehen, damit wir verstummen und das Diktat der Stimme unserer Seele annehmen können. Etwas zutiefst Leidenschaftliches und Aktives ist die Grundlage für unsere tiefste Offenheit.

Das ist der Yang im Herzen des Yin. An diesem Punkt der Reise müssen wir tiefer in die Tiefe eintauchen und einen verborgenen Schatz entdecken, der in der Dunkelheit leuchtet. Wir stimmen uns auf diese tiefste Yin-Essenz ein und entdecken keine Flucht, sondern die Leidenschaft der Seele, sich im *Leben* zu zeigen. Unser Yin-Hören hat uns eine Tiefe eingebracht, die etwas Neues möglich macht. Wir können im Yang-Modus handeln und wählen, ohne einfach nur auf die oberflächliche, kompensatorische, reaktive Ebene unseres Seins zurückzukehren. Etwas Ganzes und Neues wird möglich.

Dabei entdecke ich, dass eine tiefere Ebene des Yang-Heroismus möglich ist. Ich stelle mir vor, dass es sich natürlich als die Erlösung meiner pilgernden Vorfahren herausstellen könnte. Diese Heldenhaftigkeit ist kein schroffer Individualismus, sondern wird wahrscheinlich kokreativ in *Gegenseitigkeit* zu einem kollektiven Adel tanzen.

Diese Diskussion über die Seele im Kontext der Kultur erfordert eine Anerkennung von etwas anderem: dem Stamm. Seelen bilden Stämme. Und Stämme haben Seelen. Die Seelen der Nationen und Stämme sind die Quelle des positiven evolutionären Ziels und der Bedeutung des Nationalismus. So können wir alle koexistieren. Jetzt werden Stämme nationaler und ethnischer Identitäten aufgefordert, über die Verhaltensweise „Wir gegen sie" hinauszugehen und friedlich zusammenzuarbeiten und neue Synergien zu entdecken, nicht nur untereinander. Globalismus und Nationalismus sind eine dauerhafte dynamische Polarität, die den anderen nicht besiegen kann. Diese Stämme können gedeihen, indem sie eine dauerhafte Beziehung zu einer neuen Art von globalistischen Stämmen aufbauen können.

Die meisten Menschen sind in vielen Stämmen vertreten – lokal, virtuell, biologisch, noetisch. Viele unserer Stämme sind globalistisch in ihrem Geschmack und ihrer Disposition. Aber die meisten von uns haben eine doppelte (oder mehr!) Staatsbürgerschaft in Stämmen mit überlappenden und nicht überlappenden Bereichen. Und es sind die archetypischen Geschichten, mit denen unsere Stämme Frieden schließen – und eine gemeinsame Zukunft gestalten –, die für die Zukunft von Bedeutung sein werden.

IHREN ARCHETYP ENTDECKEN UND TRANSFORMIEREN.

Wie kannst du den narrativen Antrieb und den Bogen deines eigenen Lebens kennenlernen? Du beginnst damit, indem du über deine enge Beschäftigung mit kleinlichen egoistischen Anliegen hinaus erwachst. Aber das ist nur der erste Schritt. Was folgt, ist ein Visionsprozess, in dem du deiner Seele oder deinem Daimon erlaubst, ihre Herrschaft über dein Schicksal zu erlangen und dich mit deinem kollektiven Seelenschicksal zu verbinden.

Du beginnst diesen Prozess, indem du in das hineinfällst, was auch immer aus deinem Knochenmark heraus leuchtet, und aus dem Herzen und aus der Tiefe deines Seins um Hilfe bei der Ausrichtung auf deine Seele bittest, um dir zu helfen, zu lernen, seine Stimme zu hören. In dem Wissen, dass man seine einzigartigen Konturen nicht einfach durch das Erwachen als Ganzheit oder die Lebendigkeit des reinen Bewusstseins (so absolut notwendig wie das ist) kennenlernen kann, beginnt man, in den Puls des Saftes einzutauchen, der durch Körper und Seele aufsteigt. Du wartest darauf, eine neue, tiefere, bisher verborgene Stimme zu hören. Du bittest, und dann schweigst du und bleibst wachsam beim Zuhören, bis du in der Lage bist, die noch kleine Stimme deiner Seele zu erkennen.

Du öffnest dein Gefühl weiter, um zu erfahren, was dir durch die DNA der protoplasmatischen Informationsenergie gesagt wird, die dein Bewusstsein, den eigentlichen Nervenfunken in deiner zerebrospinalen Flüssigkeit, auffüllt, nährt und wieder auffüllt. Deine Seele oder dein Daimon ist erkennbar, weil er in Übereinstimmung mit deinem Herzen und Blut spricht. Das Leben will leben. Das, was immer die evolutionäre Entstehung belebt hat, ist in euch noch lebendig und will sich weiter entwickeln. Und es hat eine besondere Art und Weise, wie es dies jetzt durch deinen Körper, deine Emotionen, deinen Geist, deine Vorstellungskraft, deine Beziehungen und deine Kreativität besser zum Ausdruck bringen will.

Metaphern, die den Weg von deiner „gegenwärtigen Lebensweise" zu deiner „neuen Lebensweise" anschaulich machen, sind Teil des Transformationsprozesses, wie er von *New Ventures West* und *Integral Coaching Canada* gelehrt wird.[46] Die neue Metapher liefert die schwingende Signatur, durch die wir uns auf unsere nächsthöheren Möglichkeiten einstellen, mit ihnen resonieren und sie verkörpern können. Im Coaching werden neue „Kapazitäten" methodisch gepflegt. Aber die Arbeit bezieht einen großen Teil ihrer Wirksamkeit aus der Leichtigkeit, mit der Körper und

Imagination eine klare Rolle in einer Geschichte spüren und bewohnen können. Deshalb ist das Bewohnen einer Metapher oder eines Archetyps ein geschickter Weg, um unsere besten Fähigkeiten zu entfalten. Eine solche tiefe Transformation reift mit der Zeit und tief. Wie Carl Jung schrieb: „Ich fragte mich, was der Mythos ist, den ich lebte, und ich habe festgestellt, dass ich es nicht wusste. Also nahm ich es auf mich, den Mythos kennenzulernen, und ich betrachtete dies als Aufgabe der Aufgaben. Ich musste einfach wissen, welcher unbewusste oder vorbewusste Mythos mich formt." Ebenso fragen wir in der Integralen Seelenarbeit: Was ist wirklich los? Welche archetypischen Geschichten verfolge ich in meinem Leben? Im Allgemeinen stellen wir fest, dass wir einige ziemlich unproduktive Geschichten gelebt haben, Geschichten, die uns einschränken, basierend auf begrenzten Überzeugungen, die wir über uns selbst und die Welt, in der wir uns befinden, haben. Und wir treffen neue Entscheidungen. Wie Rumi sagte: „Sei nicht zufrieden mit Geschichten darüber, wie die Dinge bei anderen gelaufen sind. Entfalte deinen eigenen Mythos." In diesem Stadium stimmen wir uns also auf die Metaphern und Archetypen ein, diese zutiefst vertrauten Geschichten, die wir gelebt haben, um unsere besonderen Übergangsgeschichten lebendig werden zu lassen. Während wir üben, einen Archetyp für eine neue Art des Seins zu erschließen, erschließen wir etwas Klares und Frisches und etwas voller Möglichkeiten – eine saubere, gesegnete Energie der Gnade, die uns wäscht und öffnet.

Wie könnte das aussehen? Während es gemeinsame Themen innerhalb unserer gemeinsamen Geschichte gibt, sind die einzelnen Metaphern jedes Einzelnen einzigartig. Einige Leben sind heroisch in ihrer Erfahrung von Unbehagen, Schmerz und Not. In solchen Fällen besteht die heroische Aufgabe darin, dass das Herz lernt, bereitwillig diesen Schmerz festhält, um ihn zu verwandeln, anstatt sich einfach zusammenzuziehen oder sich von dem Schmerz zurückzuziehen. Die Arbeit des Helden besteht darin, einen Weg zu finden, den Schmerz zu nutzen, mit Gegensätzen zu arbeiten, Spannungen und Paradoxien zu aushalten und zu erkennen, dass das Leben in einer gewalttätigen, sterblichen Welt in der Krise nicht schwarz und weiß ist. Radikales Mitgefühl und große empathische Fähigkeiten sind notwendig für jedes wirklich reife Bewusstsein oder jede Gesellschaft.

Vielleicht wirst du (der Held) von einem Feind angegriffen, der dich töten wird, und du musst eine neue Kraft, eine neue magische Eigenschaft entdecken, um unsichtbar zu werden und die Form zu ändern. Etwas Neues ist notwendig, um nicht auf dem Weg blockiert zu werden. Oder du befindest dich in einem Moment, in dem dir eine alte Art des Seins im Wege steht. Plötzlich merkt man, dass das Unmögliche möglich wird. Es muss freigegeben werden, und dann kann etwas Neues entstehen. Vielleicht geht es in deiner Geschichte darum, zärtlich einen verwundeten und wichtigen Teil deines eigenen Wesens zu umarmen, der vorher nicht geliebt wurde, dein Herz für den vernachlässigten Teil zu öffnen, diesen Aspekt von dir selbst in die Familie zu bringen und ihm einen Platz zu geben. Die Arbeit ist breit gefächert – weitgehend strebsam (Eros), aber auch karitativ (Agape).

In der Seelenarbeit nutzen wir die archetypischen Energien, die uns auf diesem Planeten auseinander treiben, und wir beginnen, mit diesen Energien zu arbeiten, um die Trennung zu pflegen und zu heilen.

In dieser bedeutsamen Zeit auf der menschlichen Planetenreise ist deine einzigartige Art, heldenhaft zu sein – deine Art, ein Liebhaber, ein Krieger, ein König, eine Königin, eine Königin, ein Weiser, ein Führer oder ein Bürger zu sein – von Bedeutung. Selbst deine einzigartige Art, in den Prozess deines eigenen Todes einzutreten, wird es der Fülle des Lebens ermöglichen, durch dich hindurchzugehen. Etwas Originelles und Einzigartiges geschieht auf einer energetischen Ebene, wenn man dies authentisch tut.

Blockierte Energien wollen fließen. Wenn wir in eine neue Geschichte einsteigen, beginnen diese Energien mit neuer Kraft durch uns zu fließen. Wenn sich ein Mythos zu zeigen beginnt, signalisiert er uns oft somatisch. Man spürt, wie ein Archetyp einen übernimmt und mit neuen Kapazitäten ausstattet. Du entdeckst, dass etwas in dir bereit ist, die Macht zu übernehmen, eine

Intelligenz, die bereits weiß, wie man der Souverän ist – der Geliebte, der Tantrist, der tragische Held oder der Magier. Dies ist ein fraktales Muster, das während des Prozesses der authentischen Seelenarbeit immer wieder in Mikro- und Makroskalen umgesetzt wird. Es kann in einer Stunde stattfinden, auch wenn es sich über einen Zeitraum von Monaten in größeren Schritten entfaltet.

Betrachte die folgenden metaphorischen Begriffspaare. In jedem Fall könnte die erste Metapher eine Seinsform beschreiben, zu der du neigst, wie deine gegenwärtige Seinsform, und die zweite Metapher könnte eine neue Seinsform beschreiben, zu der du wachsen könntest, wenn du übst. Vielleicht vermittelt dies ein Gefühl dafür, wie Metaphern das Wachstum katalysieren können.

Krieger → Weisheit
Suchender → Praktizierender
Geheimer Prinz → König
Waise → Liebende Eltern
Märtyrer → Wohltätiger Ältester
Hungriger Jäger → Weiser Gärtner
Ängstlicher Planer → Selbstbewusster, mächtiger Zuhörer

Diese suggestiven inneren Reisen nennen nur einige wenige deiner letztlich unendlichen metaphorischen Möglichkeiten. Es gibt Dutzende von mächtigen Archetypen und mythischen Geschichten, aus denen du unbewusst agierst oder dich darauf zubewegen kannst. Gönnen Sie sich die Zeit, ihre Lebensgeschichte zu betrachten, in Bezug auf den größeren Kontext der Geschichte unseres großen Übergangs, der für Sie nachklingt. Wenn du in der Lage bist, die Metaphern „aktuelle Art des Seins" und „neue Art des Seins" bewusst zu identifizieren, kann eine transformierte Erzählung beginnen, dein Leben intuitiv, jeden Tag, in zufälligen Momenten, zu beeinflussen. Du wirst vielleicht Gelegenheiten bemerken, in jedem Moment von einer Art des Seins zur anderen zu wechseln, vielleicht mehrmals am Tag. Und im Laufe der Jahre der Praxis wird ein kraftvoller Übergang beginnen, reifen und sich sogar stabilisieren.

KOLLEKTIVES TRAUMA UND SUBTILER AKTIVISMUS

Wir verwirklichen unsere archetypischen Geschichten nicht nur einzeln, sondern auch gemeinsam, und jeder von uns spielt eine einzigartige Rolle in einem größeren Drama, durch das die Seele der Welt, die Anima mundi, ihre eigene große Geschichte lebt. Die große evolutionäre Lebensreise und unsere menschlichen kulturellen und zivilisatorischen Experimente drücken ihren Charakter durch unser gemeinsames Verhalten aus. Die subtilen Felder menschlicher Kollektive sind mehrdimensional, einschließlich eines vollen Spektrums von Seelenqualitäten und Gefühlsintelligenz, aber auch kollektiver Traumata, die dazu neigen, sich selbst nachzustellen. Jede Familie, jeder Clan, jeder Stamm und jede Nation hat ihre eigenen Seelenqualitäten, ihre eigenen Schatten und Karma, ihre eigenen Archetypen, Engel, Dämonen und heroischen Qualitäten.

In der Auseinandersetzung mit den subtilen Feldern und der Schattendynamik der Schüler im deutschsprachigen Raum entdeckte Thomas Hübl ein gemeinsames tiefes Trauma im kollektiven subtilen Feld, das mit dem Holocaust und dem Zweiten Weltkrieg zusammenhängt. Nachdem er sie einige Jahre lang erforscht hatte, organisierte er große Veranstaltungen, bei denen sich Tausende von Deutschen treffen konnten, inklusive einer Videoverbindung zu einer Gruppe in Israel. Diese Events führten dazu, dass das Trauma im subtilen Feld eines jeden Menschen auftauchte und dieser kollektive Schatten heilen konnte. Er bemerkte, dass die Menschen unter der Taubheit Schichten von Angst, Trauer, Scham und Wut hatten. Er erkannte, dass Traumata „gefrorenen Boden" in den subtilen Feldern von Individuen und Kollektiven erzeugen, was den Fluss von Lebensenergie, Intelligenz und Funktionalität vermindert. Durch die Entwicklung zusätzlicher subtiler Kompetenzen kann man einen Raum halten, in dem diese Schichten vollständiger und präziser wahrgenommen werden können. Wenn das im gegenwärtigen Moment in einem relationalen Feld bewusst getan wird, kann der „gefrorene Boden" beginnen zu schmelzen, und die Lebensenergie kann beginnen, sich in das Feld und das somatische Wesen zu bewegen und Intelligenz und Funktionalität wiederherzustellen. Hübl brachte diese kollektive Trauma-Arbeit von Europa nach Amerika und Israel. Jetzt haben sich ihm andere Heiler[47] angeschlossen, um zu versuchen, die Kohärenz einer fragmentierten Welt wiederherzustellen, indem sie das Verständnis für die Natur des kollektiven und intergenerationellen Traumas und seine Integration vertiefen. Diese Arbeit konzentriert sich sowohl auf universelle Prinzipien als auch auf lokale Besonderheiten: Sensibilisierung für kollektive und intergenerationelle Traumata und Aufbau von Präventionskulturen, die die Auswirkungen von PTSD und Missbrauchszyklen reduzieren können. Ein erklärtes Ziel dieses Projekts ist es, „Taschen" für eine gesunde, integrierte Kohärenz in Einzelpersonen, Gruppen und Kulturen zu schaffen, in denen sonst ein gemeinsames Trauma vorherrscht.

Dies ist vielleicht ein neuer transrationaler Ausdruck einer alten Intuition. Mystiker und Schamanen aus allen Kulturen haben seit langem im Namen ihrer Gemeinschaft Zeremonien durchgeführt, um Gnade hervorzurufen und Segen zu gewinnen. In seinem Buch *Subtle Activism* beschreibt David Nicol die sich abzeichnende kulturelle Reaktion auf unsere kollektive Notlage – die Tausenden von Menschen und Organisationen, die die Kraft der kollektiven Meditation und des Gebets erforschen, um einen positiven Wandel in der Gesellschaft als Ganzes zu unterstützen, und sie als potenziell entscheidende Komponente eines stärker integrierten Ansatzes für soziale Veränderungen betrachten. Diese Arbeit ist kein Ersatz für praktischen Aktivismus, sondern eine Dimension der integralen Transformation.

Kollektives Trauma, Schatten, Seele und Heilung sind tiefe Muster in den subtilen Dimensionen unseres Lebens. Jeder von uns nimmt an ihnen teil und wird zum Teil von ihnen geprägt. So ist unser Leben in der Praxis eine Arena, in der wir das gesunde Motiv der Heilung und Ganzheit, das für unsere gemeinsame

Zukunft so entscheidend ist, ausdrücken und vergrößern können. Eine bewusstere Beziehung zur Wissenschaft unseres Inneren und unseres subtilen Lebens – individuell und kollektiv – sowie die Entstehung immer lebendigerer und überzeugenderer Geschichten können es uns ermöglichen, das Gewebe unserer Psychen und der Gesellschaft schneller neu zu weben und so unsere inhärente Ganzheit wiederherzustellen.

TOD UND WIEDERGEBURT

All dies hat für jeden von uns eine sehr persönliche Bedeutung. Ein Teil unserer alten Lebensweisen muss sterben, damit eine neue Ebene von Kapazität, Mut, Liebe, Gegenwart und Bewusstsein möglich wird. Das impliziert eine Tortur – aber jeder archetypische Übergang beinhaltet einen Prozess von Tod und Wiedergeburt. Es ist eine Metamorphose, wie eine Raupe, die zum Schmetterling wird.

Die Raupe webt einen Kokon, geht in ihn hinein und lässt ihn los. Es wird zu Brei. Es wird völlig desorganisiert. Nach einer Weile entstehen so genannte „Imaginalzellen". Zuerst scheinen sie dem Immunsystem der Raupe fremd zu sein, und sie versucht, sie zu töten, aber dann tauchen immer mehr auf. Nach einer Weile verklumpen einige von ihnen nach und nach und werden zu „imaginären Scheiben". Dann überwältigen sie das Immunsystem und ein neues Prinzip reorganisiert es. Die imaginären Scheiben werden allmählich zu den Flügeln, den Antennen und dem Körper des Schmetterlings. Alles, was bereit ist, aus dem Prozess des Sterbens in ungeordneten Brei wiedergeboren zu werden, nimmt Gestalt an. Seine eigene neue Qualität kommt in Form. Ein ähnlicher Prozess von Tod und Wiedergeburt findet in jedem von uns statt, wenn wir unsere alten, einschränkenden Geschichten loslassen und uns einer neuen, gesünderen Lebensweise öffnen.

Es ist oft schockierend, den Archetyp zu erkennen, den man gelebt hat. Eine Rolle, Geschichte und Identität haben außerhalb deines Bewusstseins dein Leben geformt – was tiefe Wurzeln in deiner Psyche und sogar in deinen somatischen Mustern von

Spannung und Kompensation hat. Und das muss auch auf kultureller Ebene geschehen. In Anbetracht der unvorstellbaren Dimension unserer ökologischen Notlage erkennen wir unser eigenes Leben und unsere eigenen Projekte als Teil der kollektiven Ahnungslosigkeit, Kollusion und Verleugnung, die das Chaos verursacht hat. Auch wenn dies nicht unsere „Schuld" ist, erfordert es doch, dass wir unsere größere Geschichte und unsere Rollen in ihr abwägen und neu gestalten. Wenn wir tief in diese Angelegenheit einsteigen, müssen wir uns fragen, ob unsere „höheren Ziele" Wege sind, unsere grundlegende Angst zu kontrollieren, unseren Terror vor unserem eigenen unvermeidlichen Tod zu leugnen oder die Krise und unsere kollektive Sterblichkeit aus unserem Bewusstsein zu halten.

Das hat Ernest Becker in seinem Klassiker *The Denial of Death* beschrieben. Sam Keen fasste es in seiner Einführung zu diesem Buch gut zusammen: „Wir erreichen die Ersatz-Unsterblichkeit, indem wir uns dafür opfern, ein Reich zu erobern, einen Tempel zu bauen, ein Buch zu schreiben, eine Familie zu gründen, ein Vermögen anzuhäufen, Fortschritt und Wohlstand voranzutreiben, eine Informationsgesellschaft und einen globalen freien Markt zu schaffen. [48]

Becker prägte einen Begriff für all die Dinge, die wir tun, um unserem Leben einen Sinn zu geben: „Unsterblichkeitsprojekte". Paradoxerweise geraten menschliche Unsterblichkeitsprojekte zwangsläufig in Konflikt miteinander und engagieren sich in Kämpfen um Leben und Tod: „Meine Götter gegen eure Götter." Da nichts wichtiger sein könnte als mein Unsterblichkeitsprojekt, bin ich bereit, alle anderen Werte zu opfern, die ihm zu widersprechen scheinen. Und so haben wir in einer großen tragischen Ironie die größten Übel in die Welt gebracht, indem wir das „höhere Gut" unserer heroischen Unsterblichkeitsprojekte verfolgen.

Diese Erkenntnis kann uns tief berühren und demütigen, aber wir dürfen nicht zulassen, dass sie die höheren Ziele unseres Lebens negiert. Sie sind entscheidend, wenn wir eine nachhaltige, blühende Welt schaffen wollen, anstatt uns selbst zu zerstören.

Beckers Beobachtung erinnert uns jedoch daran, dass zumindest einige der Motive hinter unseren besten Absichten oft egoistisch sind. Wenn du unsere archetypische Transformation in Angriff nimmst und dich einem gewissen Maß an Verantwortung für die Zukunft des menschlichen und ökologischen Lebens auf diesem Planeten öffnest, wirst du wahrscheinlich irgendwann dem gegenüber stehen, was ich auf meiner eigenen Reise beschrieben habe – die Art und Weise, wie unsere Wünsche und inneren Mythen die Kräfte in unserer Welt zum Ausdruck bringen, die so viel Zerstörung verursacht haben. Unsere alten Lebensweisen haben eine Trägheit entwickelt, die wir geschickt parieren müssen, wie die Aikido-Bewegung, die einen Gegner mit der Kraft seines eigenen Impulses umstößt. Dann kann unsere neue Art des Seins eine neue Art von Kraft und Motivation offenbaren, die über unsere persönliche Freude, unseren Komfort, unseren Ruhm, unseren Reichtum oder unsere Erfüllung hinausgeht. Das bedeutet nicht, dass wir unseren menschlichen Bedürfnissen feindlich gesinnt sind und uns der selbstverleugnenden Askese verschreiben. Aber wir können eine Quelle der Freude und Leidenschaft erreichen, die in einem viel größeren und höheren Zweck im Namen des Lebens verwurzelt ist.

Unser Leben kann durch unsere Fürsorge und unser Engagement für die verkörperte Ganzheit des Lebens geerdet werden, auch wenn alles auseinander zu fallen scheint. Wenn unsere Praxis Ganzheit durch unsere einzigartige Rolle und Geschichte in einer erstaunlichen kollektiven Reise auslöst, hilft sie, die Kraft unserer Seele zu entwickeln – das, was Gandhi *Satyagraha* nannte.

Die Reise jeder Seele ist zyklisch. Sie erfordert zwangsläufig wiederholte Expeditionen in die Unterwelt, Zeiten, in denen wir mit schrecklichen Wahrheiten konfrontiert werden müssen, die wir zuvor vermieden hatten. Diese Selbstfindungen schockieren uns, brechen unsere Herzen, demütigen uns und erden uns. Jedes Mal sind wir erschüttert. Wie der Held, der die Niederlage nur knapp vermeidet, werden wir an den Rand der Verzweiflung getrieben. Es braucht große Seelenstärke, um die inneren Ressourcen zu finden, die wir brauchen, um uns trotz allem wieder zu erholen. Es braucht die Rückgewinnung unserer naiven, intensiven Vitalität, unseres „Willens zur Macht", unserer „dritten Intelligenz" (zentriert in der Hara oder im Darm) und des Genies des Willens – die allen Erfolg antreibt, ob für gut oder schlecht. Wir müssen nicht nur einen Weg finden, diese kraftvolle Vitalität anzunehmen, wir müssen auch einen Weg finden, sie mit Yang-Exzellenz zu leben. Diese Yang-Kräfte wirken auf einer ganz neuen Ebene, sobald wir die Yin-Reise in die Unterwelt machen und den Samen des Yin pflanzen, der das Herz einer neuen Ebene der Yang-Dynamik ist.

Wenn wir diese evolutionäre Ecke betreten, ist es unsere moralische Verantwortung, das Leben zu bejahen. Wir müssen das unbändige, unvernünftige Glück, das bereit und bereit ist, weiterzumachen, auch angesichts dessen, was unerträglich erscheint, annehmen und leiten. Wir müssen die mutigen, kreativen, liebevollen und weisen Helden werden, die eine neue menschliche Geschichte erschaffen. Dies ist eine evolutionäre Herausforderung, nach der wir alle streben können, aber demütig. Es ist eine neue, sich bietende Gelegenheit. Es erfordert eine tiefere Kraft, etwas, das aus den Tiefen des Wesens kommt und wie der Saft eines großen Baumes aufsteigt. Diese Stärke drückt sich als unschuldige Bereitschaft, Engagement, Führung, Liebe und Mut aus. Es ist die rohe Kraft, die die wahre Frucht des Weges unserer Seele ist. Und es ist der „X-Faktor", die ursprüngliche Lebenslust, die der Motor des Überlebens für jeden Einzelnen, jede Familie, jede Stadt, jede Nation und unsere ganze Spezies ist. Mit den Worten eines berühmten Rumi-Gedichts,

Jenseits Ideen von rechten und falschem Verhalten gibt es ein Feld. Ich treffe dich dort.

8. ZUM EVOLUTIONÄREN AKTIVISMUS ERWACHEN

Eine Spiritualität, die nur privat und egozentrisch ist, ohne ein authentisches politisches und soziales Bewusstsein, tut wenig, um den selbstmörderischen Moloch der Geschichte aufzuhalten. Auf der anderen Seite wird ein Aktivismus, der nicht durch tiefes spirituelles und psychologisches Selbstbewusstsein gereinigt ist und in göttlicher Wahrheit, Weisheit und Mitgefühl wurzelt, nur das Problem aufrechterhalten, das er zu lösen versucht, egal wie rechtschaffen seine Absichten sind. Wenn jedoch die tiefste und fundierteste spirituelle Vision mit einem praktischen und pragmatischen Antrieb zur Transformation aller bestehenden politischen, wirtschaftlichen und sozialen Institutionen verheiratet ist, entsteht eine heilige Kraft – die Kraft der Weisheit und Liebe in der Praxis. - ANDREW HARVEY

Ich schreibe diese Worte aus der surrealen Atmosphäre Mitte 2017 in Amerika. Tag für Tag hören wir Nachrichten über die Untergrabung der Wahl 2016 in den USA, die Unterdrückung der Kontrollmechanismen, beispiellose ethische Verstöße, Zensur, geplante Demontage von Regierungsbehörden, die Dienste erbringen, die für unser – und das Wohlbefinden der Erde – und sogar für das Überleben wesentlich sind, Missachtungen der langfristigen demokratischen Verbündeten Amerikas, Ausbeutung von Teilen der Rasse und Kultur und unzählige Aktionen, die nicht nur liberale Werte, sondern auch die grundlegenden konservativen Werte der Stabilität und der Achtung vor Tradition bedrohen. Noch wichtiger ist, dass wir eine große politische Sensibilisierung erleben – den Beginn einer kommenden Welle von politischem Aktivismus und Engagement. Es gibt allen Grund zu der Annahme, dass dies eine enorme historische Kraft werden wird. Aber was am wichtigsten ist, glaube ich, ist, dass diese Mobilisierung weit über den Widerstand der Bevölkerung gegen die Trump-Administration hinausgehen wird, bis hin zu dem umfassenderen Problem, das es zu lösen gilt. Dieser neue Aktivismus ist ein Ausdruck unserer Gesundheit, Vernunft und unseres Charakters. Er bewegt sich langsamer, aber tief und unerbittlich. Am grundlegendsten ist die Ganzheit, die sich wieder durchsetzt.

Wenn wir an die kreativen Aktivitäten denken, die notwendig sind, um unser gemeinsames Leben und unsere Zukunft zu erhalten, ist vielleicht keine Metapher angemessener als die des Bodens und der lebenden Prozesse, die buchstäblich Boden schaffen. Es gibt sogar in manchen Kreisen die Erkenntnis, dass „der Boden die entscheidende Antwort auf den Klimawandel ist".[49] Riesige Bodenmengen werden durch Myzelium erzeugt, das so etwas wie das Wurzelsystem einer Pilz- oder Bakterienkolonie ist, das aus einer Masse von verzweigten, fadenartigen Strukturen besteht. Durch die Photosynthese nimmt der Boden mit seinen Pflanzenpartnern „CO2 aus der Atmosphäre auf und gibt Sauerstoff ab, treibt den Kohlenstoff zu seinen Wurzeln hinab, wo er gegen Nährstoffe ausgetauscht wird, die die Pflanzen und Bäume benötigen, und sättigt den Kohlenstoff unter der Erde, wo er hingehört".[50] Das Myzel ist in der Lage, die Verfügbarkeit und den Bedarf an Wasser und Nährstoffen zu erfassen, und es verteilt diese Ressourcen neu, wodurch seine Waldfläche (die sich über viele Kilometer erstrecken kann) gesünder wird. Diese Heilungsfunktion in der Natur hilft, das Gleichgewicht wiederherzustellen und den Auswirkungen des Klimawandels entgegenzuwirken.

In sehr ähnlicher Weise konterkarieren lebenserzeugende Prozesse die üblichen lebensvernichtenden Gedanken, Gewohnheiten und Verhaltensweisen, die heute in der Welt endemisch sind. Was gesund und gesund und liebevoll und großzügig in menschlichen Beziehungen ist, ist bereits unter der Oberfläche vorhanden. Unsere angeborene Güte ist, wie das Myzel, oft relativ versteckt und außer Sichtweite – obwohl sie vorhanden ist und immer wächst, und in unterdrückenden kulturellen Umgebungen „untergeht". Aber es ist das, was uns antreibt, also stirbt es nie ganz. Oftmals wächst sie massiv, aber leise und unsichtbar.

Und doch sendet das Myzel, wenn die Zeit reif ist, plötzlich Triebe und Blüten aus. Babypilze glitzern plötzlich in Kolonien, die über den Waldboden verstreut sind. Auf die gleiche Weise – auch wenn sie verborgen ist – ist alles, was in uns und zwischen uns gut und gesund ist, bereits vorhanden und real. Obwohl wir die Vielzahl der Möglichkeiten und Zeiten, die sie in unserer Welt voll entfalten könnte, nicht vorhersagen können, können wir darauf vertrauen, dass unsere lebenserzeugende Natur frei sein wird, sich zu zeigen, wenn die Zeit reif ist, wie eine Pilzblume über Nacht.

Biologische Metaphern, die sich auf Entwicklung und Wachstum beziehen, eignen sich für den Aktivismus. Wir sind ein lebendiger Prozess, wie das Myzel, wie die Erde selbst. Shelley Sacks (ein Professor der Oxford Brookes University und Aktivist)[51] und andere haben sich eloquent auf diese Metapher berufen und auf unser „soziales Myzel" hingewiesen.

Es gibt heute eine neue Kultur, deren Wurzeln sich über den ganzen Planeten ausbreiten. Im Moment findet viel Kommunikation und Innovation „unter der Erde" statt, die für die größere Kultur oder die populären Medien nicht vollständig sichtbar ist. Aber wir wissen, dass sich neue Triebe bilden, und ein Wald entsteht. Unsere mechanischen Modelle der Realität berücksichtigen diese tiefere Dimension der Dinge nicht, und doch weist die biologische Metapher auf erstaunliche Potenziale hin. Wie das Myzel sind wir keine isolierten einsamen Zahnräder in einer Maschine, sondern kreative Teilnehmer an einem größeren natürlichen Prozess, der reich an Selbstveränderung ist.

Wir sind eingeladen und verpflichtet, an diesem außergewöhnlichen Prozess teilzunehmen – wirklich ein Verzweigungspunkt im Fortschritt der menschlichen Zivilisation. Die Umstände scheinen ein unmögliches, beispielloses Maß an kreativem Einfallsreichtum zu erfordern, aber wir sind nicht verpflichtet, all dies selbst zu tun. Unser Einfallsreichtum ist nur ein Teil von etwas Großem, das alles durchdringt – der Einfallsreichtum des evolutionären Prozesses selbst. Das Beste in uns ist Ausdruck der Entelechie der großen, geheimnisvollen Ganzheit, die uns alle verbindet und umgibt.

INNERE UND ÄUßERE ARBEIT SIND UNTRENNBAR MITEINANDER VERBUNDEN.

Wir haben bereits eine Art innere Arbeit beschrieben, die uns in Einklang mit der Ganzheit bringt. Es führt zu neuem Verhalten, individuell und kollektiv. Unsere Beziehungen ändern sich. Wir entwickeln neue Werte, Interessen und Anliegen. Wir finden neue Wege, um einen positiven Unterschied zu machen. Wir stützen uns auf das, was aus dem Aktivismus der Vergangenheit gelernt wurde, aber es ist ein völlig neues und zeitgenössisches Phänomen.

Unser äußeres Verhalten kann nicht anders, als unser Bewusstsein auszudrücken. Deshalb ist die Praxis für den Aktivismus von entscheidender Bedeutung, vor allem, wenn wir angemessen auf den evolutionären Druck unserer globalen Krise reagieren sollen. Wenn wir uns nun dieser äußeren Arbeit zuwenden, beginnen wir mit diesem Verständnis: Nur durch unser eigenes Wachstum und unsere eigene Entwicklung, die sich aus unserer demütigen Hingabe an Fragen ergibt, deren Antworten wir noch nicht kennen, können wir Katalysatoren für die notwendige evolutionäre Revolution sein. Wie das Myzel leistet auch unser lebensverbessernder Service sofort einen Beitrag, wird aber in Zukunft exponentielle Renditen bringen.

Kurzfristig werden wir nicht immer genau wissen, wohin wir gehen. Wir alle sind dafür verantwortlich, Lösungen zu manifestieren, die nicht vorhersehbar sind. Das bedeutet, dass wir verpflichtet sind, an einer ganzen Reihe von kulturellen Experimenten teilzunehmen, die zu unterschiedlichem Erfolg führen. Die Ergebnisse dieses offenen Prozesses werden erst nach wiederholten Iterationen bekannt sein. Obwohl Herausforderungen neue und unerwartete Herausforderungen mit sich bringen werden, wird der Prozess stetig voranschreiten.

Dies erfordert tiefes Wachstum und Praxis. *Erstens erfordert es ein waches, freies, offenes und selbsttranszendierendes Gewahrsein.* Dieser kontinuierliche Prozess muss unsere Identitäten, Weltanschauungen, Motivationen und Beziehungen grundlegend neu definieren. Letztendlich muss es uns ermöglichen, einen neuen Traum zu träumen und eine neue Geschichte zu leben. So ist unsere persönliche Praxis eine der wichtigsten Frontlinien dieser neuen kulturellen und sozialen Revolution.

Zweitens, sobald – und in welchem Maße auch immer – dieses neue Bewusstsein entsteht, *muss es in allen Bereichen unseres Lebens einen kraftvollen, effektiven äußeren Ausdruck finden.* Handeln hat Konsequenzen, und wir lernen daraus und verfeinern unser Bewusstsein und unser Verhalten, einschließlich unserer Intiativen. Wir können nicht auf perfekte Lösungen oder auf unsere eigene Perfektion warten. Was auch immer die Mängel in unseren Fähigkeiten oder unserem Verständnis sind, wir müssen dort ansetzen, wo wir sind, und zwar sofort. So werden wir lernen. „Wenn Sie eine Zeitverzögerung zwischen dem Flüstern Ihrer Intelligenz und Verständnis und Ihrer Handlung schaffen, dann verhindern Sie, dass das zerebrale Organ in eine neue Dimension hineinwächst", sagte der rationale spirituelle Lehrer Vimala Thakar.[52] „Die Stimme des Verstehens, die Stimme der Intelligenz hat eine Unsicherheit in sich. Woher weißt du, dass es das Richtige ist?" Wir müssen handeln und unser Bestes tun, auch wenn wir wissen, dass die chaotische bedingte Welt kein Ort ist, an dem perfektes Handeln möglich ist. „Wenn man keine Fehler macht", fährt Thakar fort, „wie lernt man, zwischen dem Falschen und dem Wahren zu unterscheiden? Beim Lernen gibt es sicherlich ein wenig Unsicherheit, eine Möglichkeit, Fehler zu machen. Warum sollte man Angst haben, Fehler zu machen?"

Das Flüstern dieser neuen Intelligenz hat die Aufgabe, in einer kreativen Arbeit Ausdruck zu finden, die die Welt auf jede erdenkliche Weise verbessert, einschließlich der Politik. Aber es ist keineswegs ein Aktivismus, der sich auf politische Macht und Einfluss beschränkt oder sogar darauf ausgerichtet ist. Es gibt viele „Frontlinien" im Kampf der kulturellen Evolution. Als bewusste Praktizierende befinden wir uns in einer wilden neuen

Grenze, wo viele, viele Experimente notwendig sind. Dies ist der Kontext für eine neue Art von Aktivismus.

DAS INTEGRALE HERZ IN DER PRAXIS

Wir befinden uns in einer Zeit zunehmender Komplexität, Beschleunigung, Fragmentierung und Inkohärenz. Es ist also eine Zeit des Stresses und der Korruption. Was jetzt am radikalsten und subversivsten ist, sind die zeitlosesten Tugenden – Integrität, Ganzheitlichkeit, Gesundheit, Zusammenhalt. Den Weg zur Gesundheit und zu unseren Herzen zu finden, den Weg über den fragmentierten gemeinsamen Geist hinaus zu finden, der uns endlos vermittelt wird – das ist wirklich revolutionär. Es scheint nicht revolutionär zu sein, denn wir neigen dazu, die Revolution in ihren vertrauten Kostümen zu erkennen – auf der Straße gegen systemische Ungerechtigkeit zu marschieren, uns zu organisieren und eine „feindliche Übernahme" der Machthebel zu gestalten. Und in der Tat trägt die Revolution manchmal auch diese Kostüme.

Aber die ursprüngliche Bedeutung des Wortes „Revolution" ist „drehen". Wir wandeln uns, indem wir aus unbewussten Mustern erwachen und *Ganzheit* in Kraft setzen – gesundes Bewusstsein, Verhalten, Beziehungen, Ökologie und wirklich integrative Initiativen. Wir werden eine positive soziale und politische Kraft sein, soweit wir in der Lage sind, einen neuen Reifegrad zu erreichen, der von unserer höchsten Intelligenz geleitet wird. Da es sich um einen inhärenten Antrieb handelt, geschieht dies bereits auf vielfältige Weise. Wir tun gut daran, dies zu beobachten und darauf zu vertrauen, dass der Prozess natürlich und unaufhaltsam ist. Und doch ist dies nur so, weil unzählige Menschen es wählen. Diese große Sache hängt also wirklich von uns ab.

Unsere Herausforderungen rufen uns zu einer *Politik der menschlichen Reife* auf. Dies ist die revolutionäre „Wendung", in der die Ganzheit ihren Vorrang vor Fragmentierung und Regression zurückgewinnt. Unsere wichtigste politische Priorität ist die Kultivierung, Herausbildung und Ausübung von mehr Reife und

Weisheit – damit sie unser Leben und unsere Beziehungen und dann unsere öffentliche Entscheidungsfindung prägen kann. Eine weitere Möglichkeit, dies zu sagen, ist, dass unser ganzes Leben von der Herzintelligenz geleitet werden muss. Letztendlich drückt sich die menschliche Reife als wirksames, weises, fürsorgliches Handeln zum Wohle des Ganzen aus, das nichts und niemanden aus dem Herzen ausschließt. Ganzheit, Reife und Liebe bilden also den Kern eines effektiven evolutionären Aktivismus (der in unserer Zeit auch im eigentlichen Sinne revolutionär ist).

Die Liebe im Bereich der Politik zu vollziehen, ist zutiefst kniffig. Es ist schließlich die Verkörperung der „Einfachheit auf der anderen Seite der Komplexität", die ich immer wieder anrufe. Wir haben nur wenige Modelle dafür, aber es lebt in unseren besten Instinkten. Charles Eisenstein stellt das Problem sehr gut dar: „Wenn wir in eine Zeit der Intensivierung der Unordnung eintreten", sagt er, „ist es wichtig, eine andere Art von Kraft einzuführen, um die Strukturen zu animieren, die nach dem Zerbröckeln der alten Strukturen entstehen könnten. Ich würde es Liebe nennen, wenn es nicht das Risiko gäbe, deinen New Age Bullshit-Detektor auszulösen; und außerdem, wie bringt man im politischen Bereich tatsächlich Liebe in die Welt? Beginnen wir also mit Empathie. Politisch gesehen ist Empathie gleichbedeutend mit Solidarität, getragen von dem Verständnis, dass wir alle in dieser Sache zusammen sind ... Ich sehe ihre Grundzüge in den marginalen Strukturen und Praktiken, die wir ganzheitlich, alternativ, regenerativ und restaurativ nennen. Alle von ihnen entspringen dem Mitgefühl, dem Ergebnis der mitfühlenden Untersuchung: Wie fühlt es sich an, du zu sein?"[53]

Dies unterscheidet sich völlig von der Art von Aktivismus, der die Polarisierung verstärkt und Gegner verachtet. Es konterkariert progressive aktivistische Tendenzen, politische Feinde zu dämonisieren – Tendenzen, die zwangsläufig Ressentiments mobilisieren. Es opfert nicht die Ganzheit für kurzfristige politische Vorteile. Deshalb ist „Liebe" wirklich unser bestes Wort für das, was in der Lage ist, der dysfunktionalen Schwere des überparteilichen Stillstands zu trotzen.

Diese Politik der Liebe arbeitet jedoch mit fast allen etablierten Formen des Aktivismus zusammen, auch mit solchen, die vorübergehend Spaltungen schaffen oder verschärfen können. Sie nimmt an einer ganzheitlichen Revolution des Seins teil, in der Liebe und Ganzheit vergrößert werden – in jedem Moment, in jedem Individuum, in jeder Beziehung, Organisation und Gruppe.

Eine Politik der Liebe entsteht natürlich, wenn es eine tiefe Anerkennung der Nicht-Trennung gibt. Adi Da plädiert für eine revolutionäre, aufgeklärte Politik, die auf der Intuition radikaler „vorheriger Einheit" basiert.[54] Eine solche Revolution ihrer Natur nach findet in jedem Herzen-Geist durch ego-transzendierende Praxis statt (die er „den Weg des Herzens" nennt). Sie konzentriert sich nicht auf politische „Themen", sondern auf die selbstregulierende Integrität und Autorität von „jedem Menschen – alles auf einmal". Diese Liebe ist nicht nur ein Gefühl, sondern eine radikale Anerkennung unseres aktuellen Zustands und unserer Situation.

Nachdem er erklärte, dass wir „gemeinsam in dieser Sache sind", fragte Eisenstein rhetorisch: „*Worin* zusammen? Zunächst einmal befinden wir uns gemeinsam in der Ungewissheit." Genau. Wenn wir jeden Idealismus vermeiden, was könnte dann unsere eigentliche Chance sein? Vielleicht ist es einfach, in den unmöglichen Fragen unserer Situation und unserer Möglichkeiten intelligent zusammenzuhalten. Wir können es uns erlauben, vom Genjo Koan, unserer existentiellen Herausforderung, tiefgreifend verändert zu werden, auch wenn wir auch durch entschlossenes Handeln lernen (da die Welt uns immer wieder Feedback gibt). Wie man den gesellschaftspolitischen Bereich als Liebe effektiv einbezieht, ist eine wichtige Facette des großen Koans. Daher hat er auch keine Antwort. Stattdessen ist er eine Kunstform, eine fortwährende Untersuchung, eine entscheidende Erforschung – eine, die nur unvollkommen in Anspruch genommen werden kann, als leidenschaftlicher Prozess, der zwangsläufig voller Fehler ist.

Das ist für eine fragmentierte Intelligenz völlig unverständlich. Es braucht eine integrale Intelligenz, um Politik als einen kontinuierlichen Lernprozess zu erkennen, der untrennbar mit dem persönlichen Wachstum verbunden ist. Das bedeutet, dass wir uns auf alle drei Hauptsitze unserer Intelligenz stützen müssen – Kopf, Herz und Hara. Ein großer Teil des öffentlichen Diskurses findet auf der Ebene der rein mentalen Intelligenz statt, die vom Bauch getrieben und in Stimmungen gehüllt ist. Allein handelnd, lässt sich der Verstand leicht täuschen und ist unfähig für die oben beschriebene Untersuchung. Aber die Intelligenz aller drei Zentren, die in einem Zentrum integriert ist – durch die Intelligenz des Herzens – ist ungewöhnlich intelligent, weise und effektiv.

Jeder Moment ist eine Lernmöglichkeit. Wir lernen nicht nur als Individuen, wir lernen auch gemeinsam. Wenn wir lernen, eine integrale Herzintelligenz in unsere Beziehungen einzubringen, wird sich unser kollektives Lernen erheblich beschleunigen. Das ist ein weiterer Grund, warum die Zukunft der Gemeinschaft vor spannenden Möglichkeiten sprudelt. Aktivistische Sanghas oder „Communitys of Practice" werden zunehmend anfangen, als soziale und spirituelle Ressourcen für ihre Mitglieder zu fungieren, ihre Intelligenz und Fürsorge zu stärken und zu integrieren, während sie zusammenarbeiten, um ihre soziale Wirkung zu verstärken.

Die Herzintelligenz beruhigt uns, indem sie uns daran erinnert, dass alles (wie auch immer gefahrvoll es sein mag) in einem sehr realen Sinne völlig in Ordnung ist. Schließlich *beinhaltet* das Ganze eben auch alles. Ganzheitlicher Aktivismus ist enorm großzügig, aber er ist nicht nur selbstlos auf größere Ziele ausgerichtet. Er ist auch völlig selbstmitfühlend, freundlich zu unseren eigenen Bedürfnissen als Mitglieder einer entfremdeten Gesellschaft. Das Herz kann erkennen, dass es völlig angemessen und notwendig ist, dass wir dem Ganzen dienen, während wir uns selbst dienen – das Leben teilen, Freundschaft und Gemeinschaft genießen, wachsen und lernen und ein reicheres Dasein durch und durch unsere Beziehungen zueinander genießen.

DREI BEREICHE DES EVOLUTIONÄREN AKTIVISMUS

Wie wir bereits gesagt haben, liegt die wahre integrale Revolution nicht entlang des link/rechts Spektrums. Vielmehr ist es die Revolution der Ganzheit gegen die Fragmentierung. Eine Revolution der Ganzheit ist einschließend; sie lässt weder Menschen noch gute Ideen zurück. In vielerlei Hinsicht ist die integrale Revolution Neuland, aber ihre Grundprinzipien sind klar.

Es ist sinnvoll, die drei Bereiche des Aktivismus zu untersuchen: *Arbeiten im Systems, gegen das System und um das System herum.* Manchmal werden diese als konkurrierende Alternativen oder Optionen dargestellt. Aber evolutionäre Aktivisten arbeiten in allen drei Bereichen – obwohl wir als Individuen, basierend auf unseren Fähigkeiten und Möglichkeiten, unsere Bemühungen auf ein oder zwei konzentrieren können.

Im System

Das System jeder Nation ist anders. Ich werde hier auf die Arbeit im System in den Vereinigten Staaten eingehen, aber Analogien können gezogen werden, um innerhalb des Systems jeder Demokratie zu arbeiten.

Wie die meisten Amerikaner bin ich mein ganzes Leben lang davon ausgegangen, dass ich in einer relativ freien und offenen liberalen westlichen Demokratie lebte und dass ich es auch immer tun würde. Wahlen mögen in Bezug auf Strategien und Fortschritte von Bedeutung sein, aber die Grundlagen sind solide. Ich musste mich nicht in der Politik engagieren, um die grundlegenden Grundlagen der Lebensweise meiner Gesellschaft zu verteidigen. Diese Annahme gilt plötzlich nicht mehr. Wir könnten tatsächlich dem Autoritarismus zum Opfer fallen. Wir könnten unsere Fähigkeit zur Bewahrung des Planeten in diesen schwierigen Zeiten verlieren, und wir könnten sogar wichtige Bürgerrechte verlieren. Und das Einzige, was dem im Wege steht, ist das politische Engagement einer ausreichenden Anzahl von

Bürgern. Das macht den Im-System-Aktivismus zu einer moralischen Verpflichtung.

Die weitere Entwicklung von Bewusstsein und Kultur ist völlig abhängig von der zivilen Ordnung, der Bildung und dem freien Austausch von Ideen. Und diese überleben nur, wenn sie von einem Netzwerk ziviler Institutionen gehalten werden – alle Regierungsebenen, einschließlich der lokalen Polizei und Feuerwehr, bis hin zur Justiz und den Regulierungsbehörden. Ebenso brauchen wir eine freie Presse, ein Netzwerk einflussreicher NGOs und unsere Finanzinstitute. Wir reiben uns an den Bürokratien solcher Organisationen, aber unsere Freiheit hängt von ihrer Anwesenheit ab. Aktivisten werden oft erst in der Pubertät beflügelt, daher ist es kein Wunder, dass der Geist des Aktivismus von einer jugendlichen idealistischen Ablehnung unnachgiebiger Institutionen beeinflusst wird. Das Stürmen der Barrikaden kann heroisch und romantisch erscheinen. Aber es ist selten klug. Es wird oft gesagt, dass, wenn die zivile Ordnung zusammenbricht, „die Intellektuellen die ersten sind, die gehen."

Aus diesem Grund konzentrieren sich viele, die erkennen, dass ein revolutionärer Gesamtsystemwandel notwendig ist, darauf, die strukturelle Dynamik zu beeinflussen, die die Gesundheit der politischen Systeme untergräbt. Sie arbeiten im System, indem sie sich von einflussreichen politischen Akteuren für transparteiische Ansätze der öffentlichen Ordnung und politischen Reformen einkaufen lassen. *Transpartisanship* unterscheidet sich von Bipartisanship (Überparteilichkeit), das darauf ausgerichtet ist, eine Einigung zwischen zwei Fraktionen zu erzielen, (wie den Demokraten und Republikanern in den USA), und es unterscheidet sich von der Nicht-Parteilichkeit, die jede politische Zugehörigkeit vermeidet. Sie plädiert für integrative Lösungen, die alle polarisierten politischen Positionen überschreiten und einbeziehen und die Zusammenarbeit über das gesamte Spektrum zum Nutzen des Ganzen fördern.

Obwohl Regierung und Politik nicht für jedes Problem eine Lösung anbieten, sind sie die Arena, in der wir unseren Mitbürgern begegnen, Meinungsverschiedenheiten ausräumen und kollektive Entscheidungsfindung betreiben. Sie sind es, wie wir Macht und Einfluss zuteilen. Nach den Bankenrettungsaktionen von 2008-2009 entstanden zwei populäre politische Revolten – die Tea Party auf der rechten Seite und Occupy Wall Street auf der linken Seite. Die Tea Party hatte eine weitaus größere Wirkung, gerade weil sie pragmatisch innerhalb des Systems funktionierte, anstatt außerhalb davon zu stehen, wie es die Occupy-Bewegung tat.

Deshalb ist es eine absolute moralische und praktische Notwendigkeit für die Bürger jeder unvollkommenen Demokratie, sich direkt am politischen Prozess zu beteiligen. Das bedeutet, dass das **Wählen eine moralische Verpflichtung ist**. Dies gilt insbesondere für die Vereinigten Staaten, wo nur etwa die Hälfte der Wahlberechtigten ihre Stimme abgibt, und die Wahlen werden oft auf der Grundlage des unterschiedlichen Grades der Wahlbeteiligung der verschiedenen Wahlkreise entschieden. Aber es gilt auch für alle Demokratien der Welt. Die einzige Möglichkeit, Ungleichheiten im Wahlprozess selbst zu beseitigen, besteht darin, sich in jeder erdenklichen Weise daran zu beteiligen. Das Grundlegendste ist die Abgabe Ihrer Stimme.

Und auch eine viel stärkere Einbeziehung in das System ist notwendig. Aber hier ist es angebracht, den absolut notwendigen öffentlichen Dienst jener Menschen zu feiern, die daran arbeiten, dass unsere politischen Systeme dem Gemeinwohl dienen. Wir brauchen Beamte, die bereit sind, Verantwortung für unsere demokratischen Institutionen zu übernehmen, wie auch dafür, dass sie sich die Hände schmutzig machen, indem sie im Namen bestimmter Kandidaten und Parteien eine parteiische Politik betreiben. Unter ihnen sind viele vorbildliche Führungskräfte – aufrichtig, engagiert und kompetent. Die Tatsache, dass sie zu einer Zeit dienen, in der diese Institutionen unter Stress zusammenbrechen, schmälert ihre Beiträge nicht. Tatsächlich erhöht es nur ihre Bedeutung. Ein kompetenter Politiker zu sein, ist eine leistungsstarke athletische Kunstform, die oft in einem aufrichtigen Versuch betrieben wird, eine gute Regierungsführung zu erreichen. Wenn das Spiel schmutzig wird, wird das ‚Spielen um zu gewinnen' nicht immer schön sein. Aber das Bemühen, das

Staatsschiff weise zu steuern, ist eine edle und notwendige Funktion, von der wir alle abhängig sind. Politiker, selbst wenn sie sich die Hände schmutzig machen, versuchen manchmal auf sehr praktische Weise, einige der genauen Dinge zu erreichen, über die wir in diesem Buch sprechen.

Jeder Einzelne kann das System jedoch auf praktische Weise beeinflussen – etwa durch die Mitarbeit in Wahllokalen, die Teilnahme an einer Parteiorganisation, das eigene Kandidieren für ein Amt, die Unterzeichnung (oder Erstellung) von Petitionen, die Arbeit an lokalen oder staatlichen oder nationalen Kampagnen, die Arbeit innerhalb einer großen oder kleinen politischen Partei, durch das Spenden von Geld oder freiwillige Arbeit für gute Zwecke, das Erscheinen bei Versammlungen, um seine Anliegen zum Ausdruck zu bringen, und das Anrufen und Schreiben von lokalen Kongressteilnehmern, Senatoren sowie staatlichen und lokalen Mandatsträgern. Man kann auch Einfluss nehmen, indem man an einflussreichen zivilgesellschaftlichen Organisationen und Institutionen teilnimmt, oder indem man bloggt oder Briefe an den Herausgeber schreibt, oder einen Artikel oder ein Buch schreibt.

Ein engagierter Bürger, auch wenn er Vollzeit arbeitet, kann einen erheblichen Einfluss ausüben. Nach den US-Wahlen vom November 2016 klärte der *Indivisible Guide* (www.indivisibleguide.com/guide/) praktische Schritt-für-Schritt-Anleitungen und Ratschläge zur Verwendung der sehr praktischen Taktiken, die von der Tea Party erfolgreich eingesetzt wurden, um die amerikanische Politik in eine fortschrittlichere Richtung zu lenken. Elizabeth Warren plädiert dafür, dass die Bürger „jeden Tag eine Sache tun", um politische Veränderungen herbeizuführen. Was könnte das sein? Sie können Ihre Vertreter anrufen oder schreiben, in ihrem Büro oder Rathaus erscheinen, einen Brief an Ihre lokale Zeitung schreiben, ein paar mögliche Wähler anrufen, Geld spenden, versuchen, andere zu überzeugen, indem Sie etwas online veröffentlichen, oder, wenn Sie an diesem Tag wirklich beschäftigt sind, eine Online-Petition unterschreiben.

Aber viele moderne und postmoderne Bürger seufzen entweder frustriert oder rollen zynisch die Augen in Bezug auf diese Art von Aktivität. Tatsächlich ist die politische Teilnahme in Amerika seit Jahrzehnten rückläufig. Die Politik ist zu einem Spezialgebiet geworden, das von der kleinen Teilmenge „politischer" Menschen dominiert wird, die sich von der Sache und dem Kampf angezogen fühlen – was bei den meisten Menschen nicht der Fall ist. Für die meisten Bürger erscheint das direkte politische Engagement wie eine unangenehme, belastende, fremde Pflicht – und eine, der sie sich leicht unsichtbar und ohne Folgen entziehen können. Deshalb fordern progressive Politiker so oft ihre Anhänger auf, sich stärker in den politischen Prozess einzubringen – und das ist auch der Grund, warum so wenige antworten. Die Arbeit im System macht nicht immer viel Spaß. Aber es ist dennoch eine grundlegende Praxis der Bürgerverantwortung. Es ist eine sehr notwendige Praxis, wenn man die Realitäten, die wir hier betrachten, verstanden und beherzigt hat.

Journalisten sind eine spezielle Kategorie von In-dem-System-Aktivisten. Sie sind die Augen einer Kultur auf die Prozesse, mit denen Machtblöcke um Einfluss auf ihre Regierung und Ressourcen kämpfen. Es sind investigative Journalisten, die unser Land in entscheidenden historischen Momenten frei gehalten haben. Sie sind eine unverzichtbare zentrale Institution der Demokratie. Und einige von ihnen sind einflussreiche Geschichtenerzähler, öffentliche Intellektuelle, Kommentatoren und Historiker, die alle an den kulturellen Prozessen teilnehmen, mit denen wir versuchen, kollektive Entscheidungen zu treffen. Leider wurde der Internetjournalismus während des Wahlkampfes 2016 plötzlich von einem Schwarm von Bots (der technologischen Simulationen realer Menschen) überschwemmt, die dazu entwickelt wurden, gefälschte Nachrichten zu fördern, und bestehende Vorurteile und vorhersehbare neurologische Reaktionen zu bestärken. Sie nutzten die Glaubwürdigkeit der Wähler aus und untergruben die gesunde soziale Rolle einer freien Presse. Das ist kein Journalismus. Und sie verdient nicht den verfassungsmäßigen Schutz, der den Journalisten gewährt wird. Mit dieser riesigen Ausnahme sind jedoch die großen Journalisten von entscheidender Bedeutung für die Aktivisten des Systems. Sie sagen die Dinge, die unsere Aufmerksamkeit erregen, und sie informieren uns. Aber das Geschäft des legitimen Journalismus ist in Gefahr. Kreativer journalistischer Aktivismus ist in diesem katastrophalen Klima noch wichtiger geworden.

Diejenigen von uns mit moderner und postmoderner Kognition denken systemisch. Für uns sind die Perversionen und die Ineffizienz unseres derzeitigen Systems sehr groß. Spezielle Interessen spielten „das System", und der übergroße Einfluss von Geld auf die Politik hat die Absicht der Gründer unserer Nation in Frage gestellt. Was wir wirklich wollen, sind radikale Veränderungen – Dinge wie eine effektive Reform der Wahlkampffinanzierung, die Abschaffung des Wahlkollegs, die Abschaffung des Zwei-Parteien-Monopols, die Aufhebung der Unternehmenspersönlichkeit, die Anerkennung der Rechte von Nicht-Menschen, die Wiederherstellung von Pressestandards, die Aufdeckung gefälschter Nachrichten und vieles mehr. Aber alle realistischen Wege, um solche großen und grundlegenden Veränderungen zu erreichen, beginnen mit inkrementellen Veränderungen, die weit weniger sexy und inspirierend sind. Wir sind verwirrt.

Dies bringt zusätzliche Schlüsselfacetten unserer kritischen großen Fragen an die Oberfläche. Wir müssen nachdenken: Wie kann man den politischen Aktivismus im System so angehen, dass eine größere Anzahl von Menschen beginnt, ihn zu schätzen und sich daran zu beteiligen? Wie kann die Praxis des Aktivismus selbsttragend sein und Aktivisten nähren, anstatt uns zu erschöpfen? Wie können die Bürgerinnen und Bürger in der Zwischenzeit unsere bürgerschaftliche Verantwortung verstehen und annehmen und übernehmen (auch wenn sie immer noch schwerfällig erscheinen) und unsere nationale und internationale Politik *verändern*? Das sind Fragen, die wir untersuchen werden.

Um es wieder auf den Boden der Tatsachen zu bringen, schlage ich vor, dass wir den politischen Aktivismus im System als analog zum Zähneputzen betrachten. Man kann es heute und morgen überspringen, aber irgendwann wird es einem leid tun. Es ist eine unvermeidliche Dimension der ganzheitlichen Hygiene. Es ist natürlich unerlässlich, abzustimmen und die Verantwortung für ein kreativeres Engagement zu übernehmen. Was kann man tun? Alles, was oben beschrieben wurde, und mehr. Die Amerikaner tun gut daran, an unsere Freunde in anderen Ländern zu denken. Sie können bei den amerikanischen Wahlen nicht wählen oder Geld beitragen. Sind wir nicht mit ihnen in einer Bruderschaft verbunden? Sind wir es ihnen nicht schuldig, unverantwortliche Handlungen der überragenden Supermacht in einer Zeit, in der sich der ganze Planet in einer Krise befindet, abzulehnen oder zu verhindern?

Gegen-das-System

Nachhaltiger systemischer Wandel muss in Institutionen, Gesetzen, Richtlinien und Verfahren verankert werden. In-dem-System-Aktivismus ist daher das primäre Mittel, um nachhaltige Veränderungen zu bewirken. Aber auch das bestehende System muss geändert werden. Manchmal braucht es einen öffentlichen Druck, der außerhalb der bestehenden Institutionen wirkt und indirekt Druck ausübt.

Demonstrationen und Proteste erzeugen einen solchen Druck, indem sie die Anzahl der Bürger zeigen, die sich leidenschaftlich für Themen interessieren, die das System nicht in Angriff nehmen kann. Das hat die Welt gelegentlich verändert. Aber es kann mehr Rauch als Feuer sein, wie wir aus dem arabischen Frühling gelernt haben. Viele Demonstrationen haben kaum greifbare Ergebnisse gebracht, und es lohnt sich, aus diesen Erfahrungen zu lernen.

In den letzten Jahren haben wir die Occupy Wall Street Bewegung, Klimamärsche, Demonstrationen zur Unterstützung des Standing Rock-Stammes und gegen die Dakota Access Pipeline sowie die weit verbreiteten weltweiten Frauenmärsche nach dem Amtsantritt 2017 gesehen. Das alles sind Ausdrücke der Basis-Energie, deren Wirkung nachklingt. Einige haben unmittelbare Auswirkungen. Ich glaube, dass nach der Verfügung von Präsident Trump ersten „Reiseverbots" weniger Muslime radikalisiert wurden, als es der Fall gewesen wäre, wenn die Amerikaner nicht zu unseren Flughäfen geeilt wären, um denjenigen zu helfen, die das Verbot betroffen hatte. In einigen Fällen waren Demonstrationen inspirierende Beispiele dafür, spontane Verbindungen aufzubauen und die Regierung zu konfrontieren. Auch wenn die Wahrheit „verliert", wird sie zumindest ausgesprochen und gehört. In unserer entscheidenden generationellen Herausforderung ist es entscheidend, dass die Klimabewegung über politische Macht verfügt. Und Millionen von uns sind vorgetreten und haben ihre Stimmen zu denen von Al Gore, Paul Hawken, Bill McKibben, Joanna Macy, Vandana Shiva und so vielen anderen hinzugefügt.

Der Aktivismus gegen das System gibt Menschen, die als eine Art kulturelles „Immunsystem" fungieren, auch die Möglichkeit, sich als Subkultur zusammenzuschließen, um zu einem neuen globalen Stamm zu werden. Eine neue politische Bewegung scheint sich aus den Exzessen der Trump-Präsidentschaft abzuleiten. Protest ist nicht immer die wirksamste Form des Aktivismus, aber manchmal drängt er das System, transformative Ergebnisse zu erzielen, und er übt immer zumindest einen kleinen Einfluss aus.

Dennoch ist es an sich keine ausreichende Strategie. Ein Problem der Demonstrationen und Märsche ist, dass sie Personen mit unterschiedlichen Absichten anziehen können. Es ist unmöglich, die Teilnehmer von Märschen und Demonstrationen zu überprüfen, so dass sie nicht alle die gleiche bewusste Absicht mitbringen. Gewalttätige Anarchisten haben viele ansonsten friedliche Proteste zunichte gemacht. Demonstrationen und andere öffentliche Versammlungen schließen in der Regel Menschen in vielen Phasen des Wachstums und der Reife und Aufrichtigkeit ein.

Es gibt auch viele Möglichkeiten, wie Menschen durch lokale Aktionen Druck auf das System ausüben können – und sei es nur das Schwenken von Plakaten, um Beschwerden gegen Regierungsvertreter zu präsentieren. Aktivismus in lokalen Fragen kann sehr effektiv sein – zum Beispiel wenn es gegen den Bau eines Damms ist oder eines großen Geschäfts oder für erschwingliche Wohnungen. Und wenn eine Initiative scheitert, werden wahrscheinlich andere Ansätze für das Problem folgen (oft versierter und breiter unterstützt). Aktivisten haben auf Themen wie den Zugang zu gesunder Nahrung in Minderheitsgemeinden, Polizeibrutalität, Rassismus und Umweltgerechtigkeit aufmerksam gemacht. Politiker handeln in der Regel, wenn überhaupt, erst, nachdem Aktivisten die Grundlagen gelegt und die Wahrnehmung verändert haben.

Integrität ist ein zentraler evolutionärer Wert. Die Korruption nimmt als ein weltweit einheitliches Thema zu. Es ist ein Thema, das sowohl „im System" als auch „gegen das System" angegangen werden muss. Es wird in den kommenden Jahren wahrscheinlich das zentrale politische Thema auf internationaler Ebene sein – nicht nur in den Entwicklungsländern, sondern jetzt auch in den westlichen Demokratien. Es wird in den USA immer zentraler und sichtbarer als Reaktion auf die konsequente Missachtung mehrerer ethischer Normen durch Präsident Trump. Die Aufdeckung von Korruption ist zu einem wichtigen Thema der Oppositionspartei geworden. Aber überparteiliche Initiativen wie *Represent.Us* und ihr Vorschlag für ein Anti-Korruptionsgesetz sind entscheidend für eine wirklich nachhaltige Reform.

Die Polarisierung erschwert die Bekämpfung der Korruption. Sowohl die Absprachen zwischen denen, die von Korruption profitieren, als auch der kompromisslose Idealismus derjenigen, die sie ausnutzen, stellen in der Regel eine Barriere für eine wirksame rationale Gesetzgebung dar. Es ist kein parteipolitisches Problem. Einige 'Gegen das System'-Aktivisten (weitgehend unreife Postmoderne auf der linken Seite) weigern sich, überhaupt innerhalb des Systems zu arbeiten. Einige Personen lehnen jede Art von Korruption – einschließlich jeder Form der Teilnahme an einem korrupten System – ab. Auf diese Weise wird die Arbeit innerhalb des Systems (auch um es reaktionsschneller zu machen) automatisch mit der Verstärkung seiner Fehler gleichgesetzt. Sie behaupten, dass selbst die Wahl eines fehlerhaften Kandidaten gegenüber einem katastrophalen Kandidaten falsch ist.

Die Realität sieht ganz anders aus. Viele Unternehmen und Regierungen wurden von Aktivisten, die innerhalb des Systems arbeiten, verändert. *Sich zu weigern, innerhalb des Systems zu arbeiten, bedeutet, die Möglichkeit zu verleugnen, dass Einzelpersonen und Institutionen transformiert werden können.* Und doch neigen unausgereifte Radikale manchmal dazu, sich vorzustellen, dass nur sie die „wahren" Aktivisten sind. Eine viel umfassendere Sichtweise des Aktivismus ist in dieser Zeit notwendig.

Um das System herum

Integraler evolutionärer Aktivismus funktioniert am effektivsten, *wenn er das System umgeht.* Wenn Sie dabei helfen, Mädchen in der Dritten Welt zu unterrichten, ändern Sie nicht direkt die Politik oder die Umweltpolitik, sondern verändern ihre Zukunft. Wenn Sie sich auf eine neue Technologie einlassen, die das Potenzial hat, fossile Brennstoffe wettbewerbswidrig zu machen, tun Sie nichts, was innerhalb des Systems oder gegen das System zu wirken scheint. Wenn Sie eine neue Weltanschauung aufbauen und Menschen erziehen, indem Sie ihnen helfen, in höhere Zustände und Bewusstseinsstrukturen zu wachsen, wenden Sie sich zunächst nicht direkt an die Politik; aber im Laufe der Zeit hat Ihre Arbeit das Potenzial, das System tiefgreifend zu verändern. Sie umgehen das System, aber Sie können durchaus Dinge tun, die unsere Zukunft verändern könnten. Sie sind nicht weniger ein Aktivist, als wenn Sie protestieren oder Ihre Kongressabgeordnete besuchen.

Zu den Aktivitäten um das System herum gehören Mikrofinanzierungsunternehmen, viele Arten von Sozialunternehmertum, Aktivitäten zur Verbesserung des Lebens armer Menschen, die Schaffung neuer gesunder Währungen und die Entwicklung neuer Modelle, die Unternehmen helfen, effizienter und menschlicher zu funktionieren – um nur einige wenige Möglichkeiten zu nennen. Paul Hawken bezeichnete die Entwicklung von mehr als zwei Millionen NGOs auf der ganzen Welt als „die größte soziale Bewegung der gesamten Menschheitsgeschichte".[55]

Unsere planetare Krise bringt unzählige spontane Ausdrucksformen sozialer Fürsorge hervor. Dies ist ein organischer, führungsloser Prozess, der sich von unten nach oben statt von oben nach unten bewegt. In dem Maße, in dem es eine Bewegung ist, ist sie selbstorganisiert und führerlos. Hawken sah darin eine Verbindung zwischen drei großen Bewegungen: Initiativen für soziale Gerechtigkeit, Umweltaktivismus und indigenem Widerstand gegen die Globalisierung. Aber diese offen aktivistischen Bewegungen sind mit einem breiten Netzwerk anderer sozialunternehmerischer und philanthropischer Initiativen verbunden, die darauf abzielen, Nachhaltigkeit zu fördern, die Natur zu pflegen, die Kultur zu entwickeln und die menschliche Verfassung zu verbessern. Damit ist es noch größer und breiter als er es sich vorgestellt hat.

Ein kultureller Wandel gewinnt an Kraft, soziale Ideale verändern sich. Was noch „cooler" geworden ist als Reichtum und Prominenz, ist die Nutzung von Reichtum und Prominenz zum Wohle der Gesellschaft. Unsere Vorstellung des ultimativen Erfolgs hat sich von Bildern der Villen der Tycoons des Vergoldeten Zeitalters zu Bildern von Bill und Melinda Gates, Bono, Angelina Jolie und George Clooney entwickelt, die ihren Reichtum und ihre Berühmtheit nutzen, um den Armen weltweit zu helfen. Vor einigen Jahren eröffnete meine neunjährige Nachbarin Vivienne Harr einen Limonadenstand, um Freiheit für menschliche Sklaven zu erkaufen, und mit Unterstützung ihrer Eltern und sozialen Medien gründete sie eine Bewegung (zu der auch Limonaden- und Softwareunternehmen gehörten) und wurde berühmt. Sie drückt einen ganz neuen Zeitgeist aus. Diese Vorstellung, dass es cool ist, von Nutzen zu sein, verändert unsere Ideale, unsere Definition von Erfolg und unsere Ambitionen. Wir sehen dieselben Prinzipien in der evidenzbasierten und Venture-Philanthropie. Die Gates-Foundation ist nur die größte einer ganzen neuen Generation von gemeinnützigen Organisationen, die Talente aus der Geschäftswelt anziehen und die Macht von Daten und Messungen nutzen, um die Ergebnisse zu maximieren. Es wurde als ein hochrangiges Unternehmen kritisiert, das von Mitgliedern einer Elite geführt wird, die nicht mit dem Leiden in Berührung kommt, das sie lindern will; und sicherlich hat die neue Philanthropie mehr zu lernen und sich weiterzuentwickeln.

Aber diese Initiativen bringen bereits Kreativität und Entschlossenheit in die Bemühungen, etwas zu bewirken. Sie verbessern die Effizienz, erzielen in zahlreichen Bereichen messbare Ergebnisse, streben nach Skalierbarkeit und helfen den Entrechteten. Es ändert vielleicht noch nicht den Status Quo der Machtverhältnisse, aber es ist bereits eine wichtige Quelle für wichtige, systemische positive Auswirkungen.

Unzählige kreative Initiativen sind wegweisend für wirklich neue Ansätze zur Gestaltung des sozialen Wandels. Viele kleine gemeinnützige Organisationen arbeiten zusammen und schaffen vielfältige neue sozialunternehmerische Projekte. „B" (Benefiz)-Unternehmen wuchern, und Fachleute arbeiten pro bono, um Ziele des sozialen Wandels zu verwirklichen. Einige von ihnen arbeiten im Dienste tiefgreifender kreativer Ansätze zusammen, die auf einem wirklich neuen Denken basieren – hochwirksame systemische und metasystemische Interventionen in Kultur und Gesellschaft.

Diese Initiativen arbeiten daran, kostengünstige Quellen für sauberes Wasser und Strom für Menschen zu schaffen, die nicht über diese verfügen. Sie bilden Kinder in den Entwicklungsländern aus. Sie organisieren Nachbarschaftsverpflichtungen zur Reduzierung des Kohlenstoffverbrauchs in US-Städten. Sie finanzieren und ermöglichen es armen Menschen in der Dritten Welt, Unternehmer zu werden. Sie unterstützen nachhaltige Unternehmen in den Entwicklungsländern, die den Kohlenstoffverbrauch senken und statten gleichzeitig die Teilnehmer mit unternehmerischen Fähigkeiten aus. Sie entwerfen kreative Bildungsprogramme, die darauf abzielen, die Weltanschauungen zu verändern und schließlich das Paradigma zu verändern, aus dem die menschliche Kultur die Entscheidungen trifft, die ihre Zukunft bestimmen. Sie bauen öffentlich-private Partnerschaften auf, um die Forschung anzukurbeln und den Entwicklungszyklus einer neuen Generation wirklich nachhaltiger neuer Energiequellen und -technologien zu verkürzen.

Unterdessen haben organisatorische Veränderungsagenten begonnen, „Next-Stage-Organisationen", also gemeinnützige und gewinnorientierte Organisationen, zu ermöglichen, deren sozialer Zweck die Funktionsweise der Organisationen im Alltag verändert. Die Menschen erkennen, dass menschliche Organisationen lebendige Systeme sind und dass Menschen optimal funktionieren, wenn ihr Handeln, ihre Kreativität und ihr Bedürfnis nach Sinn einbezogen werden. So erforschen sie neue Prinzipien, Strukturen, Praktiken und Prozesse. Traditionelle Top-Down-Hierarchien weichen den Mitarbeitern, die sich auf der Grundlage von Peer-Beziehungen selbst verwalten. Diese Organisationen sehen sich selbst als mit ihrem eigenen Zweck und ihrem eigenen Orientierungssinn, der sich ständig weiterentwickelt.

DIE HOLISTISCHEN SYNERGIEN DES EVOLUTIONÄREN AKTIVISMUS

Das Spannendste an der Arbeit ‚um das System herum' ist, dass es nicht nur höhere Denkstrukturen nutzt, sondern erfordert; eine holistische systemische Denkweise, die potenzielle Synergien, Kohärenz und Inkohärenz sowie Potenziale für die Entstehung wahrnimmt.

Bereits jetzt koordinieren und bündeln die Change Agents ihre Anstrengungen immer effektiver. Zusammenarbeit erfolgt spontan. Einige Ansätze sind brillant durchdacht und strategisch. Mit ausreichenden formalen Vereinbarungen sind Menschen in der Lage, mehrere Ursachen für soziale Herausforderungen mit bemerkenswerten Ergebnissen anzugehen.

Die Sozialforscher John Kania und Mark Kramer haben fünf allgemeine Prinzipien zur Optimierung der „kollektiven Wirkung" definiert:

1. Alle Teilnehmer haben eine gemeinsame Agenda für den Wandel, einschließlich eines gemeinsamen Verständnisses des Problems und eines gemeinsamen Ansatzes zur Lösung des Problems durch vereinbarte Maßnahmen.

2. Die konsistente Erfassung von Daten und Messergebnissen von allen Teilnehmern gewährleistet eine gemeinsame Messung zur Abstimmung und Verantwortlichkeit.

3. Ein Aktionsplan, der die sich gegenseitig verstärkenden Aktivitäten für jeden Teilnehmer beschreibt und koordiniert.

4. Eine offene und kontinuierliche Kommunikation zwischen den vielen Beteiligten ist notwendig, um Vertrauen aufzubauen, gemeinsame Ziele zu erreichen und eine gemeinsame Motivation zu schaffen.

5. Eine Backbone-Organisation mit Personal und spezifischen Fähigkeiten, um die gesamte Initiative zu unterstützen und die teilnehmenden Organisationen und Agenturen zu koordinieren.[56]

Initiativen mit kollektiven Auswirkungen haben eine Vielzahl von Themen angesprochen, darunter Regenwaldschutz, Bildung, Gesundheit, Tierschutz, Obdachlosigkeit, Armutsbekämpfung sowie Jugend- und Gemeindeentwicklung. Sie wurden 2012 vom *White House Council for Community Solutions* offiziell anerkannt. Im Zusammenhang mit den Fragen, die wir hier stellen, ist es natürlich notwendig, dass unser gesamtes zivilisatorisches System tiefgreifend und grundlegend in ein System umgewandelt wird, das das Gedeihen von Menschen und Nichtmenschen unterstützt. Um unserer ganzheitlichen Situation gerecht zu werden, muss das Konzept der kollektiven Wirkung weiter ausgebaut werden. Und sie muss sich neuen Herausforderungen stellen. Top-down-Strategien für die sozialen Auswirkungen werden mit der Bottom-up-Intelligenz von *Communities of Practice* übereinstimmen. Einzelne Projekte können nur insoweit zusammenarbeiten, als sie kohärent und fokussiert bleiben, auch wenn sie miteinander verbunden und erweitert werden – um letztlich alles einzubeziehen.

Kollektive Auswirkungen können verschiedene Initiativen zusammenführen, die um, in und gegen das System herum arbeiten, und zwar im Namen der wichtigsten gemeinsamen Ergebnisse. Befürworter kollektiver Wirkung halten es in dieser Zeit für absolut notwendig, denn „es gibt keinen anderen Weg, wie die Gesellschaft große Fortschritte bei den dringenden und komplexen Problemen unserer Zeit erzielen kann, es sei denn, ein kollektiver Wirkungsansatz wird zur akzeptierten Geschäftsmethode".[57] All diese neuen Formen des Aktivismus drücken ein Erwachen auf einer neuen Denkebene aus. Sie reflektieren systemisches, manchmal sogar metasystemisches, holistisches und intuitives Denken. Sie drücken das Bewusstsein aus, dass wir in einer tief verwobenen Welt leben. Sie sollen allen – oder der gesamten Biosphäre – zugute kommen und nicht nur unserer eigenen Gruppe oder Spezies. Sie umgehen in der Regel die Konfrontation und begrenzen den kulturellen Widerstand gegen den sozialen Wandel. Sie helfen oft armen Menschen, indem sie viele der zugrundeliegenden Ursachen für ihr eigenes Elend und ihre eigene Armut lindern. Sie transzendieren oft das Paradigma von Gönner und Empfänger, arbeiten mit denen zusammen, denen sie helfen, und unterstützen alle Beteiligten, individuell und kollektiv zu wachsen und sich zu entwickeln.

Dieses sich entwickelnde Bewusstsein hält bereits Einzug in die aktivistische Kultur und verändert die ganze Welt des Aktivismus. Sie drückt einen steigenden Innovations- und Synthesestrom aus, der sich rasch ausbreitet. Und doch ist er nicht von irgendetwas getrennt. Es verändert die interne Kultur von Mainstream-Unternehmen sowie Wohltätigkeitsorganisationen und Aktivisten. Die gesamte gemeinnützige Welt verändert sich rasant und integriert Erkenntnisse aus Innovationen im privaten Sektor. Private Unternehmen entdecken ihren „evolutionären Zweck". Die Kultur des Aktivismus ist nicht nur vielfältig, sie ist auch kreuzbefruchtend, koevolutionär und sich schnellverändernd. Es wird immer integraler und evolutionärer.

Evolutionärer Aktivismus ist integral. Auf der einen Seite drückt er ein seriöses Engagement für den gesamten Systemwandel und das Entstehen einer lebenserhaltenden globalen Kultur aus. Auf der anderen Seite drückt er ein ernsthaftes Engagement dafür aus, die Art von Menschen zu werden, die eine lebenserhaltende globale Kultur schaffen und genießen können. Das bedeutet, sich gleichzeitig um den einzelnen Menschen und lokale Initiativen zu kümmern und sich mit ihm zu beschäftigen, *auch unter Berücksichtigung des metasystemischen Gesamtbildes*. Evolutionäre Aktivisten betrachten alle ihre Initiativen als sich kollektiv auf einen Gesamtsystemwechsel auswirkend. Wir konzentrieren uns auf den Preis einer lebenserhaltenden globalen Kultur. Wir bleiben menschlich, bescheiden und real, und wir wachsen weiter. Dann können wir auch die Synergien und Gemeinsamkeiten zwischen unseren Projekten erkennen, scheinbare Konflikte harmonisieren und eine größere Kohärenz pflegen.

VIER BEISPIELE FÜR INNOVATIVE INTEGRALE INITIATIVEN

Ich bin seit Jahren von einer Vielzahl von aufgeklärten integralen Projekten inspiriert, die um das System herum arbeiten, um sozialen und kulturellen Wandel zu schaffen. Diejenigen, die ich am besten kenne, sind innerhalb des integralen evolutionären kulturellen Ökosystems entstanden, wo solche Initiativen intensiv ausgebrütet werden. Sean Esbjörn-Hargens und *MetaIntegral* haben auf Ken Wilbers Pionierarbeit zur Etablierung eines interdisziplinären integralen Stipendiums und zur Finanzierung und Stärkung einer Vielzahl anderer Initiativen erweitert. Gail Hochachka und *Integral Without Borders* haben die integrale Theorie in internationale Entwicklungsprojekte in Lateinamerika und Afrika eingebracht. Barrett Brown hat Unternehmen auf fünf Kontinenten eine integrale Führungskräfteentwicklung ermöglicht. Und unzählige weitere Projekte und Projektnetzwerke leisten ihre einzigartigen kreativen Beiträge. Um dieses Credo zu verstehen, bedarf es eines tieferen Blicks, also lassen Sie uns einige Beispiele betrachten, mit denen ich vertraut bin. Hier erzähle ich die Umrisse von vier inspirierenden Initiativen, die von vier meiner persönlichen Freunde gegründet wurden.

Die Slocan Integral Forestry Cooperative

Mein Freund Stephan Martineau zog 1992 in das Slocan Valley, ein wunderschönes kanadisches Bergtal mit einer vielfältigen Gemeinschaft von etwa sechstausend Menschen. Die soziale Landschaft bestand aus Ureinwohnern Kanadas, einer konservativen Fraktion aus Holzfällern, Bergleuten und Bauern, einer hochkonzentrierten und lautstarken grünen Gemeinschaft, einer multireligiösen Gemeinschaft, zwei international anerkannten Umweltorganisationen, einer starken Künstlergemeinschaft und dem multinationalen Forstunternehmen, das Rechte zum Holzschneiden besaß und der Hauptarbeitgeber des Tals war.

Die bewaldete Wasserscheide um den unberührten Slocan River und See (nordwestlich der Stadt Nelson in der West Kootenay Region im Südosten von British Columbia) befand sich zu 95 Prozent im Staatsbesitz, und die Bewohner hatten durch jahrzehntelange Kontroversen und Konflikte über Forstpraktiken und Wasserqualität das Vertrauen ineinander verloren. Immer mehr Forstarbeiter verloren ihren Arbeitsplatz, während die Abholzung aufgrund der Mechanisierung im gleichen Tempo fortschritt. Bis Anfang der 2000er Jahre wurden mehr als 120 Einheimische bei Protesten verhaftet. Die Provinzregierung hatte neun Initiativen zur Lösung dieser Konflikte über fünfunddreißig Jahre hinweg mit einem Kostenaufwand von Hunderttausenden von Dollar gefördert – alles ohne Erfolg. Im Herbst 2003 kündigte die Provinzregierung ihre Absicht an, den lokalen Gemeinschaften Waldrechte anzubieten. Martineau erkannte, dass dies nach dreißig Jahren gescheiterter Versuche eine Gelegenheit war, mit einem integralen Ansatz neu zu beginnen. Wenn das Slocan Valley ein erfolgreiches Angebot für einen gemeinschaftlichen Waldbesitz abgeben würde, müssten alle Seiten des anhaltenden Konflikts zusammenkommen, um sich auf eine gemeinsame Vision zu einigen. Sie müssten das historische Muster ändern und das Misstrauen durch eine neue Richtung ersetzen, die allen Mitgliedern der Gemeinschaft zugute käme.

Martineau war motiviert, die vielen Erkenntnisse aus der Vergangenheit zu nutzen und alle Akteure zu berücksichtigen. Wäre es möglich, dass die Gewerkschaft, das Holzfällerunternehmen, Freizeitbegeisterte, die Ureinwohner, Umweltorganisationen und die Bewohner unter einer Vision zusammenkommen können? In seinen vielen Gesprächen mit den verschiedenen Fraktionen der Gemeinschaft wurden die folgenden Leitprinzipien eines integralen Ansatzes zur Gemeinschaftsmediation formuliert:

1. Die Bewohner verfügen über Perspektiven und Wertesysteme in Bezug auf den sie umgebenden Wald.

2. Diese Perspektiven und Wertesysteme werden von einer Mischung aus sozialen, wirtschaftlichen, wissenschaftlichen, spirituellen, psychologischen, kulturellen, politischen, historischen und institutionellen Aspekten geleitet und beeinflusst.

3. Alle diese Perspektiven sind wertvoll und sachdienlich und müssen daher bei der Lösungsfindung berücksichtigt werden, die für alle funktionieren.

4. Durch die Einbeziehung und Weiterentwicklung dieser Perspektiven werden die gefundenen Lösungen vollständiger und tragfähiger sein, wenn es darum geht, wie die Gemeinschaft und der Wald zusammenwirken können.

Martineau fand viele Verbündete, die mit ihm diese Vision in die Tat umsetzten und begann, die verschiedenen Interessengruppen, zwei oder drei Personen auf einmal, anzusprechen. Die Absicht war, dass jeder am Ende jedes Treffens einen Wert im Projekt erkennen würde, sich von ihm nicht bedroht fühlen würde und sich für das, was er beigetragen hatte und in Zukunft beitragen könnte, geschätzt fühlen würde.

Insbesondere wandte sich Martineau an Menschen, die Schlüsselqualitäten wie Integrität, Zuhörfähigkeit, Flexibilität, Lernbereitschaft und eine aufrichtige Fürsorge für die größere

Gemeinschaft hatten. Diese Individuen waren offen für mehrere Perspektiven, konnten sich einfühlen und Unparteilichkeit praktizieren. Sie waren wirklich daran interessiert, die Erkenntnisse, Werte, Weltanschauungen und Kenntnisse anderer zu verstehen. Sie wurden von ihrem Wahlkreis respektiert und konnten ihnen eine Stimme der Vernunft und Ermutigung erweisen. Durch ihre Beteiligung wurden Elemente aus jeder Subkultur, die in eine einzige übergreifende Richtung einbezogen werden mussten, geklärt.

Schließlich einigten sich Holzfäller, Stadtverwaltungen, Umweltaktivisten, das Ministerium für Wald und Naturschutz, eine Vielzahl von Anwohnern und drei ansässige Verbände auf Leitsätze, Führungsrichtlinien, Organisationsstrukturen und einen Plan für die Gewinnausschüttung. Dieses bahnbrechende Projekt erhielt mehr als siebzig Unterstützungsschreiben von lokalen Regierungen, Unternehmen, Gemeindeorganisationen und Einzelpersonen aus dem gesamten Spektrum der Werte und Perspektiven. Durch zahlreiche Verhandlungen wurde die ursprünglich angebotene Fläche verdoppelt, und ein komplexer, mehrjähriger Prozess führte zu einer Vereinbarung, dass die *Slocan Valley Integral Forestry Cooperative* (SIFCo) 35.000 Hektar verwalten würde. Nachdem ihre vorläufigen und endgültigen Gemeinschaftsvereinbarungen und ihr Forstverwaltungsplan genehmigt wurden, unterzeichnete SIFCo schließlich 2011 ein fünfundzwanzigjähriges Community Forest Agreement (CFA) mit der Provinz British Columbia.

Heute beschäftigt SIFCo zwölf bis fünfzehn Mitarbeiter und erwirtschaftet jedes Jahr mehr als eine Million Dollar Umsatz. Sie definiert die integrale Forstwirtschaft als Forstpraktiken, die zunächst die ökologischen Grenzen für die menschliche Nutzung eines bestimmten Landbereichs festlegen und dann angesichts dieser Grenzen Managementstrategien anwenden, die ein funktionierendes Ökosystem im Laufe der Zeit erhalten. Zweitens betrachten integrale Managementstrategien den Menschen als Teil des Ökosystems und zielen darauf ab, die sozialen Bedingungen wie lokale Beschäftigungsniveaus, Gemeinschaftsstabilität, lokale wirtschaftliche Möglichkeiten, Gemeinschaftssicherheit, Brandschutz sowie Respekt und Verständnis unter den Bewohnern zu verbessern. Darüber hinaus setzt sich der Vorstand offiziell für die oben genannten Grundsätze der integralen Gemeinschaftsmediation ein.

Die Absichtserklärung von SIFCo priorisiert ausdrücklich Ökologie, Ökonomie und Sozialleistungen. „Unser Hauptziel ist es, als Modell der integralen Forstwirtschaft zu dienen, indem wir Waldflächen ökologisch und sozial verantwortlich, wirtschaftlich nachhaltig und mit allen Annehmlichkeiten eines funktionierenden Ökosystems bewirtschaften", erklärt Martineau. Zu den ökologischen Faktoren gehören Bodenschutz, biologische Vielfalt, Wiederherstellung des Ökosystems, Verbesserung der Tierwelt, proaktives Waldmanagement angesichts des Klimawandels, Wasserqualität sowie die Auswirkungen des Klimawandels auf die Verteilung der Arten. Im vergangenen Jahr veröffentlichte SIFCo einen facettenreichen Plan zum Schutz vor Waldbränden für das Slocan Valley, der auf einem innovativen Ansatz für die Landschaftsebene basiert – dem ersten seiner Art in der gesamten Provinz –, um die zunehmende Intensität von Waldbränden aufgrund des Klimawandels zu mildern. Zu den wirtschaftlichen Faktoren gehören eine breite Palette von Waldprodukten, Spezialitätenhölzern, langfristig nachhaltige Erträge, die Stärkung der wirtschaftlichen Vielfalt der Gemeinschaft, lokale Beschäftigung und Umschulung, Nichtholz-Waldprodukte und die Sicherung der Gewinne in der Gemeinschaft. Zu den sozialen Faktoren gehören eine umfassende, kontinuierliche und transparente Beteiligung der Öffentlichkeit, Jugendausbildungsprogramme, die Minimierung der visuellen Auswirkungen von Ernte und Straßenbau zum Nutzen der wachsenden Tourismusbranche und der Schutz des Kulturerbes der Ureinwohner.

Martineau hatte festgestellt, dass eine der wichtigsten Lektionen, die er aus diesem Prozess gelernt hat, darin besteht, dass wirklich integrale Lösungen sich vom abstrakten Idealismus lösen müssen, um die beteiligten Personen dort zu treffen, wo sie sich gerade befinden. Dann kann ein Schritt nach dem anderen getan werden, nicht um eine idealistische Reinheit zu erreichen, sondern mit Mechanismen, die es den Systemen ermöglichen, sich mit der Zeit weiterzuentwickeln. Wenn es zum Beispiel darum geht, den Holzverbrauch im Bauwesen um 70 Prozent zu senken, ist es besser, eine Reduzierung von 20 Prozent zu erreichen, als für 70 Prozent durchzuhalten und nichts zu bekommen, vor allem, wenn es Mittel für 20 Prozent gibt, um 30 Prozent und dann 40 Prozent zu erreichen. Er ist überzeugt, dass integrale Mediation und Ökologie entscheidende Erkenntnisse und Werkzeuge für die Umsetzung von Lösungen bieten, die auf unsere planetarische Krise lokal und global zu reagieren.

Taxi Excel

Mitte der 2000er Jahre wurde Grant Hunter durch das transformatorische Potenzial von Sozialunternehmen inspiriert, Menschen aus der Armut in den Entwicklungsländern zu befreien. Im Jahr 2007 reiste er zu Forschungszwecken nach Lima, Peru, nachdem er zwei Erfolgskriterien definiert hatte: Die einzelnen Kleinunternehmen mussten profitabel genug sein, um das für die Gründung erforderliche Darlehen innerhalb von fünf Jahren zurückzuzahlen. Und sie mussten in der Lage sein, den Unternehmer zumindest in die unteren Sprossen des Mittelstandes zu heben. Hunter war begeistert, was mit dem Franchise-Modell mit seinen entwickelten Weltstandards und seiner kontinuierlichen Unterstützung erreicht werden konnte.

Nach etwa einem Jahr gründete Hunter *Taxi Excel,* eine Taxiflotte in Lima mit verschiedenen Wettbewerbsvorteilen. Er identifizierte eine höhere Mission, Unternehmensidentität, Markenbildung und Positionierung. Die Mission des Unternehmens war „grün", indem es die Möglichkeit nutzte, gas- und dieselbetriebene Fahrzeuge durch umweltfreundlichere mit komprimiertem Erdgas zu ersetzen. Taxi Excel identifizierte erschwingliche „bessere" Fahrzeuge, Uniformen, Standards für Fahrzeugsauberkeit, Servicequalität und Fahrerverhalten. Dann wurden diese bewährten Praktiken und Standardmittel zur Lehre und Durchsetzung systematisiert.

Das Unternehmen hat das Franchisesystem für die einzelnen Franchisenehmer unter Berücksichtigung der Besonderheiten der integralen Philosophie konzipiert – sowohl der sogenannten „Exterieure" und „Interieurs" der Franchisenehmer als auch der Kultur, die die einkommensschwachen Entwicklungsländer durchdringt. Taxi Excel lieferte einen Weg aus der informellen Ökonomie der Limaer Taxifahrerkultur (die sich in einer mörderischen, survival-of-the-fittest, wilder-Westen-Mentalität widerspiegelte), durch die sie in die formale Ökonomie übergehen konnten (mit Regeln, Vorschriften, Gesetzen und Eigentumsrechten).

Mit den höheren Qualitätsstandards und einem besseren Kundenservice könnten sie höher zahlende Firmenkunden bedienen. Taxifahrer wurden in den Bereichen Basisenglisch, Kundenservice und grundlegende Fahrzeugwartung geschult. Sie boten den Fahrern auch die Finanzierung für den Kauf eigener umweltfreundlicher Fahrzeuge an. Dadurch könnten sie ihren Lebensstandard erhöhen, Kapital ansammeln, während sie ihre eigenen Taxis bezahlen, und beginnen, die modernen Werte und Standards harter Arbeit, individueller Verantwortung, Exzellenz und wirtschaftlicher Eigenständigkeit durch Kleinunternehmen zu verinnerlichen.

Gleichzeitig wandte sich Hunter an sozial orientierte Investoren in den Vereinigten Staaten und Europa, Menschen im gesamten linken/rechten politischen Spektrum. Sie alle fanden Dinge, die sie im Microfranchising mochten. Die eher Linken schätzten, dass es benachteiligte Menschen aus der Armut befreien könnte und dass es umweltfreundlich sei. Die eher Rechten mochten den Fokus auf Eigenverantwortung, harter Arbeit und freiem Unternehmertum. Er konnte Marktzinsenrenditen im Rahmen von dreißigjährigen Börsendurchschnitten (~10 Prozent) anbieten, die gegen einen versicherten Vermögenswert (das Taxi) gesichert sind. Und all dies wurde erreicht, indem man einem Menschen half, seine Familie auf nachhaltige Weise aus der Armut zu befreien.

Taxi Excel erfüllte letztlich alle wichtigen Kriterien. Es erreichte den Gewinnschwellenwert und zahlte seinen Investoren wettbewerbsfähige Renditen, während die Autos ausgezahlt wurden. Viele ihrer Fahrer sind aus der Armut herausgekommen und haben sich persönlich entwickelt. Das Unternehmen konnte jedoch nicht genügend Expansionskapital für eine Vergrößerung beschaffen, und in seinem kleinen Umfang war es nicht profitabel genug, um für den Franchisegeber nachhaltig zu sein. So wurde sie nach vier Jahren Betriebszeit geschlossen, jedoch nicht bevor sie eine mehrdimensionale Integration von Zweck und Gewinn erfolgreich demonstriert hatte. Es wurden Bedenken hinsichtlich sozialer Gerechtigkeit und Umweltnutzen ausgeräumt und gleichzeitig eine finanzielle Rendite erzielt – Erfolge in allen drei wichtigen Bereichen bei sozialbewussten Investoren.

Dieses Beispiel ist bemerkenswert, da die Eigentümerschaft auf die Ebene der verarmten Individuen angewendet wurde und der soziale Nutzen mit dem Geschäftsmodell verwoben ist. Das Werden eines Geschäftsinhabers erfordert und produziert erhöhte Selbstwirksamkeit, Verantwortung und persönliche Befähigung. Die Franchisenehmer lernen, ihr eigenes finanzielles Schicksal zu kontrollieren (meist zum ersten Mal). Diese wird direkt in den wirtschaftlichen Erfolg des Franchisenehmers und des Franchisegebers integriert. Diese Art von „Mikro-Franchising" ist wirklich integral und holistisch, denn sein sozialer Nutzen ist der unternehmerische Erfolg.

Keystone bei Xochimilco

Mein Freund Juan Pablo Rico und sein Partner, Arturo Farias, gründeten Keystone, eine private Investmentgesellschaft in Mexiko-Stadt, um holistische und metasystemische Prinzipien auf komplexe Ökosystemprobleme anzuwenden. Sie sehen Geschäftsmöglichkeiten in den unterschiedlichen Werten, die von besseren Lösungen bis hin zu Herausforderungen wie Verkehr, Wasser, Luftverschmutzung, Landwirtschaft und Stadtentwicklung reichen können.

Im Jahr 2016 wurden sie von der Regierung von Mexiko-Stadt beauftragt, ein Verfahren zur Regeneration von Xochimilco zu entwickeln, den Überresten des ursprünglichen Feuchtgebietssees, auf dem Mexiko-Stadt vor fast siebenhundert Jahren von den Azteken gegründet wurde. Xochimilco ist die Quelle der Symbole und Mythen der mexikanischen Kultur: ein UNESCO-Weltkulturerbe und ein 14.000 Hektar großes Chinampa-Gebiet (Wetlands Agriculture) am südlichen Ende der Stadt. Die Xochimilco-Feuchtgebiete werden seit fast zwei Jahrtausenden bewirtschaftet, obwohl sie eine enorme biologische Vielfalt begünstigten. Chinampa-Agrarsysteme wie Xochimilco sind vielleicht die produktivsten und nachhaltigsten aller menschlichen Formen der Landwirtschaft.

Seit einigen Jahren liegt Xochimilco jedoch im Sterben. Sein Wasser wurde in die Stadt umgeleitet und mit gereinigtem Abwasser wieder aufgefüllt, so dass es das Ökosystem und die Landwirtschaft nicht mehr wie früher unterstützt. Vier Prozent der Fläche wurden jedes Jahr in Wohnraum umgewandelt, eine Rate, die dazu führen würde, dass sie in einem Jahrzehnt verschwindet. Es war einst ein touristisches Ziel, aber nur ein schrumpfender Strom von Touristen erinnert sich vage an den Ort, der einst als Mexikos „schwimmende Gärten" bekannt war.

In ihrer Arbeit für die Regierung von Mexiko-Stadt analysierten Rico und Farias die Situation auf ganzheitliche Weise und identifizierten wichtige Interventionspunkte, an denen kleine Interventionen große Ergebnisse erzielen konnten. Sie validierten ihre Analysen mit Top-Experten und Regierungsvertretern – an sich schon eine große Leistung. Dies war das erste Mal, dass sich so viele Experten in einem halben Jahrhundert der Bemühungen zur Rettung von Xochimilco so sehr einig waren.

Sie identifizierten vier wichtige Hebelpunkte: Wasserqualität, Landwirtschaft und damit verbundene Unternehmen, nachhaltigen Tourismus und Wohnungsbau. Überraschenderweise fanden sie heraus, dass die Stadtverwaltung, obwohl sie über talentierte Menschen und gute Absichten verfügte, nicht in der Lage war, das Problem zu lösen. Regierungen lösen Probleme naturgemäß, indem sie zusätzliche Kontrollmechanismen hinzufügen. Aber das Hinzufügen von Steuerungsebenen zu einem komplexen System reduziert die Kreativität und Effizienz. Solche Ansätze verschlimmern die Situation und machen sie schnell unüberschaubar. Und genau dort befand sich Xochimilco.

Rico und Farias gingen das Problem anders an, weil sie erkannten, dass Xochimilco, wie die meisten ökologischen Phänomene, ein komplexes System ist. Komplexe Systeme können nicht kontrolliert oder verwaltet werden, auch nicht mit ausgeklügelten, komplizierten Ansätzen. Sie können sich jedoch von Anreizen leiten lassen.

Daher schlugen sie zwei breite Ansätze vor, sowohl öffentliche als auch private. Die Regierung kann Vorschriften erlassen, öffentliche Unterstützung generieren und kontinuierliches Lernen fördern. Eine private Initiative, die durch staatliche Maßnahmen unterstützt wird, kann Kapital für Projekte bereitstellen, die auf die Regeneration von Xochimilco ausgerichtet sind. Durch die Festlegung neuer Regeln für eine Reihe neuer Unternehmen konnten sie bedeutende Investitionen für die Landwirtschaft gewinnen. Mit einem Investitionsfonds für die Landwirtschaft haben sie dazu beigetragen, ein Konsortium für den Betrieb eines groß angelegten nachhaltigen Tourismus zu schaffen, von dem sie erwarten, dass es die Konzession für den 250 Hektar großen Park übernimmt. Dort hoffen sie, das lokale Ökosystem zu regenerieren und beherbergen die landwirtschaftlichen Pilotprojekte, die wertschöpfenden Betriebe und die Tourismusbranche.

Auch wenn sich dieses Projekt noch in der Anfangsphase befindet, bestätigen ihre Fortschritte ihre Methode und Prinzipien. Drei entscheidende wichtige Errungenschaften fielen zusammen: Experten, die sich auf den weiteren Weg für Xochimilco einigen konnten; die Stadtverwaltung, die lokale Bevölkerung und die Investoren, die alle auf einen einzigen Plan ausgerichtet waren; und umfangreiche private Mittel für die Entwicklung von Landwirtschaft und Tourismus.

Ihr Firmenname „Keystone" bezieht sich auf „Schlüsselspezies" – Tiere, die den Reichtum und die ökologische Vielfalt der Ökosysteme, in denen sie leben, erhöhen. Beispiele dafür sind Wölfe, Bienen, Seeotter und Elefanten. Sie entwickelten eine originelle

Methodik, um komplexe Ökosystemprobleme anzugehen, indem sie eine neue Karte der systemischen Wurzelprobleme und Wurzellösungen verwendeten. Sie erwarten, dass sich Xochimilco regeneriert und ein sichtbares Beispiel dafür ist, dass der Mensch in den kommenden zehn Jahren als Schlüsselspezies fungiert.

Cosmos Co-op

Mein langjähriger Freund und Mitarbeiter Marco Morelli hat kürzlich mit anderen ein Projekt konzipiert, um den *Szenius* (den kollektiven Genius, der aus hochkreativen Szenen hervorgeht) zu fördern, der von Natur aus zu neuen Arten des Denkens und der künstlerischen Kreativität, kulturellen Experimenten, Gemeinschaften und Projekten führt.

Es ist eine Gemeinschaft, sagt er, von „Schriftstellern, Künstlern, Programmierern, Designern, Philosophen und anderen Menschen, die leidenschaftlich daran interessiert sind, die Tiefen und Potentiale unserer gemeinsamen Realität zu erforschen und sich zusammenzuschließen, um Werke kollektiven Genies zu schaffen". Sie arbeiten online und wollen ein reiches Innovationsferment in Kunst, Literatur und Kultur hervorbringen, das sie als Cosmos Co-op bezeichnet haben.

Dieses Projekt, das unseren katastrophalen Moment und die Natur des exponentiellen Wandels anerkennt, handelt von der Notwendigkeit der Revolution in Bewusstsein und Kultur, die ich in diesem Buch fordere. Es beabsichtigt, es auf unzählige Arten zu ermöglichen, die authentische Beziehungen und Kommunikation aus der Kommerzialisierung und Verbilligung des „Feuers, das in jedem von uns brennt" zurückgewinnen und so originelles Denken, kreative Zusammenarbeit, ehrlichen Dialog und andere „zutiefst befriedigende Erfahrungen" zu fördern. Sie wollen sich auf eine Weise engagieren, die eine ganze Familie neuer Geschichten darüber hervorbringt „wer wir sind, was möglich ist und was wir hier tun sollen".

Cosmos Co-op hat bereits eine vernetzte Reihe von Websites ins Leben gerufen: eine Online-Zeitschrift, *Metapsychosis*; ein soziales

Netzwerk, *Infinite Conversations* und ein gleichnamiges Podcast-Netzwerk; ein Verlag, *Untimely Books* und ein Netzwerk von Buchclubs, Studienkreisen und Community-Events namens *Readers Underground*. Es sieht mehr vor: einen Marktplatz, eine interne Währung zur Unterstützung der Lebensgrundlagen der Mitglieder und sogar ein System für kollektive Governance.

Es hat bescheiden begonnen, ohne viel Geld, aber mit einer kühnen Vision. Morelli und die anderen Teilnehmer an diesem Experiment gehen verletzlich, mutig, zärtlich und poetisch miteinander um – und natürlich manchmal unbeholfen. Sie teilen Kunst, Literatur und Ideen wie auch ihre nackten Reaktionen darauf. Sie finden ihren Weg direkt, nicht in den bekannten Diskursen der intellektuellen Eliten (wie auf den Seiten des New Yorker). Sie haben einen Raum geschaffen, in dem sie mit dem sprechen können, was sie bewegt und Gedanken denken, die sich bekannten Mustern entziehen. Es ist ein Ort zum Berühren und Berührt-werden, ein Ort, an dem sie neue Dinge ausprobieren können, ohne Angst vor Experimenten, die scheitern könnten.

Diese Initiative unterscheidet sich in mehrfacher Hinsicht von den anderen, die ich hier erwähnt habe. Ihre Absicht ist intim und kulturell, während die anderen auf soziale und ökologische Auswirkungen ausgerichtet sind. Das später angesprochene *Dark Mountain Project* ist ein weiteres Beispiel für diesen Übergang von einem sozialen zu einem kulturellen Schwerpunkt – ein Thema, das es wert ist, betrachtet zu werden.

Obwohl ihr Geschäftsmodell noch unerprobt ist, leistet die Cosmos Co-op Pionierarbeit für eine Kontaktqualität zwischen den Teilnehmern, die bereits etwas entwaffnend Schönes gezeigt hat. Es verkörpert die holistische, metasystemische Kreativität, die alle Initiativen charakterisiert, die ich hier vorgestellt habe. Sie stellt Fragen nach der Zukunft der Kultur direkt – *indem sie Kultur ist, Kultur macht und menschlich handelt.*

Aber es nimmt nicht an, zu endgültigen Antworten auf die Fragen zu kommen, die es stellt: Wie können wir der Herausforderung unserer wilden Zeit begegnen, außer im Gespräch miteinander? Wie können wir außerhalb der Grenzen unserer vertrauten Medien und Diskurse begreifen, damit etwas Schönes, Wahres und wirklich Neues geschehen kann? Wie können wir eine ganze Welle authentischer kreativer Begegnungen und Experimente in der Art und Weise fördern, wie wir sprechen, zuhören und miteinander umgehen? Stattdessen schafft es ein Ökosystem von Räumen, in denen viele Menschen, Ideen und Experimente interagieren können, in dem sich immer bessere Antworten auf diese Fragen entwickeln können.

Ich verweise auf dieses noch junge Projekt, weil ich so viel Respekt vor Marcos Brillanz, Talent und Mut habe und weil ich begeistert bin, dass er andere originelle Denker, Künstler und mutige, gewöhnliche Seelen angezogen hat und mit ihnen besser interagiert. Ich vertraue auch darauf, dass die in diesem Prozess gewonnenen Erkenntnisse unvorhersehbare Früchte tragen werden. Eine leidenschaftliche, ganzheitliche, metasystemische Kreativität ist in die Strukturen der Cosmos Co–op eingebettet. Morelli und seine Kollegen versuchen, mit „Offenheit, Ethik und Mitgefühl als Voraussetzung für unsere Lebensfreude" zusammenzuarbeiten. Dabei experimentieren sie gleichzeitig an den sich entwickelnden Grenzen von Zusammenarbeit, Kunst und Kultur.

EVOLUTIONÄRER AKTIVISMUS UND LEADERSHIP

Auf welcher Ebene wir auch immer Lösungen erarbeiten – lokal oder global, auch mit metasystemischen Ansätzen wie den oben genannten – interagieren wir mit Regierungen und Politik. Aus diesem Grund kann der Aktivismus, der um das System herum arbeitet, kein Ersatz für politische Lösungen im System sein. Unsere globale Zwangslage muss politisch angegangen werden; und sie fordert eindeutig Lösungen, die eine höhere Intelligenzordnung zum Ausdruck bringen als die unseres aktuellen öffentlichen Diskurses. Wenn wir die Ebene unseres Diskurses mit unseren sogenannten „Feinden" anheben und verbessern könnten, so dass wir eine gemeinsame Basis finden könnten, um unsere gemeinsamen Herausforderungen anzugehen, würde es wie ein wundersamer Fortschritt gegenüber unserer gegenwärtigen Situation erscheinen (in der sich die beiden großen politischen Parteien in den USA in eine fast vollständig feindliche Beziehung entwickelt haben). Bei der Vorstellung neuer Ansätze können wir uns von Helden der Vergangenheit inspirieren lassen. Indem er die Interessen aller Seiten anerkannte und niemanden verteufelte, war Gandhi in der Lage, einen Dialog dort zu initiieren, wo es keinen gab – und ihn bis hin zur Schaffung von Vereinbarungen auszuweiten, wo sie nicht für möglich gehalten wurden.

Das bedeutet nicht, dass wir die Position vertreten, dass alle Seiten über die gleiche Legitimation verfügen. Manchmal ist es notwendig, Vorwände zu beseitigen und unaufrichtige Gedanken, Reden und Handlungen zu enthüllen, um zu zeigen, dass der Kaiser keine Kleidung trägt. In der Tat sollten wir in viel größerem Maße als je zuvor Doppelzüngigkeit, Ausflüchte, Leugnung beweisbarer Tatsachen oder unverblümte Lügen von jemandem, insbesondere von Politikern, nicht tolerieren. Aber das ist nicht dasselbe wie Dämonisierung. Dämonisieren bedeutet, eine unüberwindliche Gut-gegen-Böse-Polarität zu erzeugen und andere in einer ad hominem Weise anzugreifen, anstatt sich mit dem Inhalt der Meinungsverschiedenheiten zu befassen. Stattdessen müssen wir, wie Gandhi und Martin Luther King, gleiche Anforderungen an alle stellen, um die Standards von Integrität, Exzellenz, Reife, Höflichkeit, Toleranz und Mitgefühl einzuhalten. Und an unsere eigene Moral zu halten ist letztendlich eine erfolgreiche Strategie.

Die Menschheit wird aufgefordert, in eine neue Art des Erwachsenseins zu wachsen, wie in „Humanity Is Growing Up", einer von Duane Elgins primären „Great Transition Stories". Wir sind aufgefordert, in ein neues menschliches Erwachsensein hineinzuwachsen. Das bedeutet, dass unsere bekannten Formen der Reife nicht ausreichen werden. Unsere bösen Probleme erfordern Lösungen, die nur aus einer ganz neuen Bewusstseinsstruktur, aus der „Einfachheit auf der anderen Seite der Komplexität" entstehen können.

Wichtige Hinweise auf die Natur einer solchen Intelligenz finden sich im Diskurs zwischen integralen und evolutionären Denkern. Eine Vorstellung, die sowohl für das evolutionäre als auch für das integrale Denken zentral ist, ist, *dass sich Bewusstsein und Kultur immer in verschiedenen Entwicklungsstadien befinden.* Jede Entwicklungsphase ist ein kohärentes, generationenübergreifendes Bündel von Vereinbarungen und Einstellungen sowie Kapazitäten und Austauschmöglichkeiten, die harmonisch zusammenhängen. Jede dieser „Weltanschauungen" ist dynamisch und reagiert auf Herausforderungen sowohl auf gesunde als auch auf ungesunde Weise. Gesunde Antworten auf Herausforderungen entwickeln ein neues Bewusstsein und neue Fähigkeiten. Diese neuen Fähigkeiten fügen sich schließlich in einer ganz neuen höheren Struktur zusammen – einer neuen „Stufe" des Bewusstseins und der Kultur. Es ist wertvoll, auf die nächste Stufe zu gehen, weil es besser in der Lage ist, die aktuellen Herausforderungen zu bewältigen. Es hat selektive Vorteile; es kann auf Situationen mit immer nuancierterer Komplexität, Bewusstsein und Kooperation reagieren.

INTEGRALE POLITIK

Überall in Kultur und Politik entwickeln sich integrale Sensibilitäten. Und es entstehen bedeutende Initiativen sowohl auf der rechten als auch (vor allem) auf der linken Seite. Auf den folgenden Seiten werde ich mich jedoch auf explizit „integrale" politische Aktivisten und Theoretiker beschränken, die sich als „Agenten der kulturellen Evolution" verstehen. Sie – oder, wie ich sagen möchte, *wir* – waren an der öffentlichen Bildung und dem Aufbau von Gemeinschaften und der ursprünglichen Wissenschaft beteiligt, haben eine integrale evolutionäre Weltanschauung aufgebaut und die Grundlage für eine integrale Politik geschaffen, indem wir erkannt haben, wie wichtig es ist, Reife in der kollektiven Entscheidungsfindung zu erreichen. Es handelt sich um eine vielschichtige Initiative, die sich mit allen wichtigen kulturellen Herausforderungen befasst, mit denen wir konfrontiert sind, einschließlich Parteilichkeit, Nationalismus, Globalismus und unserem Verhältnis zu unserer ökologischen und klimatischen Situation.

Auch wenn die negativen Auswirkungen der Polarisation nur allzu sichtbar sind, bemerkt das integrale Bewusstsein eine wichtige Kategorie von Polaritäten, die als Gegensätze erscheinen mögen, aber nicht wirklich „gut-böse" Polaritäten sind. Es handelt sich in Wirklichkeit um „gut-gut"-Polaritäten, bei denen jeder Pol einen dauerhaften Wert ausdrückt, und sie funktionieren zusammen in sich ergänzender Weise, zumindest wenn das System optimiert ist. Jede Polarität braucht Momente der Betonung – und Momente, in denen ihre Position freigegeben wird – wie das Ein- und Ausatmen. Aber um dieses konstruktive Ergebnis zu erreichen, müssen wir jede Polarität auf eine sehr ausgereifte, ungebundene und nicht reaktive Weise aufrechterhalten.

Integrale Politik blickt auch über die einzige Achse hinaus, die Politik als liberal und konservativ bezeichnet. James Turner und Lawrence Chickering zum Beispiel erweitern die Analyse auf zwei Achsen – zwischen Freiheit und Ordnung und zwischen links und rechts.[58] In jüngster Zeit hat der integrale Philosoph Steve McIntosh eine weitere Polaritätsachse identifiziert, die integrale Analysen beinhalten sollten: die Spannung zwischen Nationalismus und Globalismus.[59] Grundsätzlich ist sich jede integrale Politik bewusst, dass sich die *kulturelle Evolution dialektisch durch widersprüchliche Prinzipien und Ideen* durch die synthetische Reintegration der Teilwahrheiten scheinbar entgegengesetzter Standpunkte (These und Antithese) entfaltet. So nimmt die integrale Politik natürlich eine langfristige Perspektive ein, auch wenn sie sich darum kümmert, was in den politischen Kämpfen des aktuellen Moments auf dem Spiel steht. Sie weiß, dass Fortschritt entsteht, indem sie die dauerhaften Kräfte vorantreibt – und gleichzeitig die Pathologien widersprüchlicher Weltanschauungen und politischer Positionen wegstreicht. Die Werte von links und rechts, von Ordnung und Freiheit, von Globalismus und Nationalismus werden weiterhin Bestand haben, aber ihre kreativen Konflikte müssen den Fortschritt der kulturellen Evolution vorantreiben.

In den Vereinigten Staaten sehen integrale politische Analysten die menschlichen Angelegenheiten meist optimistisch.[60] Auf der Sonnenseite des Spektrums präsentiert sich der integrale politische Kommentator Jeff Salzman auf seiner *Daily Evolver* Facebook-Seite als „ermutigt durch den Zustand und die Zukunft der Dinge" und bekräftigt seinen Glauben, dass „das Leben durch die Kraft der Evolution belebt wird", was uns in eine bessere Welt führt. Selbst am dunkleren Ende des Spektrums, wo es tiefe Besorgnis über unsere planetaren Metakrisen gibt, gibt es Skepsis über Vorhersagen über den bevorstehenden Zusammenbruch und ein scharfes Bewusstsein für die Versuchung der menschlichen Psyche, apokalyptischen Narrativen zu erliegen.

Das zentrale Thema, das allen integralen Politikern eigen ist, ist die Anerkennung der zentralen Bedeutung der menschlichen Reife auf mehreren Ebenen und die Betonung der Unterstützung ihrer Entstehung. Dies impliziert einen Wandel der persönlichen Werte und die Erweiterung unserer Definitionen der Bildung für Kinder, Jugendliche und Erwachsene. Sie ist sich bewusst, wie wichtig es ist, alle Kapazitäten zu entwickeln, die für eine informierte, engagierte und effektive Bürgerschaft erforderlich sind. Der integrale Forscher und Schriftsteller John T. Kesler hat in jüngster Zeit einen wichtigen Beitrag zur integralen politischen Theorie geleistet, indem er sie direkt auf diese integrale Agenda – die menschliche Reifung – fokussiert, sowie die Phasen und Merkmale der Führungsreife in Begriffe übersetzt hat, die für die kontemporäre Politik in Amerika gelten.[61] Kesler geht sogar noch weiter, wie wir sehen werden, und hofft, dass eine explizitere und Mainstream-orientierte integrale politische Bewegung zur breiteren transparteiischen Bewegung beiträgt, die die persönliche und kulturelle Reifung durch Bildung, Zusammenarbeit, Fürsprache und Öffentlichkeitsarbeit fördert.

Eine Reihe von explizit integralen Berichten oder „White Papers" mit politischer Analyse wurden vom ersten erklärtermaßen integralen Think Tank der Vereinigten Staaten, dem *Institute for Cultural Evolution* (mitbegründet von den integralen Philosophen Steve McIntosh und Carter Phipps), veröffentlicht. In seinen veröffentlichten Whitepapers plädiert das Institut dafür, dass Postmodernisten die Grenzen traditioneller progressiver Politik transzendieren und effektiver für Nachhaltigkeit und soziale Gerechtigkeit arbeiten, indem sie aus der Art und Weise herauswachsen, wie sie versehentlich zu den Spannungen beigetragen haben, die unseren Kulturkriegen zugrunde liegen. Das Institut hat das Misstrauen der Progressivem gegenüber der Globalisierung und dem blinden wirtschaftlichen Expansionismus als kulturell wichtige Quelle der Polarisierung identifiziert. (Die Arbeit des Instituts, insbesondere die Vision einer zukünftigen Linken und Rechten, wird im Abschnitt über die überparteiliche Bewegung unten diskutiert.)

In einer Reihe von E-Books und Blog-Posts hat der Sozialunternehmer Robb Smith zeitgenössische und historische ökonomische und demographische Daten interpretiert, um die strukturelle Dynamik von Gesellschaften in verschiedenen Phasen ihrer Existenz zu erkennen.[62] Er betrachtet die dysfunktionale Trump-Ära als Symptom für das, was er nach Sean Esbjörn-Hargens als „Metakrise" bezeichnet, und er verwendet einen anderen Begriff, den der „Transformationsära", um eine ihrer wichtigsten Dimensionen zu beschreiben, die wirtschaftliche Transformation, die durch die Automatisierung der meisten Formen der menschlichen Arbeit hervorgerufen wird. All dies ist zyklisch gesehen der Auftakt zu einem Zusammenbruch und einer Erneuerung unserer Wirtschafts- und Finanzsysteme. Der Zusammenbruch wird zu einer Zeit des Chaos und schließlich zu einer komplexen Reorganisation der Wirtschafts- und Finanzordnung führen. Seine Wirtschafts- und Finanzanalyse lässt sich leicht mit der in diesem Buch beschriebenen Situation und dem Wendepunkt in Einklang bringen. Und er verweist auf „eine umfassende Politik der Resilienz", die für das Überleben unerlässlich ist. Sein Ansatz konzentriert sich auf die Förderung der Schlüsselfaktoren, die mit der sozialen Resilienz zusammenhängen: soziales Vertrauen, kommunale Ressourcen, gemeinsamer Wohlstand, die Priorisierung höherer Ziele gegenüber niedrigeren, individuelle Autonomie, Innovation und Ressourcenvielfalt.

Im Dienste der Resilienz definiert Robb Schlüsselpositionen anspruchsvollerer Versionen von Konservativismus und Progressivismus – seine Vision einer „Future Right" und einer „Future Left". Wir alle sollten in der Lage sein, sagt er, den Wert des Unternehmertums anzuerkennen, während wir die Grenzen der Märkte und des Kapitalismus erkennen. Wir sollten auch die potenziell erstickende Ineffizienz staatlicher Mandate und Vorschriften anerkennen, auch wenn wir die Notwendigkeit einer gewissen Marktregulierung anerkennen. Seine Gesamtanalyse liefert ein Spektrum von Implikationen im Hinblick auf spezifische integrale Wirtschafts- und Politikpolitiken, belebt durch eine kreative Dialektik zwischen neuen anspruchsvollen konservativen und liberalen Verständnissen, die das Versagen aktueller Orthodoxien eingestehen. Insbesondere fordert er eine Reform der Kampagnenfinanzierung, die Preisgestaltung bei negativen Umweltauswirkungen (einschließlich Kohlenstoff- und Methansteuern), die Reduzierung von Vorschriften, die Abfälle und Ineffizienz produzieren und den Markt behindern, indem sie Preissignale verdunkeln, evidenzbasierte Ansätze für Bildung und Gesundheitsversorgung und das, was er einen stärkeren „konstitutionellen Tribalismus" nennt. Resilienz erfordert, dass wir starre Ideologien loslassen – alles, was die gesellschaftliche Resilienz mindert.

Trotz der unruhigen und turbulenten Natur unseres historischen Moments ist Robb optimistisch, und zwar basierend auf dem Ausmaß der wahrscheinlichen technologischen und wissenschaftlichen Innovation, der Kraft des integralen Verständnisses von Geist und Gesellschaft sowie der Intelligenz, Flexibilität, Raffinesse und dem Geist von Millenniumsführern und Unternehmern.

DIE ROT/BLAUE KLUFT DER USA

Betrachten wir die bestimmende kulturelle Polarität der amerikanischen Kultur des 21. Jahrhunderts – die Kluft zwischen den sogenannten „roten" (republikanischen) und „blauen" (demokratischen) kulturellen und politischen Gruppen. „Konservative" (republikanische) Politik spiegelt traditionell eine Denkweise wider, die Probleme und Lösungen in Bezug auf interne Qualitäten wie persönliche Tugend, Moral und Intelligenz konstruiert, die proportional belohnt oder bestraft werden können, wodurch eine Präferenz für Marktlösungen, wirtschaftliche Freiheit, moralische Einschränkungen und kleine Regierungen entsteht. Der „liberale" (demokratische) Pol hat charakteristisch priorisierte Strategien, die externe Ursachen sozialer Probleme angehen und zu mildern suchen – zum Beispiel institutionelle Lösungen, die Orientierung, Ressourcen und strukturellen Schutz für Menschen bieten, die nicht gedeihen.

Aus einer integralen Perspektive ist es wichtig, die Dynamik der internen und externen Ursachen und Auswirkungen von Strategien zu berücksichtigen, kreativ zu führen und zu reagieren, mit allen Faktoren, die das gesamte System betreffen. Jede Situation hat individuelle Anforderungen, so dass sowohl konservative als auch liberale politische Ideen in einem ganzheitlichen Ansatz ihren Platz haben. Ein zentrales integrales Prinzip ist, dass es nicht funktionieren kann, einen Pol einer wahren Polarität auf Kosten des anderen dauerhaft zu privilegieren.

Aber die gegenwärtige Polarisierung beinhaltet mehr als die Spaltung zwischen linken und rechten Einstellungen. Neben Freiheit und Ordnung, und Nationalismus und Globalismus gibt es eine tief verwurzelte moralische Dynamik. Gemäß der von Jonathan Haidt vorgeschlagenen und popularisierten Theorie der moralischen Grundlagen[63] haben bestimmte moralische Intuitionen eine primitive neurologische Grundlage. Liberale und Konservative sind mit unterschiedlichen moralischen Intuitionen beschäftigt. Die Liberalen halten es im Allgemeinen für selbstverständlich, dass die Fürsorge für andere und die Minimierung von Schaden und Leiden die höchsten moralischen Anforderungen sind. Sie kümmern sich auch um Fairness und Gerechtigkeit und um die Chancengleichheit. Die Konservativen hingegen achten auf die Loyalität gegenüber ihrer Familie, Stadt oder ihrem Clan, auf den Gehorsam gegenüber Autoritätspersonen und auf eine tief verwurzelte Abscheu vor wahrgenommener Unreinheit. Und sie denken an Fairness weniger im Sinne von Gleichheit als im Sinne von Verhältnismäßigkeit (man soll ernten, was man sät). Im heutigen Amerika dominieren Konservative in ländlichen Gebieten (auch in „blauen" Staaten) und Liberale in den Städten (sogar in „roten" Staaten).

Die Polarität von links vs. rechts wurde den Rassenunterschieden Amerikas überlagert. Afroamerikaner und einige hispanische Amerikaner haben lange Zeit demokratisch gewählt. Weiße Arbeiterklasse-Amerikaner haben zunehmend republikanisch gewählt, besonders da die Einwanderung Amerika in eine Nation verwandelt hat, in der Minderheiten die Mehrheit werden. Der wirtschaftliche Druck der Globalisierung und die radikalen postmodernen kulturellen Veränderungen haben eine starke „wir-gegen-sie"-Stimmungen hervorgerufen, insbesondere unter weniger gebildeten Weißen. Politische Auseinandersetzungen sind allmählich zu einem großen Stellvertreterkrieg zwischen Nationalismus und Globalismus, individueller Verantwortung und Sozialfürsorge, unternehmerischem Kapitalismus und demokratischem Sozialismus, Weißen und Farbigen, gebildeten Wissensarbeitern und fleißigen, unternehmerischen, „echten" Amerikanern geworden. Zur Polarisierung kommen konkurrierende Narrative, Debatten über faktische Wahrheit versus Desinformation und der korrumpierende Einfluss des Unternehmenskapitalismus auf unsere politischen und medialen Institutionen hinzu.

Der Wettbewerb um die amerikanische Identität und unsere ideologischen Kulturkriege zwischen links und rechts hat sich verschärft. Es wird nicht mehr die legitime Dialektik zwischen rechts und links ausgearbeitet – ein Schwerpunkt liegt auf der individuellen Verantwortung, die die Pflege derjenigen herausfordert und weiterentwickelt, die das System tendenziell hinter sich lässt –, so dass die systemischen Ursachen für persönliche und soziale Probleme wirksam angegangen und korrigiert werden können. Wenn die Polarität auf eine gesunde Weise funktioniert, entwickeln konservative und liberale Perspektiven die Kultur. Jetzt lähmt der Stillstand eineintelligente kollektive Führung und Entscheidungsfindung. Es ist ein kritisches globales Problem, wenn dies in der Supermacht der Welt geschieht, die oft als „die unverzichtbare Nation" bezeichnet wird.

Der eigentliche Kampf, der jetzt ausgetragen wird, ist gegen unsere eigenen unbewussten Dämonen oder psychologischen Schatten. Da es sich um einen Kampf innerhalb der Psyche handelt, und das, was nicht anerkannt werden kann, nicht konfrontiert und integriert werden kann, streben die Parteianhänger immer wieder danach, sich gegenseitig zu besiegen, indem sie die gleichen alten Identitäten und Tagesordnungen nachstellen. Die reifsten Teilnehmer werden also durch die selbstzerstörerischen Impulse der am wenigsten reifen Menschen als Geiseln gehalten, aber alle sind in der Dynamik der sich selbst erfüllenden Prophezeiung von parteiischer Bitterkeit und Selbstzerstörung gefangen. Auf diese Weise ist es dieser Nullsummenpolarität gelungen, immer enger und enger zu rasten und einen kritisch pathologischen Zustand der Lähmung zu erreichen. Diese Fesselung – die zugrunde liegende psychologische Logik unserer Kulturkriege, Medienblasen und Zwei-Parteien-Monopole und Blockaden – hat das System strukturell fast unfähig gemacht, kooperative Lösungen zuzulassen.

Die Republikanische Partei ist seit langem in traditionellen Werten verwurzelt, aber bis vor kurzem war sie noch einem Hybrid verpflichtet, in dem der amerikanische Traditionalismus in einem modernen, wettbewerbsorientierten Markt gedeihte. Eine Mehrheit der Republikaner haben reifere Werte, aber die meisten neigen dazu, eine weniger reife Führung zu unterstützen, und zwar durch Appelle an die leidenschaftlichen Meinungen über die kulturelle Identität ihrer Anhänger und ihre geschätzten politischen Ziele. Dieses hat zu einer entscheidenden Pathologie und die heutige aufrührerische Stimmung unter republikanischen Wählern geführt, die die Partei in das risikoreiche Experiment der Trump-Präsidentschaft führten. Zumindest zum Zeitpunkt dieses Schreibens wurde die Partei von einem bösartigen, opportunistischen und ethnozentrischen Führer und einer Fraktion in Beschlag genommen.

Die Direktheit impulsiver, opportunistischer Führung hat ihren Reiz. Sie hat zumindest den Anschein von Entschlossenheit und Stärke, obwohl sie ernsthaft durch Korruption, Opportunismus und mangelnde Disziplin beeinträchtigt werden kann. Sie neigt auch dazu, die Rechtsstaatlichkeit, die Gewaltenteilung, die Bürgerrechte, die modernen pluralistischen Werte und die demokratischen Institutionen zu untergraben, und – wie wir in jedem Wahlzyklus immer mehr gesehen haben – sie hat dem Geld die Türen geöffnet, um die Politik mehr denn je zu beeinflussen und eine weit verbreitete Korruption zu ermöglichen. Amerikanische demokratische Institutionen sind ein System der Kontrolle und des Gleichgewichts, aber die Republikanische Partei ist abgeneigt, die Verantwortung für die Anwendung dieser Einschränkungen zu übernehmen.

Im Gegensatz dazu ist die Demokratische Partei weltzentriert. Es umfasst moderne, postmoderne und integrale Sensibilitäten und Werte, so dass es der Ort ist, an dem sich die gesunde Immunantwort auf die bösartigen Erkrankungen der Rechten am häufigsten konzentriert. Aber die Maschine hat große Probleme. Für einige Traditionalisten scheint sie mit dem „Gestank" der Postmoderne infiziert zu sein, den so viele traditionelle und ländliche Menschen instinktiv abgelehnt haben und an den sie zurückschlagen. Wie Ken Wilber treffend bemerkt hat,[64] ist die Postmoderne genau das, worauf Trump sich einließ. Die modernistischen und postmodernen Flügel der Demokratischen Partei haben die Möglichkeit und die Verantwortung, sich zum Wohle des Landes und der Welt zu entwickeln, aber es wird nicht einfach sein, eine ausreichende Kohärenz zu erreichen. Die Versöhnung zwischen modernen und postmodernen Fraktionen ist kulturell so bedeutsam, dass sie eine entscheidende Gelegenheit für integrale Interventionen sein kann.

Die Nation hat ihre Fähigkeit, zusammenzukommen, verloren, auch wenn die gemeinsamen Werte und Interessen bedroht sind. Und egoistische Sonderinteressen haben über populistische Appelle an Emotionen überproportionale politische und kommunikative Macht erlangt und umgehen jeden echten Wettstreit um Ideen. Infolgedessen befinden sich beide Parteien in der Krise – jede Partei an sich, und beide zusammen als dialektisches System. Das Zweiparteiensystem hatte schon immer Probleme, aber es scheint nun kurz vor dem kritischen Zusammenbruch zu stehen.

Die gegenwärtige Steifheit muss einer gesünderen und flexibleren Politik weichen. Größere Veränderungen sind strukturell unvermeidlich. Der Status quo ist nicht haltbar. Evolutionärer Druck wird eine intelligentere kollektive Entscheidungsfindung erfordern, da die Folgen der Dummheit die Schwere dieser Verantwortung unterstreichen. Wir können darauf vertrauen, dass die Umstände auch inmitten eines nicht geringen Chaos einen Weg finden werden, um bisher latente Kapazitäten für Führung und Weisheit voranzubringen. Dieser Übergang kann im Untergrund erforscht werden und unbemerkt entstehen, oder er kann sich unter Notfallbedingungen entwickeln, aber er ist aus struktureller Sicht unvermeidlich. Die Frage ist nicht ob, sondern wann und wie.

Die Fragen beziehen sich auf die Art des Übergangs. Der Übergang ist unangenehm, desorientierend und, wenn er zu lange dauert, anstrengend und traumatisierend. Inwieweit wird die weltorientierte Kultur in der Lage sein, die hier beschriebene Art von Bewusstsein und Gesprächen in die heutige chaotische Umgebung zu bringen? Wie gesund und einflussreich wird sich diese Bewegung erweisen?

Welche anderen Kräfte werden freigesetzt und wie wird alles zusammenwirken? Wie schnell wird eine neue politische Ordnung entstehen? Wie gut wird der Übergang sein? Wie viel Zerrüttung, Zerstörung und Gewalt wird es begleiten? Wie schnell und auf welchem Weg werden wir den Weg zurück zur Nachhaltigkeit finden? Können wir bald eine nachhaltigere, gesündere und erfüllendere Beziehung zueinander, zu unserem Planeten und unserem Universum erreichen?

Jeder von uns hält bestenfalls nur wenige Stränge in dem großen Gewirr von Bemühungen und historischen Strömungen, die diese Ergebnisse mitbestimmen werden. Lassen Sie uns die Schwere unserer Verantwortung für eine „weiche Landung", einen gutartigen Übergang von unserem überhitzten Lebensmuster zu einer nachhaltigen menschlichen Zukunft, würdigen.

DIE TRANSPARTEIISCHE BEWEGUNG UND INTEGRALE POLITISCHE INITIATIVEN

Menschen guten Glaubens auf der rechten und linken Seite haben die Pathologie der Hyperparteilichkeit erkannt, und sie haben sich zusammengeschlossen, um die amerikanische Politik zu depolarisieren. In den letzten Jahrzehnten wurden mehrere Dutzend transparteiischer Initiativen gegründet – und diese Bemühungen haben sich vervielfacht und intensiviert. Eines der sichtbarsten ist *NoLabels.org*, angeführt von den Co-Chairs Jon Huntsman Jr. (ein Republikaner) und Joe Lieberman (ein Demokrat, der unabhängig wurde). No Labels hat daran gearbeitet, die Mitglieder des Kongresses zu einem reiferen Ansatz für die Führung zu verpflichten, indem es Kongressmitglieder beider Parteien dazu gebracht hat, sich zu verpflichten, das Land an die erste Stelle zu setzen – *vorwärts* zu gehen und nicht nach rechts oder links.

Einige andere, wie z.B. *Village Square, Living Room Conversations* und *Better Angels*, versammeln Gruppen von Menschen aus verschiedenen kulturellen Identitätsgruppen zum Dialog und gegenseitigen Verständnis. Andere Initiativen fördern die Zivilität im öffentlichen Diskurs, Bürgergespräche über die rot-blaue Kluft, ein größeres bürgerschaftliches Engagement, Gemeinschaftstreffen, Schülerdialoge, Kongresstrainings, Bürgerbildung, Beziehungsbau und vieles mehr. Van Jones bemühte sich, den rotblauen Dialog nach den Wahlen 2016 in einer Kabelfernsehserie namens *The Messy Truth* in die nationale Wahrnehmung zu bringen.

Alle diese Initiativen leisten einen positiven Beitrag, auch wenn das Problem der zunehmenden Polarisierung historisch, strukturell und hartnäckig ist. Die transparteiische Bewegung hat ein sehr großes Projekt in Angriff genommen. Wie wir bereits erwähnt haben, erfordert *Transpartisanship* nicht die Überwindung aller Parteilichkeit. Das ist auf jeden Fall völlig unrealistisch. Es bedeutet, im Rahmen der parteipolitischen Interaktionen daran zu arbeiten, die Dinge durch die Identifizierung gemeinsamer Interessen und Werte sowie komplementärer Vorteile zu verwirklichen. Es gibt Raum für politischen Kuhhandel, aber nicht für Geiselnahmen. Die Überparteilichkeit versucht nicht, konkurrierende Philosophien über eine mittelmäßige „Spaltung der Differenz" zu homogenisieren, sondern versucht, dauerhafte Spannungen zwischen konkurrierenden Interessen und Philosophien zu bewältigen. Es beginnt mit dem menschlichen Kontakt, der deutlich macht, dass uns mehr Dinge verbinden als uns trennen. Weitere Anstrengungen zielen darauf ab, verschiedene Verbindungen in den lokalen Gemeinschaften wieder aufzubauen. Das ist genau der Punkt. Es ist kein Wunder, dass viele Aktivisten in der überparteilichen Bewegung explizit integrale evolutionäre Sensibilitäten einbringen – mit dem Schwerpunkt auf der Entwicklung einer größeren menschlichen Reife als gemeinsame Ursache zwischen verschiedenen Beteiligten.

James Turner und Lawrence Chickering erarbeiten seit zwei Jahrzehnten eine integrale überparteiliche politische Philosophie und sind nun Herausgeber des Journals *The Transpartisan Review*.[66] Der langjährige überparteiliche Aktivist Mark Gerzon ist zu einem eloquenten Anwalt für die entscheidende Bedeutung dieser Bewegung in seinem jüngsten Mainstream-Buch *The Reunited States of America* geworden, das Anfang des Wahlkampfzyklus 2016 erschien. Mit John Steiner gründete Gerzon eine überparteiliche Dachorganisation namens *The Bridge Alliance*,[67], die 75 Gruppen landesweit verbindet, deren Ziel es ist, parteipolitische Unterschiede zu überbrücken und einen ausgereiften politischen Dialog zu modellieren, der sich auf bürgerschaftliches Engagement, Governance und Politikgestaltung sowie Wahl- und Wahlprozesse konzentriert.

Viele andere Organisationen, wie *Undivide Us*, lehren die Menschen, Erfolgsmethoden anzuwenden, um einen produktiven Dialog zu erzeugen. Gerzon und Steiner haben zu lokalen Bürgergipfeln in Städten aufgerufen, die Menschen über politische Grenzen hinweg zusammenbringen, um reife, kooperative Ansätze für komplexe Themen im Hinblick auf die hyperpolarisierte Dysfunktion zu entdecken. Eine der ersten davon wurde von John Kesler in Salt Lake City organisiert. Es baute auf einem zweimonatigen Dialog in ganz Utah auf, der einen konstruktiven

Dialog über die Unterschiede hinweg vorsah, und gipfelte direkt nach den Wahlen 2016 in einem produktiven Treffen unter dem gemeinsamen Vorsitz des demokratischen Bürgermeisters von Salt Lake City und des republikanischen Gouverneurs des Obersten Leutnants von Utah. In den Schützengräben entwickeln solche Projekte die Erkenntnisse und Erfolgsmethoden, aus denen sich die Polarisierung über ihren Stillstand hinaus entwickeln kann. Ein solcher überparteiliche Aktivismus leistet die grundlegende und harte Arbeit, das soziale Gefüge wieder zusammenzufügen und die Ganzheit inmitten der Fragmentierung zu regenerieren.

Der Kolumnist der *New York Times*, David Brooks, artikulierte eine gesunde integrale kommunitaristische Einsicht, als er vorschlug, dass er sich, wenn er eine halbe Milliarde Dollar zur Verbesserung der amerikanischen Politik ausgeben könnte, auf die Förderung unwahrscheinlicher Freundschaften konzentrieren würde, anstatt konventionell zu arbeiten, um das politische Zentrum zu stärken. Er stellte sich ein Netzwerk von erwachsenen „Camps" vor, in denen die Menschen zwei Wochen mit einer kleinen, überschaubaren Gruppe von Menschen von außerhalb ihrer kulturellen Blasen verbringen, dort zusammenleben, ihre Mahlzeiten zubereiten und aufräumen, große Ideen erforschen, aber auch Sport treiben und Dinge bauen und soziale Feste feiern, mit einer Bar und Musik – und das alles, während sie vorübergehend von außen isoliert sind.[68] Brooks stellte sich vor, dass sich durch diese Verbindungen unwahrscheinliche Freundschaften bilden und unser Sozialgefüge neu zusammenwachsen könnten. Dies entspricht genau dem Geist einer überparteilichen integralen Politik.

Das *Institute for Cultural Evolution*, das oben im Abschnitt Integrale Politik erwähnt wird, hat sich eine ausgeklügelte Initiative ausgedacht und einberufen, die politische Führungskräfte für ein langfristigeres Projekt versammelt – um eine gesunde „Future Right" und „Future Left" zu konzipieren, die über die Sackgassen unseres derzeitigen politischen Stillstands hinaus funktionieren kann. Eine solche Linke und Rechte könnte Jahre benötigen, bis sie einflussreich wird. Aber in einem zukünftigen Moment werden sie in der Lage sein, sich auf natürliche Weise zu unterhalten und produktiv miteinander zu konkurrieren – wie z.B. durch eine Dialektik, durch die unsere politische Kultur Kapazitäten entwickeln kann, um die notwendige Kreativität in unsere gemeinsamen Herausforderungen und Schwierigkeiten zu bringen. Interessanterweise begann das Projekt „Future Right" sofort an Fahrt zu gewinnen.

Die integrale politische Analyse des Instituts findet großen Anklang und erweitert gleichzeitig Ken Wilbers Kritik an der Postmoderne. Laut einem der Positionspapiere des Think Tanks ist eine Schlüsselstrategie und -taktik einer integralen Politik „die Verringerung der postmodernen Verachtung sowohl für den Traditionalismus als auch für den Modernismus", und sie fügt hinzu, dass „die Unterstützung der Postmoderne bei der Entwicklung – die Hilfe beim Entkorken der Flasche" – ein Schlüssel zur Herstellung der kulturellen Evolution insgesamt ist.[69] Eine Frage des kulturellen Fortschritts an die Postmoderne ist, ob sie ihre Verantwortung als der fortschrittlichste politische Wahlkreis in der populären Welt anerkennen. Das bedeutet, die Grenzen der traditionellen progressiven Politik zu transzendieren.

Es wird argumentiert, dass wir effektiver für Nachhaltigkeit und soziale Gerechtigkeit eintreten können, indem wir aus der Art und Weise herauswachsen, wie wir die Spannungen, die unseren Kulturkriegen zugrunde liegen, mitgestalten. Gleichzeitig weist sie die Traditionalisten darauf hin, dass sie, wenn sie weniger ethnozentrisch und imperialistisch agieren, ihre Nation besser schützen können. Sie betrachtet die politische Polarität zwischen links und rechts als „relativ dauerhaft und existentiell, wobei sie weiterhin in neuen Formen auftaucht, wenn sich die Gesellschaft verändert und entwickelt. [70] Obwohl dieser Ansatz die Dringlichkeit unserer ökologischen Situation nicht ausreichend zu berücksichtigen scheint, respektiere und schätze ich, dass es sich letztendlich um eine orthogonale Politik handelt, weder links noch rechts – eine Politik, die die die kulturelle Entwicklung vorantreibt, indem sie sich mit tatsächlichen politischen Akteuren aus dem gesamten Spektrum zusammenschließt und so dazu beiträgt, den evolutionären Motor ihrer dialektischen Interaktion neu zu starten. Die Spaltung und Polarisierung der amerikanischen Wählerschaft wird allgemein als die folgenreichste kulturelle Dysfunktion angesehen, die effektive Reaktionen auf unsere ökologische Situation behindert. Integrale Beobachter wie Jeff Salzman vertrauen darauf, dass der Prozess allem Anschein zum Trotz seine eigene Intelligenz hat. Ken Wilber plädiert für Bildung und Erziehung, um mehr Menschen zu helfen, zu reifen und den kritischen 10-prozentigen Tipping Point zu katalysieren, den wir zuvor beschrieben haben. Überparteiliche Aktivisten überschreiten direkt kulturelle Grenzen, um menschliche Brücken zu bauen. Und, wie bereits erwähnt, wird daran gearbeitet, Samen für eine „Future Right" und „Future Left" zu pflanzen. Diese unterschiedlichen Ansätze für diese hartnäckige Kluft sind jeweils potenziell komplementär, und sie gehören vielleicht zu den potenziell folgenreichsten Formen des integralen Aktivismus.

Es gibt auch andere explizit integrale politische Initiativen, die auf der ganzen Welt in verschiedenen Ausdrucksformen auftreten – in Form von noch jungen politischen Parteien, Fraktionen innerhalb größerer Parteien und Bewegungen außerhalb dieser. In der Schweiz ist eine neue integrale politische Partei entstanden, und in Westeuropa taucht das integrale Denken allgemein auf, was sich zum Teil in der Politik einer Reihe von politischen Parteien in vielen Ländern widerspiegelt. Sie müssen keine Mehrheiten erringen, denn parlamentarische Demokratien erlauben es Minderheitenparteien, die Politik in kleiner und großer Weise zu beeinflussen.

Eine überraschende Entwicklung der letzten Zeit war die Wahl des französischen Präsidenten Emmanuel Macron im Jahr 2017. Im Jahr zuvor hatte er eine neue französische politische Partei, *En Marche*, gegründet, die versuchte, die traditionellen politischen Grenzen zu überschreiten. Obwohl es nicht explizit integral oder evolutionär war, hatte es von Anfang an einen überparteilichen Anspruch – und ein erklärtes Bestreben, links und rechts zu vereinen. Angela Merkel aus Deutschland verkörpert eine andere, aber ergänzende Integration konservativer und fortschrittlicher Werte und Politik. Persönlichkeiten wie diese geben viele Hoffnungen auf eine europäische Führung, die an die Stelle der fehlenden amerikanischen Führung in der Trump-Ära treten kann – obwohl auch Europa vor komplexen, anhaltenden Herausforderungen steht und die Zukunft einer solchen Führung bei weitem nicht gesichert ist.

Eine weitere kreative internationale – und ausdrücklich integrale – politische Initiative ist ebenfalls erwähnenswert: *Simpol.* Sie hat ihren Ursprung im Vereinigten Königreich und hat begonnen, in Europa Fuß zu fassen. Simpol fördert einen vernünftigen Mechanismus zur Koordinierung der Reaktionen auf internationale Probleme durch Reformen (wie Finanz- und Umweltvorschriften und Steuern), *die erst in Kraft treten,* wenn sie gleichzeitig in einer kritischen Masse anderer Nationen umgesetzt werden können („Simultaneous Policy" oder „SimPol"). Dies ist deshalb von Bedeutung, weil es den einzelnen Nationen ermöglicht, sich zu Opfern zu verpflichten, um globale Probleme anzugehen, ohne sich problematischen Wettbewerbsnachteilen zu unterwerfen. Auf diese Weise können einzelne Nationen eine globale Führungsrolle übernehmen. Und ihr Beispiel kann die Inspiration für lokale Aktivisten in anderen Nationen sein. So haben neue Strategien das Potenzial, Impulse für eine aufgeklärte globale Politik zu erhalten, wenn andere Länder folgen.

Es ist wichtig zu erkennen, dass die Notwendigkeit eines überparteilichen Engagements die Notwendigkeit eines parteipolitischen Engagements „im System" selbst nicht mindert – insbesondere im Hinblick auf unsere ökologische Notlage. Mein eigener Ansatz einer integralen Politik weist in die gleiche Richtung wie der meiner überparteilichen Kollegen, drückt aber eine radikale integrale Ökologie aus und erkennt ausdrücklich die Notwendigkeit eines kontinuierlichen parteipolitischen Engagements für die Gesundheit der lebenden Erde an. Und es schließt sich der parteiischen Fürsprache für indigene und marginalisierte Menschen auf der ganzen Welt an. Sie schließt sich auch der parteipolitischen Verteidigung der universellen Rechte und Werte, der Vernunft und Wissenschaft sowie der demokratischen Institutionen an. Meine Sensibilitäten haben sich über die linken Werte meiner Erziehung hinaus entwickelt, aber diese Wurzeln drücken wesentliche Werte aus, die nicht aufgegeben werden können. Die gesunde Linke, Gegenwart und Zukunft, gründet sich auf Vernunft und Fürsorge – für die ganze Menschheitsfamilie, alle Lebewesen und die Gesundheit des Ganzen. Und die Fürsorge ist einer der tiefsten und am weitesten verbreiteten politischen Werte.

WAS SOLLEN SIE TUN? FOLGE DEINEM HERZSCHMERZ UND DEINEM GENIE – MIT DEINEN FREUNDEN.

Eine integrale Sensibilität nimmt direkt die tiefen Zusammenhänge wahr, die unsere Welt, unsere Probleme, unser individuelles Leben und unsere große Notlage miteinander verbinden. Das bringt viele Vorteile mit sich, stellt aber auch die Herausforderung dar, zu verstehen, wo und wie man als Aktivist die eigenen kreativen Anstrengungen bündeln kann. Wenn ich verwaisten Kindern zu helfen versuche, entdecke ich die Problematik, dass Geld die Politik korrumpiert. Wenn ich versuche, die globale Erwärmung anzugehen, muss ich vielleicht zuerst den parteiischen Stillstand in Amerika überwinden. Wenn ich versuche, mich direkt mit der Politik zu befassen, kann ich zu dem Schluss kommen, dass ein radikaler Wandel erst möglich sein wird, wenn eine große Zahl von Menschen zu einer höheren geistigen Ebene heranreift. Wie kann ich mich am besten engagieren? Was genau soll ich tun?

Andrew Harvey beantwortet diese Frage direkt: „Wenn meine Freunde und Schüler, die mir helfen wollen, mich zu fragen, was sie tun sollen, sage ich immer dasselbe: Folge deinem Herzschmerz. Finde heraus, welche der vielen Quellen auf der Welt dir wirklich das Herz bricht. Wenn du das erkennst, hast du die Quelle gefunden, für die du immer die Energie und Leidenschaft haben wirst, um dafür zu arbeiten."[71]

Harvey reagiert damit auf Joseph Campbells Anweisung, „deiner Glückseligkeit zu folgen". Da er, wie ich, erkennt, dass die menschliche Notlage unser Engagement erfordert, ist er (wie ich) daran interessiert, sich entschieden gegen den Elfenbeinturm-Solipsismus einer privaten Glückseligkeit zu wehren, die gleichgültig gegenüber unserer kollektiven Notlage ist.[72] Da unsere Fürsorge die Quelle unseres Herzschmerzes ist, bringt uns unser Herzschmerz direkt in Kontakt mit der gesunden Fürsorge, der Ganzheit, die unsere beste Arbeit motiviert. Er hat also Recht – wenn Sie einen Weg finden, das, was Ihnen wichtig ist, anzugehen, wird Ihr Aktivismus direkt mit den intuitiven und kreativen Impulsen Ihres Herzens verbunden sein.

Aber auch Liebe und Dankbarkeit und Großzügigkeit sind starke Motivatoren – manchmal weitaus ermächtigender als Trauer und Empörung. Für uns alle stellen sie ein enormes Reservoir an Macht dar, und sie sind von Natur aus attraktiv. Und da gibt es auch etwas Tieferes: unseren einzigartigen Charakter und seinen Impuls zur Selbstverwirklichung. Wir alle sehnen uns danach, unsere einzigartigen Gaben dem Leben zu schenken. In seinem Buch *The Genius Mythos* schlägt Michael Meade vor, dass in jedem Menschen ein einzigartiger Ausdruck des Genies des Lebens selbst erscheint. Er argumentiert, dass die unmöglichen Probleme der Welt es erfordern, dass sich unser Genie ausdrückt. In gewisser Weise schreit die Seele der Welt nach dem Besten in unserem Charakter – nach unserer vollen Kreativität, Großzügigkeit und Führung.

Bei der in-dem-System als auch der gegen-das-System Strategie begegnen wir Menschen außerhalb unserer sozialen Kreise. Wir haben die Möglichkeit zu sinnvollen Gesprächen, Freundschaften und neuen Lebensweisen. Alle menschlichen Beziehungen können als eine Art Politik betrachtet werden – Politik auf der intimsten Ebene. Eine gesunde Politik ist die Aufwertung menschlicher Beziehungen. Zeitgenössische im Fernsehen übertragene politische Machtkämpfe haben den öffentlichen Diskurs verschlechtert, während eine gesunde Politik die Höflichkeit, das gegenseitige Zuhören und das soziale Vertrauen wiederherstellt. Wir knüpfen das soziale Gefüge wieder zusammen, indem wir unsere Fähigkeit wiederherstellen, sinnvolle Gespräche über wichtige Dinge zu führen. Die Aufwertung dessen, was wir „Politik" nennen, beruht auf der Aufwertung der intimen Politik menschlicher Beziehungen, in der sich Freunde zusammenschließen und für das Gemeinwohl handeln – und dabei neue Freundschaften entstehen. Wir müssen diese Arbeit nicht alleine machen – in der Tat können wir sie nicht allein machen.

Deshalb schlage ich eine Verfeinerung von Harveys eleganter Zusammenfassung vor. **Folge deinem Herzschmerz *und* deinem Genie mit deinen Freunden.** Dein Genie wird dir die einzigartige Art und Weise zeigen, wie du am stärksten auf deine tiefste Fürsorge reagieren kannst, und dein Genie und dein Herzschmerz werden dich zu anderen führen, mit denen du handeln kannst.

Es ist wichtig, das Wort „Genie" zu verstehen, wie es hier verwendet wird. Es bezieht sich nicht nur auf deine besonderen Talente. Es verweist auf den *Daimon*, den einzigartigen, belebenden Geist deines Charakters. Dies ist eine Qualität, die sich sowohl in deinen höchsten Fähigkeiten als auch in deinem einzigartigen Geschmack des Seins zeigt. Sie zeigt sich besonders deutlich in deiner selbst-transzendierenden Güte, deiner Fähigkeit, großzügig und angemessen auf das Leben zu reagieren – viele Dinge zu tun, die nicht deine besonderen Talente sind. In unserer narzisstischen Kultur beschäftigen wir uns leicht mit einer bestimmten Version des Genies, und die Welt wird nun von „zu vielen Führern und zu wenig Anhängern" belastet.

Dein Genie ist deine besondere Art, die Dinge zu sehen. Es füllt eine Lücke, die es gegeben hätte, wenn du nicht aufgetaucht wärst. Meistens manifestiert es sich als Großzügigkeit und Dienst. Weit mehr als dein Herzschmerz, es führt dich direkt dazu, wie du dein besonderes Licht und deinen besonderen Geschmack hervorbringen kannst, und die Gemeinschaften und kreativen Kanäle, durch die die ganze Energie deines Seins ihren Weg in deine Beiträge finden kann.

DIE AKTIVE FREUDE AM GEMEINSAMEN SEIN

Unsere Art, Aktivisten zu sein, wird für den Rest unseres Lebens weiter wachsen müssen. Die vertrauten Qualitäten von Beschwerde und Ressentiment sind unzureichend (auch wenn viele Menschen mehr als nur Grund haben, sich gekränkt zu fühlen). Ebenso kann man sich von der oben beschriebenen unternehmerischen Begeisterung mitreißen lassen. Wie die Technologie ist auch das Unternehmertum nur ein Mittel zum Zweck. So wie persönliche Praxis und öffentliches Engagement untrennbar miteinander verbunden sind und zusammen geschehen müssen, ist Unternehmertum (oder die Entdeckung und Umsetzung neuer Lösungen und Technologien) nur eine unhaltbare Ablenkung, wenn Unternehmer nicht auf einem tiefen ökologischen Bewusstsein, einem ganzen Leben der Praxis und einer Wertschätzung für ihre Verantwortung als Mitglieder vieler menschlicher und mehr als menschlicher Gemeinschaften beruhen.

Der vietnamesische buddhistische Lehrer Thich Nhat Hanh prägte das schöne Wort „Interbeing", um in unsere moderne Trance der vermeintlich illusorischen Unabhängigkeit einzudringen und auf unsere untrennbare Verbindung untereinander und mit dem ganzen Leben hinzuweisen. „Interbeing" erkennt an, dass wir alle grundlegend miteinander verbunden sind, untrennbar miteinander verbunden. Das Erwachen aus dieser Trance und die Entdeckung, dass Inneres und Äußeres eins sind, sind das, was uns stützen und unsere Anstrengungen gemeinsam als Aktivisten und als Menschen, freudig und lohnend, unternehmen wird.

Vor allem als Aktivisten und Menschen müssen wir die gesunde Gesundheit – zu uns selbst und unseren Beziehungen und Organisationen – verbessern oder wiederherstellen und alles, was lebenserzeugend ist, verherrlichen. Unser Aktivismus ist Ausdruck unserer Praxis in einer Weise, die dem Myzel ähnelt, das Leben im Boden erzeugt und plötzlich blüht, wenn die Bedingungen stimmen, wie bei zehntausend „Pilzblüten". Wir müssen an einen Prozess glauben, der zwar in vielerlei Hinsicht unbekannt, aber von Natur aus vertrauenswürdig ist – denn wir unterscheiden uns nicht von diesem Prozess. Wir sind nicht vom Ganzen getrennt, und wir sind eins mit den wundersamen Verwandlungen der Evolution. Glück und Freude sind uns innewohnend. Wir haben bereits die paradoxe Fähigkeit, uns in die Anforderungen zu entspannen, die wir fühlen, und erkennen, dass, wenn wir klopfen, uns die Tür geöffnet wird. Tote Formeln sind nicht das, was wir brauchen. Wir sind bereits Teil eines lebendigen biologischen Prozesses – und darüber hinaus eine große, übergreifende Realität.

Ja, wir werden uns verletzlich fühlen. Es wird Rückschläge geben. Unsere Herzen werden wahrscheinlich gebrochen werden, und nicht nur einmal. Wir werden Verluste erleiden und um die leidende Welt um uns herum weinen. Aber wir werden uns nicht lösen. Das Genie durchdringt die biologische und spirituelle Welt, und wir sind alle eins mit diesem Genie. Wir sind alle einzigartig, und in mancher Hinsicht sehr begrenzt, aber nicht isoliert. Wir alle sind in der Lage, dieses Genie auf die eine oder andere Weise, auf die eine oder andere Ebene zu erreichen. Wir leben in interessanten Zeiten, in denen vieles um uns herum im Sterben liegt. Aber die Früchte unseres Bewusstseins und unserer Arbeit werden sprießen, und an einem unbestimmten Punkt werden wir uns von unseren Leistungen beeindruckt fühlen.

Irgendwann beschloss das Ganze, oder Gott, oder die Quelle, sich in all die wilden, vielfältigen Erscheinungsformen der Existenz zu differenzieren und existiert in der Raumzeit. Wir sind alle eins, aber wir sind vielfältig. Gemeinsam ergänzen wir uns synergetisch. Wir erwachen in diesem „Wir-Raum" wieder, und wenn wir vorankommen, werden wir unser inneres und äußeres Leben – und „wir" und „andere" – zunehmend als eine einzige große Pracht erleben.

Wir werden nun die Art dieses Wir-Raums, den wir bewusst zu nutzen beginnen, weiter untersuchen und schauen, wie wir unsere Fähigkeit zu Freundschaft, Kooperation und Zusammenarbeit verändern können.

9. Ein neuer Tribalismus und eine neue Republik des Herzens

Der nächste Buddha kann sehr wohl eine Sangha sein. - THICH NHAT HANH

Ich habe eine große Verantwortung, deine Transformation zu unterstützen, um sicherzustellen, dass du das geehrteste, respektierteste und lebenswerteste Leben führst. Denn wenn du es nicht tust, kann ich es auch nicht. Wenn du es nicht bist, ist es mir einfach nicht möglich, dies zu tun. Weil wir miteinander verbunden sind. Wir sind Eins. - ANGEL KYODO WILLIAMS

Was wird unsere bestmögliche realistische Zukunft hervorbringen? Ich glaube, dass sie zum Teil aus sich selbst verändernden Praxisgemeinschaften entstehen wird. Diese Gemeinschaften verstehen die Praxis nicht nur als persönlich, sondern auch als zwischenmenschlich. Unsere Art der Kommunikation und Reaktion und des gemeinsamen Lernens kann bewusster, generativer und kraftvoller werden.

Ich habe zuvor das neu entstehende Feld der gemeinsamen „We-Space"-Praxis vorgestellt. Wenn wir uns um die Qualität unseres bewussten Umgangs miteinander kümmern, beginnen wir darüber zu sprechen, wie wir reden und wie einander zuhören – natürlich nicht nur in bezug auf uns beide, sondern auch in unseren Familien, unseren Gemeinschaften und in unserer gesamten Kultur. In meiner Arbeit mit Gruppen habe ich neue Gesprächsweisen erforscht, die so strukturiert sind, dass sie Tiefe, Intimität und Zärtlichkeit auf der einen Seite und Authentizität,

Freiheit und zackiges Sprechen der Wahrheit auf der anderen Seite fördern.

Wir können auf ein wachsendes Wissen zurückgreifen, das aus vielen kreativen Experimenten hervorgeht: im generativen Dialog, der dynamischen Moderation von Gesprächen, der Kultivierung kollektiver Zustände höheren Bewusstseins und dem Zugang zu kollektiver Weisheit. Die Kunst des Dialogs und der Kommunikation ist alt, aber neue dynamische Experimente sind in den letzten fünf Jahrzehnten explodiert. Das „Wir" ist heute ein ganzes Feld und eine Brutstätte der Kreativität.

Dies ist ein weites kulturelles Phänomen. Alle Arten von Unternehmen experimentieren mit Möglichkeiten, kreativere und sinnvollere Diskussionen und produktive, angenehme Meetings zu führen. Intelligente, lebenswichtige Gespräche trainieren, fordern und fördern unsere volle Intelligenz, unseren Mut und unsere Kreativität. Sie können zart und anregend, ekstatisch und poetisch, durchdringend und brillant, kraftvoll und schöpferisch sein. Gespräche zwischen reifen Menschen, die Verantwortung für ihre eigene Erfahrung übernehmen, sind integraler Bestandteil unserer besten Zukunft.

Unsere sich verschärfende globale Situation macht eine ganze Reihe von kollektiven Notfällen sehr wahrscheinlich. Sie werden uns zu einer beispiellosen Zusammenarbeit – und Kommunikation – zwingen. Ich weise oft darauf hin, dass *Interventionen* erforderlich sind, analog zur Familie eines Süchtigen, der ihn oder sie zu einem lebensverändernden Gespräch hinsetzt. Als menschliches Kollektiv erhalten wir ein Signal, das uns zu einer „neuen Nüchternheit" auffordert, da wir unseren Lebensstil, unsere Wirtschaft und unsere Art, „zivilisierte" Menschen zu sein, schnell verändern. Wir beginnen, dieses Interventionsgespräch unter uns zu führen. Unser Impuls, unsere Situation zu leugnen, zu vermeiden oder zu verstecken, wird unhaltbar. Einige von uns fangen an, ernst zu werden, und miteinander über den Elefanten im Raum zu sprechen. Aus solchen Gesprächen wird unser Genesungsprozess hervorgehen.

Es gibt keine einfache Formel, um in folgenreiche Gespräche über unsere dringendsten gemeinsamen Anliegen einzutreten. Aber wir werden uns mit der vollen Komplexität unserer Situation und all ihren einzigartigen Konturen auseinandersetzen müssen, wie sie in uns selbst und untereinander erscheinen. Das ist eine große Aufgabe. Und die Art und Weise, wie wir das tun, wird unseren Charakter ausdrücken. Aber es ist nicht so, dass wir eine „Position" wählen können, für die wir „stimmen" könnten, wie eine Planke in einer politischen Plattform. Wir werden in einen kulturellen Prozess hineingezogen – ein ganzes fortlaufendes *Gespräch.*

Die Praxis des konstruktiven Dialogs erfordert von jedem Teilnehmer sehr viel. Und das erfordert Praxis, mit der wir unsere Kapazitäten entwickeln. Höhere Diskurse stellen also eine Kunst dar, die es wert ist, gepflegt zu werden – von Einzelpersonen, aber auch von Gruppen. Es ist eine aufstrebende, aber entscheidende Kunstform, die noch in den Kinderschuhen steckt.

Etwas Wichtiges entsteht jetzt organisch, eine Entdeckung von aufkommenden intersubjektiven Möglichkeiten vieler Art. Dieses Feld ist noch jung, aber diese Gesprächspraxis, die auf die Qualität des „Wir" achtet, ist eine große Chance, die von Möglichkeiten durchdrungen ist. Es ist besonders überzeugend für Praktiker und Aktivisten, die ihre gesellschaftliche Verantwortung ernst nehmen.

„WIR" IST DAS, WORAUF WIR WARTEN.

In unserem Leben wird sich die Evolution ihrer selbst bewusst. Wir kommen – gemeinsam – zu der Erkenntnis, dass wir zum Teil mitverantwortlich für die Zukunft der menschlichen und biologischen Evolution sind. Das kollektive Verhalten des Menschen wird die Zukunft des gesamten planetarischen Ökosystems bestimmen. In der Zwischenzeit eröffnen neue Erkenntnisse über die menschliche Entwicklung und Kommunikation Mittel zur Gestaltung von Interaktionen, die individuelles und kollektives Wachstum und Transformation anregen. Eine gesündere, weisere menschliche Kultur ist das Einzige, was das gesamte Leben auf der Erde besonders stark beeinflussen könnte – von den Korallenriffen vor der australischen Küste über die Giraffen in den afrikanischen Ebenen bis hin zu den Eisfischen in der Antarktis. Diese moralische Verantwortung für das Leben ruft uns auf, miteinander zu sprechen und auf eine Art und Weise zusammenzuarbeiten, wie wir es noch nie zuvor getan haben.

Fast alle unsere alten Lebensweisen werden diesen neuen, komplexen und paradoxen Herausforderungen nicht gewachsen sein. Sie werden scheitern und wir werden neue Wege des Seins ausprobieren. Einige dieser Bemühungen werden uns genug Zeit geben, um weitere Veränderungen vorzunehmen. So hat die Evolution immer stattgefunden. Aber aus unserer Sicht sprechen wir von einem Lebens- und Todeskampf und revolutionären Veränderungen in unserer gesamten Lebensweise. Im Laufe des Prozesses wird sich die Natur der Freundschaft entwickeln. So auch die Moral und das Vertrauen. Sie alle müssen zu etwas mehr werden, als sie es in der Vergangenheit waren.

Wie wird sich das entwickeln? Es ist unwahrscheinlich, dass es durch eine große Top-Down-Strategie zu einem Ergebnis kommt, und dass es eher zu einer organischen Sprudelung von unten kommt. Hier und da und an immer mehr Orten werden tiefe Freundschaften, starke Allianzen, engere Zusammenarbeit und neue Ebenen der Gemeinschaft neue Wege beschreiten, und Know-how und neue Kapazitäten aufbauen. Diese Pilotprojekte und kulturellen Experimente mögen zunächst wie außergewöhnliche Randerscheinungen an den Grenzen der Kultur erscheinen. Aber wenn die Kapazitäten, die sie kultivieren, für das kollektive Wohlbefinden entscheidend werden, werden sie als weitaus zentraler verstanden, als sie zunächst erschienen sind.

Die Überlebensbedürfnisse der menschlichen Zivilisation werden den Sieg davontragen. Auch wenn sie aufgrund ihrer kurzfristigen politischen Vorteile vorübergehend gedeihen mag, kann eine autokratische, opportunistische, kämpferische Führung die aktuellen menschlichen Herausforderungen des 21. Jahrhunderts nicht bewältigen. Dieser Art von Führung magelt die reife, nuancierte Handlungslogik, die notwendig ist, um die stürmischen Meere weise zu steuern. Tatsächlich werden unsere Herausforderungen nicht leicht zu bewältigen sein, auch nicht durch unsere beste evidenzbasierte und ergebnisorientierte rationale Führung. Führung und Zusammenarbeit auf nächster Ebene sind notwendig. Spitzenkräfte der Organisationsentwicklung experimentieren bereits mit spannenden neuen Praktiken und Prozessen. Eine Führung, die unseren neuen Lebensbedingungen tatsächlich angemessen ist, wird nur aus einem reichen kulturellen Prozess mehrerer Experimente im Gespräch entstehen.

Wirtschaftsunternehmen sind die Vorfront solcher Experimente. Aber auch in kleinen Gruppen, Stämmen und jungen Gemeinschaften, die kooperativ arbeiten oder leben wollen, werden andere Lektionen gelernt. Sie experimentieren mit Gegenseitigkeit, Mitverantwortung und Praxis in der Beziehung und fungieren als lebendige Labore für neue Möglichkeiten im menschlichen Umgang. Einige von ihnen transzendieren und schließen das „Ich" ein, um ein selbstbewusstes „Wir" mit neuen Potenzialen für Kreativität und intelligentes Handeln zu schaffen.

Da sie spontan „durch die Brüche" entstehen, gibt es keinen einzigen Schwerpunkt, an dem sich all diese verschiedenen Gemeinschaften, Praktiken, Theorien und Schulen für soziale Synergien gegenseitig erkennen und verbinden können. Und jedes dieser Experimente in Kultur und Konversation könnte auf wichtige bahnbrechende Entdeckungen stoßen, so dass niemand behaupten kann, dieses ganze Feld zu verstehen. Trotzdem werde ich teilen, was ich kann. Ich habe an einer Reihe von Experimenten im integralen evolutionären Ökosystem teilgenommen und auch geleitet, bei denen viele miteinander ins Gespräch kommen und theoretische Prinzipien und Erfolgsmethoden entwickelt haben.

„We-Space", wie ich bereits erwähnte, ist ein relativ neuer Begriff, der in der integralen evolutionären Gemeinschaft verwendet wird, um einen aufkommenden Satz von Praktiken zu beschreiben, um ein intersubjektives Erwachen einer Intelligenz höherer Ordnung zu katalysieren, in der „WIR schlauer sind als ICH es ist". „Intersubjektivität" bezieht sich auf unsere gemeinsamen Innenräume, einschließlich gemeinsamer Bedeutungen und Verständnisse, aber auch auf ein gemeinsames Gefühl für die Bereiche zwischen den Menschen, wenn es ein gewisses Maß an gegenseitigem Verständnis gibt – den „Vereinbarungsraum". Dies ist eine inhärente Dimension unseres Seins, so alt wie die Evolution selbst, und enorm in Größe und Umfang. Sie umfasst die gesamte menschliche Kultur, insbesondere das, was implizit und nicht explizit ist – mit anderen Worten alles, was „wir alle einfach wissen". Kultur ist immer dynamisch – und in letzter Zeit hat sie sich schneller denn je entwickelt.

Historiker diskutieren immer noch, ob es in der Geschichte wirklich um unpersönliche kulturelle Evolution oder um die Führung großer Individuen geht, deren Entscheidungen unser kollektives Schicksal prägen. Es ist offensichtlich, dass in Zeiten des schnellen Wandels große Männer und Frauen manchmal zu den Brennpunkten der sozialen Transformation werden (auch wenn diese Transformation das unvermeidliche Produkt größerer Kräfte ist). Als es Zeit war, dass der Kolonialismus in Indien zu Ende gehen sollte, diente Gandhi als inspirierendes Beispiel für eine weise moralische und politische Führung. Als es an der Zeit war, dass der legale institutionelle Rassismus in Amerika endet, agierte Martin Luther King ähnlich. Als es an der Zeit war, dass die Apartheid in Südafrika endet, leistete Nelson Mandela seine große Arbeit. Unsere gegenwärtige ökologische Situation und Krise ist viel komplexer und vielschichtiger als jeder dieser früheren großen kulturellen Übergänge. Es wird eine Reihe von viel grundlegenderen und herausfordernderen Veränderungen des menschlichen Verhaltens erfordern. Diese historischen Beispiele sind nach wie vor eine Quelle großer Lektionen und Inspirationen, aber ich glaube nicht, dass unsere nächsten Transformationen von einem einzelnen Individuum abhängen werden. Stattdessen, nach dem Motto von Thich Nhat Hanh, wonach „der nächste Buddha sehr wohl eine Sangha sein kann", scheint es mir, dass die kulturelle Renaissance, die unsere globale Krise erfordert, wahrscheinlich um eine Art menschliches Kollektiv herum verlaufen wird. Das deutet auf eine tiefe Ebene der potentiellen Bedeutung in unseren Experimenten in der Gemeinschaft hin.

Selbst unsere Beziehungen zu unseren Familien und Freunden können zu den wichtigsten „Frontlinien" in der (r)evolutionären Transformation gehören, die unsere Notlage erfordert. Wir machen vielleicht einen größeren Unterschied, als wir dachten, wenn wir damit experimentieren, einander besser zuzuhören und zu hören, wesentlich und effektiver zu sprechen oder Fragen gemeinsam zu stellen, zu vertiefen und zu verfeinern und sie uns verändern zu lassen.

EIN NEUER GLOBALER TRIBALISMUS

Die Familie, die Gruppe, der Clan, das Dorf, die Region, die Kirche oder der Tempel, die ethnische Gruppe, die Nation – unsere Gruppen haben uns immer definiert. Die Dynamik innerhalb und außerhalb der Gruppe wird auf die Neurophysiologie der menschlichen Psychologie tätowiert. Dennoch befinden wir uns in einer planetaren Ära und stehen vor globalen Herausforderungen, die wir nur gemeinsam und über alle Grenzen hinweg lösen können. Die nationalistische Gegenreaktion auf die Globalisierung hat zweifellos gezeigt, dass unsere Stammesdenken zu zentral für die menschliche Identität sind, um ignoriert zu werden. Stammesidentitäten und -grenzen sind nicht starr; sie erodieren und regenerieren und entwickeln sich und verändern sich im Laufe der Zeit, aber sie sind uns eigen, sie sind mächtig, und sie müssen respektiert werden. Wir haben bereits erwähnt, dass Nationen und Stämme Seelen haben. Sie haben auch Schatten, Karma, Archetypen, Engel, Dämonen und heroische Qualitäten. Unsere Stammesseelen werden uns nur dann durch diese neue Krise bringen, wenn sie lernen, sich auf neue Weise mit anderen Stämmen zu identifizieren. Und die Beziehungen unserer verschiedenen Stämme (einschließlich unserer neuen globalen Stämme) werden teilweise die Geschichte unserer planetaren Zukunft schreiben.

Neue dialogische Gesprächspraktiken können helfen, eine neue Art von Stammespraxis zu entwickeln. Gemeinschaftsexperimente wie Ökodörfer, bewusste Unternehmen und Aktivistenkollektive erfordern neue Ebenen der Zusammenarbeit – und neue Ebenen der Freundschaft. Einige dieser Übungsgemeinschaften sind zutiefst intensiv und intim. Einige gründen sich auf ein Verantwortungsbewusstsein für die Bewältigung unserer globalen Herausforderungen. Einige streben direkt danach, eine Sangha zu bauen, die helfen kann, den nächsten Buddha hervorzubringen. Sie haben noch einen langen Weg vor sich, bevor sie als alles andere als Randphänomene in der Stammespolitik der größeren Welt angesehen werden, aber schon lange vorher könnten ihre Entdeckungen einen transformativen Einfluss auf diese intra- und intertribale Dynamik haben.

Auch wenn diese Experimente weltzentriert sind, können sie ethnischen oder anderen lokalen Stämmen mit Respekt begegnen und von ihnen lernen. Viele werden es zu schätzen wissen, dass die meisten Menschen (einschließlich sich selbst) an mehr als einem Stamm teilnehmen – lokal und virtuell, biologisch und kulturell. Und sie werden lernen, die Paradoxien zu erkennen und zu navigieren, die ein neues Zeitalter des globalen Tribalismus begleiten. Anstelle einer vereinfachten Polarität zwischen Globalismus und Tribalismus können sie anerkennen, dass die meisten aktuellen sozialen Spannungen zwischen den unterschiedlichen Werten und Interessen einzelner konkurrierender Stämme über dieses Spektrum hinweg bestehen.

Wie wir den Begriff hier verwenden, sind Stämme sehr unterschiedlich. An einem Ende des Spektrums befinden sich traditionelle, kulturell homogene Dörfer, Viertel und Townships, in denen die Menschen ihr ganzes Leben lang leben. Ihre Mitglieder gehören nur einem Stamm und einer Religion an. Am anderen Ende des Spektrums stehen postmoderne Praxisgemeinschaften, deren Mitglieder auf der ganzen Welt leben und nur gelegentlich zusammenkommen, manchmal per Sprach- oder Videoverbindung, anstatt sich persönlich zu treffen. Ihre Mitglieder gehören vielen Stämmen an. Jedes Extrem veranschaulicht auf ganz unterschiedliche Weise die Ganzheit.

Die Gesamtheit unserer Welt kann von Menschen, die mit einer Vielzahl von Gemeinschaften verbunden sind und mehrere

Sprachen und Praktiken des Diskurses und der Gemeinschaft anwenden, besser verstanden werden. Aber die einfachen instinktiven Formen gewöhnlicher, gesunder Menschlichkeit finden ihren vollständigeren und integralen Ausdruck im Leben eines Dorfes, das nachhaltig mit dem größeren Netz des Lebens verbunden ist. Die „archaische Erweckung" und die Idealisierung der indigenen Weisheit wird wiederbelebt, weil es sich auf unbestreitbare Weise auf das einzige „bewährte Modell" der Menschheit für eine nachhaltige Kultur bezieht. Es scheint die Occam's-Rasiermesser für (einfachste und offensichtlichste) Lösung für alle Herausforderungen der Nachhaltigkeit zu sein. Eine ganz neue Logik bringt die Menschen zurück aufs Land, weg von Geschäften und Waren und Plastiktüten und -verpackungen, hin zum Projekt der Entwicklung und Entscheidung für ökologisch integrierte Technologien und gegen ökologisch schädliche Entscheidungen. Aber ein großflächiger Übergang zu einer solchen Einfachheit erscheint unwahrscheinlich. Wir schauen also in eine andere Richtung, zumal der Fortschritt in unsere neu entstehenden Potenziale so spannend erscheint. Vielleicht enthalten unsere ausgefeiltesten Fähigkeiten, die hohen Blüten und Früchte jahrhundertelanger üppiger Expansion, Potentiale, die eine neue Art menschlicher Kultur und eine neue Art von Beziehung zwischen menschlichen Stämmen hervorbringen könnten.

Lassen Sie uns einige dieser neuen Potenziale betrachten. Die Kommunikation zwischen den Stämmen ist eine entscheidende Herausforderung, die wir untersuchen werden. Diese neuen Stämme bilden und entwickeln sich und entwickeln sich, indem sie miteinander sprechen und *intern* kommunizieren. Aber irgendwann werden sie entdecken, wie wertvoll es sein wird, den Dialog mit *anderen* Stämmen, einschließlich einiger unserer vielen ethnischen Stämme, zu lernen. Andere Herausforderungen sind unsere rassischen und ethnischen Stammesgrenzen, und wir werden weiterhin lernen, Fragen der ethnischen Identität offener und fruchtbarer anzugehen. Es ist wichtig zu lernen, generative Gespräche zu führen, die die Grenzen von Rasse und Stamm überschreiten, Gespräche, in denen nicht nur alle Teilnehmer gehört werden, sondern alle voneinander lernen und sich verändern können und einander zuhören.

Es gibt ebenso bedeutende Herausforderungem innerhalb der Stämme. Was wird passieren, wenn weiße Evolutionäre anfangen, auf weißen identitären Versammlungen aufzutauchen und ihre Stammesverbindung und sogar Brüderlichkeit mit ihren ‚rassischen' Cousins anerkennen? Anstatt sich zu weigern, mit „Rassisten" zu sprechen, könnten sie beginnen, einige tiefe Spaltungen im Gefüge ihrer zerbrochenen Großfamilien wieder zusammenzufügen. Das wäre eine neue Welt. Eine weitere Grenze ergibt sich aus der Erkenntnis, dass die meisten unserer „traditionellen" ethnischen Stämme paradoxe, postmoderne Phänomene sind; die meisten ihrer Mitglieder gehören nicht nur zu ihrem ursprünglichen ethnischen Stamm oder Clan, sondern auch zu anderen sozialen, religiösen, philosophischen oder spirituellen Stämmen, wobei sie damit eine Art Mehrfachbürgerschaft bewahren. Wir werden nie wieder von einem allgegenwärtigen, alten Kulturgefäß gehalten werden, das nicht in Frage gestellt werden sollte. Aber wir sitzen im selben Rettungsboot mit Menschen, die ihre Traditionen nutzen, um die Herausforderungen des Lebens zu meistern. Wir müssen Wege finden, um zusammenzuarbeiten und zu tolerieren *und* sinnvoll miteinander zu kommunizieren. Und so müssen wir zuhören und uns tatsächlich verbinden.

Wir müssen auch lernen, wie unsere Stämme ihre Kämpfe sicher, fair und produktiv führen können. Dieses Gespräch richtet sich in erster Linie an Menschen mit „evolutionärer" Sensibilität, oder zumindest an einen Geist, der sich mit integralen Einsichten beschäftigen kann und die Notwendigkeit, Gültigkeit und einzigartige Weisheit und Schönheit aller unserer Mitstämme im gesamten Spektrum sehen und schätzen und ehren kann. Gemeinsam können wir feststellen, dass das Geschick aller Stämme immer wieder auf- und abgegangen ist, wenn einige wachsen und andere fallen, in einem natürlichen und evolutionären Prozess. Wir können fragen, wie sich die Beziehungen zwischen unseren konkurrierenden Stämmen und besonderen Interessen (einschließlich der so genannten „politischen Fraktionen") so verändern könnten, dass wir effektiv zusammenarbeiten können, um unser gemeinsames Überleben und unsere Nachhaltigkeit zu sichern. Aber wie? So viele zerstörerische Waffen und Mächte scheinen dazu bestimmt zu sein, ihren Weg in die Hände unverantwortlicher Menschen zu finden, in einer offenen Gesellschaft, in der das Wissen frei ist und sich exponentiell ausdehnt. Eine Schlüsselaufgabe evolutionärer Stämme besteht also darin, Wege des Zusammenlebens zu entwickeln, die jedem Stamm das meiste (oder zumindest genug) von dem bieten kann, was er braucht, auch wenn es einiges (vielleicht sogar viel) von dem, was er will, nicht erfüllt, so dass Stämme stark aber nicht zerstörerisch miteinander konkurrieren können. Das erscheint fast unvorstellbar idealistisch, aber es ist nicht optional. Eine Politik, die Konflikte zwischen Gruppen so entscheiden kann, dass sie ihre Kapazitäten für kontinuierliche Zusammenarbeit und Toleranz stärken, ist eine kritische Voraussetzung für ökologische Nachhaltigkeit.

Gespräche *zwischen* Stämmen, die über die relative Macht konkurrierender Fraktionen entscheiden, sind potenzielle Brennpunkte. Das bedeutet, dass unsere Diskursregeln letztendlich dazu dienen müssen, jegliche Hintergedanken zu entmutigen, die die ehrliche Kommunikation beeinträchtigen. Experimente im intertribalen Diskurs haben sich entwickelt, die von traditionellen Praxen und den Bereichen Mediation und Verhandlung geprägt sind. Sie werden zunehmend durch Experimente in den Bereichen generativer Dialog, We-Space und kollektive Weisheit informiert. Durchbrüche bergen letztlich das Potenzial, eine neue Art menschlicher Politik zu entwickeln. Schließlich *sind* Gespräche zwischen Stämmen in gewisser Weise Politik.

Die Menschen entwickeln bereits spontan eine neue globale Stammespraxis, indem sie sich in Lagern, Seminaren, Gruppenausflügen und Online-Gesprächen sowie in Klassen, Konferenzen und Feiern mit internationalen Teilnehmern treffen. Es gibt eine inhärente systemische Notwendigkeit bei der Arbeit: die dringende Notwendigkeit der menschlichen Reife, um unsere kollektive Entscheidungsfindung zu steuern. Wie werden sich diese globalen Gespräche entwickeln? Eines ist klar: Wir brauchen zwei Arten von Konversationen. Wir brauchen offene Foren, die neue Teilnehmer willkommen heißen und neue Menschen in diese

Gesprächspraxis einbeziehen. Aber wir werden unsere Praxis verfeinern und uns persönlich durch tiefere, persönlichere und intimere Gespräche in geschlossenen Gruppen von Menschen verwandeln. Diese können zu Praxisgemeinschaften werden, in denen wir uns und unsere Stämme sich tatsächlich entwickeln können.

Dies lehrt viele Lektionen, die auf Gespräche über Stammesgrenzen hinweg übertragen werden können, und insbesondere auf unsere wichtigen öffentlichen Gespräche. Die Bewegung für den zivilen Diskurs hat einen notwendigen Standpunkt vertreten: Gegenseitiger Respekt und Höflichkeit sind entscheidend für die Synergien, die es uns ermöglichen, ernsthafte Fragen gemeinsam produktiv zu bearbeiten. Es wird deutlich, dass wichtige öffentliche Gespräche nicht fruchtbar als „Debatten" geführt werden können. Ihre Aufgabe ist es, gute kollektive Entscheidungen zu treffen, die die Fähigkeit erfordern, zuzuhören, zu reflektieren und von dem, was wir hören, beeinflusst zu werden. Aber es muss noch weiter gehen. Wir brauchen Gesprächspartner und Moderatoren, die uns helfen, uns an unseren gemeinsamen Werten zu orientieren, damit wir uns gemeinsam in ein herausforderndes kreatives Gebiet wagen können. Unsere Gespräche sind oft eh schon lehrreich, und wir lernen, wie wir uns gegenseitig immer besser unterrichten können. Aber jenseits von Debatten und Überzeugungsarbeit liegt die Untersuchung. Zu unseren wichtigsten Gesprächen werden ernsthafte, offene Anfragen gehören. Produktive Forschung basiert auf Wissen, Intelligenz und Expertise – *im Rahmen einer aufrichtigen und expliziten Betreuung.*

In der nächsten Phase unserer kulturellen Evolution werden wir der gemeinsamen unbewussten menschlichen Tendenz entgegenwirken, sich nur an den Oberflächen unseres Wesens zu treffen. Aus der Tiefe heraus begegnen und verbinden wir uns, zeigen und ausüben unsere Werte und Weisheiten, und von dort aus reifen wir heran. Tiefe und Ernsthaftigkeit müssen jedoch durch Humor ausgeglichen werden – den mein erster Lehrer, Adi Da Samraj, sinnvollerweise definiert hat als „intuitive Freiheit von den Implikationen der Erfahrung" und die Grundlage für „unzumutbares Glück", welches unabhängig von den Umständen ist. Gesunder Ernst ist nicht „schwer". Aber ohne die Fähigkeit zu *humorvoller* Ernsthaftigkeit trägt das Gewicht der Konsequenz auf uns ab. Experimentieren wir also mit Konversationen, die gleichzeitig äußerst ernst und wirklich humorvoll sind – nicht eine mittelmäßige Aufteilung der Differenz, sondern eine gleichzeitig freie und verantwortungsvolle Intimität miteinander und mit dem kreativen Potenzial des nächsten Moments des Lebens und der Existenz.

WAS IST EIN WE-SPACE?

Qualitativ hochwertige Gespräche waren schon immer von zentraler Bedeutung für das, was es bedeutet, menschlich zu sein, von den frühesten Stammesräten bis hin zur Dialektik des Sokrates, wie sie uns von Platon überliefert wurde. Ein tiefgründiger Diskurs hat stets das Handeln und die Gemeinschaft inspiriert und die tiefe Auseinandersetzung mit dem, wer wir sind. Wir begegnen ihm unter jüdischen rabbinischen Studenten, unter Sufis, von St. Ignatius bis zu den Studios und Salons der Renaissance und der Aufklärung, und dann in unseren Akademien, bei Quäkertreffen und in den transzendentalistischen und New-Thought Bewegungen. Kommunikation und Gruppendynamik wurden in den Bereichen Psychologie, Soziologie, Philosophie, Bildung, Wirtschaft und vielen anderen Bereichen untersucht.

Die Fortschritte in der Gesprächspraxis haben sich seit den kreativen Experimenten des Dialogs des Physikers David Bohm in den 1960er Jahren beschleunigt.[73] Enorme Leidenschaft, Experimentierfreude und kreative Innovation haben sich in den Bereichen Dialog, Teambuilding, Gruppentherapie, Organisationsentwicklung, Gruppenprozesse, Hosting- und Convening-Künste und andere Praktiken, die die Qualität von Kommunikationsprozessen bewusst fördern, entwickelt. Das soziale Potenzial des generativen Dialogs und der kollektiven Intelligenz und Weisheit wurde von Juanita Brown, Meg Wheatley, Tom Atlee, Alan Briskin, Alexander Flor, Jim Rough und vielen anderen anerkannt und gefördert. An der Vorfront der Kultur gehen viele Experimente neue Wege.

Hier möchte ich Ihnen die Geschichten der Experimente erzählen, mit denen ich am besten vertraut bin. Jede mögliche menschliche Interaktion beinhaltet ein „Wir", eine kollektive innere Dimension, die eine gemeinsame Sprache, Werte, Überzeugungen und Energien beinhaltet. Aber der spezifische Begriff „We-Space" wird in der integralen evolutionären Gemeinschaft seit einem Jahrzehnt verwendet, um ein aufkommendes Phänomen zu beschreiben, in dem intersubjektive Möglichkeiten hervorgerufen und mit Praktiken erforscht werden, die höhere gemeinsame Zustände kultivieren.[74] Die Ziele dieser Experimente variieren. Eine erwachte, belebte und vielleicht sogar erleuchtete Qualität kann nicht nur in der subjektiven Erfahrung der Praktizierenden entstehen, sondern auch im „Dazwischen", in allem, was entsteht, wenn sich zwei oder mehr Menschen treffen – die undefinierbare dritte Präsenz, die weder meine subjektive Erfahrung noch deine ist, sondern das „Wir". Die Individuen mögen starke Erfahrungen der Nicht-Trennung oder tiefen Gemeinschaft haben, aber was einzigartig für den We-Space ist, ist eine wahrgenommene Präsenz als eine Quelle zwischenmenschlicher Intelligenz, die normalerweise als weiser als von jedem Individuum stammend empfunden wird.

Da wir in Gesellschaften der Entfremdung leben, sind die Menschen hungrig nach der Erfahrung einer tieferen Verbindung, die auf eine ganze Reihe von sozialen Bedürfnissen reagiert. So wuchs der We-Space in der integralen Gemeinschaft schnell und hat eine Vielzahl von Ausdrucksformen gefunden, die nicht alle die Tiefe des transpersonalen Bewusstseins oder die persönliche und gemeinschaftliche Transformation, auf die ich hier hinweisen werde, erreicht haben. Das sollten sie auch nicht – es ist nicht notwendig, die Probleme der Welt anzugehen, bevor wir anfangen, unsere Trennung zu heilen und zu lernen, mit anderen auf erfülltere Weise umzugehen.

Die aktuelle Arbeit im We-Space hat zwei allgemeine Schwerpunkte: (1) Praktiken, die sich auf die Schaffung gemeinsamer

Erfahrungen von Intimität oder anderen höheren intersubjektiven Zuständen und Kapazitäten konzentrieren, einschließlich direkter Erfahrungen mit Gruppenfeldern von Intelligenz und Energie; und (2) Praktiken, die sich auf die Schaffung innovativer, sinnvoller Gespräche konzentrieren, bei denen der Inhalt des Diskurses im Mittelpunkt steht, weil sie wichtige Erkenntnisse und neues Verständnis, kreative Innovation, Gruppenzusammenhalt und/oder Problemlösung fördern.

Wir können dies auf einen Schwerpunkt auf (1) höhere Zustände oder (2) aussagekräftige Inhalte abkürzen. Aber in beiden Fällen ist diese Arbeit wegweisend für neue Grenzen der Intimität und Ko-Kreativität. Beide funktionieren in wichtiger Weise, um einen Gruppencontainer für die kollektive Transformation zu etablieren.

Gemeinsame Tiefe und reale Begegnung in der Gemeinschaft geben den Teilnehmern eine kollektive Erfahrung, die über die Grenzen des Selbst hinausgeht und das Gefühl eines gemeinsamen partizipativen Wachstumskurses eröffnet. In Gruppen ist es auch einfacher, Bindungen zu entspannen, eine Vielzahl neuer Perspektiven zu erforschen und zu erschließen und kreative Denkweisen und neue Weisen des Lernens und Zusammenseins zu entdecken.

Der Wechsel „von mir zu uns" vollzieht einen Schritt in eine Erfahrungsebene, in der wir nicht radikal getrennt sind. Dieses kollektive Phänomen spiegelt den integralen Wandel *vom Denken des „von den Teilen zum Ganzen" zum Denken des „vom Ganzen zu den Teilen und wieder zurück" wider*. Dies ist eine neue soziale Orientierung, insbesondere für postmoderne Westler, die sehr stolz auf ihre Individualität sind.

Der integrale We-Space will Bedingungen schaffen, unter denen die bewusstesten und kreativsten intersubjektiven Erfahrungen möglich sind. Ziel ist es, Bedingungen zu schaffen, unter denen sie von einer ganzen Gemeinschaft von Teilnehmern kontinuierlich mitgeneriert und mitentwickelt werden können. Dann können Weisheit und Erwachen mitentscheiden, aus einem höheren Wir hervorgehen, das von allen geteilt wird („many-to-many"), anstatt nur von einer einzigen Autorität übertragen zu werden („one-to-many").

Die höchsten und mächtigsten intersubjektiven Zustände und das bemerkenswerteste kreative Denken erfordern eine große gemeinsame Investition von Zeit und Energie durch eine ganze Gemeinschaft. Und viele Dinge können den Aufwand sabotieren. Aus diesem Grund legen einige We-Space-Experimente Grundregeln, Verhaltens- und Beteiligungsstandards, gemeinsame Vereinbarungen und Systeme der Rechenschaftspflicht fest.

Es ist selten, dass der We-Space sein volles Versprechen erfüllt, aber ich glaube, dass diese Praktiken das Potenzial haben, die spirituelle Kultur zu verändern. Dies gilt insbesondere, weil das „Wir" weise, frei und post-personal ist und für viele Gruppen eine neue Grundlage für spirituelle Autorität geschaffen hat, die nicht an einem bestimmten Lehrer oder einer bestimmten Person gebunden ist.

Die soziale Entwicklung von der Trennung zu mehr und tieferer Ganzheit ist für die weitere Zukunft der Zivilisation von wesentlicher Bedeutung. Es ist bereits im Gange und zeigt sich in kleinen, aber erfolgreichen kulturellen Experimenten, wie ich sie hier beschreibe. Diese sind am häufigsten und wahrscheinlichsten in Übungsgemeinschaften, an Orten, an denen subkulturelle Taschen der Praxis und des Erwachens sowie Intimität und Großzügigkeit von Natur aus auftreten. Diese Experimente können einer kritischen evolutionären Funktion dienen. Die Dynamik an der Spitze schafft eine attraktive Kraft, die andere zu neuen, aufkommenden Möglichkeiten anlockt. Wenn wir echte Schritte in Richtung kollektives Erwachen machen, wird es sogar diejenigen anregen, die indirekt mit uns in Verbindung gebracht werden.

Wenn etwas wirklich Elektrisches und Fantastisches passiert, magnetisiert es die Kreativität, und eine „Szene" kann eine ganze Welle der Kreativität hervorbringen, wie der in Kapitel 8 erwähnten „Szenius". Brian Eno definierte es als „die Intelligenz und die Intuition einer ganzen Kulturszene ... die kommunale Form des Geniebegriffs".[75] Kevin Kelley hat darauf hingewiesen, dass der „Szenius überall und in verschiedenen Maßstäben ausbrechen kann", von einer Ecke eines Unternehmens bis zu einer ganzen Region. Er nennt Beispiele wie die Bloomsbury Group, 1920er Jahre Paris, Silicon Valley und sogar NYC Lofts und Burning Man.[76] Ich erlebte das Phänomen „Szenius" direkt in den 2000er Jahren, als die integrale evolutionäre Bewegung auf den Plan trat und die Spannung und der Strom Dutzende von kreativen Projekten hervorbrachten.

Mathematiker, Anthropologen, Evolutionspsychologen und andere soziale Beobachter wenden manchmal Prinzipien der mathematischen Spieltheorie auf soziale Beziehungen an. Wenn man diese Begriffe betrachtet, ist es offensichtlich, dass wichtige Effizienz- und Wettbewerbsvorteile für Mitglieder von stärker kooperativen Gruppen entstehen werden. Wenn sie ein höheres Maß an (gruppeninternem) gegenseitigem Vertrauen und Selbstlosigkeit aufrechterhalten können und zum Wohle der Allgemeinheit zusammenarbeiten können, gedeihen sie oft. Als kooperative Gruppe sollten sie in der Lage sein, isolierte Einzelpersonen oder andere Organisationen, die weniger in der Lage sind, sich gegenseitig zu vertrauen, zu übertreffen. Die Spieltheorie sagt auch voraus, dass sie wahrscheinlich weiterhin vorsichtig sein müssen, wenn es um Gruppengegner und Trittbrettfahrer geht. Das würde „gruppeninternen Altruismus" und (als notwendige praktische Strategie) zumindest ein Maß an „Vorsicht gegen Fremdgruppen" bedeuten.

Dieses Prinzip ist in der biologischen und kulturellen Evolution sichtbar. So war es zum Beispiel die Zusammenarbeit früher Bakterien, die die ersten nukleus-artigen Zellstrukturen schufen und die Photosynthese ermöglichten. Die Evolution verläuft in einem Prozess der Differenzierung und Reintegration. Menschliche Individuen haben sich in einem Maße differenziert, das pathologisch geworden ist. Wir sind reif für eine neue Ebene der Reintegration, für die gemeinsame Ankunft als kooperativer „Superorganismus". Die Evolutionstheorie prognostiziert, dass unsere nächste Ebene der kulturellen Evolution durch die Konvergenz dessen, was gerade in der individuellen Praxis auftaucht, und der aktuellen Vorfront der Kultur zustande kommen wird. Das ist ein menschlicher Superorganismus. Das ist oft die subjektive Erfahrung, die in der Praxis des Wir-Raums entsteht – das gemeinsame Feld wird zur Präsenz in sich selbst, größer als jedes Individuum und doch mit allen. Wenn hoch entwickelte Individuen mit einer Fähigkeit zur Selbsttranszendierung auf neue Weise Freunde werden können – wirklich kohärent und zutiefst vertrauenswürdig – können ihre neuen Stämme eine starke Kraft für den sozialen Wandel sein. Dies ist einer der Wege, wie ich den organischen Telos dieses spontanen kulturellen Experiments derzeit verstehe. Das ist Teil dessen, was ich mit einer neuen Republik des Herzens meine.

Mit „Stämmen" meine ich „Übungsgemeinschaften" oder Sanghas, die Schlüsselwerte teilen und sie von Moment zu Moment praktizieren. Diese aufkommenden „Wir-Stämme" sind eine neue Oktave des menschlichen Experiments, aber in einem anderen Sinne sind sie auch nichts Neues. Forschungsgemeinschaften haben immer den kulturellen evolutionären Fortschritt vorangetrieben. Die Weber von Rochdale schlossen sich den Ludditen nicht der Protestbewegung an; sie bildeten die erste westliche Geschäftskooperation und bestimmten die Prinzipien der gesamten Genossenschaftsbewegung. In jeder Generation gehen neue Gemeinschaftsexperimente neue Wege. Experimente in der integralen oder evolutionären kulturellen Nische, mit der ich besonders vertraut bin, sind aus einem größeren sozialen Myzel mit vielen anderen Ausdrucksformen entstanden, und dieses größere Netzwerk wächst, verbindet und entwickelt auch ein neues Potenzial für die menschliche Kultur.[77]

PARADIES BEDEUTET „UMMAUERTER GARTEN"

Paradoxerweise ist eine gewisse strukturelle Trennung von der äußeren Zivilisation notwendig, damit eine Gemeinschaft außergewöhnliche Bindungen von Vertrauen und Praxis eingehen kann. Ohne solche Mauern um den Garten herum wird die gesamte Anstrengung verwässert und wird wahrscheinlich scheitern. Natürlich ist das ultimative Ziel, die Verbundenheit auf jede erdenkliche Weise zu erweitern, aber zuerst muss sie innerhalb der Grenzen einer sicheren, absichtlichen Gemeinschaft inkubiert werden.

Während diese neuen, experimentellen Stämme in wichtiger Hinsicht wirklich neue Wege gehen, sind sie immer noch Stämme, die manchmal noch Stammesangehörige sein müssen (im besten, notwendigsten Sinne). Diese neue und seltene intersubjektive Entwicklung kann einfach nicht ohne eine Disziplin überleben, die eine gewisse Isolierung von störenden Einflüssen erfordert, die die aktuelle Norm von Misstrauen und Entfremdung in der größeren Kultur widerspiegelt. Die heikelsten lebendigen Erkundungen des menschlichen Potenzials sind nur möglich, wenn ihre Mitgliedschaft auf aufrichtige Praktizierende beschränkt ist, die bestimmte Absichten und/oder Verpflichtungen aufrechterhalten können. Nur so können diese evolutionären Experimente zum Erfolg führen.

Zuerst beginnen diese Experimente in tieferer Verwandtschaft oft in Enklaven von ernsthaften Praktizierenden, die aufgrund ihres gemeinsamen Verständnisses, ihrer Absichten, Verantwortlichkeiten und Verpflichtungen zusammenkommen. Während sie eine bestehende Praxis teilen können, in der die Mitglieder bereits versiert sind, praktizieren sie auch die Öffnung über das Bekannte hinaus in etwas Neues und Auftauchendes. Ihr Erfolg hängt von der gegenseitigen Präsenz, Offenheit, Sensibilisierung, Bewusstsein, Kompetenz und Kapazität ab. Dann kann das „Wir" nach vorne kommen und alle Teilnehmer können ein aufregendes, lebendiges Gebiet erleben, in dem etwas beginnen kann, was noch nie zuvor passiert ist.

Aber die Wir-Stämme sind, während sie sich entwickeln, kein neuer Mönchsorden. Sie interagieren nicht innerhalb der Mauern eines Klosters und sehen niemanden außerhalb davon. Als ernsthafte Praktizierende im We-Space werden sie Verbündete und Kollaborateure in all den verschiedenen Projekten haben, an denen sie beteiligt sind, so dass sich ihre Werte und Praktiken in der Kultur weiter verbreiten werden. Sie werden wollen, dass ihre neuen Wege des Seins für andere immer zugänglicher werden und sich letztendlich auf die menschliche Kultur im Allgemeinen erstrecken und sie hoffentlich auch durchdringen.

Bestimmte Qualitäten des Kollektivs und der Mitglieder eines Wir-Stammes ermöglichen es, dass sich ihre Beziehungen qualitativ von konventionellen Beziehungen unterscheiden.

Erstens müssen sie sowohl individuell als auch kollektiv eine kreative Beziehung zum Unbekannten (und oft Unwissenden) haben, damit das, was gegenwärtig im „Wir" entsteht, eine potenziell grenzenlose Quelle erwachter Energie, Intelligenz und Führung sein kann. Das ist es, was jeden aus der mächtigen, undenklichen Automatik der vertrauten Gewohnheitsmuster herausheben kann. Es braucht enorme Energie, bis eine Gruppe kohärent genug wird, um diese Dynamik zu brechen. Die Quelle der Energie und Intelligenz für einen solchen positiven sozialen Wandel kann weder die Willenskraft einzelner Individuen sein, die einfach zu schwach ist, noch das „Gruppendenken" eines Kultes oder Mobs, dem die Intelligenz fehlt, sich selbst zu korrigieren und zu entwickeln.

Die Energie und Weisheit wird durch das intersubjektive Feld selbst übertragen, das dann zu einer Quelle spiritueller Autorität werden kann.

Die aktive Ausübung von herzbasierter Gefühlsintelligenz kann es uns Stammesmitgliedern ermöglichen, das Geheimnis der Existenz als Praxis von Moment zu Moment neu zu entdecken und zu verbinden. Dies kann bis zu dem Punkt reifen, an dem die Praktizierenden in der Lage sind, durch das Leben zu navigieren, indem sie sich ständig öffnen und der Quelle von allem, was sie empfangen, geben. Dies ist ein sich selbst regenerierender Prozess, der ein Reservoir an nahezu grenzenloser Inspiration und Energie erschließt. Von Bedeutung ist, dass es sich sowohl selbst erneuernd als sich auch intelligent selbst korrigiert und entwickelt. In der Vergangenheit haben religiöse und spirituelle Gruppen manchmal auf diese enorme Energie und Inspiration zugegriffen, aber sie war in der Regel glaubensbegründet, oder lehrerbasiert, oder ritualbasiert, oder anderweitig unfähig, sich ständig selbst zu korrigieren und kreativ zu werden. Im Gegensatz dazu schöpfen We-Space-Praktizierende Kraft aus der Leitung von Herzintelligenz und Energie, um ein außergewöhnliches, zusammenhängendes Feld zu schaffen.

Die Vertiefung des Vertrauens ist ein Schlüssel zur Gruppenkohärenz. Wie ich bereits sagte, macht uns das Engagement für die Praxis individuell vertrauenswürdig. Dies gilt auch für Gruppen. Die Erforschung und Kultivierung des Vertrauens in das Leben (in all seinem Geheimnis), in sich selbst, ineinander und in die unaussprechliche intersubjektive Intelligenz im Zentrum der Praxis kann die Widerstandsfähigkeit der Gruppe erzeugen. Und dazu bedarf es auch der persönlichen Tugenden von Integrität, Verantwortung, Authentizität und stabilem Engagement, die die notwendige Grundlage für das für die Arbeit notwendige praktische Vertrauen im Alltag sind. Diese Integrität und die Authentizität, durch die wir Rechenschaft ablegen können – auch wenn wir nicht perfekt sind –, ermöglichen es einer Gemeinschaft, das Vertrauen im Laufe der Zeit zu erhalten. Aber dieses große Projekt der inneren und äußeren Arbeit ist immer eine Arbeit im Werden, deshalb müssen wir stets bereit sein – individuell wie auch gemeinsam –, die Praxis im nächsten Moment, und im nächsten, zu ergreifen.

Während der Einzel- und Gruppenwettbewerb schon immer den evolutionären Erfolg bestimmt hat, wird nun eine neue Ebene der kollektiven Zusammenarbeit (eine, die die Vorteile des Wettbewerbs nicht aufgibt) unser Überleben bestimmen. Dabei wird die individuelle Vertrauenswürdigkeit zu einem starken Vorteil. In diesem Raum streben wir ständig nach ehrenwerten, vertrauensvollen, reifen, herzbasierten Beziehungen – und wenn wir diese Marke nicht erreichen (was wir sicherlich tun werden), tun wir sofort und aufrichtig unser Bestes, um die Dinge wiederherzustellen. Die Transformation der Kultur hängt weitgehend davon ab, dass Menschengruppen vertrauenswürdig werden und einander vertrauen und so kohärent und dynamisch werden, wie wir es noch nie zuvor erlebt haben.

Die Verlagerung der eigenen Identität von einem primären Fokus auf das Selbst zu einem Fokus, der das Ganze umfasst – bis hin zur Gruppe, dann zur gesamten inneren und äußeren Welt – offenbart zwangsläufig defensive Muster und schützende Schichten des Selbstbildes, die einer tiefen Authentizität, Offenheit und Intimität im Wege stehen. Die Schattenarbeit ist hier der Schlüssel zu einer gesunden Entwicklung des Einzelnen in einem engen Kollektiv.

Alle Wir-Stämme, um den Begriff des Entwicklungspsychologen Robert Kegan zu verwenden, sind „bewusst entwicklungsorientierte Organisationen". Obwohl es nicht eine Organisation im gleichen Sinne wie ein Unternehmen oder einer Institution ist, ist ein Wir-Stamm ein Kollektiv mit einer Identität, mit Normen und einem Zweck, der nicht nur auf das Wohl des Ganzen ausgerichtet ist, sondern auch auf Entwicklungsfortschritte in den Individuen und dem Kollektiv selbst. Ein solcher Stamm will ausdrücklich dazu beitragen, eine nächste Stufe der Kultur zu erschaffen – eine wirklich integrale Stufe. Dazu gehört auch eine Achtsamkeits-Praxis, um zu bemerken, wie ihr Bewusstsein und ihr Verhalten dazu neigen, einschränkenden Gewohnheiten und Mustern zu unterliegen. Was bisher hätte unterdrückt wurde, weil es unschön ist, wird erlaubt, weil es etwas offenbart und somit neue Möglichkeiten eröffnet. Wenn man dies sieht, fallen diese begrenzenden Muster mit der Zeit absichtlich und natürlich weg. „Das Subjekt zum Objekt machen" ist Kegans kompakter Satz für die Reifung, wenn die eigene bisherige Sichtweise der Realität verstanden und überschritten wird – ein Prozess, der den Verschiebungen ähnelt, die Piaget bei Kindern beobachtet hat, während sie zu höheren Bewusstseinsebenen heranreifen. Innerhalb dieses We-Spaces liegt auch ein Schwerpunkt auf der Befreiung der Beziehungsmuster, die die unsichtbaren Strukturen des Status quo sind.

Ein starkes Einverständnis des We-Spaces ist, dass jederzeit etwas wirklich Neues und Wichtiges geschehen kann. Dies erzeugt eine entscheidende Haltung für die mächtigste Arbeit im Raum – eine Haltung positiver Erwartung, Neugier, Spontaneität und Aufmerksamkeit. Vieles kann passieren, wenn diese Haltung mit einer paradoxen Kombination aus (a) tiefem Wohlbefinden, das in der persönlichen Reife und der spirituellen Praxis verwurzelt ist, und (b) einem tiefen Sinn für Lebensmission verbunden ist, die eine selbst-übertragende Bereitschaft erzeugt, anderen Menschen im Dienst an einem größeren Prinzip von Nutzen zu sein.

Wie wird das von außen aussehen? Es wird wie eine stillschweigende Anerkennung unserer Verbundenheit aussehen, als Mitmenschen der menschlichen Familie. Es wird die Form haben, häufiger sinnvolle Verbindungen herzustellen, z.B. durch unaufdringlichen Blickkontakt mit Fremden in der Öffentlichkeit und mit Freunden im Privaten. (Diese einfache Geste des Augenkontaktes ist gewissermaßen der grundlegendste revolutionäre Akt – den Schleier der Anonymität zu durchbrechen, der jedes Mitglied einer entfremdeten Gesellschaft isoliert.)

Innerhalb des Stammes geht es darum, in Verbindung lebendig zu werden, evolutionäre Freundschaften zu vertiefen sowie Vertrauen, gegenseitige Großzügigkeit und Altruismus zu vertiefen. Das alles sind Aspekte des gemeinsamen Erwachens in einem neuen Wir-Raumes, des Werdens zu einer neuen Art von Stamm.

DEINEN WIR-STAMM BILDEN

Bewusste Kollektive erscheinen hier und da auf der ganzen Welt, weil die Bedingungen es zu einer natürlichen, auftauchenden Möglichkeit machen. Die ersten metaphorischen „lebenden Zellen" tauchen im Körper eines neuen Staates auf. Da ich mich aktiv an integralen ‚Wir-Räumen' in meinem kulturellen Ökosystem beteiligt habe, habe ich die mir bekannten Beispiele genutzt, um diese Diskussion zu konkretisieren. Aber wir sind bei weitem nicht die einzigen solcher Zellen. Diese „neue Republik des Herzens" entsteht natürlich und spontan mit vielen Menschen und an vielen Orten. Einer der greifbarsten Ausdrucksformen ist die „New Tribe"-Bewegung. Vor einigen Jahren luden die Community-Führer Bill Kauth und Zoe Alowan eine Gruppe von Freunden in Ashland, Oregon, ein, um ein Stamm zu werden, der eine dauerhafte lebenslange Verpflichtung eingegangen ist, fast wie eine Ehe – dass sie nicht umziehen werden und dass sie sich gegenseitig Stamm sein werden. Ausgehend von Charles Eisensteins inspirierenden Schriften über Beziehungen und eine Geschenk-Ökonomie durchdringen sie diese Arbeit mit einem starken Geist. Sie haben es in Seminaren und einem Buch, *We Need Each Other*,[78] verankert, das wie ein Handbuch für neue Stämme funktionieren kann.

Bill Kauth war einer der Gründerväter der mythopoetischen Männerbewegung (die seit den 1980er Jahren das männliche Bewusstsein in Amerika entwickelt) und unzähliger Männergruppen. Ihre Arbeit bringt bereits eine Reihe von noch jungen Gemeinschaften hervor und scheint bereit zu sein zu wachsen. Dies ist also eine Bewegung mit vielen „Zentren".

Ich erwähne dieses Beispiel hier, weil es auf erfolgreichen Erfahrungen beim Aufbau von Gemeinschaften basiert und abseits der verbreiteten integralen Tendenz zur elitären Selbstbesonderheit steht. Die nächste Generation der integralen Bewegung dehnt sich frei und kreativ über ihre früheren Grenzen hinaus aus, gibt ihren Sinn für Überlegenheit auf und widersetzt sich den Zwängen, um ihren integrativen Impuls auszudrücken. Im Geiste der radikalen integralen Ökologie sehe ich eine reiche Chance zur kulturellen Erneuerung in unserer Rekombination mit Gemeinschaften, die ökologische und öko-pschologische Tiefe und Gesundheit zum Ausdruck bringen. Dieser Strom origineller Untersuchungen produziert viele Blumen und Samen, die sich weit ausbreiten können.

Ich erwarte, dass sich viele Experimente vernetzen und zusammenfügen werden, die sich mit anderen Gemeinschaften, physischen und virtuellen, gegenseitig durchdringen und der Entstehung einer herzbasierten, transformativen globalen menschlichen Kultur dienen. Aber so wie es leicht ist, von Ganzheit zu sprechen und etwas schwieriger, aus Ganzheit zu leben, ist es leicht, von dem „Wir" zu sprechen, aber schwer, die Gewohnheiten des „Ich" in unserem Denken und Reflektieren zu überwinden. Zu den Schwierigkeiten kommt hinzu, dass dieser noch junge Kulturraum so neu ist, dass es kein kohärentes Vokabular oder eine Liste von Erfolgsmethoden und gemeinsamen Erkenntnissen gibt, die ihn klar definieren. Aber hier kann ich einige erste Vorschläge für die Praxis machen, die ich am besten kenne –

nämlich ein eigenes Experiment im integralen Wir-Raum zu starten. Der ultimative Leitfaden dafür ist dein eigenes tiefstes Wissen: die sanfte Stimme, die uns zum Sprechen der Wahrheit drängt, und zwar um des Lebens selbst willen und um alles, was wir lieben, was in Gefahr zu sein scheint.

In meiner eigenen frühen Auseinandersetzung mit dem Potenzial der Kommunikation, die für mich eine Art von Rede bedeutete, die über die „Rhetorik" hinausgeht, begann ich, die Mauern der Konvention zu durchbrechen, indem ich über die bösen Probleme sprach, mit denen wir konfrontiert sind, und über unser gemeinsames existenzielles „Genjo Koan". Erstaunlicherweise hat die einfache Beschreibung unserer Situation die Atmosphäre aufgeladen, auch wenn ich zu diesem Zeitpunkt eine eher objektive Darstellung der Informationen, Fakten und Forschungen gab, die meinen Sinn für unsere existenzielle Zwangslage umreißen.

Dann wechselte ich in Echtzeit in den subjektiven Modus der Ich-Person, indem ich meine Trauer, meine kognitive Dissonanz und Einsichten und meine fortwährende Beziehung zu dieser Konfrontation und diesem Koan authentisch offenbarte – und all dies unvorsichtig und mutig (wie bei der altgriechischen *Parrhesie* oder dem „wilden Sprechen der Wahrheit"), aber auch intim und zärtlich (wie bei Sufi *sohbet,* oder „mit der Zunge und dem Ohr des Herzens sprechen") tat. Auf dieser Grundlage sprach ich im dritten Schritt direkt mit meinen Gesprächspartnern im Modus der zweiten Person und fragte, wie es sich anfühlte, dass wir in diesem Hier und Jetzt zusammen sind. Ich nahm so tief und authentisch wie möglich Kontakt mit ihnen auf, öffnete einen Raum für unser Zusammensitzen und erkannte, dass sich unsere Art, miteinander in Beziehung zu stehen, möglicherweise so verändern könnte, dass wir alle in die Lage versetzt werden, effektiver und ganzheitlicher auf unseren gemeinsamen existentiellen Koan zu reagieren.

Ich ermutige euch auch: Wagt es, ein Gespräch mit eurem klugen, aufrichtigen, tiefen Freund zu führen, in dem ihr sagt: „Ich weiß, dass es möglich ist, dass unsere Beziehung noch lebendiger und fruchtbarer wird und wir uns auf etwas Neues einlassen. Ich schätze unsere Verbindung sehr, und ich frage mich, was sonst noch möglich wäre. Wohin können wir gehen, wo wir noch nie zuvor waren? Wo sind hier die Grenzen?" Es kann nützlich sein, die von mir beobachtete 3-1-2-Sequenz auszuprobieren: Erstens, erwähne die objektive Realität der dritten Person; drücke dann deine Erfahrung der ersten Person, einschließlich deines Herzschmerzes und deiner Hoffnung aus; und wende dich schließlich direkt an deine Gesprächspartner in der zweiten Person, um sie zu einem tieferen Kontakt und einer gemeinsamen Erkundung einzuladen – und wage es, durch ein Beispiel zu führen. Wenn wir riskieren, den Komfort des Vertrauten zu verlieren, um mit unserem Ehepartner oder mit unserem Mitpraktizierenden etwas Neues zu wagen, wagen wir es jetzt, der Impuls der Evolution in der Beziehung zu sein.

Darüber hinaus kannst du dich an einen lieben Freund, Partner oder Mitpraktiker wenden. Betrachte die Gruppen und Menschen, die du kennst, die an Veränderungen von der Basis her interessiert sein könnten, beginnend mit der Befreiung ihrer Beziehungen. Du kannst einen Stamm organisieren. Noch bevor du bereit bist, dich für ein solches Projekt zu engagieren, kannst du Umstände schaffen, in denen du immer tiefer experimentieren kannst. Ich habe experimentiert und tue es weiterhin – und ich weiß, dass es in unserer flüssigen, geschäftigen, hyper-mobilen Kultur überhaupt nicht einfach ist, einen echten Stamm zu gründen. Dieses Buch beschreibt solche Experimente objektiv, im Modus der dritten Person. Die Arbeit, es zu praktizieren und Gemeinschaft aufzubauen, ist entsprechend leidenschaftlicher (erste Person) und praktischer (zweite Person). So können wir alle lernen, in Authentizität und Integrität zu wachsen.

Denken Sie daran, dass die bestmögliche Vorbereitung darin besteht, mit jemandem zu lernen, der erfolgreich mit integralen Wir-Räumen oder anderen Formen gesunder Gemeinschaft experimentiert hat. Sie werden an die Grenzen ihrer eigenen Praxis gehen müssen, mit der Hilfe von Menschen, die weiter auf dem Weg sind und Ihnen helfen können, darüber hinauszugehen. Sie brauchen die besten Begleiter und Führer, die Sie finden können. Zu diesem Zweck sollten Sie eine außergewöhnliches Begleitung finden, um sich in wirklich neue Gebiete der soziokulturellen Synergie hineinziehen zu lassen. Um das beste Experiment durchzuführen, das man machen kann, wird man Leute brauchen, die die Praxis in den gleichen Begriffen verstehen wie man selbst, damit man zusammen üben, Fähigkeiten erweitern und sich in höchste gegenseitige Möglichkeiten erstrecken kann, indem man seinen evolutionären Impuls ausübt, jenem Eros, der die Entwicklung antreiben.

Dies ist eine Begleitpraxis zu anderen Gesprächen, die den Geist des Dienens und der Agape und der Fürsorge verkörpern, die aufrichtig und ehrfürchtig jeden ehren und erkennen, dass wir alle gleichermaßen wertvolle und großartige Manifestationen des Ganzen sind. Und es ist dieser Geist des demütigen, selbstlosen Dienens, der uns die moralische Grundlage gibt, um unsere Versuche, der kulturellen Schwerkraft nachhaltig zu trotzen, zu segnen.

Jedes Individuum zeichnet sich sowohl durch einzigartige Schönheit als auch durch besondere Einschränkungen aus. Jeder ist fehlerhaft und auch ein Portal zum bewussten Geheimnis der Existenz. Diese göttliche Dimension einer anderen Person wird selten gesehen, angesprochen, genossen oder ermächtigt. Aber die Praxis, dies zu tun, öffnet jeden für die Heiligkeit des Geheimnisses, das uns lebt, und des undefinierbaren „Wir", das zwischen und unter uns entsteht. Es bietet eine kraftvolle Metapher für die Öffnung des selbst fokussierten Geistes über sich selbst hinaus, für allumfassende Wunder, Dankbarkeit, Dienst und Transparenz. Das Göttliche in einem anderen Menschen zu sehen bedeutet, die eigene Erkenntnis und Entdeckung der eigenen Göttlichkeit zu katalysieren.

Dies kann eine enorm starke transformative Bewegung sein; tatsächlich praktiziert, ist sie sowohl übertragbar als auch beschwörend. Wenn wir diesen Aspekt eines anderen Wesens bemerken, wird Verachtung unmöglich, egal wie unvollkommen oder uneinheitlich sie ihre Heiligkeit verkörpern. Dann können wir die göttliche Menschlichkeit eines anderen tatsächlich spüren, nicht nur als ein abstraktes Prinzip – das wir beiläufig auch bösartigen

Kriminellen gewähren könnten –, sondern als eine einzigartige lebendige Realität.

Die meisten Menschen betrachten andere auf eine Weise, die ihre Grenzen als zentrale Merkmale dessen, wer sie sind, verdinglicht. Das Betrachten und Teilnehmen an der Ausstrahlung der menschlichen Verbindung ist ein ganz neuer, noch recht seltener Kulturmodus. Dass ihr meine göttliche Menschlichkeit seht und sie so in mir hervorbringt – und für mich dann auch gleichermassen das in Bezug auf euch tut – ist selig. Wenn unsere gemeinsame Göttlichkeit als stillschweigendes Verständnis und eine unaussprechliche dritte Gegenwart gegenwärtig ist, tritt auch das „Wir" hervor, noch heiliger und vertrauenswürdiger. Das ist der Himmel auf Erden. Alle Seelen dürsten nach einer solchen Gemeinschaft. Schon die vorsichtigen ersten Ausdrücke davon erzeugen auf natürliche Weise eine erstaunliche Dynamik.

Eine solche Praxis bringt unser Bestes hervor. Wenn wir uns mit der Göttlichkeit einer anderen Person verbinden, öffnet sich ein Portal zu einer anderen mysteriösen, intersubjektiven Intelligenz und Weisheit, die eigentlich mehr ist als die Summe der Besten von uns allen. Ein dritter, noch höherer Zustand des Seins, das „Wir", erhält Raum zum Ankommen. Wenn es das tut, drückt es seinen eigenen einzigartigen Geschmack und seine Intelligenz aus. Das Hin und Her des Hörens und Teilens wird zum Atmen. Was in uns lebendig, wach, intelligent und schön ist, wird in einem Moment aufgenommen und geschätzt, aber im nächsten Moment kommt es im anderen heraus und wird natürlich gegenseitig empfangen. Und in unserem Spiel werden wir, die wir dein „Ich" und meins halten, immer größer und blühender und werden noch heiliger. Es wird befreit und befähigt, in einer ganz neuen Oktave zu funktionieren. Dies scheint eine wertvolle Möglichkeit zu sein, die Grenzen der menschlichen Beziehung im Moment zu beschreiben. Ausgehend von einem, zwei oder mehreren lieben Freunden kannst du anfangen, einen Raum der Heiligkeit zu öffnen, der im Laufe seiner Entwicklung zur Grundlage für ein radikal neues Wir werden kann.

EIGENVERANTWORTUNG UND ANGEMESSENHEIT

Nur wenn jeder Einzelne völlig eigenverantwortlich ist, können wir uns aufeinander beziehen, ohne uns gegenseitig zu belasten. Auch wenn das hart klingen mag, können wir keine bewusste Gemeinschaft mit Menschen aufbauen, deren Motivation zum „Beitritt" auf dem Bedürfnis nach elterlicher Autorität beruht, die ihnen hilft, ihr Leben zu bewältigen. Wenn ich nicht in meiner eigenen Autonomie und Eigenverantwortung stehe, dann bin ich nutzlos, denn ich werde den anderen einfach auslaugen – und die Gemeinschaft wird wiederum unfähig sein, sich selbst zu transformieren und ein effektiver Agent des Wandels zu sein.

Auf der anderen Seite können die Anforderungen an die Eigenverantwortung uns leicht zu sehr voneinander trennen, auch wenn wir alle in dieser Sache zusammenhängen. Es ist nicht so einfach wie: „Ich muss für mein Leben verantwortlich sein und du musst für deins verantwortlich sein – und nie sollen sich die beiden treffen." Das ist die Grundlage für unsere entfremdete Gesellschaft. Diese Disposition macht es uns tendenziell unmöglich, gemeinsam zu einem nachhaltigen „Wir" zu gelangen. Es erkennt unser gemeinsames Schicksal und unsere gemeinsame Verantwortung für unser gemeinsames Leben nicht an.

Wir sind verwundbar und brauchen Freunde und Gemeinschaft. Wenn wir die Verantwortung für unsere Welt übernehmen, lassen wir unsere Menschlichkeit nicht zurück. Während also das höhere „Wir" auf persönlicher Verantwortung beruht, erfordert es auch eine offenherzige Umarmung des anderen, einschließlich der verkörperten Freundschaft, die eine großzügige Fürsorge füreinander in unserer gegenseitigen Verletzlichkeit beinhaltet.

Es ist wahr, dass wir, um ein sinnvolles Gespräch zu führen, eine gemeinsame Basis brauchen – eine „Gemeinschaft des Angemessenen". Theoretische Physiker können ihre neuesten Entdeckungen nur mit Menschen diskutieren, die ausreichend theoretische Physik verstehen und diese für das Gespräch „angemessen" machen. Aber es gibt viele Arten von Angemessenheit – nicht nur in Bezug auf mentales Wissen und Schärfe, sondern auch auf gelebte Erfahrung, existentielle Tiefe und Reife, psychologisches Gleichgewicht, spirituelles Erwachen, moralische Übereinstimmung und weises Urteil. Was definiert die Angemessenheit der Teilnahme an einem höheren We-Space? Welche Fähigkeiten und Kapazitäten sind erforderlich?

Im Allgemeinen erfordert die Teilnahme an einem höheren „Wir" psychologisch gesunde Individuen, die moderne, postmoderne oder vorzugsweise integrale Kognition und Weltanschauungen besitzen. Sie müssen in der Lage sein, sich zu entspannen und die Aktivitäten und Muster des Denkens und Fühlens zu beobachten, und beginnen, den subtilen und transpersonalen Raum zwischen ihnen und einer anderen Person zu spüren. Es gibt auch die Fähigkeit, sich zu konzentrieren und die Aufmerksamkeit zu lenken. Es muss einen Einblick in den eigenen psychologischen Schatten geben, und es muss eine kontinuierliche, aufrichtige Untersuchung der Schattendynamik stattfinden. Die Teilnehmer müssen über eine gewisse Fähigkeit verfügen, Unbehagen zu ertragen und die Befriedigung zu verzögern. Sie brauchen auch genug Integrität und Mut, um das fast universelle Bedürfnis loszulassen, „gut zu wirken".

Alles in allem muss man genügend emotionale Intelligenz, Gesundheit und Mitgefühl für sich selbst und andere haben, um in der Lage zu sein, ein hohes Maß an kognitiver und emotionaler Dissonanz aufrechtzuerhalten, während man für andere präsent und offen bleibt und das Gefühl hat, dass alles grundsätzlich gut und unproblematisch ist. Im Laufe der Zeit entwickelt man die Fähigkeit, die eigene Aufmerksamkeit stabil auf anderen und dem Feld zu ruhen, so dass man beginnt, sich mehr mit dem entstehenden Prozess als mit dem eigenen Geist und den eigenen Gefühlen zu identifizieren. Wenn man damit Kompetenz entwickelt, dann kann man beginnen, sich mit anderen aus dem Ganzen, dem Wir heraus, auseinanderzusetzen. Von dort aus erhält man Zugang zu einem neuen Reich der Intuition und Intelligenz, das von der transparenten Heiligkeit angetrieben wird, die im „Zwischenraum" des Wir lebt.

GEMEINSAME VEREINBARUNGEN

Gemeinsame Vereinbarungen sind entscheidend für einen Wir-Stamm, um Kohärenz zu entwickeln und eine echte Praxisgemeinschaft, eine Mikrokultur zu werden. Alle Kulturen spiegeln Vereinbarungen über die Natur des Menschseins, über Beziehungen und über die Realität selbst wider, auch wenn sie oft unbewusst und ungeschrieben sind. *Die erste Vereinbarung, die einen Wir-Stamm definiert, ist die Verpflichtung füreinander und für die Arbeit selbst. Die zweite, ebenso wichtige Vereinbarung betrifft eine klare gemeinsame Absicht.*

Engagement ist unerlässlich. Das Niveau und die Art des Engagements der Teilnehmer ist es, was den We-Space schafft und auch sein Potenzial begrenzt. Das Engagement wirkt sich vor allem auf das Feld auf zwei Arten aus. Die erste Art ist die Kohärenz – wenn es ein Engagement gibt, gibt es regelmäßige Anwesenheit, und die Teilnehmer lernen sich gegenseitig kennen. Und wie eine Sportmannschaft werden sie gut darin, was sie zusammen üben. Es folgt ein viel größeres Maß an Intimität und Kohärenz. Dies ermöglicht eine größere intersubjektive Tiefe.

Die zweite Art ist die *Rechenschaftspflicht.* Wenn alle Teilnehmer wissen, dass sie aufeinander zählen können, um zu erscheinen, zu üben, authentisch zu sein, sich um die Arbeit zu kümmern und ihr Bestes zu tun, um aus unbewussten Mustern zu erwachen, kann das Telos ihrer gemeinsamen Erkundung an Fahrt gewinnen und Dynamik aufbauen. Es ist gut, wenn es eine klare Transparenz gibt, und vielleicht Konsequenzen, wenn Menschen ihren Verpflichtungen nicht nachkommen. Die Rechenschaftspflicht sollte jedoch so gestaltet sein, dass Komplikationen, die sich aus Widerstand oder Anziehung zu Behörden ergeben, vermieden oder zumindest minimiert werden. Sowohl Kohärenz als auch Tiefe werden durch Engagement stark vergrößert – vor allem, wenn sich die Teilnehmer verpflichten, über einen längeren Zeitraum hinweg an Schulungen oder Studien zu arbeiten oder sich sogar für ein offenes oder lebenslanges Engagement in der Gemeinschaft entscheiden.

Der zweite Bereich der Vereinbarung richtet sich nach den Absichten der Teilnehmer. Der mächtigste und einflussreichste Einzelfaktor, der den Wir-Raum erzeugt und gestaltet, ist die erklärte gemeinsame Absicht, mit der das Werk entsteht. Auch diese gemeinsame Absicht ist nur in dem Maße wirksam, in dem sie gelebt und in den Absichten und Verhaltensweisen jedes einzelnen Beteiligten zum Ausdruck gebracht wird – deshalb ist Verantwortlichkeit so notwendig. Die meisten We-Space-Praktiken beginnen mit expliziten oder impliziten Absichtserklärungen, wie zum Beispiel „gemeinsam erwachen" oder „der Evolution von Bewusstsein und Kultur dienen". Diese bestimmen weitgehend den Charakter und die Qualität dessen, was entsteht. Skeptiker könnten dies als reine Suggestibilität abtun – als einen „ Placebo-Effekt ".

Und die Placebodynamik kann durchaus zutreffen. Natürlich sprechen wir von subjektiven und intersubjektiven Erfahrungen, die außer indirekt nicht messbar und quantifizierbar sind. Im Bereich der subjektiven Erfahrungen sind die stärksten Faktoren Absichten, Überzeugungen, gemeinsame Vereinbarungen und die subjektiven Zustände und Strukturen der Teilnehmer – der Kontext von „Set und Setting". Es ist kein Wunder, dass die Faktoren, die für subjektive Erfahrungen am wichtigsten sind, gleichermaßen und vielleicht sogar noch stärker auf intersubjektive Erfahrungen und Praktiken im Raum zutreffen.

Wir-Stämme setzen ihre Absichten manchmal auf sehr unterschiedliche Werte, entweder explizit oder implizit. Interessanterweise erreichen sie in der Regel das, was sie am meisten schätzen. Nachfolgend finden Sie eine Liste einiger der primären Zielwerte, die wir als integrale evolutionäre Stämme angenommen haben:

- Zwischenmenschliche Intimität
- Transpersonale Intimität auf Seelenebene mit der Quelle und untereinander
- Gemeinsames Erwachen in höheren Bewusstseinszuständen – subtil, kausal oder nondual.

- Erschließung höherer intuitiver Fähigkeiten und Zugang zu und Austausch von neuen Informationen
- Transparent werden und die Intelligenz des Bewusstseins selbst, den Grund des Seins, zum Ausdruck bringen.
- Transparenz und Ausdruck der aufkommenden Lebendigkeit des gemeinsamen Feldes, von Moment zu Moment.
- Transparent werden und die Intelligenz des Impulses der Evolution selbst artikulieren.
- Animation und Förderung der evolutionären Absicht, die Kultur inmitten der globalen Krise zu entwickeln.
- Eine glückliche, nachhaltige und ständig wachsende Gruppe mit einem dauerhaften Engagement füreinander werden.

Jeder dieser Werte und Potenziale kann spannend und inspirierend sein. Jeder von ihnen kann Aussichten eröffnen und Beziehungskapazitäten entwickeln, die sich frisch und neu anfühlen und die mit Heiligkeit oder Ganzheit auf eine Weise resonieren, die nicht weniger als Ehrfurcht hervorruft. Aber sie haben nicht alle das gleiche Ziel. Die obige Liste spiegelt ein Spektrum von Absichten wider, die immer anspruchsvoller werden. Was für den Erfolg eines jeden Experiments am wichtigsten ist, ist nicht das Ausmaß seines Ziels, sondern wie gut wir es erfüllen. Im Idealfall passt es zu unseren Kapazitäten, auch wenn sie sich ausdehnen.

Jedes We-Space-Experiment wird zu einem einzigartigen und unbekannten Schicksal führen. Das ist sowohl die Herausforderung als auch der Nervenkitzel dieses Abenteuers, eine Praxisgemeinschaft, eine neue Mikrokultur zu schaffen.

WE-SPACE-PRAKTIKEN

Ein We-Space entsteht durch gegenwärtige, bewusste intersubjektive Praxis, was bedeutet, auf die Qualität des Bewusstseins zu achten, das allen Beteiligten in einem intersubjektiven Feld gemeinsam ist. Wie wir bereits erwähnt haben, gibt es neben uns beiden, wenn „ich" und „du" Kontakt aufnehmen, eine dritte

Präsenz, ein „etwas mehr", das ins Leben gerufen wird – „uns" oder „wir" – und das seine eigene Intelligenz besitzen kann. Die Praktiken des We-Space zielen zunächst darauf ab, ein bewusstes „höheres Wir" zu erwecken und sich dann von seiner Weisheit leiten zu lassen. Wenn die Praxis immer stärker wird und ein erwachtes wir zuverlässig auftaucht, baut die Gruppe darauf auf und entwickelt weitere Kapazitäten. Wie bereits erwähnt, konzentrieren sich einige der Wir-Stämme einfach auf die Schaffung mächtiger, erweiterter intersubjektiver Zustände und konzentrieren sich nicht auf den Inhalt dessen, was tatsächlich gesprochen wird, oder hängen überhaupt nicht davon ab. Andere konzentrieren sich auf kokreative Forschung und intelligente Problemlösung, und die Bedeutung und der Inhalt des Gesagten sind von größter Bedeutung. Aber die fast universelle Anordnung, über all diese Unterschiede hinweg, besteht darin, die Aufmerksamkeit immer wieder auf den gegenwärtigen Moment zu lenken und sich direkt aufs hier und jetzt zu beziehen. Die Teilnehmer bleiben im gegenwärtigen Moment, öffnen sich und ruhen als Bewusstsein, immer tiefer und geräumiger. Diese einstweilige Verfügung gilt für das gesamte Spektrum der Absichten.

Auf der persönlichsten und praktischsten Ebene ermöglicht eine ehrliche Beziehung zwischen den Erfahrungen und Gefühlen der Gegenwart den Gesprächspartnern sofort Zugang zu dieser Erfahrung. Das ist der erste Baustein der zwischenmenschlichen Intimität. Zu den einfachsten Praktiken im Raum gehört es, „zu erzählen, was ich gerade fühle [oder bemerke oder erlebe]".

Jeder Stamm von uns ist einzigartig. Sie können ein Spektrum von Absichten haben, die eine Vielzahl von höheren Zielen zum Ausdruck bringen. Einige arbeiten an der Zukunft gesunder Beziehungen, anere an der Evolution von Bewusstsein und Kultur, das gemeinsame Erwachen, das Auftauchen aus einem kollektiven Trauma, die Öffnung zur Seele der Welt und die Entwicklung des Bewusstseins, um unseren menschlichen Herausforderungen zu begegnen. Diese unterschiedlichen Zwecke bilden den Rahmen für unterschiedliche Qualitäten der Gemeinschaftspraxis.

Was genau üben und beabsichtigen die Teilnehmer? Es ist vielfältig. In einigen Kontexten spüren die Teilnehmer die empfundenen Qualitäten des subtilen, gemeinsamen intersubjektiven Feldes, während sie sich in anderen Kontexten darauf orientieren werden, die aus einem erweiterten, gemeinsamen Bewusstsein hervorgehende Intelligenz auszudrücken oder auf sehr unmittelbare, persönliche emotionale oder zwischenmenschliche Inhalte. Einige Praktiken orientieren sich weg von allen Inhalten, hin zum Bewusstsein selbst, einem gemeinsamen Feld der Weite, des Bewusstseins, der Liebe oder der Freude. Es kann eine Progression geben, bei der sich die Teilnehmer auf ein orientierendes Prinzip konzentrieren und dann auf ein anderes, und ein anderes.

Die Aufmerksamkeit verschiebt sich fast immer von der Bruttoebene der sensorischen Erfahrung. Es kann direkt in das intersubjektive Feld gehen, aber oft wird es zuerst auf subtile oder kausale Erfahrungsebenen umgeleitet, auf eine Weise, die durch Meditations- und Kontemplationspraktiken beeinflusst wird. Manchmal besteht die Anweisung darin, sich wieder zu entspannen, um das Gewahrsein zu bezeugen, auf das Gewahrsein selbst aufmerksam zu werden – und zwar als Gewahrsein selbst. Wenn dies von einer Gruppe authentisch praktiziert wird, kann sich das Bewusstsein selbst spürbar verstärken.

Andere Praktiken beinhalten die Öffnung des Bewusstseins für subtile Informationsfelder mit intuitiven Informationen und Weisheiten, die normalerweise für das mentale Bewusstsein nicht verfügbar sind. Ein weiterer weit verbreiteter Zweck ist es, sich auf den universellen schöpferischen evolutionären Impuls einzustellen, wie er sich durch die subjektive Erfahrung der Teilnehmer ausdrückt. All diese höheren Prinzipien können subjektiv direkt erlebt werden, wenn sie von jedem Einzelnen allein praktiziert werden, aber wenn Individuen zusammenkommen und sie effektiv in einer Gruppe praktizieren, zeigen sie sich im kollektiven Feld stärker, vertiefen und selbst verwirklichen.

PRINZIPIEN DES EVOLUTIONÄREN DIALOGS

Die We-Space-Arbeit von Thomas Steininger und Elizabeth Debold konzentriert sich auf sinnhafte Gespräche, die das menschliche Verständnis fördern sollen. Obwohl diese Arbeit Veränderungen in den intersubjektiven Zuständen der Teilnehmer bewirkt, stehen diese Zustandsänderungen nicht im Mittelpunkt. Steininger und Debold bieten fünf sehr praktische und effektive Begründungsstatements für die Durchführung dessen, was sie „emergente Dialogpraxis" nennen. Ich habe sie selbst mit Gruppen verwendet und festgestellt, dass sie extrem kraftvoll sind.

Indem sie den dialogischen Charakter des We-Space betonen, machen sie auf den kokreativen Prozess zwischen den Praktizierenden aufmerksam, der sie von der Selbstbezogenheit und dem Selbstbewusstsein befreien kann, die den Übergang von „Ich" zu „Wir" hemmen können. Sie warnen davor, dass diese Begründungsstatements nicht als Regeln zu verstehen sind, denen die Gruppenmitglieder folgen müssen, sondern stattdessen die Qualitäten des Engagements zum Ausdruck bringen, die durch ein erwachtes „Wir" entstehen. Steininger und Debold nennen diese Arbeit den Emerge Dialogue Process.[80] Sie empfehlen, dass Gruppen, die mit dem „wir" experimentieren, diese Aussagen nacheinander untersuchen. Jeder einzelne Aussage neigt dazu, die Samen der anderen zu enthüllen und in sich zu beinhalten. Zusammen bilden sie einen ganzheitlichen Blickwinkel, der den Raum zwischen den Menschen belebt.

Diese fünf Punkte werden hier zitiert:

1. *Ein echter Dialog entsteht, wenn wir uns mehr für das interessieren, was wir noch nicht wissen, als für das, was wir bereits wissen.* Die Position des Nichtwissens und des Wunsches nach Wissen schafft einen Raum, der hilft, die festen Positionen, die Einzelpersonen einnehmen, zu untergraben, insbesondere wenn es sich bei dem Dialog um Angelegenheiten handelt, die emotional bedeutsam sind oder kritische Auswirkungen auf die Teilnehmer haben. Darüber hinaus rückt das Hören auf das

Unbekannte die Aufmerksamkeit der Gruppe auf den lebendigen Moment und das kreative Potenzial in ihm.

2. *Es ist leicht, zu intellektuell oder zu persönlich zu sein. Der Dialog wird durch unser gemeinsames Interesse an dem, was entsteht, zwischen uns, an unserem sich entwickelnden Verständnis und an dem Feld des Bewusstseins lebendig.* Zu intellektuell zu sein bedeutet, auf eine Weise zu sprechen, die von der eigenen menschlichen Erfahrung getrennt ist. Wir können uns mit hochphilosophischen Themen beschäftigen, wenn jede Aussage aus einer Auseinandersetzung mit dementsteht, was real oder wahr ist. Zu persönlich zu sein bedeutet, in der eigenen Geschichte gefangen zu sein, was die Aufmerksamkeit der Gruppe davon abhält, einen gemeinsamen Webspace zu schaffen. Authentizität bedeutet in diesem Zusammenhang, dass eine breitere Wahrheit durch die Spezifität der individuellen Erfahrung erstrahlt. Die Auseinandersetzung mit einer solchen Authentizität schafft eine Strömung der Lebendigkeit, aus der sich ein tieferes Verständnis und ein zunehmend spürbares Feld entwickelt.

3. *Sich wirklich zuzuhören, ermöglicht uns, ein Gespräch zu entwickeln, das auf den Beiträgen des anderen aufbaut. Wirkliches Zuhören ermöglicht es, in einem sich ständig öffnenden Verständnis zusammenzukommen.* „Wirklich zuhören" bedeutet, sich um das Feld zu kümmern, aus dem der Beitrag kommt, und gleichzeitig die üblichen Gewohnheiten von Reaktion und Urteilsvermögen aufzuheben. Wirklich zuzuhören bedeutet, die Beiträge eines anderen nicht in die eigenen vorgefassten Ideen oder Rahmenbedingungen zu stecken. Vom wirklichen Zuhören kommen Antworten in ein gemeinsames Bewusstsein, die unerwartet und lebendig sind ...

4. *Jedes Gespräch lebt von unserer aktiven Teilnahme. Auch wenn Sie im Moment nicht sprechen, bleiben Sie bei den anderen und führen Sie das Gespräch. Bringen Sie sich voll und ganz ein.* Dies ist die

wichtigste Richtlinie der Grundlagen: Dialog erfordert Engagement. Das bedeutet nicht, dass jeder Teilnehmer sprechen muss, aber jeder muss aufpassen und sich energisch dem Ganzen widmen. Andernfalls kann der Kreis „dunkle" Flecken aufweisen, die das kreative Momentum selbst beeinflussen und verhindern, dass wertvolle Informationen und Perspektiven in den Dialog gelangen.

5. *Jeder Dialog findet seine wahre Bedeutung darin, sich selbst als Teil eines größeren Dialogs zu erkennen.* Wenn eine Gruppe anfängt, zuverlässig auf das Feld des Höheren Wir-Bewusstseins zuzugreifen, gibt es oft eine Erregung, die sich sehr schnell in einen Gruppen-Narzissmus verwandeln kann – die Hybris der Spezialität. Der Wunsch nach einem Dialog, die Bewegung zur Integration, ist eine evolutionäre Bewegung, die weltweit stattfindet. Die Suche nach neuen Möglichkeiten angesichts der immer komplexeren Probleme ist einfach die Arbeit, die wir leisten müssen.[81]

Diese Aussagen zur katalytischen Entstehung im Gruppendialog sind nicht nur auf die Entwicklung des Wir-Raums anwendbar, sondern sind für fast jedes tiefe Gespräch nützlich. Sie können auch Meetings, Brainstorming, Community-Treffen und jede andere Gruppensituation, in der Kreativität gefragt ist, anregen. Die Ergebnisse können überraschend sein. Du fängst an zu sehen, dass, ob alle Teilnehmer dies sehen können oder nicht, dieses Wir-Raum Arbeit und intersubjektive Orientierung eine Intelligenz und Dynamik katalysieren, die universal für unsere Menschheit ist.

Eine besondere Art der Verbindung wird unter ernsthaften integralen evolutionären Wir-Raum-Praktizierenden möglich, und sie kann sich auf das gesamte Spektrum der Gespräche erstrecken, die wir mit unserer Familie und Freunden und Kollegen und Kirchen und Organisationen führen – mit jedem. Wenn wir mit einem Wir-Stamm üben und dann in andere Gespräche übergehen, bringen wir natürlich die Frucht unserer Praxis – mehr

Offenheit, Spontanität, Ganzheitlichkeit, Empfänglichkeit und aufkommende Intelligenz. Wir werden freier in Bezug auf alle Fragen, die unsere Kultur belasten, wie Rasse, Religion, die politische Spaltung, unsere kollektive Zwangslage und Krise. Da wir alle versierter darin werden, aus einem tieferen Bewusstseinsfeld heraus zu agieren, und im Kontakt mit unserer universellen Menschheit sind, können wir uns leichter an den grenzenbrechenden Gesprächen beteiligen, die gerade jetzt so dringend benötigt werden.

EINE NEUE REPUBLIK DES HERZENS

Da sein Zentrum überall ist und sein Umfang nirgendwo ist, kann auf die Ganzheit nicht hingewiesen werden. Es hat keinen bestimmten Ort, denn es ist nicht „anders" als alles andere. Aber wenn es irgendwo ist, dann ist es hier, im Zentrum von jedem „Wann" und jedem „Wo". Die Weisheit des Zentrums des Wesens spiegelt den Charakter des Ganzen wider. Und wir spüren seine Intelligenz im Herzen.

Ein neuer Tribalismus beinhaltet nicht nur produktive intertribale Kommunikation und Verhandlungen, sondern auch ein Netz von Vereinbarungen, die das Stammesleben festhalten können. Eine Republik ist eine repräsentative Demokratie, in der die Wahlkreise Vertreter wählen, die sich treffen, um Regierungsentscheidungen zu fällen. Wenn wir gleichzeitig global und tribal sind, dann müssen wir lernen, globale Entscheidungen zu treffen, die unsere Stammesnatur und -bedürfnisse berücksichtigen. Dies entspricht, zumindest metaphorisch, der Struktur einer Republik.

Es ist wichtig, dass unsere beste integrale Intelligenz, die im Herzen zentriert ist, nie von der Spitzfindigkeit einer klugen Debatte überwältigt wird. Der universelle Impuls der Evolution drückt sich in jedem von uns aus, in unserem Wunsch, der Ganzheit, Gesundheit und dem Wohlbefinden zu dienen. Wir kümmern uns nicht nur um uns selbst und unsere Familien und Freunde, sondern auch um das Wohlergehen des gesamten menschlichen und mehr als menschlichen Kollektivs. Wenn wir unser ganzes Leben als ein Feld für die Praxis der Ganzheit verstehen, erwachen wir zu einer starken Gelegenheit für Präsenz im Moment, Ehrfurcht und Lernen. Dabei befinden wir uns in einer innewohnenden Bruderschaft, die sich auf alle anderen erstreckt, insbesondere auf diejenigen, die diese Erkenntnisse teilen.

Aber selbst die meisten Menschen, die keinen dieser transpersonalen Werte teilen, drücken immer noch eine grundlegenden Güte in ihren Beziehungen zu anderen aus. Sie sind höflich gegenüber Fußgängern, wenn sie fahren, sie sind tierfreundlich und vermeiden es, auf Blumen zu treten. Sie wollen über einen Witz lachen. Die überwiegende Mehrheit der Menschen hat einen allgemeinen Wohlwollen für andere und die ganze Welt (unter Berücksichtigung von 1,5 bis 3 Prozent der Menschen, einschließlich Psychopathen, denen die Fähigkeit fehlt, Mitgefühl zu empfinden). Deshalb glauben so viele Menschen, dass „Menschen grundsätzlich gut sind".

Es gibt also einen großen verborgenen Körper von allem, was gesund und ganzheitlich über unsere Verbundenheit miteinander ist – das „soziale Myzel", das wir beschrieben haben. Unterschätzen wir nicht die Potentiale des großen unterirdischen Reservoirs von allem, was gut und gesund in unserer Verbundenheit zueinander ist. Unser inhärenter Wunsch, der Ganzheit und Gesundheit zu dienen, drückt teilweise etwas Tiefes und Transpersonales aus, unser soziales Myzel. Dies wird bei Praktizierenden der integralen Herzintelligenz stärker bewusst.

Auf diese Weise, obwohl wir sicherlich weiterhin Bürger von Gemeinschaften, Städten und Nationen sind, werden wir auch Bürger von etwas Größerem und Tieferem.

Dies ist bereits geschehen. Es wird für uns immer wichtiger werden, uns als „Bürger" dieser tieferen Verbundenheit, Ganzheit und Güte zu erkennen. Wenn wir in der Verpflichtung ankommen, im Einklang mit allem in uns zu handeln, was gesund und verbunden ist, und Ganzheit als unsere Lebensweise praktizieren, werden wir zu vertrauenswürdigen Bürgern dessen, was ich eine „neue Republik des Herzens" nenne.

Diese neue Republik existiert bereits, als unser soziales Myzel, als unsere Intuition und unsere intuitive Anziehungskraft auf eine noch unaussprechliche Möglichkeit. Es ist bereits vollständig vorhanden, aber vor allem als Potenzial. Es ist der Punkt, auf den wir zusteuern, unser Telos oder Omega-Punkt. Es ist wie der „seltsame Attraktor", der Ordnung aus einem chaotischen offenen System beschwört, während es durch einen Verzweigungspunkt in einen Zustand höherer Ordnung übergeht. Auch wenn es immer noch außer Reichweite ist, funktioniert es, um alle unsere Werte, Aktionen, Projekte und Pläne zu orientieren und zu organisieren. Darüber hinaus offenbart es als Attraktor des Herzens, nicht nur mein oder dein Herz, sondern auch ein neues Potenzial in der menschlichen Verbundenheit, das in der tiefen Wahrheit unserer Nicht-Trennung wurzelt. Ich bin auch wirklich „wir".

Wir werden zu einer neuen Entwicklungsstufe hingezogen – einer Bewusstseinsebene, die mit der Intelligenz des Herzens resoniert. 1974, als ich im Ashram meines Lehrers Adi Da Samraj lebte, beschrieb er erstmals „sieben Lebensabschnitte". Die „vierte Lebensphase" soll beginnen, wenn die Praxis im Erwachen dessen reift, was er „das psychische Herz" nennt. Das ist die Phase, in der die Menschen beginnen, ein tief empfundenes Bewusstsein für die ultimative Realität und den Quellzustand zu üben und sich des Stroms der bewussten Lebensenergie bewusst zu werden und in der Lage zu sein, diesen zu vergrößern. Es repräsentiert die wahren Anfänge eines spirituellen wie auch eines vollständigeren menschlichen Lebens – ein Leben der Liebe, des Humors, der Spontaneität und des Dienstes. Menschen, die wir als Heilige betrachten, strahlen oft diese Eigenschaften aus. Lange bevor diese Erkenntnis vollständig ist, gelangen ihre Qualitäten in die Noo-Sphäre und beginnen, sich auf breiter Ebene zu manifestieren. Überall werden Menschen inspiriert, das Leben als Liebe zu praktizieren, einfach auf der Grundlage einer Intuition höheren Bewusstseins. In dem Maße, wie sie es tun, verstärken sie einen höheren, kohärenteren „Vereinbarungsraum" auf der Ebene der Herzintelligenz. Analog zum 10-prozentigen Tipping-Point Prinzip kann eine kleine Gruppe von Menschen, die kohärent als Liebe leben, hoffen, viele Menschen zu beeinflussen und letztlich die

Gesellschaft zu verändern. Viele Menschen in allen Lebensbereichen – einzeln und in Praxisgemeinschaften – beginnen bereits zu versuchen, „als Liebe zu leben". Wir erkennen immer mehr, dass der Versuch, in „der besseren Welt zu leben, von der unsere Herzen wissen, dass sie möglich ist", uns Brüder und Schwestern in einer neuen Nation macht – einer neuen Republik des Herzens.

Diese neue Republik wird von unten angetrieben, sprießt aus dem sozialen Myzel und wird von oben aufgerufen, durch einen evolutionären Impuls zur bewussten Ganzheitlichkeit. Sie ist bescheiden und ehrgeizig, organisch und revolutionär zugleich. Soweit revolutionär, drückt sie die „radikale Nüchternheit" aus, die dadurch entsteht, dass wir uns die „Intervention" zu Herzen nehmen, die uns auffordert, die Wende von der Sucht zu unserem konsumorientierten Lebensstil zu wagen. Aber diese Ernsthaftigkeit ist auch zutiefst glücklich, humorvoll und liebevoll. Es ist eine Aktionsuntersuchung, die die Liebe im Dienste einer integralen Revolution in eine neue Phase unseres gesellschaftlichen Lebens verwandelt.

Wir tun gut daran, uns mit dieser neuen Republik oder „Nation" mit der Demut eines Novizen zu identifizieren, der sich einem Kloster nähert. Es ist eine ganz neue Stufe des Bewusstseins, in die wir tatsächlich hineinwachsen müssen. Wir verstehen zu Recht, dass die „Nation", der wir unsere höchste Loyalität schuldig sind, zunächst subtil, aber dennoch real ist. Wir tun gut daran, darauf zu achten, dass wir diese heilige Bruderschaft nicht entehren, indem wir sie als selbstverständlich ansehen, ihr Geheimnis außer Acht lassen, den Kontakt zu unserer Ehrfurcht verlieren oder so tun, als könnten wir sie kennen oder besitzen. Es ist nur angemessen, bescheiden und aufrichtig danach zu streben, einer solchen Staatsbürgerschaft würdig zu werden und diesem Anspruch treu zu bleiben. Wir nähern uns der Tür und erwarten eine Zeit der Vorbereitung und des Trainings. Und die neue Republik entsteht unsichtbar in dem Maße, wie wir es in diesem Moment praktizieren. Wenn wir die totale Intelligenz unseres Seins ausdrücken, integriert im Herzen, im Dienste von etwas Größerem als uns selbst, dann öffnen wir die Tür. Wenn wir uns der Ganzheit dieses

Augenblicks öffnen, im Geiste bescheidener Gegenseitigkeit und mutiger Führung, treten wir zaghaft in diese neue Republik des Herzens ein. In dem Maße, wie wir dies mit anderen tun können, die es auch wagen, sich von ganzem Herzen zu engagieren, können wir sogar den Duft dieser neuen Gemeinschaft, dieses neuen Gemeinwesens spüren. Durch unser offenes Engagement für Wachstum und unsere Authentizität und Transparenz wird die neue Republik immer realer und greifbarer, und diese stillschweigende Realität inspiriert andere.

Unsere gegenwärtige Zwangslage wird mit der Zeit zwangsläufig ein völlig neues Ethos der Staatsbürgerschaft und Führung hervorrufen. Es gibt viel an menschlichen Beziehungen, was wir gut ändern sollten. Wenn Menschen einander nicht vertrauen können, verschwenden wir enorme Ressourcen, um uns voreinander zu schützen, auch vor denen, denen wir vertrauen können. Unsere Häuser sind verschlossen, die Polizei patrouilliert unsere Straßen, und unsere Computer sind mit Spam-Filtern, Sicherheitssystemen und Passwörtern ausgestattet. Unsere Energie für andere, größere Herausforderungen und Chancen ist behindert. Und in der Zwischenzeit belastet uns das Leben in einer Gesellschaft mit geringem gegenseitigem Vertrauen weiter und schmälert unser Wohlbefinden. Vertrauen und Effizienz zurückzugewinnen, scheint unmöglich.

Aber es kann erreicht werden, und zwar durch ein generationsübergreifendes Projekt des globalen, systemübergreifenden sozialen Wandels, der kulturellen Erneuerung und der individuellen Transformation. Stellen Sie sich vor, was es erfordert, um die psychologische und soziale Dynamik zu stören, die zu Betrug, Korruption, Betrug, Diebstahl und Lügen führt.

Wir sehnen uns bereits danach. Unsere Herzen sehnen sich nach einer ganz neuen Ebene der Einfachheit, des Vertrauens und der Fürsorge in unseren Gemeinschaftsbeziehungen. Diese Sehnsüchte sind unterirdisch eingefädelt, Teil des sozialen Myzels einer neuen Republik des Herzens.

10. GESPRÄCHE, DIE WICHTIG SIND

Zweifle nie daran, dass eine kleine Gruppe von aufmerksamen, engagierten Bürgern die Welt verändern kann; in der Tat ist es das Einzige, was es je gegeben hat. - MARGARET MEAD

Nichts hat mir in letzter Zeit mehr Hoffnung gegeben, als zu beobachten, wie aus einfachen Gesprächen Handlungen hervorgehen, die das Leben verändern und unseren Glauben an die Zukunft wiederherstellen können. Es gibt keine wirkungsvollere Möglichkeit, einen signifikanten sozialen Wandel einzuleiten, als ein Gespräch zu beginnen. Wenn eine Gruppe von Menschen entdeckt, dass sie ein gemeinsames Anliegen haben, beginnt der Prozess der Veränderung. - MARGARET WHEATLEY

Einige unserer wichtigsten Hebel zur Bewältigung unserer misslichen Lage sind eine neue Art von *Gesprächen*. Natürlich reicht das Reden nicht aus (wie in „all talk, no action"), und doch muss der gesamte Systemwandel mit der menschlichen Gesellschaft und Kultur beginnen – und wir setzen diesen Wandel zum Teil im Gespräch um. So gehören bestimmte Arten von Gesprächen zu den wichtigsten Maßnahmen, die wir ergreifen können. Aber es gibt viele fest verdrahtete strukturelle Hindernisse für die Art von Kommunikations-Durchbrüchen, die jetzt notwendig sind. Tiefe Intelligenz und Kreativität können aus echten Begegnungen von erwachten Herzen und Verstand entstehen. Mächtige Gespräche können nicht nur neue Erkenntnisse und Einsichten, sondern auch neue Freundschaften, Gemeinschaften, Projekte und sogar Bewegungen fördern.

In diesem Kapitel werden wir uns intensiv mit der Art der Gespräche befassen – was sie davon abhält, zu entstehen, sowie mit ihren Vorteilen und Auswirkungen. Konsequente Kommunikation ist entscheidend für den Wandel, aber wir lernen immer noch, ihre Möglichkeiten voll auszuschöpfen. Wir werden uns auch mit den verschiedenen Arten von Gesprächen befassen, die für den gesamten Systemwandel notwendig sind. Anschließend werden wir einige sehr spezifische, möglicherweise daraus resultierende Gespräche vertiefen.

Man könnte sich die am dringendsten benötigten Gespräche sinnvollerweise so vorstellen, dass sie drei große Kategorien umfassen:

1. **Gespräche unter Praktikern,** wie z.B. Experimente im integralen We-Space. In engagierten Praxisgemeinschaften vertiefen Gespräche unser Bewusstsein, unser Verständnis und unsere Fähigkeiten zu Freundschaft und gegenseitigem Verständnis. Sie schaffen die Grundlage für gruppeninternen Altruismus und neue Ebenen der Zusammenarbeit.

2. **Der Dialog zwischen den Stämmen** über die Grenzen zwischen den vielen verschiedenen kulturellen und ethnischen Identitäten in der globalen Menschheitsfamilie hinweg.[82] Eine wichtige Unterkategorie in Amerika konzentriert sich nun auf überparteiliche Gespräche über die Grenzen unseres rot-blauen Kulturkrieges hinweg, um unser zerrissenes soziales Gefüge wieder zusammenzufügen.

3. **Ernsthafte Gespräche über die Grenzen hinweg zwischen drei spezifischen Diskursgemeinschaften, die ich die Innovatoren, die Ökologen und die Evolutionäre nenne** – von denen sich jede leidenschaftlich und intelligent die Zukunft vorstellt, diese gestaltet und vorbereitet. (Leider sprechen die Menschen in jeder dieser Gruppen heute meist nur noch untereinander.)

Obwohl ich hoffe, dass diese Diskussion für Aktivisten und Friedensstifter nützlich sein wird, die die Grenzen überbrücken, die die ganze Menschheitsfamilie sowie Amerika spalten, fühle ich mich am ehesten bereit, die im ersten und dritten Punkt beschriebenen Gespräche zu führen. Wir haben gerade den integralen We-Space erkundet. In diesem Kapitel werden wir unsere Aufmerksamkeit auf die Gespräche richten, die zwischen Innovatoren, Ökologen und Evolutionären stattfinden, und wie die Überbrückung dieser Gespräche neue Wege zu einer heiklen menschlichen Zukunft eröffnen kann. Das sind enorm wichtige Gespräche. Lassen Sie uns zunächst einen Blick auf ihren revolutionären Kontext und die strukturellen Hindernisse werfen, die sie überwinden müssen.

DER KONTEXT UNSERER GESPRÄCHE

In dieser kritischen Zeit beginnen unsere ökologischen und sozialpolitischen Systeme zusammenzubrechen. Gleichzeitig sehen wir auch den Beginn einer Welle von Durchbrüchen in fortgeschrittene transformative Potentiale im menschlichen Wissen, Macht, Weisheit und Kommunikation. Während sich unsere Aufschlüsselung auf die Funktionen bezieht, die „niedrig" oder grundlegend für unser Wohlbefinden sind, nähern wir uns interessanterweise Durchbrüchen in unseren „höchsten" Potenzialen. An den Vorfront der menschlichen Entwicklung sehen wir eine Blütezeit kreativer Innovationen über mehrere Bereiche hinweg, aber sie können nur aufrechterhalten werden, wenn unsere Wurzeln stabil bleiben.

Wir haben unsere kognitiven und ideenreichen Triumphe noch nicht geerdet und integriert. Tatsächlich verschwenden wir enorme Energie, indem wir uns gegeneinander aufbäumen – Energie, die wir jetzt brauchen, um gemeinsam zu verteidigen, was wir alle teilen und von dem wir abhängig sind. Versöhnung und Zusammenhalt, nachdem unsere Spaltungen so extrem geworden sind, wären wirklich revolutionär. Aber ist dies überhaupt möglich?

Tatsächlich ist es nicht nur möglich, eine einheitliche Stimme zu erreichen; es hat bereits begonnen – obwohl man vielleicht jenseits der üblichen Orte schauen muss, um sie zu finden. Es drückt sich auf unzählige Weise aus – in der einfachen Güte der Menschen, die Nachbarn helfen, die Fremde mit Höflichkeit und Respekt behandeln, sich um Menschen in Not kümmern und das Eigeninteresse in der Erfüllung größerer Ziele zurückstellen. Es ist das soziale Myzel, das immer im Hintergrund ist, unbemerkt, aber doch mit Macht ausgestattet ist. Wir können es auch bei Aktivisten und unter Praktizierenden, bei den „Eliten" (in den Industriegesellschaften) und bei den gewöhnlichsten, verwurzelten Menschen, die einfache Lebensstile leben, sehen. Es hat Ausdrucksformen in den integralen, evolutionären und ökologischen Welten, die ich kennengelernt habe, und in vielen anderen, von denen ich gelesen oder gehört habe. Wir erkennen es am Aufstieg der überparteilichen Bewegungen, Amerika und die Teilung der Welt aufzuheben, und an den vielen Programmen, die den Dialog zwischen Individuen und Gruppen fördern, die normalerweise nicht miteinander sprechen. Einige dieser Bewegungen scheinen am Rande zu existieren, aber sie setzen das in Gang, was zu einer Gesprächsrevolution werden könnte.

Wie könnte eine solche Revolution aussehen? Vielleicht werden wir eine fast überwältigende Welle von moralischem und spirituellem Erwachen sehen, wie wir es noch nie erfahren haben (diesmal nicht im Spannungsverhältnis zur Rationalität). Dies ist bedeutsam, denn „große Erweckungen" haben in der Geschichte, in Amerika und auf der ganzen Welt stets stattgefunden, als die Zeit reif für neue Inspirationen und Ideen war. Auch wenn historische utopische Bewegungen ihre Ideale nie verwirklicht haben, haben sie mitunter Wellen von Dynamik, Bewusstsein und Energie entfesselt, die die Kulturen mit lang anhaltenden Folgen durchdrungen haben.

Heilsame, von ganzem Herzen getragene Teilnehmer an einer fragmentierenden Kultur sind gewaltfreie Agenten unserer tieferen Ganzheit. Wir können sie zu Recht Revolutionäre nennen, denn inmitten der Fragmentierung ist Ganzheit das Revolutionärste, was es gibt. Revolutionäre Veränderungen markieren eine Wende, vielleicht eine radikale Wende, eine Transformation der Ordnung der Dinge. Das große Rad dreht sich, und die Welt wird auf den Kopf gestellt – oder scheint es zu sein, aus unserer früheren Sicht. Es eröffnet eine ganz neue Stufe der kulturellen Evolution.

Wenn wir uns in diese Revolution hineinbewegen (oder in sie hineingetragen werden), halten wir geschickt an ihren Paradoxien fest und balancieren unsere Aufregung über das, was es noch nie zuvor gegeben hat, mit gesunder Vorsicht aus, und zwar indem wir unsere grundlegende soziale Ordnung und Institutionen betonen und die allgegenwärtige menschliche Neigung zur Wahnvorstellung berücksichtigen. Wir haben die Aufgabe, eine neue und gesunde kulturelle Möglichkeit zu inkubieren. Da wir am Rande von etwas Neuem stehen, weiß noch keiner von uns, wie man es genau umsetzen soll. Wir spüren unseren Weg. Unsere Fähigkeiten und unser Bewusstsein bestimmen das Kommende. Wir tun gut daran, ruhige, aufmerksame und willige Teilnehmer zu werden, die auf den Strom einer größeren Intelligenz hören – bescheidene Praktizierende dessen, was der koreanische Zen-Meister Seung Sahn „don't-know mind" nannte.

HINDERNISSE FÜR WICHTIGE GESPRÄCHE

Wenn dein Dorf sehr langsam ins Meer abrutschen würde und deine Mitbürger darüber streiten würden, ob dies wirklich passiert, und unter ihnen Faustkämpfe ausbrechen würden, ob es real ist, wobei keine klaren Pläne darüber auftauchen, was zu tun ist, und wenn dies jahrzehntelang so weiterginge – was würdest du tun? Eines der Dinge, die du tun würdest, ist, jemanden zu finden, mit dem du wirklich reden kannst, um ein echtes Gespräch zu führen, das zu effektiven Maßnahmen führen könnte. Du würdest nach Leuten suchen, die wach und geerdet genug sind, um dir zu helfen, den Nebel und die Verwirrung zu durchbrechen. Heute bemerken viele von uns die Unnachhaltigkeit unseres globalen Dorfes und beginnen diese Art von Gesprächen darüber, was wirklich in unserer Welt passiert. An diesen Gesprächen nehmen viel mehr Menschen teil, oft mit Nachdruck. Und einige von uns werden von ihnen verändert – sie werden zu Praktizierenden, Innovatoren und Aktivisten und verändern sogar Aspekte unseres Lebensstils. In der gesamten Kultur finden hier und da lebenswichtige Diskussionen statt, die subversiv die Tabus brechen, indem sie den gesellschaftlichen Konsens der Bevölkerung in Frage stellen, der die meisten Gespräche oberflächlich und angenehm macht. Das ist keine Kleinigkeit – diese Tabus sind fest verankert und dominieren selbst viele von denen, die sonst wertvolle Gesprächspartner sein könnten.

Diese Gespräche müssen auch andere Hindernisse überwinden, wie jedes Gespräch. Es ist immer noch sehr schwer für uns, nicht aneinander vorbeizureden – wenn auch nicht in eklatanter Weise, so doch subtil, indem wir uns mit unseren Selbstgesprächen abwechseln. Anstatt das gegenseitige Verständnis mitzugestalten, präsentieren wir meistens einfach unsere Ansichten und schärfen sie, während wir sie aufeinander prallen lassen. Betrachte deine eigene Erfahrung. Hast du dich nicht immer wieder frustriert gefühlt und darauf gewartet, dass dein Gesprächspartner zu einen Punkt kommt, während er etwas sagt, das du hättest vorhersagen können, oder Ideen wiederholt, die du schon oft gehört hast? Zu oft besteht unsere Konversationserfahrung darin, den Bedürfnissen anderer Menschen gerecht zu werden, denen man zuhören muss. Schlimmer noch, Gespräche werden oft als Wettbewerbe organisiert, bei denen eine Person aufgrund ihrer Durchsetzungsfähigkeit oder Überzeugungskraft (jeden davon zu überzeugen, dass man Recht und die andere Seite Unrecht hat), bei der Einhaltung formaler Debatten- oder Präsentationsregeln oder anderer Formen der „Gewinner" sein darf. Wir alle sind von populären kulturellen Gewohnheiten geprägt, die diese Strategien implizit bestätigen. Die heutige Form der „Debatte" , in der es nur um Punkte geht, gilt weithin als ein Weg, um die Wahrheit zu erfahren – obwohl wir in der Nichtkommunikation unserer müden politischen Debatten sicherlich etwas anderes gesehen haben.

Das ist bedauerlich, aber verständlich. Unsere Gewohnheiten, die von unserer ökologischen und ökonomischen Anpassung geprägt sind, spannen uns an, und wir sind geneigt, uns als Konkurrenten zu betrachten. Es ist kein Wunder, dass unsere Diskursmodi eher defensiv und aufdringlich sind, und eher daran interessiert sind, einander zu überlisten oder auszunutzen, als dass wir von anderen lernen und anderen helfen wollen, ein gemeinsames Verständnis zu entwickeln. Es ist schwer für uns, dem anderen gut zuzuhören und dann sinnvoll zu verstehen, was mit unserem Dorf passiert und was wir dagegen tun können. Allzu selten hören und verarbeiten wir wirklich, was andere sagen, und lernen daraus, um dann intelligent und kreativ zu reagieren. Noch seltener sind die Gelegenheiten, in denen unsere Antworten wirklich gehört werden, so dass es nicht nur ein gemeinsames Verständnis gibt, sondern ein Gespräch, das voranschreitet. Am seltensten ist der revolutionäre Akt des gemeinsamen Erkundens, des Horchens auf neue Möglichkeiten, des Experimentierens mit ihnen und des Aufstiegs in echtes Neuland. Als Menschheitsfamilie haben nur sehr wenige unter uns gelernt, sich selbst oder einander genug zu vertrauen, um einen solchen Durchbruch im Diskurs zu erzielen. Wir wissen nicht, wie wir ungeschützt, authentisch und neugierig auf die Anwesenheit des anderen zu sein haben. Wir wissen nicht, wie wir die großen Fragen, mit denen wir konfrontiert sind, stellen und zuhören sollen, geschweige denn, wie wir das gemeinsam tun können, mit all der Verletzlichkeit, die damit verbunden ist. Und wenn wir das tun, dann mit einigen wenigen, und nur mit Menschen, mit denen wir viele Werte, Verständnis, Fähigkeiten und Wahrnehmungen teilen.

Zu erkennen, dass keiner von uns die ganze Wahrheit im Blick hat, hilft uns, das zu erhalten, was Philosophen „epistemische Demut" nennen. Es ist das Gegenteil von „epistemischer Schließung", der Schließung des Geistes gegenüber Perspektiven, gegen die wir eine Abneigung haben. Epistemische Demut verlangt von uns, dass wir wirklich tief und konsequent wissen, dass das, was wir nicht wissen, genauso wichtig und wahrscheinlich noch wichtiger ist.

Die gängige aktuelle Gesprächspraxis, auch wenn sie auf der Suche nach gegenseitigem Verständnis ist, tendiert in der Regel dazu, die eigene Perspektive des Sprechers über andere zu stellen, anstatt der Gesprächssynergie und dem Entstehen von etwas Neuem Vorrang einzuräumen. Es ist allerdings aus vielen der in diesem Buch untersuchten Gründe verständlich – Datensmog, die Konsens-Trance, der Schatten der Angst und vielen anderen Faktoren. Es ist kein Wunder, dass wirklich kreative Gespräche nur selten stattfinden - auch nicht bei Menschen, die motiviert und ernsthaft sind und die die Welt weitgehend ähnlich sehen.

Viele von uns teilen nicht die gleiche Weltanschauung oder sogar die gleichen Vorstellungen davon, was ein gutes Gespräch ausmacht. Wie bereits im vorherigen Kapitel erwähnt, hängt jedes lohnende Gespräch davon ab, dass die Teilnehmer eine gemeinsame Basis teilen – Wissen, Einstellungen, Werte darüber, was zur Bedeutung beiträgt, und sogar Gesprächsweisen. Die „Gemeinschaft der Angemessenen" für lohnende wissenschaftliche Diskussionen muss über genügend Fachwissen verfügen, um sie zu verstehen und zu beteiligen. Jedes lohnende Gespräch braucht einige gemeinsame Vereinbarungen, auch wenn sie in der Regel unausgesprochen sind. Wir müssen uns darüber einig sein, was interessant und relevant ist und was nicht, was einen wertvollen Beitrag zum Gespräch darstellt und was eine Ablenkung ist, was das gegenseitige Zuhören und das Erkennen der Auswirkungen des Gesagten betrifft. Im Allgemeinen müssen wir eine Weltanschauung oder zumindest einige ihrer kritischen Elemente teilen. Jede Diskussion muss das haben, was wir „Begriffe des Diskurses" nennen können, um kohärent und fokussiert zu sein – und um zu verhindern, dass wir in Irrelevanzen abgelenkt, überfallen oder festgefahren werden. Es ist der implizite Kontext jedes ernsthaften Gesprächs – so allgegenwärtig, dass wir es normalerweise nicht einmal bemerken.

UNSERE WICHTIGSTEN GESPRÄCHE UND DIE MAUERN UM SIE HERUM.

Innerhalb der Grenzen dieser Vereinbarungen finden einige der folgenreichsten Gespräche der Menschheit jetzt – und hier – statt. Ich benutze das Wort „Konversation" in weitestem Sinne, um kulturelle Diskurse einzubeziehen, die auch Bücher und Artikel sowie wissenschaftliche Forschung und Konferenzen sowie unzählige Gespräche einschließen. Brillante Intellektuelle – Wissenschaftler, Philosophen, Gelehrte, Zukunftsforscher und Weise – nutzen unser bestes Wissen und unsere Weisheit, um sich die Zukunft vorzustellen (und sogar neu vorzustellen). Sie bieten Hypothesen an, verfeinern sie, untersuchen ihre Auswirkungen. Sie fordern sich selbst heraus, kommende Herausforderungen und Chancen zu antizipieren und darauf zu reagieren. Manchmal führen sie öffentliche Gespräche über Politik und Strategien. Aber sie nehmen auch an Gesprächen teil, die keine Zugeständnisse an die öffentliche Meinung oder die politische Realität machen. Sie entfesseln ihre beste Intelligenz, um die Auswirkungen unseres zivilisatorischen und planetaren Tipping Point zu erfassen – und dann (im Gespräch) dorthin zu gehen, wo fast niemand zuvor gewesen ist, um sich mögliche Zukünfte und alternative Seinsformen vorzustellen.

Diese Gespräche über das, was geschieht und was das alles bedeutet, haben ihren Weg in verschiedene kulturelle Nachbarschaften gefunden. In jedem von ihnen ist die eine oder andere der vielen Formen des Genies der Menschheit im Gespräch mit sich selbst, erarbeitet seine besten Erkenntnisse und kanalisiert sich durch den Geist und die Herzen brillanter Individuen auf der ganzen Welt. In jedem dieser einzelnen kulturellen Nachbarschaften überlegen wir, wie sich unsere Notlage auf unser Dorf auswirkt und wie wir seine metaphorische Abrutschung ins Meer stoppen können. In einigen dieser Gespräche wird darüber nachgedacht, wie wir unseren Weg aus unseren Schwierigkeiten finden oder wie wir uns anpassen können. In anderen überlegen wir, wie wir zu einer richtigen Beziehung zur lebenden Erde zurückkehren können und wie wir authentische und gesunde Versionen unseres Selbst unter den veränderten Bedingungen unserer wahrscheinlichen Zukunft sein können. In noch anderen betrachten wir die Art und Weise, wie sich die Zukunft entwickeln wird, und zwar in und durch Ökologie sowie Technologie und Kultur, wie sie interagieren, und wie wir üben können, die besten Versionen von uns selbst zu sein.

Diese Gespräche – und die Grenzen, die sie definieren und schützen – sind für alle Beteiligten wertvoll. Wir sind uns implizit bewusst, dass unsere wertvollen Gespräche bereits gewaltige Hindernisse überwinden. Dabei ziehen wir natürlich Menschen an, die unsere Weltanschauung, unsere Werte, unsere kognitiven Vorurteile, unsere kulturellen Sensibilitäten und unsere Methoden zur Überprüfung der Wahrheit teilen. Wir haben mit ihnen nicht festgelegte Vereinbarungen, durch die wir eine Gemeinschaft kohärenter Diskurse zusammenführen. Mit diesem Ansatz erhalten wir eine Bodenhaftung, die Gespräche schreiten voran und wir verfeinern unser Verständnis.

Jedes unserer Gespräche, ob bewusst oder unbewusst, hat Begriffe des Diskurses etabliert. Diese Regeln filtern wahrgenommene Irrelevanzen und Dummheiten heraus – alles, was zu beängstigend, fremd oder sonstwie die Grundlagen unserer Weltanschauung bedroht. Sie verstoßen gegen unsere Bedingungen – und verdienen das, was Paul Kingsnorth als „Entlassungsbedingungen" bezeichnet hat –, also schließen wir konsequent unsere Ohren. Bestimmte Gespräche sind zu unharmonisch, deprimierend oder potenziell destabilisierend. Sie sind eine absurde Zeitverschwendung – irrational, irreführend, lächerlich und absurd. Sie sind schädlich, unterdrückend, gefährlich oder potenziell destruktiv und/oder böse. Sie sind utopisch oder nihilistisch oder faschistisch oder seelenlos oder irrelevant. Also hören wir sie überhaupt nicht. Wir haben sie ausgeschlossen.

Dies dient der notwendigen Funktion, uns vor einer kognitiven Dissonanz zu schützen, die wir instinktiv wahrnehmen, und die unser Gespräch verwirren oder ablenken oder anderweitig untergraben könnte. Das Ausklammern von fremden Diskursen erlaubt es uns, uns auf eine begrenzte Gemeinschaft zu konzentrieren, ein kleineres Gespräch, aus dem wir einen Sinn machen können. Der menschliche Organismus funktioniert nur in einem bestimmten Stressbereich gut. Wenn wir nicht in der Lage wären, große Teile des menschlichen Gesprächs abzugrenzen, würden wir befürchten, dass wir überwältigt wären – wie der Versuch, das Internet ohne eine gute Suchmaschine zu nutzen. Wir würden zumindest unsere Fähigkeit verlieren, uns mit einem kleineren Kreis von kongenialen Gesprächspartnern zu treffen und das menschliche Verständnis zu fördern. Ohne einige Vereinbarungen wären wir überhaupt nicht in der Lage, echte Gespräche zu führen.

Daher neigt unser Diskurs dazu, bestimmte grundlegende Annahmen nicht in Frage zu stellen. Und dabei entscheiden sich auch unsere besten Gespräche selbst für den Weg in die Isolation voneinander. Wir ignorieren zwangsläufig mehr als nur den schlecht informierten, paranoiden, wahnhaften oder anderweitig irrelevanten Diskurs. Wir schreiben auch eine ganze Reihe ernsthafter, origineller und lebenswichtiger Gespräche über unsere gemeinsame und persönliche Zukunft ab. Wir schließen die Gemeinschaften aus, deren Beiträge sich am deutlichsten von unseren eigenen Kompetenzbereichen unterscheiden. Wir können nicht zuhören und von ihnen lernen, jedenfalls nicht jetzt. Wir sind zu sehr mit unserer eigenen wichtigen Arbeit beschäftigt!

JENSEITS UNSERER BLASEN: WEM HÖRST DU NICHT ZU?

In einer hyperkomplexen Welt wird die Zukunft von unzähligen Faktoren geprägt sein, so dass keine einzige Perspektive oder Weltanschauung das Ganze erklären kann. Es ist unvermeidlich, dass wir alle die Welt durch eine bestimmte Linse sehen. Das integrale evolutionäre kulturelle Ökosystem entstand in einem großen Versuch, alle Wahrheiten in eine völlig angemessene metatheoretische Erzählung zu integrieren. Wilbers Leistung in dieser Hinsicht sollte niemals unterbewertet werden.

Aber jede Perspektive, egal wie umfassend, ist sowohl wahr als auch unvollständig. Strukturelle Einschränkungen schränken unsere Bemühungen ein. Wie auch immer vollständig unsere Perspektive ist, sie wird immer Einschränkungen unterliegen. Der Versuch, „eine Theorie von allem" zu erreichen, ist also ein Widerspruch. Wenn wir irgendwo stehen, gibt es vieles, was wir nicht sehen können. Wir können jedoch die Grenzen unserer Perspektiven berücksichtigen. Indem wir einfach mit unterschiedlichen Perspektiven „im Gespräch sind", uns von ihren Einsichten und Anliegen leiten lassen, können wir aus der universellen

Kurzsichtigkeit hervorgehen, die andernfalls besteht. Wie wir gerade gesehen haben, ist das jedoch keine leichte Aufgabe. Wir neigen dazu, automatisch Perspektiven auszuschließen, die mit unserer eigenen Weltanschauung kollidieren. Wenn wir es wirklich ernst meinen mit diesem notwendigen Gespräch, in dem wir die Frage nach unserer Zeit leben, tun wir gut daran, mit Perspektiven ins Gespräch zu kommen, die wir sonst ablehnen und ignorieren würden.

Wem weigerst du dich, zuzuhören? Es kommt darauf an, wer du bist.

Wenn du grundsätzlich optimistisch bist, willst du wahrscheinlich nicht auf diejenigen hören, die zutiefst pessimistisch über unsere menschliche Zukunft sind, deren Einstellungen nur wie eine sich selbst erfüllende Prophezeiung klingen. Und wenn du dich der „schrecklichen Wahrheit" unserer Situation gestellt hast, hast du nicht viel Geduld mit den Wahn-verstärkenden Erzählungen der verschiedenen Arten von „Hoffnungsabhängigen"!

Wenn dein Hauptwert Vernunft und wissenschaftlicher Fortschritt ist, nimmst du wahrscheinlich die Stimmen von Mystikern, Yogis oder Weisen nicht sehr ernst. Aber wenn deine Weltanschauung durch spirituelles Erwachen oder sogar psychologische und philosophische Selbstbeobachtung beeinflusst wird, fällt es dir vielleicht schwer, zu respektieren, was ausschließlich durch Wissenschaft, Technologie, objektive Messungen und rationale Logik erreicht werden kann.

Wenn du eine „Person des Handelns" bist – ein Unternehmer, Politiker, Aktivist oder Journalist – bist du wahrscheinlich ungeduldig mit Wissenschaftlern, Philosophen, Mystikern und Dichtern. Wenn du dich für die menschliche Psychologie interessierst, bist du wahrscheinlich bestürzt über die zügellose Oberflächlichkeit, die so oft im Namen des Pragmatismus oder der Praxis legitimiert wird.

Wenn du soziale, kulturelle oder berufliche Prominenz erreicht hast, fühlst du dich vielleicht überlegen gegenüber denen, die es nicht geschafft haben, und zögerst, deine Zeit damit zu verschwenden, ihnen zuzuhören. Wenn du an marginalisierten

Subkulturen teilnimmst, kannst du durchaus die „arroganten" systematischen kulturellen Vorurteile kritisieren und ablehnen, mit denen unsere kulturellen Torwächter die Grenzen der legitimen Mainstream-Kultur definieren.

Wenn du ein Weltbürger bist, fühlst du dich wahrscheinlich überlegen gegenüber „provinziellen" Menschen, die die Welt noch nicht gesehen haben. Aber wenn du ein Landwirt bist, der tief in seinem Wissen über seinen Ort und das Wetter und seine Zyklen und Kreaturen verwurzelt ist, denkst du wahrscheinlich, dass Stadtbewohner und Weltreisende blind gegenüber etwas Wesentlichem sind.

Wenn du eine 'person of color', ein Immigrant oder ein gendernonkonformes Individuum bist, neigst du wahrscheinlich dazu, andere, die für deine Erfahrung unempfindlich sind – insbesondere weiße Menschen – als privilegiert und ignorant und moralisch mangelhaft zu beurteilen. Und wenn du weiß bist, fühlst du dich wahrscheinlich auf subtile Weise den marginalisierten Menschen überlegen, ohne es überhaupt zu merken, da ein Großteil deines Privilegs verständlicherweise für deine eigenen Augen unsichtbar ist.

Wenn du eine Weltanschauung hast, die sich dem positiven Handeln verpflichtet fühlt und ständig in die wieder auflebende Kreativität der angeborenen menschlichen Güte investiert, hast du wahrscheinlich Schwierigkeiten, die Ansichten derer zu hören, die eine dunklere menschliche Natur vertreten. Und wenn du dich aktiv der Dunkelheit in der menschlichen Seele stellst und sie siehst, hast du wahrscheinlich nicht viel Geduld, denen zuzuhören, die es vermeiden, sich ihr so zu stellen, wie du es getan hast.

Dies sind nur einige der vielen Unterschiede zwischen unseren menschlichen Lebensweisen und unseren Gesprächsweisen. Aber, wie wir gesehen haben, organisieren sich diese vielen dieser Bereiche natürlich gemäß bestimmter breiter Weltanschauungen – traditionell, modern, postmodern und integral. In jeder dieser kulturellen Nachbarschaften sehen wir lebenswichtige Gespräche über die menschliche Zukunft – Gespräche, in denen die menschliche Intelligenz entfesselt wurde, um wirklich neue Entdeckungen zu machen, und die die Grenzen der menschlichen Möglichkeiten überschreiten können.

Da wir nur mit einer begrenzten Anzahl anderer Menschen und Perspektiven sprechen können, müssen wir „Entlassungsbedingungen" anwenden, um unsere Gespräche vor irrelevanten Abschweifungen zu schützen. Aber dabei verstärken wir unsere Weltanschauungen und Vorurteile.

Die beste Intelligenz der Menschheit kämpft mit unserer Zwangslage in spezialisierten Gesprächen, die nicht interagieren. Jeder scheitert daran, von den konstruktiven Herausforderungen an seine impliziten Annahmen zu profitieren. Die Begriffe des Diskurses, die unsere folgenreichsten Gespräche verteidigen, verhindern ihre Integration und ihren Fortschritt. Die menschliche Zivilisation als Ganzes wird vom katalytischen, heilenden integralen Diskurs zurückgehalten, aus dem wir unsere beste Intelligenz in unsere gemeinsame Entscheidungsfindung einbringen könnten.

INNOVATOREN, ÖKOLOGEN UND EVOLUTIONÄRE

Lassen Sie uns drei laufende Diskurse über unsere menschliche Zukunft betrachten. Jeder von ihnen ist immens wichtig, aber jeder findet mehr oder weniger in seiner eigenen Blase statt, getrennt von den anderen beiden laufenden Gesprächssträngen. Ich nenne diese drei Gruppen die *Innovatoren,* die *Ökologen* und die *Evolutionäre.*

Jede dieser Gruppen führt ein ernsthaftes Gespräch, in dem ein Aspekt der besten aktuellen Intelligenz der Menschheit die zentralsten Fragen über die menschliche und mehr als menschliche Zukunft stellt. Jede macht echte Entdeckungen, und jeder gestaltet unsere Zukunft auf einzigartige Weise. Obwohl jedes dieser Gespräche Perspektiven verkörpert, die in mancher Hinsicht partiell sind, berücksichtigen sie jeweils Aspekte der Realität besser als die beiden anderen. Jedes dieser Gespräche findet getrennt zwischen drei verschiedenen Ausdrucksformen der intellektuellen Vorfronten der Menschheit statt. Die *Innovatoren* spiegeln die Brillanz und die Grenzen moderner Weltanschauungen, Kapazitäten und Werte wider. Die *Ökologen* reflektieren die Visionslogik, das tiefe Einfühlungsvermögen und die Grenzen der postmodernen Weltanschauungen, Kapazitäten und Werte. Und die *Evolutionäre* drücken den metasystemischen Holismus und die Grenzen des geistigen Erwachens und der integralen Fähigkeiten und Werte aus.

Jedes dieser Gespräche hat verschiedene Teilnehmer; jedes enthält viel nuanciertes Denken und viele Kontroversen. Aber jedes dieser Gespräche ist die Anerkennung und Auseinandersetzung mit wesentlichen Dimensionen der Realität, die unsere gemeinsame Zukunft prägen werden. Wenn es passiert, kann jedes Gespräch als das wichtigste aller Gespräche erscheinen – und die Teilnehmer neigen oft dazu, mehr zu reden als zuzuhören –, was zu einem „epistemischen Abschluss" führen kann. So sind die Teilnehmer nicht wirklich im aktiven Gespräch miteinander.

Unsere Zwangslage und unser entscheidender Moment der Wahrheit erfordert, dass sich dies ändert. Jedes dieser Gespräche ist von entscheidender Bedeutung. Jedes repräsentiert eine entscheidende Dimension der besten Intelligenz und Weisheit der Menschheit. Sie alle setzen sich mit wichtigen Perspektiven auseinander, die einen entscheidenden Beitrag zur angemessenen Berücksichtigung unserer Zukunft leisten.

Diese Perspektiven sind oft unterschiedlich und es ist gut, wenn sie so bleiben. Es ist nicht einmal angemessen, dass sie versuchen, sich in voller Übereinstimmung miteinander zu befinden. Sie alle haben ein anderes Genie und eine andere Funktion, intellektuell und kulturell. Aber durch die Interaktion können sie sich alle auf wichtige Weise weiterentwickeln. Wenn jeder von ihnen vollständiger „im Gespräch mit den anderen" ist, kann diese Dialektik beginnen, alle drei Diskurskörper und alle Teilnehmer „aufzurichten" und so die Kultur zu entwickeln.

Wir stellen sie nacheinander vor und malen von jedem ein kurzes (und notwendigerweise zu stark vereinfachtes) Bild.

Innovatoren

Ich benutze das Wort „Innovatoren", um Menschen zu beschreiben, die sich für die Gestaltung einer intelligenten menschlichen Zukunft durch kreative wissenschaftliche und technologische Innovationen einsetzen. Dazu gehören Unternehmer wie Bill Gates, Larry Page, Elon Musk und John Mackey sowie Schriftsteller und Denker wie Sam Harris, Nick Bostrom und Ray Kurzweil. (Es sind nicht ausschließlich Männer, aber die aktuellen Stars sind hauptsächlich Männer.) In den meisten Fällen (aber mit erheblichen Variationen) beziehen sie sich weitgehend auf eine kraftvolle, intern konsistente Geschichte über die Natur der Realität und unserer Zukunft, die so etwa lautet:

> *Positive Fortschritte, die von menschlicher Vernunft, Wissenschaft, Technologie und kulturellen Innovationen angetrieben werden, sind für unsere wahrscheinliche Zukunft noch zentraler als unsere ökologische Situation. Die Klimawissenschaft und der Klimawandel sind real und ernüchternd; eindeutig werden viele Katastrophen unvermeidlich sein. Aber wir können schnell und klug Innovationen vornehmen, auf neue Probleme reagieren, und es kann zu einer positiven Zukunft kommen. Unsere größten Probleme können angegangen werden, indem man ihre wesentlichen einzelnen Kategorien identifiziert und effektive Lösungen entwickelt. Wichtige Innovationen könnten beispielsweise klimaneutrale Energie– und Transportsysteme, die Abscheidung und Sequestrierung von Luftkohlenstoff, die Wiederherstellung der Gesundheit der Ozeane, die Reduzierung und das Recycling von Abfall und vieles mehr sein. Dazu gehören auch Fortschritte in den Bereichen Künstliche Intelligenz, Nanotechnologie, Robotik und Biowissenschaften.*
>
> *Wenn wir die wundersamen Kräfte der technologischen Innovation mit denen des freien Marktes verbinden, entsteht ein fast magischer Fortschritt. Wir konzentrieren uns*

darauf, uns positive Zukunftsperspektiven auf der Erde vorzustellen. Gleichzeitig ist es ratsam, unsere Wetten dadurch abzusichern, indem man Geo-Engineering erforscht und lernt, durch den Weltraum zu reisen und andere Planeten zu kolonisieren. Es war unvermeidlich, dass eine intelligente Spezies einige Fehler machen und einige harte Lektionen auf unserem Heimatplaneten lernen würde. Aber wir werden diese Probleme lösen und / oder uns an sie anpassen. In der Zwischenzeit ist es von entscheidender Bedeutung, dass wir klug und innovativ vorgehen und nicht umkehren. Fortschritte sind richtungsweisend, dringend und potenziell wundersam. Es ist unsere Aufgabe, eine Zukunft zu schaffen, in der die menschliche Intelligenz es uns ermöglicht, unsere Zwänge zu überwinden. Die menschliche Zukunft hat unbegrenzte Möglichkeiten.

Ihre Gespräche sind sehr vielfältig. Sie sind neugierig, Fragen der Lebensverlängerung, der Ersetzung menschlicher Arbeit durch Roboter, der Entstehung künstlicher „Superintelligenz" und der Erforschung und Kolonisierung des Weltraums zu erforschen. Sie diskutieren den Zeitpunkt gesellschaftlicher Veränderungen wie die Annahmekurve für fahrerlose Autos, billigere und effizientere Batterien, Elektrofahrzeuge und ein garantiertes Jahreseinkommen. Sie sind sehr individualistisch, finden aber sowohl bei konservativen (meist liberalen) als auch bei liberalen (zumindest sozial und kulturell liberalen) Einstellungen Anklang. Innovatoren versuchen, sich die radikal transformativen Fortschritte, die die menschliche Zukunft bereichern werden, genau vorzustellen, zu entwerfen und umzusetzen. Sie verfügen über das Wissen, die Daten, die Intelligenz und die Ressourcen, um die besten Informationen und Vorhersagen zu nutzen, und sie sind sehr unternehmerisch und kommen in einem bemerkenswerten Tempo voran. Als Gruppe verfügen sie über enormes Wissen, Macht und Geld, das sie manchmal für lobenswerte humanitäre Bemühungen einsetzen.

Für Innovatoren sind die Errungenschaften der Moderne sehr groß – es ist eine Tatsache, dass Wissenschaft, Industrie, freie Märkte und liberale Demokratie Millionen Menschen aus einem brutalen, exponierten Dasein in ein Leben mit beispielloser Sicherheit, Komfort, Wissen, Mobilität und Kreativität geführt haben. Es ist den meisten von ihnen nicht klar, dass etwas Wichtiges daraus gewonnen werden kann, selbst psychologisch, spirituell oder existentiell, wenn man sich intensiv mit dem Zusammenbruch der Industriezivilisation oder ihren katastrophalen zerstörerischen Auswirkungen beschäftigt. Sie sind misstrauisch gegenüber Schwarzmalern. Ihre Neugierde reicht tendenziell nicht sehr tief in Bereiche hinein, in denen die Vernunft die Anfrage nicht in konkrete Antworten umsetzen kann. Im Allgemeinen haben sie nicht gelernt, in tiefgründigen, unbeantwortbaren Fragen zu „verweilen" oder zu schätzen, was dadurch gewonnen werden kann. Im Allgemeinen ist es für sie schwierig, die wahrscheinlichen katastrophalen Auswirkungen unserer ökologischen und kulturellen Krisen vollständig zu erfassen; sie werden nur abstrakt erkannt.

Innovatoren respektieren die biologischen, klimatischen und ökologischen Wissenschaften, aber die meisten von ihnen widersetzen sich ihrer Synthese zu einem ganzheitlichen ökologischen oder integralen Weltbild, insbesondere wenn sie vermuten, dass es dem anhaltenden wirtschaftlichen und technologischen Fortschritt feindlich gesinnt sein könnte. Sie sind im Allgemeinen skeptisch gegenüber nicht-materialistischen Modellen der Realität. Obwohl sie wissenschaftlich validierte Achtsamkeitsmeditation zu schätzen wissen, lehnen sie in der Regel selbst intelligente transrationale Spiritualität als „New Age"-Dummheit ab. Sie neigen dazu, die greifbaren Früchte des wissenschaftlichen und technologischen Fortschritts, einschließlich ihres eigenen Erfolgs, Reichtums und Einflusses, als Beweis für ihre eigene Relevanz und Richtigkeit zu interpretieren.

Aber sie sehen nur einen Teil des Bildes. Sie sind an der Spitze eines Vektors des Denkens und der Kreativität, der weitreichende Auswirkungen auf unsere menschliche Zukunft haben wird, so dass ihre Erkenntnisse enorm folgenreich sind. Aber was sie sehen können, ist keineswegs vollständig oder schlüssig. Und was sie erreichen können, so beeindruckend es auch sein mag, ist nicht unbedingt weise und gutartig. Auch wenn sie sich exponentiellen technologischen Fortschritt mit granularer Einsicht vorstellen können, wissen sie nicht genau, wie sich die Zukunft entwickeln wird und können.

Gesellschaft und Kultur sind hochkomplex, ebenso wie die ökologische Dynamik der Lebenswelt. Innovative Leistungen werden in einer dynamischen Zukunft ihre Früchte tragen, die maßgeblich von der Dynamik der biologischen Systeme geprägt sein wird, die Elemente beinhalten, die diese Gruppe nicht so vollständig versteht wie die Ökologen. Die Zukunft wird auch von kulturellen und spirituellen Dynamiken geprägt sein, über die sie viel von den Evolutionären lernen können.

Eine Reihe von technologischen Durchbrüchen und Lösungen sind eine unzureichende Antwort auf unsere schwierige Situation. Die Biosphäre ist nicht analog einer Maschine, sondern sie ist ein dynamisches, lebendiges System. Ist es möglich, dass sie Innerlichkeit, Heiligkeit und einen inneren Wert hat? Es ist wichtig, diese Möglichkeit nicht zu verwerfen, vor allem nicht, ohne sie gründlich zu untersuchen.

So mächtig die Innovatoren auch sein mögen, sie werden bei der Gestaltung unserer gemeinsamen Zukunft nicht allein sein. Es wird von der gesamten Biosphäre, einschließlich aller anderen Menschen und nichtmenschlichen Kreaturen, einschließlich vieler, die die Welt nicht so sehen, wie sie es tun, mitgeschaffen. Innovatoren täten gut daran, andere seriöse und intelligente Ökologen zu finden – Gesprächspartner, die ihre Augen für Ausblicke öffnen können, die sie eher ausschließen und ihre Annahmen in Frage stellen.

Bestimmte Innovatoren sind jedoch die Meister der modernen Gesellschaft; sie sind reich, mächtig und sehr einflussreich. Ihre Macht verleiht ihnen eine besondere Verantwortung. Was haben sie davon, wenn sie Ökologen oder Evolutionären zuhören? Ihre besten Gründe wurzeln in der intellektuellen und moralischen Integrität. Sie sind dabei, die Zukunft zu gestalten, also ist das, was sie tun, folgenschwer. Für sie bedeutet die epistemische Schließung, dass sie den Risiken von Kurzsichtigkeit, Rücksichtslosigkeit und einem giftigen Erbe ausgesetzt sind. Sie würden davon profitieren, neugierig zu werden, von ihnen zu lernen und mit Ökologen und Evolutionären ins Gespräch zu kommen.

Ökologen

Diejenigen, die am ehesten bereit sind, die vollen Auswirkungen der Klimawissenschaften und die Auswirkungen der Probleme mit dem Füllhorn-Mythos zu betrachten, können als „Ökologen" bezeichnet werden. Sie haben die überzeugende, aber erschreckend pessimistische Erzählung verinnerlicht, die in den nächsten beiden Absätzen zum Ausdruck kommt:

> *Wissenschaftliche Analysen und Messungen zeigen uns, dass wir unsere natürliche planetare Tragfähigkeit bereits überschritten haben. Tatsächlich haben wir jetzt damit begonnen, sie deutlich zu verringern. Wir haben versehentlich eine massive Reihe von Artensterben (das sechste große Aussterbeereignis in unserer planetarischen Geschichte) und viele sich gegenseitig durchdringende ökologische Krisen verursacht. Es mag zu spät sein, um schreckliche Zerstörungen abzuwenden, aber es ist sicherlich nicht zu spät, unsere Lebensweise radikal zu verändern. Wir zivilisierten Menschen sind für unsere Mitgeschöpfe, einheimischen Cousins und für alle Zyklen unserer Mutter Erde gefährlich zerstörerisch geworden.*
>
> *Das wichtigste Thema unserer Zeit ist die Zukunft der mehr als menschlichen Lebenswelt. Leider ist es vielleicht schon zu spät, die Gesundheit der Biosphäre rechtzeitig wiederherzustellen, um den Zusammenbruch der sozialen Ordnung in zivilisierten Gesellschaften zu verhindern. Die Menschen haben so viele psychologische Barrieren, um sich dieser Realität zu stellen, dass wir es im Allgemeinen ver-*

säumen, uns den existentiellen Fragen unserer Zeit zu stellen. Was ist inmitten dieser Realität wertvoll, befriedigend und sinnvoll? Wie können wir uns am besten mit unserer Angst und Trauer und Wut beschäftigen und daraus lernen? Was verbleibt wunderbar inmitten dieser schrecklichen Wahrheiten? Wie sollen wir leben und miteinander umgehen? Können wir authentischer leben? Wie können wir jetzt die lebendige Erde ehren und verteidigen und pflegen und von ihr getragen werden?

Ich habe viele dieser Fragen hier in diesem Buch angesprochen, da es sich um grundlegende und notwendige Fragen handelt. Wenn die „schreckliche Wahrheit" unserer misslichen Lage das Hauptthema unserer Zeit ist, sind Ökologen diejenigen, die die Kraft des Verstandes und des Charakters hatten, sich ihr zuerst direkt zu stellen. Wie wir bereits bemerkt haben, ist Verleugnung die erste Stufe der Trauer. Wir Menschen zögern, unsere Verluste zu akzeptieren, insbesondere die unbequemen Wahrheiten der globalen Erwärmung und der ökologischen Destabilisierung. Menschen haben starke psychische Barrieren, um pessimistische Narrative zu akzeptieren, so dass unsere Konsens-Trance standardmäßig die Leugnung unserer misslichen Lage ist. Da wir merken, dass Pessimismus eine sich selbst erfüllende Prophezeiung sein könnte, scheuen wir uns vor jeder Weltanschauung oder Erzählung, die nahelegt, dass wir nicht in der Lage sein werden, uns zu erheben, um unseren Krisen zu begegnen. Ökologen sind diejenigen, die die intellektuelle Integrität und den moralischen Mut haben, über unsere alltägliche Leugnung hinauszugehen und sich der Realität zu stellen.

Das *Dark Mountain Project* in England entstand, als Paul Kingsnorth und Dougald Hine mit der Wahrscheinlichkeit konfrontiert wurden, dass die Menschen die globale Erwärmung nicht rechtzeitig in Angriff nehmen würden, um den Zusammenbruch der Zivilisation zu verhindern, ein Manifest schrieben, ein Literaturmagazin gründeten und ein Festival organisierten. Sie schlossen sich mit anderen zusammen, die bereit waren, sich dem zu stellen, was sie vor sich sahen, und grübelten über die Geschichten nach, die es wert waren, erzählt zu werden, die Lieder, die es wert waren, gesungen zu werden, die Gespräche, die unter diesen Umständen bedeutsam sind. Sie schlossen sich der mythopoetischen Bewegung in der zeitgenössischen Kultur an, wie sie in den Arbeiten von Martin Shaw, Robert Bly und Michael Meade zum Ausdruck kommt, die sich von unseren ältesten Geschichten erholen und Weisheit und Inspiration teilen. Sie sind auch „im Gespräch" mit einigen Weisheiten von indigenen Lehrern. Und die indigene Weisheit ist entscheidend für die Zukunft. Sie sind die einzigen Menschen, die wissen, wie man unter 'zero impact conditions' glücklich lebt. Die *Pachamama Alliance* wurde gegründet, als das Achuar-Volk des ecuadorianischen Amazonasgebietes Lynne und Bill Twist bat, ihnen zu helfen, „den Traum vom Norden" in eine glücklichere Zukunft zu verwandeln. Ökologen bringen auch die Intelligenz der lebenden Erde in das Gespräch ein, so dass sie einige der wichtigsten menschlichen intuitiven Weisheiten besitzen.

Joanna Macy, Carolyn Baker, Derrick Jensen, Andrew Harvey, Michael Dowd, John Michael Greer, Peter Russell und David Abrams haben auf analoger Ebene (aber jeweils sehr unterschiedlich) etwas in den Vereinigten Staaten getan. Philosophen und Aktivisten vertiefen diese menschliche Auseinandersetzung mit der Realität in Europa, Australien, Asien und Afrika. James Hansen, Michael Mann, Vandana Shiva, Paul Hawken, Nicolas Hulot und Bill McKibben sind zu einflussreichen, international anerkannten Führern im praktischen Aktivismus geworden, den unsere Klimaproblematik verlangt.

All diese Menschen haben es sich erlaubt, von unserem tröstenden sozialen Konsens abzuweichen, um eine Weltanschauung zu übernehmen, die ein neues Maß an Charakter und Mut erfordert. Solche Stimmen müssen am Tisch sitzen, damit unsere Gespräche abgeschlossen werden können. Einige dieser Perspektiven basieren auf der Wissenschaft und Daten, die ökologische Störungen vorhersagen. Einige bieten auch die fundierten, rationalen Argumente für die Achtung der Komplexität und Nichtlinearität der Biosphäre, die sie als ein lebendiges System betrachten, das in gewisser Weise robust, aber auch in anderer Hinsicht fragil ist, mit endlichen Anpassungsfähigkeiten, die dem Wachstum der menschlichen Volkswirtschaften Grenzen setzen. Und einige helfen dem Gespräch, die Seele zu erreichen, und fährt mit ihrer Führung fort.

Ökologen, wie ich sie hier definiere, erkennen an, dass die Weltwährungsökonomie nicht unser eigentlicher Kontext ist; sie ist eine Teilmenge der Erdökologie. Sie extrapolieren aus unserer derzeitigen Erfahrung, dass ein anhaltendes Bevölkerungswachstum zu mehr Umweltverschmutzung und mehr Bergbau und Bohrungen sowie zum Verbrauch natürlicher Ressourcen führen wird, mit zunehmenden Auswirkungen auf die Qualität von Luft, Wasser und Boden. Sie erkennen an, dass wir wahrscheinlich kritische Schwellenwerte überschreiten werden, die uns über bestimmte Tipping Points hinausführen könnten, indem wir Feedbackschleifen freisetzen, die die Ungleichgewichte noch weiter verschärfen. Obwohl einige von ihnen Grund zu Hoffnung finden, verstecken sie sich nicht vor den Auswirkungen der kohärenten malthusianischen Erzählung, die das Überschreiten der Tragfähigkeit und den Abbau nicht erneuerbarer Ressourcen mit der Wahrscheinlichkeit der schweren Verschlechterung und des endgültigen Zusammenbruchs der menschlichen Zivilisation verbindet. Die düsteren Daten über den jüngsten, raschen globalen Temperaturanstieg liefern aussagekräftige Beweise für diese Ansicht und legen nahe, dass eine Kaskade zusätzlicher schwieriger, irreversibler Auswirkungen bereits (zumindest teilweise) unvermeidlich ist.

Darüber hinaus denken Ökologen auch metasystematisch. Sie schätzen die enorme Komplexität unserer globalen ökologischen Gemeinschaft. Sie haben sich zu einer tiefen und seelischen Anerkennung unserer Beziehungen zu unserer größeren biotischen planetaren Gemeinschaft geöffnet. Sie erkennen an, dass der Mensch nur ein Teil eines größeren Ganzen ist, der lebenden Erde, Gaia – und dass unser Wohlbefinden von Gaia's Gesundheit abhängt. Sie sind neugierig auf einen öko-psychologischen Wandel, nicht nur in Richtung Führung und Achtung, sondern auch in Richtung tiefes Lernen und Gemeinschaft mit der größeren natürlichen Welt. Ebenso übernehmen viele Ökologen (wie Bill und Lynn Twist und John Perkins) die Führung bei der Öffnung für die Weisheit der indigenen Ältesten und argumentieren, dass ihr langer Erfolg im Einklang mit der Natur eine wichtige Quelle der Orientierung in Bezug auf unsere gegenwärtige Situation ist.

Sie respektieren Vernunft und Wissenschaft, sind aber sehr skeptisch gegenüber dem Vertrauen (sie würden sagen, der Arroganz) in technologischen Optimismus und wissenschaftlichen Materialismus. Für sie scheinen die Innovatoren von einer egoistischen psychologischen Egozentrik geblendet zu sein, die die Realität leugnet. Einige von ihnen lehnen auch geistige Antworten auf materielle Herausforderungen (wie die der Evolutionäre) ab. Evolutionäre erscheinen ihnen gutherzig, aber naiv, ineffektiv, selbstgefällig und irrelevant. Für sie scheinen weder Innovatoren noch Evolutionäre in der Lage zu sein, ein realitätsnahes Gespräch über die menschliche Zukunft zu führen, was ihre Nüchternheit nur noch vertieft.

Als Gruppe sehen aber auch die Ökologen nur einen Teil des Bildes. Sie sind bereit, sich Realitäten zu stellen und zu verarbeiten, die andere nicht wahrnehmen werden, und dafür verdienen sie großen Respekt. Aber, wie andere Perspektiven, neigt auch ihre zur epistemischen Schließung. Wie wir alle neigen sie dazu, nicht erkennen zu können, dass ihr Verständnis von Realität, so vollständig sie auch sein mag, dennoch unvollständig ist. Die Realität ist lebendig und dynamisch. Das gilt auch für die Potenziale technologischer und sozialer Innovationen. Wenn Ökologen den beschriebenen Notfall wirklich sehen und sich voll und ganz für die Mitgestaltung der Zukunft einsetzen, dann müssten sie Gesprächspartner unter den Innovatoren und Evolutionären finden.

Ökologen müssen sich daran erinnern, dass sie nicht ganz wissen, wie sich die Zukunft entwickeln wird und kann. Seit Jahrtausenden haben die Menschen eine eingebaute Neigung gezeigt, sich zum apokalyptischen Denken hingezogen zu fühlen, so dass dies in die ökologische epistemische Demut einbezogen werden muss. Dies ist besonders wichtig, weil Überzeugungen als sich selbst erfüllende Prophezeiungen funktionieren können. Ein weiterer möglicher Fallstrick ist die gerechte Verachtung unterschiedlicher Perspektiven. Es besteht die Gefahr, dass ein gefährlicher, potenziell regressiver, destruktiver Einfluss auf die Kultur ausgeübt wird. Optimisten gedeihen eher als Pessimisten, auch wenn ihre Erwartungen weniger sachlich korrekt sind. Daher kann es ein moralisches Versäumnis sein, eine dunkle Vision unserer ökologischen Zukunft zu propagieren, die keinen Raum für Möglichkeiten und Hoffnung lässt.

Ökologen erkennen die Heiligkeit der lebenden Erde an. Dies kann auf das menschliche Experiment ausgedehnt werden. Die menschliche Kultur und Zivilisation spiegelt etwas Schönes und Transzendentales wider, trotz ihrer destruktiven Auswirkungen. Der gleiche evolutionäre Impuls, der die biologische Evolution vorangetrieben hat, kann in der menschlichen Kultur beobachtet werden. Auch wenn es zerstörerische Kräfte entfaltet, ist es Ausdruck von etwas Gutem, Wahrhaftigem und Schönem. Er verdient es, geehrt zu werden. In ihrer Abscheu vor menschlicher Wahnvorstellung und ihrer Ehrfurcht vor der nichtmenschlichen Welt riskieren einige Ökologen, in unproduktive und sogar pathologische Misanthropie überzugehen.

Der Zweifel am technologischen Optimismus ist legitim, solange dieser Zweifel mit epistemischer Demut gemildert wird. Technologische Veränderungen werden wahrscheinlich ein zentraler Faktor bei der Gestaltung unserer planetaren Zukunft sein. Ökologen müssen mit Innovatoren zusammenarbeiten und mit ihnen sprechen. Sie täten auch gut daran, tiefe Gespräche mit den Evolutionären zu führen. Sie müssen nicht alle ihre Zweifel darüber, ob es wirklich dramatische Veränderungen in Kultur, Bewusstsein und menschlichem Verhalten geben kann, aufheben, aber sie täten gut daran, anzuerkennen, dass es sich um hyperkomplexe, unvorhersehbare Bereiche handelt, was bedeutet, dass sie ihr Potenzial für eine aufkommende Transformation nicht ausschließen können. Veränderungen im Bewusstsein und in der Kultur können für unsere gemeinsame Zukunft ebenso wichtig sein wie die Verringerung unserer Abhängigkeit von fossilen Brennstoffen.

Ökologen müssen mit Evolutionären zusammenarbeiten, um sich in epistemischer Demut und einem weitreichenderen, facettenreicheren Dialog zu vertiefen. Ökologische Initiativen werden ihre Früchte in einer dynamischen Zukunft tragen, die nicht nur von ökologischen Faktoren, sondern auch von sozialen, kulturellen und technologischen Veränderungen geprägt ist. Der eigene Diskurs der Ökologen riskiert Irrelevanz, wenn er sich weigert, zuzuhören, von ihm informiert zu werden und sich durch Gespräche mit Innovatoren und Evolutionären zu entwickeln.

Evolutionäre

„Evolutionäre" , wie ich den Begriff hier definiere, schließen alle ein, deren Weltbild durch Ganzheit neu geformt wurde – durch Erwachen ebenso wie durch integrale und evolutionäre Weltbilder. Die Evolutionäre leisten einen einzigartigen Beitrag zu dieser Diskussion. Wenn wir in Bestform sind, sind wir uns durchaus bewusst, dass auch unsere eigenen Perspektiven „wahr, aber unvollständig" sind, also werden wir den Spiegel auf uns selbst richten und demütig sogar von Menschen lernen, deren Perspektiven uns offensichtlich unvollständig erscheinen.

Ich habe zuvor die Natur des integralen evolutionären Bewusstseins und der Kultur beschrieben – einschließlich ihres Gewahrseins der Ganzheit und ihres Impulses, sie zu verwirklichen, ihres bescheidenen Optimismus und ihrer Bereitschaft, das Leben als eine unendliche Praxis zu betrachten. Es ist uns Evolutionären klar, dass unsere tatsächliche menschliche Zukunft durch das chaotische Zusammenspiel vieler Faktoren – sowohl des Inneren als auch des Äußeren – geprägt sein wird. Veränderte Muster und Gewohnheiten und Praktiken des Bewusstseins und der Kultur werden mit Veränderungen in Ökologie, Biologie, Verhalten und Systemen interagieren – oft auf überraschend unvorhersehbare Weise. Es ist für uns offensichtlich, dass jede Perspektive (auch die von Innovatoren und Ökologen) wichtige Wahrheiten enthält, auch wenn sie andere wichtige Aspekte der Realität zwangsläufig auslässt. Wenn wir tatsächlich unser Gespräch führen, beziehen wir uns als Lehrer auf jeden und alles.

Meine Kollegen in der evolutionären Kultur verfeinern und verfeinern eine neue integrale evolutionäre Weltanschauung, artikulieren sie, bilden die Menschen darüber auf, schärfen das Bewusstsein und befähigen die Menschen tatsächlich, ihr geistiges, mentales, emotionales, physisches und zivilisiertes Leben zu entwickeln. Wir haben Dutzende von verschiedenen Initiativen hervorgebracht, die echte positive Veränderungen im Leben der Menschen bewirken. Unser Projekt ist zutiefst erfreulich. Wir streben natürlich nach dieser transformativen Arbeit und laden andere ein, sich uns in einer Art eleganter, evolutionärer Spirale anzuschließen. Wir können viele bemerkenswerte evolutionäre Errungenschaften erkennen und loben.

Und wir sind zur kritischen Selbstbeobachtung fähig. Die integrale evolutionäre Perspektive wird oft mit einer Adlerperspektive auf das Gebiet verglichen. Der Adler hat einen umfassenden Blickwinkel. Es sieht das Meer, den Fluss, den Berg, die Wiesen und die Kreaturen. Als Evolutionäre erstreckt sich unser Panorama auf die Vergangenheit und Zukunft unserer Entwicklungsprozesse. Für uns fühlt es sich an, als hätten wir eine allumfassende Perspektive. Aber wir sehen, dass es Grenzen für diese Leistung gibt. Der Adler kann auch sehen, dass es viel gibt, was er nicht sehen kann – unter den Bäumen und Sträuchern, versteckt in Spalten, unter der Erde wühlend, gibt es Gebiete und Kreaturen, die er nicht bemerken kann. Diese Kreaturen können riechen und schmecken und berühren und kennen die örtlichen Gegebenheiten, die außerhalb der panoramischen Wahrnehmung des Adlers liegen. Jede Perspektive, auch die umfassendste, ist auf ihre Weise partiell. Die integrale evolutionäre Weltanschauung – selbst mit ihrem aktiven Interesse an Wissenschaft und Philosophie und Aktivismus und Selbsttransformation, selbst mit ihrem panoramischen Bewusstsein, wie sich Staaten verändern, während Weltanschauungen sich zusammenfügen und selbst verstärken – neigt dazu, ihre eigenen Grenzen nicht zu bemerken. Diese Tendenz zur Arroganz ist jeder Perspektive eigen.

So erkennen wir, dass eine einzige Perspektive immer begrenzt sein wird. Ein wirklich integrales Bewusstsein „im Gespräch mit" einer Vielzahl von Standpunkten, die sich von unseren eigenen unterscheiden sein. Die Praxis, „im Gespräch mit" anderen Perspektiven zu sein, ist entscheidend für die Teilnahme an einer Realität, die nicht nur von allem geprägt ist, was uns auffällt, sondern auch von Erzählungen von Menschen, die die Dinge auf eine Weise sehen, die sehr unterschiedlich ist von unserer Art und Weise, so dass wir neugierig sind, jede partielle Wahrheit zu erkennen, die von den Menschen gehalten wird, mit denen wir nicht einverstanden sind. Wir müssen die epistemische Demut schätzen und praktizieren, „wir wissen, dass wir es nicht wissen", und zwar so klar, dass wir nie aufhören zu lernen. Obwohl wir vielleicht denken, dass wir die charakteristischen Grenzen von Innovatoren und Ökologen deutlich erkennen können, sind sie daher intensiv in ein Gespräch verwickelt, das uns etwas Entscheidendes zu lehren haben könnte. Wir können erkennen, dass wir mit diesen anderen Menschen im Gespräch sein und von ihnen lernen müssen.

Ein integrales Bewusstsein kann ein Paradoxon aushalten. Es kann für seine Perspektive eintreten, ohne die Legitimität widersprüchlicher Ansichten zu leugnen. Es kann Zuhören und Empfänglichkeit modellieren und lehren, ohne sich vorzustellen, dass Empfänglichkeit gleichbedeutend mit Übereinstimmung ist. Ein wahrhaft evolutionärer Dialog weigert sich, sich in der oppositionellen Sophistik festzuhalten. Seine Gespräche sind nie win-lose oder zero-sum. Dies ermöglicht es diesen Gesprächen, tiefer zu gehen.

Reife Evolutionäre können sogar Leidenschaft und emotionale Intensität mobilisieren, ohne aggressiv zu werden. Das sorgt für dynamische, spielerische und kreative Gespräche. Wenn alle Teilnehmer bereit sind, herausgefordert zu werden, werden sie frei, sich gegenseitig herauszufordern. Das bedeutet, dass wir mehr Risiken eingehen können. Wir müssen nicht Recht haben. Wir können sogar auf unsere Unterschiede hinweisen und sie erforschen. Folglich können evolutionäre Gespräche zu einer viel größeren Intimität führen. Sie können sich auch durch ein viel größeres Gebiet des Denkens und Vorstellens bewegen.

Deshalb denke ich, dass die Evolutionäre eine heilige Verantwortung haben, um katalytische Gespräche zu führen. Und wir können erkennen, dass, wenn wir dies mit einer gewissen Arroganz tun – mit einer gewissen Blindheit gegenüber unseren eigenen Grenzen –, dies ein entscheidendes Hindernis darstellen wird. Und doch, wie wir bereits erwähnt haben, neigen wir alle zu subtiler Arroganz – Evolutionäre definitiv eingeschlossen. Tatsächlich war dies in der Vergangenheit unsere größte Verantwortung. So gehen wir demütig, mit Vorsicht und neugierig darauf vor, zu erfahren, was diese Aufgabe uns lehren wird. Wir denken, dass wir zu epistemischer Demut fähig sind. Aber wir sind auch durchaus zu Arroganz und Wahnvorstellungen fähig. Streben wir danach, diese Hybris oder diesen tragischen Stolz demütig zu überwinden, und finden wir selbstkritisch unseren Mut, unsere mutigen Beiträge anzubieten.

Das bedeutet, dass wir verpflichtet sind zu üben, immer unser bestes Selbst zu werden und dabei zu dienen. Einige von uns können helfen, eine ganze Reihe notwendiger Gespräche zu führen. Einige von uns haben daran gearbeitet, der Entstehung des integralen We-Space und den Praktiken des evolutionären Dialogs zu dienen, wie hier beschrieben. Einige von uns helfen bei der Einberufung oder Erleichterung von überparteilichen Gesprächen, wie sie gerade erwähnt wurden. Und andere werden sich auf eine weitere Reihe von wichtigen globalen Gesprächen konzentrieren, die auf den Erfahrungen aus all diesen Bereichen aufbauen, um produktive Gespräche zwischen verschiedenen Stämmen, ethnischen Gruppen, Klassen, Nationen, Religionen und politischen Gruppen zu beleben. Und einige von uns werden sich auf einen aufkommenden Diskurs mit Innovatoren und Ökologen über die treue Mitgestaltung einer glücklichen Zukunft konzentrieren.

WEM GEHÖRT DIE ZUKUNFT WIRKLICH?

Wir alle – Ökologen, Innovatoren und Evolutionäre – haben eine unterschiedliche, notwendige „bottom-line"-Perspektive auf unsere Situation und unsere Zukunft. Es gibt etwas, das tief verehrt und respektiert werden muss, was die grundlegende Heiligkeit und Sensibilität der lebendigen Erde betrifft. Es gibt etwas, das man an der dynamischen Kreativität von Vernunft und Wissenschaft und dem potenziellen Nutzen, den sie haben kann, schätzen sollte.

Es gibt auch etwas, das man an einem multidimensionalen, ganzheitlichen, prozessorientierten evolutionären Verständnis der Realität schätzen und würdigen sollte. Diese evolutionäre Sichtweise, die hier vertreten wird, ist wach für Bewusstsein, Ganzheit und Heiligkeit und dennoch in der Lage, sich sinnvoll mit innovativen und ökologischen Einsichten, Prioritäten und Realitäten zu unterhalten. Es ist der Teilnehmer an diesen Gesprächen, der sich der vorläufigen und nicht endgültigen Natur aller Perspektiven am besten bewusst sein sollte und daher in der Lage ist, der offenste und katalytischste Teilnehmer an solchen Gesprächen zu sein.

Es ist schwierig genug für uns, tief greifende, sinnvolle und bahnbrechende Gespräche zu führen, selbst *innerhalb* unserer gewählten Gemeinschaften und gemeinsamen Weltanschauungen. Es ist wunderbar, aber leider selten, intelligent und tatsächlich gehört zu werden. Damit ein Gespräch wirklich zum Verständnis beiträgt, müssen die Teilnehmer das Gesagte aufnehmen, es in ihre Vorurteile eindringen lassen und sich tatsächlich beeinflussen lassen. Wir müssen zuhören und uns öffnen und uns verändern lassen. Dies erfordert in der Regel Momente der gemeinsamen Stille. Dann müssen wir in der Lage sein, das, was wir verstanden haben, und die daraus resultierenden Fragen aufmerksam, aufschlussreich und fundiert zu formulieren. Und dann müssen wir von unseren Gesprächspartnern gehört werden, die das, was wir gesagt haben, empfangen müssen.

Dieser iterative Prozess kann eine Dynamik der Intelligenz und Sorgfalt aufbauen, die ihn durch vertrautes Gebiet in neues Terrain treibt. Das passiert manchmal, aber nicht annähernd häufig und tief genug. Es ist dramatisch seltener, fast nie da gewesen, dass *Gesprächsgemeinschaften* miteinander in einen produktiven Dialog treten. Dazu müssen sie noch größere Herausforderungen meistern. Sie müssen unterschiedliche Vokabeln, Kompetenzen, Geschichten, Werte, Weltanschauungen, Identitäten und Interaktionsstile *miteinander* verbinden. Aber das ist es, was notwendig sein wird, damit wir unsere vollsten Kapazitäten zur Bewältigung unserer Megakrise einsetzen können. Doch selbst weise Menschen ehren heute nur noch sehr selten Stimmen aus anderen Diskursgemeinschaften als echte Gesprächspartner, und dann meist nur zu ihren eigenen Bedingungen.

Jedes dieser drei Gespräche findet nun weitgehend unabhängig von den anderen statt. Jedes von ihnen ist in einer Weltanschauung und Perspektive verwurzelt, die eine ganze Dimension der Realität als entscheidend für die Zukunft sieht – eine, die sie sich im Laufe der Zeit auf hartem Wege erkämpft haben. Jeder bringt eine Expertise oder Kapazität mit, die für eine bewusste Beziehung zur Zukunft unserer Spezies und unseres Planeten absolut notwendig ist. Aber es wäre ein Fehler zu glauben, dass wir jede von ihnen lernen und zu einem neuen, radikalen Holismus zusammenfügen können, der sie alle angemessen einbezieht.

Vielmehr verhält sich jede dieser Perspektiven wie eine Linse. Wir müssen durch eine Linse schauen, um zu sehen, was sie offenbart. Und wir können nicht durch mehrere Objektive auf einmal blicken, ohne den Blick für das zu verlieren, was jeder einzelne enthüllt.

Jede dieser verschiedenen Wahrheiten ist weitreichend. Sie sind nicht etwas, das jemand schnell aufnehmen, verstehen und zusammenfassen kann. Die Gemeinschaften der Innovatoren und Ökologen sind Spezialisten in einem sinnvollen und ganzheitlichen Sinne – sowohl intellektuell als auch erfahrungsbezogen. Wir Evolutionäre sollten auf sie hören, von ihnen lernen und mit der Welt, die sie sehen, in Beziehung treten. Und sie würden gut daran tun, sich zu revanchieren.

Es ist unrealistisch zu erwarten, dass wir bald die legendären Führungspersönlichkeiten unter den Innovatoren oder Ökologen erleben werden, die zu einer Art großer Einigung gelangen, die die gesamte Kultur zu einer höheren Synthese inspiriert. Vielmehr werden in der Anfangsphase dieser Gespräche wahrscheinlich einige aufmerksame Teilnehmer aus jeder dieser Gesprächswelten teilnehmen, die sich dafür entscheiden, miteinander zu sprechen. Wenn sie dies mit Offenheit und Neugierde tun und das Gespräch gut geführt wird, entwickelt sich langsam und zaghaft eine katalytische Synergie. Dieses Gespräch wird hoffentlich ein breiteres Interesse und eine größere Beteiligung wecken und im Laufe der Zeit den primären Diskurs sowohl der Innovatoren als auch der Ökologen beeinflussen.

Wie erfolgreich das Projekt auch sein mag, werden die Spannungen zwischen Ökologen und Fortschrittswilligen weiter bestehen bleiben. Das ist eine der „dauerhaften Polaritäten" unserer Kultur. Selbst wenn es uns gelingt, eine Einigung über die Grundprinzipien zu erzielen, wird der Teufel unweigerlich im Detail auftauchen und eine Vielzahl neuer Fragen aufkommen. Zum Beispiel:

Wir können uns darauf einigen, dass wir unsere eigene menschliche Präsenz auf dem Planeten beschränken sollten, um die Schäden zu minimieren und für die Wiederherstellung der Erde zu sorgen. Aber um wie viel?

Wir können uns darauf einigen, dass einige aufkommende Arten des technologischen Fortschritts *möglicherweise* Lösungen für unsere menschliche Zukunft bieten könnten, die es uns ermöglichen, eine nachhaltigere menschliche Präsenz auf dem Planeten wiederherzustellen; aber wie weit können wir auf solchen Wegen gehen, wenn wir wissen, dass diese Entscheidungen direkt oder indirekt zusätzliche ökologische Schäden verursachen können?

Wir sind uns vielleicht einig, dass die kulturelle Entwicklung entscheidend ist, aber welche Art von Bildung und kulturellen Initiativen werden wirklich funktionieren? Können wir zusammenarbeiten, um einen größeren kulturellen Wandel herbeizuführen?

Evolutionäre werden den Wert solcher Gespräche sofort erkennen. Allmählich werden immer mehr Menschen in den Lagern der Ökologen und Innovatoren die Bedeutung von „out of the box"-Gesprächen erkennen, wie sie ich hier vorschlage. Immer mehr Menschen werden durch die Ereignisse und Erkenntnisse gedemütigt. Und diese Gespräche werden, wenn sie erfolgreich sind, mehr Teilnehmer anziehen. Die Möglichkeiten, die sich durch die epistemologische Demut eröffnen, werden sichtbar. Immer mehr Menschen werden bereit sein, die Grenzen der chauvinistischen Einstellungen und stillschweigenden Codes ihrer Fraktion zu überschreiten. Wenn die richtigen Arten von Einladungen, Gesprächen und Moderationen erscheinen, wird eine neue Welle von entscheidenden Gesprächen nicht nur das, *was* wir denken und tun, sondern auch das, *wie* wir es tun, verändern – und das mit weitreichenden Auswirkungen.

Dieser Dialog wird wahrscheinlich langsam beginnen. Die Konversation der Innovatoren neigt vor allem dazu, hermetisch abgeschlossen zu sein, überzeugt durch ihren überlegenen kulturellen Status und ihre überlegene kulturelle Macht und verteidigt von „Skeptikern", die Perspektiven und Beweise angreifen wollen, die ihre reduktive Denkweise in Frage stellen. Unter Ökologen besteht eine große moralische Gewissheit, die auch für sie eine große Herausforderung darstellt. Auch die Evolutionäre müssen ein subtiles Gefühl der epistemischen, moralischen oder evolutionären Überlegenheit aufgeben. Aber es werden mutige, kreative Gespräche geführt, die ein gewisses Maß an Fortschritt zeigen. Diese Gespräche werden im Laufe der Zeit überzeugende Gemeinsamkeiten, subversive Einigungs- und Erkenntnispunkte, Potenziale für innovative Synergien und vieles mehr aufdecken. Experimente im Dialog und im Wir-Raum werden einige dieser grenzüberschreitenden Gespräche aufgreifen.

Da die Innovatoren den kulturellen Mainstream effektiv beherrschen, wird der kulturelle Fortschritt die Überwindung des Widerstands gegen die Erkenntnisse von Ökologen und Evolutionären erfordern. Dies sind die Gespräche, die vorangetrieben werden müssen, und um zusätzlichen Einfluss zu gewinnen, brauchen sie Evolution und Verfeinerung. Hier kann die radikale integrale Ökologie eine Schlüsselrolle bei der Entwicklung unseres zentralen Gesprächs spielen. Es ist ein Schritt in Richtung dieser Integration, ein Schritt unter den integralen Evolutionären, um sich in ein tieferes Gespräch mit radikalen Ökologen zu begeben. Wenn integriert, können sich ihre Perspektiven so entwickeln, dass sie die erforderliche Korrekturmedizin darstellen, die das Gespräch der Innovatoren über die Zukunft, die sie so sehr gestalten, informieren kann.

Aber wir müssen dort beginnen, wo wir sind. In unseren Subkulturen des Diskurses neigen wir dazu, uns nur mit denen zu treffen, mit denen wir am ehesten in Resonanz treten können, gruppiert um ein begrenztes Spektrum von Gesprächsthemen, immer auf eine Weise, die verschiedene stillschweigende Annahmen teilt. Wenn wir am glücklichsten, mutig, kreativ und klugsten sind, gehen wir mit unseren Gesprächspartnern tatsächlich neue Wege und unser Gespräch entwickelt sich weiter. Dies zu ändern ist eine Kunst. Wie die Spaltungen und Reibungen entlang Rasse, Ethnie, Geschlecht und Religion müssen auch die Unterschiede in der Weltanschauung respektiert und auf eine Weise einbezogen werden, die diese Unterschiede anerkennt, ohne die Spaltungen zu verstärken, und die gegenseitiges Verständnis hervorruft und mutige gemeinsame Untersuchungen fördert.

Es ist wichtig, alle wichtigen Gespräche über unsere menschliche Zukunft zusammenzuführen. Wie sonst kann das Beste aus ihrem vielfältigen Wissen und ihrer Weisheit im Namen unserer kollektiven menschlichen und mehr als menschlichen Zukunft zusammenwirken? Es beginnt mit einigen mutigen ideologischen Abtrünnigen, die sich von der insularen Überlegenheit ihres Lagers lösen. Dieses Rieseln könnte, wenn ihre Gespräche fruchtbar sind, zu einem Strom und dann zu einem Fluss werden, der die Vorhut von etwas extrem Folgerichtigem ist. Diese Gespräche können von Bedeutung sein. Sie einzuladen und zu erleichtern, wird ein Privileg und eine wertvolle Gelegenheit sein.

WO IST EINE INTEGRALE REVOLUTION?

Diese Konversationen werden in einer Welt entstehen, die sich schnell verändern wird. Wir durchleben bereits eine größere und ursprünglichere Revolution, als wir es uns vorstellen. Es ist eine alltägliche Beobachtung, dass wir in revolutionären Zeiten leben. Aber wir sind langsamer, die mehrdimensionale und radikale (oder „integrale") Natur unserer gegenwärtigen Transformation zu erkennen. Es widersetzt sich unseren Kategorien, auch wenn es sie umgestaltet.

Diese epochale „Intervention" verlangt, dass jeder von uns über eine Schwelle in eine neue Realität tritt. Wie wir bereits gesagt haben, bedeutet das eine Veränderung des Gesamtsystems – eine integrale Transformation, die neues Bewusstsein, Verhalten, Kultur und Systeme impliziert. Wir müssen unseren Weg in die Neuheit organisch finden, anstatt uns an unsere Vorstellungen davon zu halten, was sein sollte. Aber wir können uns eine Vorstellung davon machen, was diese Revolution erfordert, indem wir feststellen, dass sie mehrere Schwerpunkte hat:

Innenbereich: Die wesentliche Natur dieser Revolution kann als *subjektiv* betrachtet werden. Es ist eine Transformation unserer Art, Leben und Realität zu erleben und alles miteinander zu teilen. Es ist eine facettenreiche Revolution von Bewusstsein und Kultur.

Außenbereich: Gleichzeitig kann die wesentliche Natur dieser Revolution gleichermaßen *objektiv* angesehen werden. Was nicht gelebt und umgesetzt wird, ist nur teilweise real; *Sein,* voll und ganz, heißt auch, *zu tun.* Letztendlich werden wir aufgefordert, eine Revolution in der Art und Weise zu vollziehen, wie wir arbeiten, essen, in Beziehung treten, uns reproduzieren, unsere Kinder großziehen und das Neue erschaffen. Und es ist eine Revolution in der Art und Weise, wie wir uns ernähren, hausen, kleiden, transportieren, erwärmen und kühlen. Es ist eine Revolution in den Vereinbarungen, Regeln, Strategien und institutionellen Strukturen und Systemen, durch die wir zusammenarbeiten und unsere Konflikte beurteilen, und durch die wir unsere Beziehungen untereinander, zu anderen Lebewesen und zur Erde selbst regeln und stärken. Es ist sogar eine Revolution in der Art und Weise, wie sich solche Vereinbarungen und Strukturen ständig ändern und erneuern können.

Individuell: Du kannst diese Revolution nur dann wirklich verstehen, wenn du dich entscheidest, sie zu leben. Wenn es nicht in dir persönlich geschieht, jetzt und wieder in jedem neuen Moment, verschwindet es, verbirgt sich vor deiner Sicht und wird unwissend, abstrakt und unwirklich.

Kollektiv: Und doch kannst du es nicht erkennen und wählen, ohne es mit anderen in die Tat umzusetzen. Die Revolution im Inneren muss in die Revolution integriert werden, die in anderen stattfindet; ansonsten ist auch dieser Prozess der Selbsterkenntnis unvollständig. Und wenn sie einmal gegenseitig anerkannt sind, bedeutet die integrale Revolution die gegenseitige Verwirklichung. Es wird nur abstrakt betrachtet, bis es gelebt wird, und zwar jetzt. Und doch ist es auch ein organischer, lebenslanger, kontinuierlicher Mehrgenerationenprozess.

Es ist eine Revolution des Paradoxons – im wahrsten Sinne des Wortes bereits eine fait accompli. Und doch ist sie auch im Entstehen begriffen, gerade noch am Anfang, ein aufständischer Außenseiter, der unsere persönliche, heroische Beteiligung braucht. Es ist auch in seiner Blütezeit, in der Mitte und am Rande des Sieges. Und Misserfolge werden unvermeidlich sein, denn je mehr sich die Dinge ändern, desto mehr bleiben sie gleich – es gibt ein echtes Gefühl, dass sich nie etwas ändert.

Die Revolution ist auch ein alter Prozess, der mindestens zehntausend Jahre zurückreicht. Aus einer Zukunftsperspektive können Historiker auf die gesamte Zeitspanne von der Entstehung von Stammesgesellschaften bis zur Singularität als einheitliches evolutionäres Ereignis, einer einzigen Bewusstseinsrevolution, zurückblicken, sich selbst bewusst werdend und sich als transplanetares Phänomen verwirklichend – die Koaleszenz des Planeten als einheitliches, einheitliches Bewusstsein, das Teilhard de Chardin die „Noosphäre" nannte.

Doch selbst von dort, wo wir stehen, als empfindende Momente im Lichte gewaltiger kosmischer Prozesse, gibt es Texturen und Eigenschaften dieser Revolution, die wir aufrufen können:

Die radikale Wende, die vor uns liegt, ist holistisch und integral.

Sie kann nicht auf eine Revolution der Nachhaltigkeit reduziert werden, auch wenn das sicherlich dringend erforderlich ist.

Es ist nicht nur eine politische Revolution, obwohl sie unweigerlich letztendlich unsere Politik und unsere Institutionen verändern wird.

Es handelt sich im *Wesentlichen* nicht um eine technologische oder wissenschaftliche Revolution, obwohl sie sicherlich all dies auf eine tiefgreifende Weise beinhaltet.

Auch ist es nicht nur eine kulturelle, psychologische und spirituelle Revolution, auch wenn sie unser inneres Leben auf eine Weise verändert, die tiefer ist, als wir es gewöhnlich tun.

Es markiert eine revolutionäre Transformation in der gesamten Laufbahn der menschlichen Evolution, insbesondere unserer Beziehung zu unserem Planeten und unserer gesamten menschlichen und nichtmenschlichen Familie, und doch ist es nicht nur ökologisch.

Es geschieht bereits in Einzelpersonen und in Beziehungen, in Familien und Gemeinschaften, in Unternehmen und Schulen und Organisationen aller Art.

Und es ist für uns fast unsichtbar – auch wenn sich der Prozess beschleunigt. Also lasst uns reden.

11. Es ist nicht zu spät, und es wird nie zu spät sein.

Im Laufe der Geschichte gab es viele kulturelle Veränderungen, aber was uns jetzt bevorsteht, ist ein kollektiver Wandel – schneller und komplexer als alles, was die Welt bislang erlebt hat. Zu anderen Zeiten dachten sie, sie wären es. Sie lagen falsch. Das jetzt ist es! In dieser Zeit des außerordentlichen Übergangs können wir es uns nicht mehr leisten, als heilende Mitglieder der menschlichen Rasse zu leben. Ein neuer Satz von Werten – holistisch, synkretistisch, beziehungs- und prozessorientiert, organisch, spirituell – wächst in uns und um uns herum. - JEAN HOUSTON

Aktivismus beginnt bei dir, Demokratie beginnt bei dir, geh raus, werde aktiv! Jetzt bist du bist dran! - THOM HARTMANN

Wenn dir die Nachrichten nicht gefallen, mach dir selbst welche. - WES ‚SCOOP' NISKER

Das Fazit ist denkbar einfach: Wir sind es.

Unsere evolutionäre Zwangslage ruft uns alle auf, *die Veränderung zu sein, die wir uns wünschen.* Das impliziert eine unbefristete Verpflichtung. Für unser eigenes Wachstum bedeutet es, die besten menschlichen Qualitäten und Tugenden zu entwickeln, ohne ein Ende in Sicht zu haben, und die Verpflichtung, sie in jeden Moment unseres Lebens zu bringen. Dies ist keine konventionelle Verpflichtung; es ist eine existenzielle Verpflichtung gegenüber allem, was uns lieb und teuer ist, alles, was dir lieb und teuer ist. Du siehst es in anderen – den Helden und Heiligen der Geschichte, und den gewöhnlichen Helden und Heiligen, die du persönlich kennst. Und andere müssen und werden es in dir sehen. Die Verpflichtung endet nie, weil das Leben selbst unser Bestes braucht und immer brauchen wird, und weil Bewusstsein und Gefühl nicht bewusstlos und gefühllos werden wollen. Wir sind das Lebenselixier des Universums, und sobald wir das erkennen, können wir nicht anders, als das Leben anzunehmen – und wir würden es nicht anders wollen.

Wenn du ein Verständnis dafür hast, was auf dem Spiel steht, bist du für diese Mission qualifiziert. Weitere „Qualifikationen" im üblichen Sinne sind nicht erforderlich. Wir müssen uns wirklich darüber bewusst sein, dass jeder einzelne von uns dazu neigt, weit hinter dem Heldentum oder der Heiligkeit zurückzubleiben. Aber viele der größten Helden und Heiligen aller Zeiten waren sich sehr wohl bewusst, wie unzureichend sie tatsächlich waren. Tatsächlich kann man sagen, dass *das bloße Bewusstsein,* wie weit man hinterherhinkt, eine Qualifikation an sich ist.

Es gibt keine überlegene Rasse von Menschen, die auftauchen und tun wird, was unsere weitere Evolution erfordert. Du und ich, genau wie wir sind – mit all unserer Angst, Faulheit, Selbstgefälligkeit, Reizbarkeit, Geringfügigkeit (man kann die Lücken füllen) – sind diejenigen, die (aufgrund von Zeit, Ort und Umständen) für diese wichtige Mission ausgewählt wurden.

Wenn wir weit zurückzoomen und das große Ganze betrachten und unseren Planeten wie durch das falsche Ende eines Teleskops sehen würden, könnten wir ihn holistisch als ein dynamisches System sehen – und im Moment, obwohl in gewisser Weise erstaunlich schön, ist es in gewisser Weise kein schönes Bild. Alle Aspekte der menschlichen Zivilisation scheinen in unterschiedlichem Maße von Funktionsstörungen betroffen zu sein: unsere Wirtschaftssysteme, unsere politischen Systeme, unsere Energiesysteme, unsere Transport- und Ernährungssysteme – und unser kulturelles, soziales, psychologisches und spirituelles Leben. Es ist wie eine Krankheit, die jedes Organsystem im Körper, aber auch den Geist und die Seele betrifft. Wenn man dieses ganze Bild betrachtet, kann man nicht anders, als sich zu fragen, wo und wie jemand genau anfangen kann, einen positiven Unterschied zu machen. Wo zum Teufel ist die Energie, um all diese Blockaden zu beseitigen? Wir scheinen in eine unglaubliche mehrdimensionale Sackgasse geraten zu sein. Welche Art von gewaltiger Kraft wird notwendig sein, um diese Sackgasse zu durchbrechen und einen Weg nach vorne zu ebnen?

Aber wenn wir dann tief und genau in das Herz und die Seele und den Geist jedes einzelnen Menschen schauen, entdecken wir ein riesiges ungenutztes Reservoir an latentem Heldentum. Wir können es in unserer Fähigkeit zur Liebe, unserer offenen Intelligenz, unserem Impuls, von Nutzen zu sein, finden, uns über uns selbst hinaus um andere zu kümmern, Exzellenz und Mut zu verkörpern, echte Freunde zu werden und neue Arten von Gemeinschaften zu schmieden. Das ist eine riesige Energiequelle. Sie ist weitgehend ungenutzt, aber dennoch als Potenzial vorhanden. Wir haben eindeutig die Kraft, ein neues „Wir" zu schaffen, das höhere kokreative Synergien ausdrückt. Alle Energie und Intelligenz, die benötigt wird, um eine vollständige Transformation unserer dysfunktionalen Welt zu bewirken, ist im menschlichen Geist verborgen. Wenn wir einen Weg finden können, auf eine Weise zusammenzukommen, die das unterdrückte Potenzial freisetzt, wird es wie eine Kanalisierung der Kernfusion sein. Bei der Erläuterung der Natur der Herzintelligenz in Kapitel 5 haben wir Pierre Teilhard de Chardins berühmte Aussage zitiert, dass, wenn der Mensch endlich „die Energien der Liebe nutzt ...er zum zweiten Mal in der Weltgeschichte das Feuer entdeckt haben wird". Sie ist im wahrsten Sinne des Wortes so bedeutsam. Diese spirituelle Kraft und grenzenbrechende Liebe wurde im Laufe der Geschichte von seltenen Individuen – Menschen wie Buddha, Sokrates, Jesus, Gandhi und zweifellos unzähligen anderen Heiligen, Weisen und Aktivisten – und manchmal sogar von gewöhnlichen Menschen entfesselt. Ob aus Geschichten um große Gestalten oder aus persönlichen Begegnungen mit ihnen, unsere Hoffnungen und Energien und unser Geist verwandeln sich, bis zu dem Punkt, an dem wir zumindest in bestimmten Fällen zu Verkörperung von Liebe, Mitgefühl und Mut werden können. Diejenigen, die diese Disposition am konsequentesten verkörpern, waren in der Lage, wundersame Veränderungen in menschlichen Individuen und in den Gesellschaften, in denen sie lebten, herbeizuführen. Du und ich haben vielleicht nicht immer die außergewöhnlichen Eigenschaften solcher Menschen – aber wir können unverzichtbare Teilnehmer in einem größeren Bewusstsein sein, das so funktioniert.

An diesem Punkt in der menschlichen Saga, wie wir gesagt haben, wird der nächste Buddha ein Sangha sein müssen – ein Kollektiv, das ein immer reaktionsschnelleres, kreativeres „Wir" praktiziert und entwickelt. Individuell werden wir alle von den Umständen aufgefordert, zu wachsen und sich zu entwickeln und, wenn möglich, Teilnehmer am „Körper-Geist" eines entstehenden heiligen und heroischen Kollektivs zu werden. Zusammen sind wir die ungewaschenen Rohstoffe eines dringend benötigten neuen menschlichen Erwachsenwerdens.

Es ist nicht zu spät. Katastrophen und transformative Durchbrüche können kritische Zeitfenster für grundlegendere Systemneugestaltungen eröffnen. Die Vorstellung, dass es dafür Katastrophen braucht, erscheint zunächst deprimierend, schafft aber tatsächlich eine riesige Öffnung für eine realistische Hoffnung, auch inmitten von Katastrophen. Es ist auch eine Roadmap zu einer neuen, fundierteren Form des langfristigen Aktivismus. Es mag den Anschein haben, dass wir mit so dringenden Herausforderungen konfrontiert sind, dass es keine Möglichkeit gibt, sie durch den langsamen Prozess der kulturellen, sozialen und politischen Reformen angemessen anzugehen. (Beachten Sie, dass dies der unausgesprochene Subtext vieler ängstlicher „fortschrittlicher" politischer Kommunikationen ist.) Aber in der Tat, einige der mächtigsten Veränderungen werden wahrscheinlich kommen, nachdem es „zu spät" ist.

ES IST NIE ZU SPÄT

Die Ganzheit unserer mehr als menschenwürdigen lebenden Erde widersetzt sich völlig der Analyse. Sie kann nicht durch lineare Ketten von Ursache und Wirkung erklärt werden. Systemische

Komplexität ist für einige dieser Unvorhersehbarkeit verantwortlich, aber sie hat auch mit etwas mit der Ganzheit selbst zu tun – ihrem radikalen Potenzial für Lebendigkeit und kreative Simultanität. Genaue Vorhersagen sind daher nicht möglich. Selbst die subatomare Welt scheint Anzeichen dieser schöpferischen Gleichzeitigkeit zu offenbaren. Physiker spekulieren, dass die nicht ganz zufälligen Bahnen der Atomteilchen am besten als ihr „Spiel" betrachtet werden könnten.

Wenn wir unsere Evolutionsgeschichte verfolgen, können wir daraus schließen, dass das Leben leben und gedeihen will. Die Evolution will sich ständig weiterentwickeln. Gaia ist sehr belastbar. Unsere Bemühungen um eine Antwort, die vielleicht zu wenig und zu spät erscheinen mag, werden Veränderungen in der gesamten Biosphäre bewirken, die wir auch nicht kennen können. Auf der negativen Seite können diese Bemühungen Störungen auslösen, auch das, was wir „Kataklysmen" nennen – aber sie werden auch die selbstregulierende Widerstandsfähigkeit des lebenden Planetensystems auslösen. Wir sind nicht getrennt von der Intentionalität, die unter diesen systemischen Bedingungen natürlich auftauchen wird. Katastrophenzeiten sind Momente, in denen das System ausfällt und aufbricht. Überraschenderweise können sie bemerkenswerte Möglichkeiten bieten, um einen größeren systemischen Wandel zu bewirken.

Die meisten von uns neigen dazu, an Veränderungen in sehr begrenzter Weise zu denken. Wenn wir an Veränderungen denken, neigen wir dazu, nur an die Projekte zu denken, von denen wir uns vorstellen können, dass Menschen sie aktiv durchführen. Wir hoffen, dass sich dies als therapeutische Stiche einer „sozialen Akupunktur"-Nadel erweisen wird, die eine virtuose nichtlineare Dynamik katalysieren wird. Wir hoffen auf positive Feedbackschleifen, das Überqueren von Tipping Points und eine subtile Felddynamik, die uns helfen wird, unsere am besten geeigneten Pläne zum Erfolg zu führen. Und doch sind Ereignisse nie so durchgehend gutartig, so dass die Geschichte nicht so klar ist. Der Wandel kommt oft inmitten von Störungen, nach einer Krise schafft er ein Fenster der Möglichkeiten. Es werden die „schwarzen Schwäne", die unvorhersehbaren Game-Changers – wie ein weiterer finanzieller Zusammenbruch – sein, die die Chance für etwas völlig Neues eröffnen.

Betrachten wir die Nuklearkatastrophe von Fukushima im Jahr 2011. Am 11. März desselben Jahres löste ein Megaterdbeben (9,0 in der momentanen Größenordnung) einen fünfzehn Fuß hohen Tsunami über Honshu Island, der Hauptinsel Japans, aus. Etwa 19.000 Menschen starben. Dann verlor das Kernkraftwerk Fukushima Daiichi seine Generatoren, und innerhalb von drei Tagen schmolzen mehrere der radioaktiven Kerne. Die Welt sah zu, wie sich eine der größten Atomkatastrophen aller Zeiten in Zeitlupe entfaltete, und jeder schien hilflos, sie zu stoppen.

In Europa ist inzwischen eine Gruppe von Schweizer Befürwortern der Nachhaltigkeit aktiv geworden. Sie hatten eine weitere Katastrophe vom Typ Tschernobyl erwartet, und sie hatten sich darauf vorbereitet. Im Laufe der Jahre bis Fukushima hatten sie Beziehungen zu Menschen auf höchster Ebene der Schweizer Politik aufgebaut. Sie hatten auch die Kosten der Prämien für eine private Versicherungsgesellschaft berechnet, um die schweizerische Atomindustrie Haftpflicht zu versichern. (Wie die USA und die meisten atombewaffneten Nationen hatte auch die Schweiz Gesetze erlassen, die die Eigentümer und Betreiber von Kernkraftwerken von der öffentlichen Haftung befreien. Ihre Forschung hatte den Umfang dieser enormen öffentlichen Förderung sorgfältig quantifiziert und dokumentiert.) Darüber hinaus hatten sie die Arbeit zur Berechnung der (niedrigeren) Kosten für die Förderung anderer sauberer Energietechnologien gegenüber der Kernenergie geleistet. Als sich also der Unfall von Fukushima ereignete, waren sie bereit. Und dann haben sie sich an die Entscheidungsträger gewandt und ihnen Whitepaper zur Verfügung gestellt, die ein sorgfältig begründetes Argument für dramatische politische Entscheidungen liefern. All dies geschah, während die Trägheit des Status quo unterbrochen wurde und ein Zeitfenster für grundlegendere Reformen offen war.

Zwei Monate später traf Deutschland die gleiche Entscheidung, und zwar aus ähnlichen Gründen. Im Mai 2017 erreichte Deutschland mit 85 Prozent erneuerbarer Energie einen neuen Weltrekord für eine Nation seiner Größe.

Der Schlüssel liegt darin, unser Denken und unseren Aktivismus zu befreien, ohne unsere Paranoia auszulösen. Wir können uns gut vorbereiten, um die *Chancen* zu nutzen, die Katastrophen für die Einleitung grundlegenderer *Systemneugestaltungen* bieten. Und das kann und sollte unbedingt zusammen mit präventiven Arten von Aktivismus geschehen. Lasst uns Zerstörung, Regression und Leiden, menschlich und nicht-menschlich, minimieren. Lasst uns unseren Mutterplaneten und unsere Geschwister bewahren. *Und* lassen Sie uns unser Denken und kreatives Handeln *erweitern*.

Wir müssen tun, was wir können, wo wir uns auch befinden, auch wenn Katastrophen bevorstehen. Verwickelte, hyperkomplexe Systemdynamiken verbinden menschliche Aktivitäten mit unserem vielfältigen, lebendigen planetaren Ökosystem. Wir können es nicht realistisch im Detail „herausfinden". Und doch brauchen wir eine Vision, wie wir trotz unseres derzeitigen politischen und kulturellen Stillstands vorankommen können.

Gegen diesen Widerstand müssen wir auf der Ebene der Politik und der Medien eine Diskussion über das anstoßen, was eine der wichtigsten politischen Fragen unserer Zeit sein sollte: Wie können Wege zur Nachhaltigkeit mit minimalen katastrophalen Störungen geschaffen werden? Wir könnten das eine „weiche Landung" nennen. Wir können uns darauf konzentrieren, den Weg der globalen menschlichen Kultur durch einen epochalen adaptiven Übergang zu optimieren. Da unsere derzeitigen sozialen Muster und Gewohnheiten überhitzt und unhaltbar sind, ist es das Ziel, so schnell wie möglich zu nachhaltigeren Lebensweisen überzugehen und gleichzeitig traumatische Störungen zu minimieren. Besonders wichtig ist es, keine kulturelle Regression („Dunkles Zeitalter" oder Dystopien, egal in welcher Größenordnung) auszulösen.

Vorbereitung ist alles. Realistisch gesehen glauben die meisten gut informierten Beobachter, dass große Störungen wahrscheinlich unvermeidlich sind – riesige Schocks, Katastrophen und

Krisen scheinen nicht nur wahrscheinlich, sondern vielleicht sogar notwendig, um den politischen Willen zu katalysieren, um unsere kollektiven Entscheidungen und unser Verhalten zu verändern. Die gute Seite besteht darin, dass diese Krisen unsere derzeitige Blockade durchbrechen werden. Sie können unsere Starrheit lösen. Beide werden Möglichkeiten für grundlegendere Systemneugestaltungen bieten. Wir können sie voraussehen und uns darauf vorbereiten. Dies ist ein enorm wichtiger Aspekt des evolutionären Aktivismus.

ÜBER UNSER POSTMODERNES SELBST HINWEGKOMMEN

In der Zwischenzeit verursachen wir weiterhin massive Schäden und Zerstörungen auf dem Planeten. Während die Schweiz und Deutschland Alternativen zur Kernenergie gewählt haben, tritt die Strahlung der Fukushima-Reaktoren in das Grund- und Meerwasser ein und hat sich über den Pazifik ausgebreitet. Zwei Drittel des Great Barrier Reefs vor der Küste Australiens sind in den letzten Jahren an steigenden Meerestemperaturen gestorben. Im Jahr 2017 ging die polare Meereisdecke auf Tiefststände zurück. Ich könnte immer weitermachen – die Litanei der Schrecken ist lang und krass.

Wir wissen nicht, welche nächste Katastrophe unsere Gesellschaft oder Mutter Erde von ihrer metaphorischen Achse (oder ihrer wörtlichen Achse, wie einige vorhersagen) stürzen und unvorhersehbare Umbrüche verursachen könnte. Wir haben nicht den politischen Willen mobilisiert, der für die massiven und schnellen Veränderungen notwendig ist – schon gar nicht in Schlüsselländern wie den Vereinigten Staaten.

Wir wurden von der Geschwindigkeit unserer eigenen Erfindungen und der Beschleunigung des Tempos des Wandels in allen Bereichen unseres Lebens überlistet. Unser Nervensystem ist überwältigt von Reizen, die der Homo sapiens nicht gewohnt ist; wir alle befinden uns in einer virtuellen Welt, die über unserer 3D-Erfahrung liegt. Wir beginnen gerade erst zu entdecken, wie wir die Herausforderungen für unser Wohlbefinden meistern können. Unser virtuelles Selbst wird durch die postmoderne Haltung der Passivität, der reflexiven Reaktivität (wenn etwas wirklich schief geht) und der Resignation stark beeinflusst. Aber was können wir proaktiv tun, um das Kräfteverhältnis zu verändern und „Gutes zu tun"?

Wenn wir unser größeres Schicksal erfüllen und einfach nur überleben wollen, müssen wir uns von der entmächtigenden, zynischen, defätistischen Ausrichtung der Postmoderne erholen, in der wir uns fälschlicherweise glauben, unter der Wirkung von systemischen Kräften zu stehen, die sich unserer Kontrolle entziehen. Eine solche Disposition ist das Wesen der Pathologie und die Ablehnung der Haltung der Praxis. Erinnere dich an die Analogie der Sucht. Wir alle sind Süchtige – von fossilen Brennstoffen, von der Konsumkultur, von unserer Konsens-Trance, von unwirksamen Trostpflasterungen. Wir können zugeben, dass wir Süchtige sind, und bestätigen unseren Genesungsprozess, einen Tag nach dem anderen. Das bedeutet, zum Leben „Ja" zu sagen, uns selbst zu vergeben und unsere Verantwortung für die Zukunft heute wahrzunehmen.

Lassen wir die Option, dass es ausreicht, eine „Position" einzunehmen und das Gefühl zu haben, dass wir „recht haben", endgültig beiseite. Die Identifikation mit Meinungen oder Interpretationsstrukturen, auch mit Geschichten – ob politisch, sozial oder spirituell – ist kein Ersatz für die tatsächliche Teilnahme. Dieser Kaiser hat keine Kleider. Einfach nur eine Meinung zu äußern – vor allem eine, die von zynischen Einstellungen geprägt ist – ist eine totale Ausflucht. Aber solche Formen des Engagements sind allgegenwärtig und sind in der Tat das, wozu die meisten von uns neigen, mich eingeschlossen. Wir alle bleiben hinter dem Standard zurück, die Verantwortung für das volle Ausmaß unserer zivilisatorischen Situation zu übernehmen. Aber die Haltung der positiven Verantwortung ist unerlässlich.

Es ist besonders wichtig, dem Zynismus entgegenzuwirken. Leider wird der Zynismus bei den Millennialsern immer häufiger. Boomer sind sicherlich in einen evolutionären Graben gefahren und haben der nächsten Generation ein Chaos hinterlassen. Aber das war das gemeinsame Tun der Menschheit, über viele Generationen hinweg. Es ist verständlicherweise überwältigend, in einer Welt voller Krisen erwachsen zu werden. Aber zynische und relativistische Reaktionen haben selbstmörderische Auswirkungen. Millennials werden manchmal auch als „die Whatever-Generation" bezeichnet, weil so viele Fragen mit einer Augenrolle und einem einzigen Wort, dem „was auch immer", beantwortet werden. Können Millennials (und alle, die vor und nach ihnen kamen) Aufrichtigkeit und Hoffnung sowie die Bereitschaft, über die Ironie hinauszugehen, wiedererlangen? Können wir ihnen dabei helfen? Wir alle sind zu einem postironischen Verhältnis zu unserer Erfahrung aufgerufen. Selbstbewusste Postironie der Millenials könnte klingen: „Ich kann all die verschiedenen Perspektiven erkennen, die im Spiel sind, und die allgegenwärtige Heuchelei. Ich bin mir meiner selbst bewusst und erwarte, dass es auch andere tun. In gewisser Weise sind alle ein wenig lächerlich. Unsere einzigen Pop-Kulturhelden sind Antihelden, denn das ist es, was für uns am glaubwürdigsten ist. Ich kann an keinen der alten Götter glauben, das ist wahr. Und doch bin ich trotz allem nicht zynisch. Es interessiert mich. Ich liebe. Ich beschließe, für das Leben zu stehen. Ich schätze Schönheit, Güte und Wahrheit. Ich möchte klar und stark genug werden, um tatsächlich die Veränderung zu sein, die ich gerne in der Welt sehen würde." Kann diese neue Generation über die blutleere Leiche der Ironie hinausgehen und die Unordnung, Unmittelbarkeit, Ekstase und Hitze dieses Tests des ultimativen Charakters unserer Spezies annehmen?

Das war die idealistische Hoffnung meiner Generation, und auf eine neue Art und Weise ist es die Suche aller lebenden Generationen – der Generation X, der „größten Generation" meiner Eltern, der Millennials und der „Postmillennials", die gerade kommen. Die Chance aller zukünftigen Generationen wird von der Fähigkeit aller abhängen, auf Zynismus zu verzichten und sich ständig und kreativ mit allen turbulenten Herausforderungen einer Welt in kritischem Wandel auseinanderzusetzen. Wir alle sind gefordert, aus der universellen Tendenz herauszuwachsen, aufzugeben oder andere zu beschuldigen, und auch die breite, hyperkomplexe Systemdynamik zu erkennen, die zu unserem kollektiven Chaos geführt hat. Wir sind aufgefordert, Verantwortung zu übernehmen. Unabhängig davon, „wer das Chaos verursacht hat" – oder, anders ausgedrückt, „wer verantwortlich ist" – haben wir (d.h. wir alle, unabhängig von unserer Generation) es geerbt. Und jeder, der jemals gelebt hat, hat das Chaos eines anderen geerbt. Der Akt der Schuldzuweisung – oder des Rücktritts – ist der Akt, sich von der Verantwortung freizusprechen. Und das führt zu den größten „Sünden" aller Zeiten – Zynismus und Passivität.

EIN POSTIRONISCHES VERHÄLTNIS ZUR MACHT

Vielleicht bietet Stephen Levines Arbeit mit Krebspatienten eine nützliche Analogie zur Übernahme von Verantwortung. In seiner Arbeit mit den Sterbenden wandte sich Levine dem Dilemma der Menschen zu, die zu dem Glauben gekommen sind, dass ihre inneren Zustände und Gedanken ihre physiologische Gesundheit zutiefst beeinflussen können. Sie begannen sich dann vorzustellen, dass sie für ihre Diagnose, wie z.B. Krebs, verantwortlich seien. Er unterwies die Leute: „Nein, nein, nein, du bist nicht für deinen Krebs verantwortlich. Das ist einfach nicht wahr. Du bist jedoch dafür verantwortlich, mit deinem Krebs umzugehen. Es ist das, was tatsächlich geschieht, und deshalb ist es dein Lehrer." Auf die gleiche Weise, während keiner von uns allein und ursächlich für unsere Generationenkrise verantwortlich ist, sind wir dafür verantwortlich, uns damit zu beschäftigen. Dies ist und wird der entscheidende Test für den Charakter jeder Generation sein. Die Fehler anderer Generationen sind irrelevant. Die Haltung des sich beschwerens ist eine Möglichkeit, uns selbst freie Hand zu geben, um unsere Krise durch unsere Passivität zu verlängern.

Es liegt an uns – uns allen –, das Gefüge von Kultur und Gesellschaft und Politik und Macht und Wirtschaft und Finanzen mit einem neuen menschlichen Erwachsenenalter zu durchdringen. Dazu gehört, dass wir individuell Verantwortung übernehmen, stille Helden einer integralen Revolution zu werden, Bürger einer neuen Republik des Herzens, wahre Freunde aller unserer Mit-Erdlinge. In dieser Arbeit ist es besonders wichtig, mit den Mächtigen zu verkehren. Wir wollen, dass die Weisheit Zugang und Einfluss erhält, wodurch sie sich in menschlichen Angelegenheiten wieder behaupten kann. Wenn sich dann diese „nichtlinearen Zeitfenster für die Möglichkeit grundlegenderer Systemneugestaltung" (die die meisten von uns einfach als Katastrophen betrachten) zeigen, sind wir bereits da und handlungsfähig.

Was wäre, wenn weise Berater von Hank Paulson und Ben Bernanke und George W. Bush bereits die Auswirkungen einer Liquiditätskrise durchdacht hätten? Was wäre, wenn sie rechtzeitig hätte handeln können, um die wichtigen Entscheidungen, die getroffen wurden, zu beeinflussen? Man denke daran, dass die Finanzkrise 2008 ein Umfeld geschaffen hatte, welches für radikale Lösungen so offen war, dass die großen Banken des Landes alle hätten verstaatlicht werden können. Was wäre, wenn die mächtigen und einflussreichen Menschen dieses Moments die Art von Lösungen durchdacht hätten, die den Übergang zur Nachhaltigkeit erleichtert hätten, anstatt nur den unvermeidlichen Moment der Abrechnung zu verzögern?

Gerade jetzt, wie die unterirdischen Fäden des Myzels, entsteht eine außergewöhnliche Generation von erleuchteten, nützlichen Projekten, und diese Innovationen erweitern ihre Reichweite auf die gesamte Weltkultur. In jeder Community entstehen Lösungen für verschiedene Aspekte unserer kritischen Herausforderungen. Menschliche Güte und Kreativität sind immergrün und unbändig. Viele innovative Ansätze verweben ihren Weg in unser soziales, künstlerisches und kulturelles Leben und bilden ein neues Muster für unser soziales Gefüge. Sie beginnen bereits, die Peripherie unseres kollektiven institutionellen Lebens zu durchdringen.

Sozialunternehmen organisieren den synergistischen Werteaustausch zwischen öffentlichen, privaten und philanthropischen Akteuren. Impact-Investoren arbeiten mit Venture-Philanthropen zusammen, um kreative Outside-the-Box-Initiativen zu entwickeln. Die alternative Währungsbewegung, von den lokalen Währungen bis zur Blockchain, ist ein enorm wichtiges Thema in einem Spektrum, das auch Menschen umfasst, die daran arbeiten, den Einfluss des Geldes auf die Politik zu verringern und andere, die mit einer „Geschenkökonomie" experimentieren. Das *Rocky Mountain Institute* hat unter anderem Projekte mit *net-zero energy* und *net-zero water* sowie hocheffiziente Designs für Fahrzeuge und Häuser entwickelt. Es gibt eine Vielzahl weiterer technologischer Fortschritte, die in der Werkstatt von irgendjemandem prototyp-artig umgesetzt werden. Man beachte all die innovativen organisatorischen Praktiken, die eine verteilte Entscheidungsfindung ermöglichen, sowie die Praktiken, die wir beschrieben haben, um in den integralen We-Space einzutreten, kulturelle Grenzen zu überwinden und auf kollektive Intelligenz und Weisheit zuzugreifen.

Es gibt ein großes Spektrum an objektiven technischen und technologischen Lösungen sowie Praktiken zur Schaffung einer bewussteren Kultur. Zusammen bilden sie eine Vielzahl von „Ersatzteilen", die bei einem Übergang zu einer lebenserhaltenden Gesellschaft herangezogen werden können. Jeder einzelne kann ein entscheidendes Element eines ganzen Prozesses sein, das wir noch nicht vollständig erfassen können.

Um diese Möglichkeiten in eine neue Realität zu verwandeln, bedarf es der so genannten „Alten Strategie". Alte Weisen wie Konfuzius, Lao Tzu, Chuang Tzu und Bodhidharma verwandelten China, indem sie das Ohr des Kaisers gewannen und ihm halfen, weise Harmonie im Königreich zu schaffen.

DIE ALTE STRATEGIE

Was ist die alte Strategie?
Werde ein Weiser.
Gewinnen das Ohr des Kaisers.

Um die beispiellosen Herausforderungen der heutigen Zeit zu meistern, müssen wir zu einem bewussteren und gesünderen Leben heranreifen. Das bedeutet, individuell aufzuwachen und in erleuchteten Kollektiven zusammenzukommen. Es bedeutet „dorthin zu gehen, wo noch niemand zuvor war". Wir werden in eine Reihe von transformatorischen Veränderungen hineingezogen, die uns in neue, unbekannte Gebiete führen werden. Es ist sowohl demütigend als auch zutiefst bestärkend, diese Absicht anzunehmen.

Ein Teil unserer Praxis ist das Leben von dem, was in der Zen-Praxis als „don't-know mind" oder „beginner's mind" bezeichnet wird. Zu wissen, dass es so viel gibt, was wir nicht wissen und nicht wissen können, öffnet uns für Wunder und Neugierde. Es bringt uns in Kontakt mit dem kreativen Potenzial des gegenwärtigen Moments. Dann können wir uns von ganzem Herzen mit der Lebendigkeit und dem Potenzial sowie der Unsicherheit befassen, die unsere Situation tatsächlich beschreiben.

Die Existenz ist ein wundersames Geheimnis. Wir wissen wirklich nicht, was passieren wird. Aber wir werden in der Lage sein, zu improvisieren und dabei wichtige Entdeckungen zu machen. Logische Vorhersagen sind aufgrund der nichtlinearen Dynamik komplexer Systeme und der inhärenten, wechselseitig sich beeinflussenden Ganzheit der lebenden Biosphäre, der menschlichen Kultur und des gesamten Kosmos von Natur aus unmöglich. Die Gesundheit des Systems wird zum Teil von der Gesundheit der Menschen und Gemeinschaften abhängen, die zum Teil von den Gemeinschaften der Praxis geleitet werden.

Wenn der nächste Buddha eine Sangha sein soll, sind einige unserer Praxisgemeinschaften Vorläufer, aus denen sie hervorgehen werden. Darauf weisen wir hin, wenn wir sagen: „Werde ein Weiser". Die Schlüsselfaktoren, die unsere effektive Teilnahme an dieser Entstehung ermöglichen, sind der Glaube an die Güte der Existenz, das Vertrauen in die Kraft der Ganzheit, des menschlichen Geistes und der Evolution und das Vertrauen in unsere eigene Fähigkeit, kreativ zu reagieren. Die Sonne wird morgens weiter aufgehen und immer wieder eine neue Dämmerung bringen. Wir können die Gegenwart der Weisheit selbst sein, und das werden wir auch sein müssen.

Als nächstes muss die Weisheit des Weisen ihren Weg zum Ohr des Kaisers finden. In der Antike regierten die Kaiser des Fernen Ostens teilweise durch die Beratung von Weisen. In unserer Zeit muss die Weisheit einen anderen Weg finden, um Macht und Einfluss auf menschliche Angelegenheiten auszuüben. Sie geht über das problematische Verhältnis zur Macht hinaus, das postmoderne Sensibilitäten charakterisiert. Eine erleuchtete Sangha oder ein Kollektiv inspiriert und unterstützt jedes Mitglied, etwas zu bewirken. Durch die herausfordernde Unterstützung anderer gehen wir die notwendigen Risiken ein. Wir entwickeln Beziehungen zu den Machthabern, nicht auf der Grundlage persönlicher Ambitionen, sondern als Ausdruck unserer Verbindungen zu unseren Praxisgemeinschaften und unserer Fürsorge für das Ganze.

Wie hätte das während des Zusammenbruchs im Jahr 2008 ausgesehen? Wie kann es jetzt aussehen?

Eine grundlegende Veränderung zieht bereits viel mehr Praktizierende und Aktivisten in den öffentlichen Dienst. Während die meisten Beamten wirklich einen positiven Beitrag leisten wollen, agieren sie in einem korrupten System – und zynische, eigennützige Motive kämpfen in jedem Herzen mit altruistischen Absichten. Feiger Egoismus und Korruption werden auf der öffentlichen Bühne normalisiert und im Fernsehen und im Film übertrieben ausgelebt. Das ist kultureller Verfall.

Es ist Zeit für eine radikale kulturelle Erneuerung. Um unsere Metapher zu erweitern, können wir uns selbst als bewusste Zellen im aufkommenden Body-Mind des „Weisen" betrachten, die jeweils zu unseren größten Qualitäten heranwachsen.

In unserer Praxis wachsen wir im postironischen Mut, für die Gesundheit des Ganzen zu sorgen und danach zu handeln. Wir entdecken uns als Mitglieder einer unsichtbaren Bruder-/Schwesternschaft mit anderen aufrichtigen Praktizierenden, Aktivisten und öffentlichen Bediensteten. Wir wählen Integrität statt Zynismus, weil wir wissen, wie leicht Zynismus die Gesundheit, zu der wir alle berufen wurden, untergraben kann.

Einige von uns werden tatsächlich Macht erlangen, damit wir einen größeren Beitrag leisten können. Dann werden wir uns zwangsläufig mit seinem korrumpierenden Potenzial herumschlagen. In dem Maße, wie wir wirklich praktizieren, werden wir in einem Maße erfolgreich sein, in dem Führungskräfte bisher nur unvollständig erfolgreich waren. Das wird nur möglich sein, weil wir von Freunden und einer aufkeimenden, unsichtbaren Bruderschaft ganzheitlicher Praxis, einer neuen Republik des Herzens unterstützt werden. Und deshalb werden wir nie allein sein. Wir werden immer geerdet, geführt und verantwortlich für die höheren Ziele sein, die uns ursprünglich inspiriert haben.

Wir können unermessliche Kraft aus unserer Gemeinschaft mit anderen fehlerhaften Menschen schöpfen, die ihr Potenzial Heiligkeit und Heldentum nutzen (auch wenn sie nur in kurzen Momenten erfolgreich sind). Menschen, die sich ihr Bestes und ihr schlimmstes Potenzial zu Herzen genommen haben, wenn sie beabsichtigen, sich für die Praxis in jedem neuen Moment zu entscheiden, können vertrauenswürdige Freunde auf einer neuen Ebene sein.

Und das ist die magische Zutat. Wo unsere individuellen und kollektiven Unvollkommenheiten unseren höchsten individuellen und Gruppenansprüchen entsprechen, wird eine wahre Alchemie verwirklicht. Du kommst in die Gegenwart von etwas Heiligem. Du musst dich nie wieder allein fühlen. Du musst deine eigene Schwäche nicht mehr verbergen. Du brauchst deine Fehler und dunklen Potentiale ODER deinen Idealismus nicht zu verbergen. Und jeder von uns kann gemeinsam ehrlich die Kluft zwischen dem, was wir anstreben, und dem, was wir jetzt verkörpern können, erkennen. Und doch wachsen wir alle zusammen und nehmen unsere heroischen und heiligen Potentiale an.

Wenn eine neue Herzrepublik entsteht, nimmt sie die Form eines beharrlichen Impulses an, Integrität zu wählen, ehrlich zu sich selbst und zueinander zu sein, der Gesundheit des Ganzen zu dienen. Wir sind eingeladen, uns gegenseitig zu unterstützen, indem wir die universelle Versuchung erkennen, Wut oder Passivität in Zynismus zu verwandeln, zu betrügen und zu lügen, alles zu tun, was wir tun müssen, um „auszukommen". Gemeinsam werden wir von der Erkenntnis angezogen, dass es sich bei all diesen Impulsen um fest verdrahtete Impulse handelt, die es verdienen, mit Selbstmitgefühl gesehen zu werden, auch wenn sie von einer entschlossenen neuen Absicht überschrieben werden. Als fest verdrahtete Impulse müssen sie sich nicht vollständig auflösen, auch wenn sich andere Neuronen „miteinander verdrahten", da uns eben eine höhere Anzahl von Motivationen neu gestaltet.

Dieses tiefe innere Werk der Selbstaufrichtigkeit, kombiniert mit dem Bestreben, auf sinnvolle Weise Einfluss zu nehmen, schafft Körper und Geist dieses großen Weisen, zu dem wir werden – einem, der zwangsläufig das Ohr des Kaisers gewinnen wird.

Unsere erste Grenze sind unsere Beziehungen untereinander. Die Umstände erfordern das Zusammenkommen eines wachsenden Körpers von integralen (r)evolutionären Menschen. Das sind Menschen, die sich integral mit der Gestaltung der Zukunft beschäftigen; die stillschweigend durch eine ganze Reihe von mächtigen, gesunden persönlichen Entscheidungen zu Praktizierenden, Aktivisten, Veränderern und Weltbürgern werden; und die auf vielfältige Weise in eine neue Beziehung zu unserer gemeinsamen Zukunft treten. Zuerst ist es eine private Angelegenheit, im individuellen Herzen; aber wir können kollektive Praktiken anwenden. Und schließlich können unzählige persönliche und zwischenmenschliche Handlungen einen sozialen Akt hervorrufen, das Zusammenfügen von immer mehr persönlicher Tugend, die Stärkung des sozialen Myzels, die Schaffung einer neuen Republik des Herzens.

Diese neue Republik hat unzählige Wachstumsmöglichkeiten. Sie entsteht durch all dies – die Durchbrüche des Bewusstseins, die Umarmung des Lebens als Praxis, die abenteuerlichen Gespräche, die technologischen Innovationen, die Szenarienplanung, die Erneuerung des Aktivismus, die kreativen evolutionären Initiativen, die Erforschung der menschlichen Möglichkeit und der Zukunft. Jedes davon ist ein anderer Winkel, aus dem eine lebenserhaltende menschliche Kultur entstehen kann. Jedes ist eine Ranke in einem riesigen Netzwerk von gesunden Filamenten im sozialen Myzel dieser neuen Phase des Menschen. Aus diesem Netzwerk werden eines Tages Felder mit taufrischen Pilzblüten blühen, scheinbar aus dem Nichts, fast über Nacht.

SYNERGIEMÖGLICHKEITEN

Da dieses Buch in einem turbulenten politischen Moment geschrieben wird, werden sich die Ereignisse schnell wandeln. Obwohl ich nicht genau sehen kann, wie sich die Dinge entwickeln werden, scheint es unvermeidlich, dass eine populäre politische Bewegung entsteht. Zehn Millionen Amerikaner, unterstützt von ihren Freunden auf der ganzen Welt, mobilisieren sich als Reaktion auf Trumps Präsenz und werden sich weiterhin als Aktivisten auf vielerlei Art mobilisieren – innerhalb und außerhalb des Systems. Unter den Menschen und Gemeinschaften, die sich in dieser Arbeit zusammenschließen und vereinen werden, wird es immer mehr Möglichkeiten für Kommunikation, Praxis und Gemeinschaft geben. Neue Gespräche und Freundschaften prägen bereits das soziale Gefüge, und sie werden in der kommenden Zeit weitergehen und intensivieren. Wir können sogar Möglichkeiten finden, unsere sozialen und politischen Vereinbarungen zu überarbeiten und zu verbessern. Aber im Moment sieht es chaotisch aus – als ob alles auseinander fällt.

Ich fand es sehr lehrreich, mir die Frage „Was ist das Schöne an dem hässlichen Herrn Trump?" zu stellen. Etwas zutiefst Schönes könnte unter denen entstehen, die zusammenkommen, um sich und ihre Nation gegen seine bösartigen narzisstischen Machenschaften zu verteidigen – etwas so Folgenreiches, dass wir uns eines Tages fast liebevoll an Trump erinnern könnten, indem wir ihn als das spaltende Gift sehen, das unser soziales Immunsystem geimpft hat und Amerika hilft, in eine höhere, gesündere Ganzheit aufzusteigen. Natürlich wird der In-dem-System Aktivismus ein Treffpunkt für eine Regenbogenkoalition sein, einschließlich derjenigen, die es als Übungsplatz für die Staatsbürgerschaft einer neuen Republik des Herzens nutzen werden. Aber es wird uns weit über unsere Fixierung auf Politik als Zuschauersport hinausführen und uns von der Tribüne auf das Feld ziehen. Und im Spiel selbst, liegt, während wir lernen, gemeinsam zu üben, eine Art Erlösung, die vom Spielen mit allen unseren Herzen kommt.

Lebensverändernde Bedingungen, erfordern, auch (oder gerade) wenn sie eine zunehmende Pathologie und Chaos widerspiegeln, ein weiteres Wachstum. Mit der Zeit müssen unsere Gespräche solche Herausforderungen annehmen und sogar von ihnen angeregt (und nicht verärgert) werden. Herausforderungen auch bösartiger Art können das evolutionäre Wachstum forcieren. Unsere Experimente werden uns Erfolgsmethoden für belastbare Stammes- und Kulturgespräche vermitteln. Je nachdem, mit wem man sich unterhält, sind unterschiedliche Praktiken angebracht: Menschen, die eine Weltanschauung teilen, oder über verschiedene Bereiche von Weltanschauungen hinweg. Was wir aus diesen Experimenten lernen, kann die progressive Neugestaltung unserer Gemeinschaften und Kommunikationen beeinflussen, damit sie sich ständig weiterentwickeln. Aber wir haben noch keine Wege gefunden, wie unsere Versammlungen gleichzeitig sicher, offen und dynamisch sein können – und um stärker zu werden, wenn sie sich den Herausforderungen stellen. Das sind wichtige kollektive Fragen. Wir müssen fragen: „Wie können unsere Gemeinschaften kohärenter werden, wenn sie durch disruptive Veränderungen, extremes Wetter, Psychopathen und Soziopathen getestet werden?"

Im Laufe der Zeit werden uns die Ereignisse überraschen und uns zu neuen Erkenntnissen führen. Vielleicht erscheinen diese Worte im Nachhinein prophetisch, oder naiv hoffnungsvoll, oder übermäßig düster oder paranoid. Wir sehen vielleicht robuste Anzeichen für die Entstehung einer neuen Republik des Herzens, die sich auf unzählige verschiedene Arten zeigt. Die Liebe kann unzählige neue Wege finden, sich effektiv als eine neue Art von Aktivismus auszudrücken. Wir sehen bereits Bilder von Gemeinschaftsgeist, Liedern der Einheit, Fremden, die Händchen halten und sich in Kerzenlichtwachen versammeln, auch wenn wir (während ich dies schreibe) Bilder von neonazistischer oder weißer nationalistischer Einschüchterung und Gewalt sehen. Einfache menschliche Güte und Freundschaft und Gemeinschaft sind die sinnvollste Form des Aktivismus.

Und Praxis bedeutet auch, sich der Realität zu stellen. Wenn Sie dieses Buch 2028 lesen und eine Kombination aus technologischen und sozialen Durchbrüchen die in diesem Buch beschriebenen positiven Szenarien völlig prophetisch erscheinen lässt, wird dies sehr gut sein. Wenn Sie dann schon aufhören, das größere soziale Gefüge wiederherzustellen und stattdessen eine „Kloster"-Strategie verfolgen, bewaffnete Ökodörfer und Institutionen schaffen, die so gebaut werden können, dass sie Zeiten des systemischen Zusammenbruchs und der sozialen Unordnung standhalten, dann wird ein weiteres in diesem Buch beschriebenes Potenzial im Vordergrund stehen. Aber was auch immer unsere Situation sein mag, es wird gesund sein, sich der Realität direkt zu stellen und das Leben zu bejahen – und die Realität zu sehen, ist völlig kompatibel mit einem der beiden gerade beschriebenen Szenarien.

Was auch immer unsere Situation ist, wir müssen einfach aufwachen und unser Bestes tun, um zu helfen, um für andere und das Ganze von echtem Nutzen zu sein. Wir können unsere Fähigkeit, auf andere zu hören, üben und aufbauen, um gesündere und glücklichere und bewusstere Freundschaften und Gemeinschaften aufzubauen. Wir können weiter aufwachen, erwachsen werden und lernen, widerstandsfähiger, glücklicher und ganzheitlicher zu sein. Wir können lernen, den Gesamtzyklus von Leben und Tod und Feier und Trauer zu akzeptieren. Wir können anderen helfen, das Gleiche zu tun, und immer mehr bewusste Gemeinschaften der Praxis zusammenbringen. Und wir können nach echten Möglichkeiten suchen, diese gesunde Aufrichtigkeit in unser öffentliches Leben zu bringen. In der Zwischenzeit gibt es viel zu tun, an vielen Fronten, um unsere politischen Systeme zu mobilisieren und manchmal gegen sie zu protestieren, und auch um das System herumzugehen, durch die Risse, „wo das Licht einfällt".

LASST UNS DAMIT FORTFAHREN!

Die Evolution ist lebendiger und dynamischer, als wir es uns vorstellen. In dieser Zeit der punktuellen evolutionären Emergenz haben wir alle eine seltene Chance und Verantwortung. Wir können und werden an der kulturellen Evolution teilnehmen, ob bewusst oder unbewusst. Wir können uns dafür entscheiden, uns „absichtlich" zu entwickeln. Diese Situation wird dazu neigen, in vielen von uns ein Gefühl der moralischen Berufung oder einen existentiellen Überlebenszwang zu wecken. Dies wird sich letztendlich in dem von uns beschriebenen dringenden Projekt „whole system change" äußern, das unsere gesamte Art, Mensch zu sein, verändert.

Wir werden besonders von bestimmten Motivationen berührt sein. Einige von uns könnten inspiriert werden, die schreckliche Zerstörungskraft und Grausamkeiten unserer wirtschaftlichen und politischen Systeme zu reformieren und zu verbessern. Einige von uns könnten motiviert sein, unsere ökologische Situation anzugehen und ihre zerstörerischen Auswirkungen auf die menschliche und mehr-als-menschliche Zukunft zu begrenzen. Einige von uns mögen inspiriert sein, eine neue, unmittelbare und sozial relevante Art und Weise zu entwickeln, um ein tiefes spirituelles Leben zu führen. Einige von uns mögen sich von der Freude und dem Sinn inspirieren lassen, der von einer neuen Ebene der menschlichen Freundschaft und Gemeinschaft ausgehen wird. Einige werden motiviert sein, ein gesünderes und bewussteres Verhältnis zu Nahrung, Bildung, Sexualität, Kindererziehung oder Rassenbeziehungen und Gerechtigkeit zu pflegen. All dies sind die evolutionären Impulse, die in uns erwachen, uns alle auf unsere eigene Weise aufrufen, über das hinauszugehen, was wir waren, und zu etwas radikal Neuem zu gelangen.

Wir haben uns bereits früher mit den besonderen Herausforderungen und Chancen der Generation der Millenials beschäftigt. Auch die Boomer haben jetzt eine besondere Rolle. Viele von uns, die in den 1960er und 1970er Jahren erwachsen wurden, glaubten – für eine Weile –, dass wir die Welt verändern würden. Das ist nicht genau wie geplant geschehen, aber es scheint, dass die wirkliche Revolution endlich sichtbar wird. Boomer wie ich sind diejenigen, die lange genug gelebt haben, um die Erfahrung, die Kapazitäten, den Reichtum und andere Ressourcen zu haben, um eine bestimmte Art von Unterschied zu machen. Wenn wir sie einem Zweck widmen, der größer ist als wir selbst, werden wir unseren Generationenweg einlösen. Diejenigen meiner Generation hatten unglaubliches Glück, und jetzt sind wir in anderer Hinsicht glücklich. Die Revolution hat sich regeneriert, und wir haben eine weitere Chance. Wenn wir unsere Ideale leben wollen, ist das unser Stichwort. Es ist selten angebracht, sein Leben für sein Land oder seine Welt zu opfern. Aber Menschen, die bereits ein erfülltes Leben genossen haben, haben eine zusätzliche Grundlage, um über die Selbstschutzangst hinaus auf ein neues Maß an Mut, Engagement und Macht zu steigen.

Menschen jeden Alters haben die Möglichkeit, Kapazitäten für eine flexiblere und multidimensionale Perspektive zu entwickeln. Wir können uns in die angeborene Ganzheit ausdehnen und von ihr energetisiert werden, die der Zustand und die Natur von allem ist – eine Ganzheit, die nie bedroht ist. So herausfordernd oder bedrohlich die Zukunft auch erscheinen mag, in unseren tiefsten Tiefen sind wir eins mit der Quelle aller Existenz und werden immer von ihr getragen. Wir brauchen wirksame Wege, um uns und andere an diese Wahrheit zu erinnern und unser Engagement in einer Welt zu verstärken, die ihre eigene tiefste Natur vergessen hat. Indem wir die kontinuierliche integrale Praxis sowohl in ihren inneren als auch in ihren äußeren Aspekten kultivieren, sind wir in der Lage, von der tiefen Quelle unserer Existenz getragen zu werden und gleichzeitig ihre radikal heilenden und transformativen Energien in Beziehung zu unseren Gemeinschaften und Nationen zu bringen. Aber in unserer Offenheit sehen und spüren wir auch stärker die Sorgen der Welt und all die Zerstörungskraft und Dysfunktionalität um uns herum. Obwohl dies Trauer in uns hervorruft, lässt die Erdung in Ganzheit dieses Leid zu einer klaren Beobachtung werden – was uns wiederum in der Welt effektiver macht.

Wir müssen die radikale Verallgemeinerung der „Wachstumsdenkweise" von Carol Dweck kultivieren. Jeder von uns kann stets lernen und wachsen und üben, ebenso wie alle unsere Beziehungen, Gruppen und Institutionen. Diese Haltung kann es uns ermöglichen, Regierung, Wirtschaft und alle anderen Institutionen konkret zu beteiligen und zu transformieren, so dass unsere gemeinsamen Entscheidungen von Weisheit und Demut geleitet werden. Wir müssen die Energien und Talente unserer Freunde und Kollegen nutzen – aber wir müssen auch starke Verbindungen zu einem viel größeren Netzwerk von Einzelpersonen, Organisationen und Gemeinschaften guten Willens aufbauen, die sich einem unaufhaltsamen Netzwerk des Wandels anschließen können. Unsere Wirksamkeit wird nicht nur aus selbstbewussten Agenden oder guter Planung resultieren, sondern einen natürlichen evolutionären Prozess zum Ausdruck bringen, der weit über das hinausgeht, was wir uns vorstellen können, und dazu gehört auch eine unsichtbare Gemeinschaft, die weit über das hinausgeht, was wir kennen.

Unsere innere Arbeit ist die gesunde Grundlage für ein effektiveres Handeln im Außen. Angetrieben von unseren gebrochenen Herzen und geleitet von unserem besonderen Genie, wird uns unsere hartnäckige Affirmation – kombiniert mit Empfänglichkeit – über alles hinaus wirksam machen, was wir uns jetzt vorstellen können. Unser einzigartiger evolutionärer Umstand wird uns über unsere gewohnte Komfortzone hinaus in eine tiefe Bereitschaft zum Lernen, Verändern, Arbeiten, Miteinander und Üben geführt haben.

Was ist dann das Herzstück dieser großen Revolution? Die innere Arbeit ist die gesunde Grundlage für ein effektiveres Handeln im Außen. Es geht darum, Liebe, Tugend und Gemeinschaft zu pflegen. Und die äußere Arbeit besteht darin, funktionale Exzellenz in der Arbeit zu fördern, die eine lebenserhaltende Kultur hervorbringt. Der integrale Charakter dieser Revolution der Liebe schafft eine Inklusivität und flexible Reaktionsfähigkeit, die es unmöglich – auch lächerlich – macht, sie direkt und von ganzem Herzen zu vertreten. Es beinhaltet sowohl Zuhören als auch Sprechen. Integrale Aktivisten sind empfänglich, nicht ausschließend. Liebe kann ohne Dankbarkeit und Wertschätzung nicht wahr oder wirksam sein. Und sowohl die innere als auch die äußere

Arbeit werden von unseren gebrochenen Herzen angetrieben und von unserem besonderen Genie geleitet. Wir werden hartnäckig in unserer Affirmation und ebenso empfängliche Zuhörer sein. Unser einzigartiger evolutionärer Umstand wird uns über unsere gewohnte Komfortzone hinaus in eine tiefe Bereitschaft zum Lernen, Verändern, Arbeiten, Miteinander und Üben führen.

Was von uns verlangt wird, ist immer dasselbe – ob wir es „schaffen" oder nicht, und ob die menschliche Zivilisation einen weiteren Zyklus von Innovation und Wohlstand (und Evolution und Lernen und Weisheit) erhält oder nicht. Wir sehen Anzeichen dieser Erkenntnis bei den Menschen überall: Wir sind eine unsichtbare Bruderschaft, und wir haben bereits begonnen, zumindest zu versuchen, uns auf diese Umstände in moralischer und spiritueller Hinsicht zu beziehen, als Prüfung und Chance. Fünf Generationen von Heiligen in der Ausbildung, aller Art und Beschaffenheit des Menschen, werden gebeten, ihre Bestimmung zu erkennen und wirksame Handlungen zu mobilisieren. Vielleicht können wir einem neuen Zyklus menschlicher Innovation und Evolution helfen, der von Liebe und Weisheit geleitet wird.

So oder so, es wird dunkle Momente geben, und sehr helle. Und es wird von enormer Bedeutung sein, wie viel Schönheit und Güte aufsteigen, um der karmischen Reaktionsfähigkeit von trennendem Egoismus und Gewalt zu begegnen.

So oder so, die Herz-Intelligenz der Menschheit ist es, die den entscheidenden Unterschied machen wird. Glücklicherweise haben unsere Vorfahren diese Arbeit von Anfang an gemacht, so dass wir in gewisser Weise bereits „Naturtalente" sind. Die Arbeit ist bereits im Gange, von vielen Namen genannt, und leistet ihre Arbeit in vielen Bereichen. Und wir lernen, wie immer, während wir gehen.

Jeder Moment des Lebens ist eine Gelegenheit für Wachstum und Praxis. Um in das Licht zu wachsen, müssen wir es wagen, in den Abgrund zu blicken. Nur wenn wir uns unseren Ängsten und der Verletzlichkeit der Erde mit offenen Augen stellen, können wir auf die andere Seite dieser großen Kluft gelangen. Auf jeden Fall ist es die Wahrheit, nicht die Verleugnung oder der Eskapismus, die uns frei macht – und die es uns ermöglicht, etwas zu bewirken.

Was auch immer wir denken zu wissen, ist nicht die ganze Wahrheit. Jede Perspektive ist sowohl wahr als auch partiell, und aus partiellen Perspektiven entsteht Angst. Niemand von uns kann wissen, was die Zukunft bringt. Aber jenseits unserer Teilperspektiven können wir wissen, dass das Leben unendlich vertrauenswürdig ist, dass unser wahrer Zustand nie bedroht ist, dass wir für immer eins sind mit dem riesigen Ganzen, das nichts anderes ist als Liebe selbst und Freude selbst.

Und sobald wir erkennen, dass wir das sind, sind wir frei zu lieben und zu trauern, zu trauern und zu feiern, Mitgefühl für alle Wesen und Dinge zu zeigen und für das Leben selbst zu kämpfen.

Um all dies zu tun, musst du kein „besserer" oder sachkundigerer Mensch sein, als du es gerade bist. Du kannst sowohl mitfühlend als auch herausfordernd für dich selbst sein, so wie du es für andere sein kannst. Du kannst aus der Intelligenz deines eigenen Herzens leben und handeln, aus der Wurzel deiner eigenen Freuden und Sorgen, aus deinem Herzensbruch und deinem Genie, aus deiner tiefsten Leidenschaft.

Es gibt keine bessere Zeit als jetzt, um „mit der Realität klarzukommen" – um die Veränderung zu sein, die man in der Welt sehen will.

Die „Konsens-Trance" ist kein glücklicher Ort mehr, um herumzuhängen. Diejenigen, die in sie hineingezogen werden (und das schließt uns alle bis zu einem gewissen Grad ein), beobachten, wie sie sich in ein inkohärentes Alptraumszenario stürzen – wenn sie sich nicht plötzlich weigern, es aus dem Terror heraus zu erkennen. Aber wir können in der Trance und im Traum erwachen – und wir können aus ihnen großartige Realitäten erschaffen. Wir können uns entscheiden, kraftvolle, ermächtigende Träume zu träumen und uns mit anderen erwachenden Träumern zusammenzuschließen.

Wenn du Angst bemerkst, die in dir oder um dich herum aufsteigt und dich und andere zu Verwirrung und Panik treibt, beachte auch, dass du eine andere Wahl treffen kannst. Ja, natürlich, tu alles, was praktisch getan werden muss, und tu es so gut du kannst – das ist der Schlüssel. Aber denk auch immer wieder daran – jeden Tag, jeden Morgen, jede Stunde, jeden Moment – dass du dem Prozess deines Lebens vertrauen kannst. Das zu tun ist Freude; nicht zu tun ist Wahnsinn.

Wenn du Reizbarkeit oder Ressentiments bemerkst, die auftauchen und dich zu Wut und Trennung treiben, beachte, dass sie leicht eine falsche Richtung einschlagen können. Lenke diese Energie kreativ und nutze sie, um zu ändern, was verändert werden muss. Lass dich dadurch nicht zu einem Agenten der Fragmentierung machen, der du begegnen willst. Aber wenn es das vorübergehend tut, erkenne es, finde Selbstmitgefühl, lasse Selbsthass los und bewege dich weiter. Verbrenne einen noch heißeren Treibstoff als Hass – Liebe. Liebe ist die beste Strategie, um Dinge zu erledigen.

Wir können auch dem Prozess unseres gemeinsamen Lebens vertrauen. Unabhängig von der Zukunft – wie auch immer „gute" oder „schlechte" Dinge kommen werden – wir wurden für die gesamte Reise gebaut.

Und es wird eine wilde Fahrt – keine Frage. Mehrere Störungen bedrohen wundersame und schreckliche Veränderungen gleichzeitig, so dass unser Kipppunkt uns vor extreme Unvorhersehbarkeit stellt und unsere umfangreiche Phantasie erfordert. Obwohl „New Age" in den letzten Jahrzehnten zu einem Begriff der Herablassung geworden ist – und das manchmal zu Recht – sowohl von Traditionalisten, Modernisten als auch von Integralisten, überlebt die zentrale Hypothese, die der Idee der New Age-Kultur zugrunde liegt, die Überprüfung: Dies ist eine Zeit des Übergangs zu höheren Zuständen und Strukturen des Bewusstseins, die sich in neuen Ebenen der Führung und Staatsbürgerschaft und Gemeinschaft ausdrückt. Eine andere Art von Aktion kann aus der Ganzheit und aus der Anerkennung der vorherigen Einheit entstehen. Ein neuer kultureller utopischer Geist ist heute wirklich so notwendig wie nie zuvor.

Revolutionäre Veränderungen liegen auf allen Seiten in der Luft. Aber mehr als jede Revolution, die ihr vorausging, ist die integrale Revolution unserer Zeit nicht so sehr politisch (obwohl die politischen Implikationen wichtig sind), sondern sie ist eine Veränderung in unserer Art, mit uns selbst, miteinander und mit dem ganzen Leben umzugehen.

Wir haben viele der Möglichkeiten gesehen, wie revolutionärer Wandel vollzogen werden kann – durch das Erzählen von Geschichten, durch das Lernen aller Möglichkeiten, wie wir unser Nervensystem neu programmieren können, durch Feiern jeder Art, durch den Marktplatz für Ideen und Technologien, durch Kommunikation – und durch die Schaffung von Gemeinsamkeiten durch Gespräche und sogar Augenkontakt mit Fremden.

Es gibt eine riesige Anzahl von Menschen auf unserer Rettungsinsel, die sich gegenseitig an die Gurgel gehen. Diejenigen, die psychopathisch und funktionell böse sind, dürfen sich nicht durchsetzen. Aber die meisten unserer Mitmenschen sind gute Menschen, die nur ihre eigenen Bedürfnisse befriedigen wollen und gleichzeitig eine Quelle des Nutzens für andere und das Ganze sind. Unsere herausfordernde Aufgabe – oder unser böses Problem – ist es, sich gegen die Kräfte der Fragmentierung und des Bösen durchzusetzen, ohne zu Agenten eskalierender und gefährlicher Konflikte zu werden. Es wird viele „Geiselunterhändler" brauchen, um Menschen am Felsvorsprung zu überzeugen und sie hier auf dem Raumschiff Erde wieder in Beziehung zu bringen.

Erkenne, dass dein Leben wirklich einen höheren Zweck hat, einen, der mit den Zielen vieler anderer Leben zusammenfällt. In einer Zeit, in der sich alles zu einem hektischen „Ende der Tage" beschleunigt, können du, ich und unsere Freunde eine Gegenwart ruhiger Vernunft sein – von Ganzheit und Vertrauen.

Obwohl die Revolution an vielen Fronten ausgetragen wird, ist das Zentrum des Kampfes eine gewaltfreie Revolution in jedem Herzen. Geduld und Hingabe und Liebe sind unsere stärksten Waffen. Sie drücken die Intelligenz des Herzens aus, die unsere beste rationale und instinktive Intelligenz integriert. Sie ziehen auch eine höhere Ordnung der Kohärenz und Ganzheit an, so dass Ordnung und Leben aus Chaos und Zerstörung hervorgehen können. So kann die radikale Wahl und „Bewaffnung" von Ganzheit und Liebe das Subversivste sein, was man tun kann, und die wichtigste Gelegenheit unserer Zeit.

Lasst dies die inspirierendsten, aufregendsten, bedeutungsvollsten und glücklichsten Jahre unseres Lebens sein, ungeachtet all der Katastrophe und Zerstörung und Trauer (einschließlich unserer eigenen). Lasst uns als die Größe des menschlichen Geistes erscheinen, auf all die Arten, die unsere Notlage erfordert.

Es ist an der Zeit.

RESSOURCEN

Dieses Buch wäre nicht vollständig, ohne einige der Organisationen, Websites, Publikationen und anderen Ressourcen aufzulisten, an die Sie sich wenden können, wenn Sie darüber nachdenken, wie Sie sich besser mit der inneren Transformationsarbeit und der äußeren aktivistischen Arbeit befassen können, durch die Sie Ihre stärksten Beiträge zur Ganzheit leisten werden.

Wie Sie wahrscheinlich wissen, gibt es unzählige solcher Ressourcen. Keiner von ihnen spiegelt die gesamte Vision einer *Neuen Republik des Herzens* wider, aber jeder von ihnen setzt eine oder mehrere wichtige Dimensionen davon um. Wie jede Perspektive ist auch jede Initiative unweigerlich „wahr und unvollständig". Eine neue Phase und Struktur von Bewusstsein und Kultur drückt sich teilweise aus, wo immer sie kann, reagiert auf neue Herausforderungen und findet immer wieder neue Ausdrucksformen. Diese Liste ist also zwangsläufig auch unvollständig, und zweifellos habe ich es versäumt, viele wichtige Initiativen aufzunehmen, auch wenn sie einige weniger wichtige beinhalten. Diese Liste spiegelt auch meine persönlichen Erfahrungen in Amerika wider, vor allem in Kalifornien. Und, wie jede Liste, wird sie im Laufe der Zeit veraltet sein. Trotz dieser Vorbehalte finden sich hier viele nützliche und wertvolle Ressourcen, oft diejenigen, die ich aus erster Hand oder aus zweiter Hand kenne und die ich für wertvoll halte. Und einige Ressourcen verlinken auf viele andere. Jeder findet einen Weg, um einen Aspekt dieser neuen Republik des Herzens mitzugestalten.

Ich habe diese Liste auf Initiativen beschränkt, die bewusst versuchen, die kulturelle Transformation auf die eine oder andere Weise zu vollziehen. Ebenso wertvolle Dimensionen einer neuen Republik des Herzens liegen jedoch in der viel größeren Zahl von Bemühungen, die den Gesundheits-, Ganzheits- und Fürsorgecharakter der menschlichen Kultur verkörpern – nicht nur die internationalen Hilfskräfte, so wichtig sie auch sind, sondern auch die vielen Kirchen und Wohltätigkeitsorganisationen und andere gute Werke; die lokalen Krankenschwestern und Ärzte und Lehrer und Sozialarbeiter und Sozialarbeiter und Feuerwehrleute und Notfalltechniker und andere Ersthelfer; die Bauern und Techniker; die Arbeiter und Unternehmer; und die unzähligen Gemeindeführer, die das soziale Gefüge immer wieder neu weben. Wenn der Körper unter Belagerung steht, ist das, was das Wohlbefinden wiederherstellt, nicht nur das Immunsystem, sondern auch die enorm größere Anzahl von Zellen, die einfach nur das Blut und die Lymph- und Nervenimpulse pumpen, um Leben und Gesundheit zu erhalten. Obwohl sie hier nicht aufgeführt sind, werden diese Ressourcen im Geiste der Wertschätzung für viele, viele andere identifiziert – das größtmögliche Spektrum an Formen von Service, Pflege und Aktivismus, die die breite und letztlich einzigartige Entstehung einer neuen Herzrepublik zum Ausdruck bringen.

Eine online aktualisierbare Version dieses Ressourcenabschnitts finden Sie unter

anewrepublicoftheheart.org/resources.

Terry Patten

- **Meine eigene Arbeit**, die eine neue Republik des Herzens ausführt, wie ich sie in diesem Buch beschrieben habe – einschließlich Veranstaltungen, Kurse, Community-Netzwerkmöglichkeiten, Blog-Posts sowie Video- und Audioaufnahmen – finden Sie unter **terrypatten.com** und einer diesem Buch gewidmeten Website, **newrepublicoftheart.org**. Dies ist der wichtigste Weg, um mit der Arbeit in Kontakt zu bleiben, die ich nach der Veröffentlichung dieses Buches machen werde.
- Außerdem führe ich seit über sieben Jahren regelmäßig öffentliche Gespräche in der Reihe '**Beyond Awakening**' (beyondawakeningseries.com) als Antwort auf die Frage: „Wie kann die Praxis und das höhere Bewusstsein der Menschheit helfen, sich unseren aktuellen Herausforderungen zu stellen? Ich erwarte, dass ich in der kommenden Zeit öffentliche "Gespräche, die wich-

tig sind„ einberufen werde. Du kannst über sie auf dem Laufenden bleiben, indem du uns deine E-Mail-Adresse auf dieser Seite angibst.

- Vor zehn Jahren gründete ich **Bay Area Integral** (bayareaintegral.org). Diese gemeinnützige, freiwillige Organisation organisiert Vortragsveranstaltungen, Gespräche und Feiern in der Gegend der San Francisco Bay. Diejenigen, die auf der Mailingliste stehen, werden über die öffentlichen Veranstaltungen auf dem Laufenden gehalten.

Herzintelligenz

Das **HeartMath Institute** (heartmath.org) hat Pionierarbeit geleistet, um die **Intelligenz des Herzens** zu validieren und zu legitimieren, die für die vorliegende Arbeit so entscheidend ist. Seit fast dreißig Jahren forschen die Menschen bei HeartMath biomedizinisch am Herzen als einem Zentrum höherer Intelligenz im Menschen und entwickeln Werkzeuge und Trainings, die Menschen helfen, es zu aktivieren. Ihre ultimative Mission ist es, „das Herz der Menschheit zu aktivieren" in ihrer Rolle als Verwalter für zukünftige Generationen und des Planeten. (Ich arbeitete in den 90er Jahren eng mit dem HeartMath-Team zusammen und leitete das Team, das seinen ersten Herzfrequenzvariabilitätsmonitor entwickelte.) Durch Organisationsberatung, Schulungen, Produkte und die Global Coherence Initiative hat sich die Arbeit von HeartMath enorm erweitert und erreicht Menschen aus allen Lebensbereichen in den USA und der ganzen Welt.

Die **Pachamama Alliance** (pachamama.org), angeführt von Bill und Lynne Twist, ist eine dynamische Partnerschaft zwischen dem indigenen amazonischen Achuar-Volk und den Nordamerikanern, die sich der Förderung einer ökologisch nachhaltigen, spirituell erfüllten, sozial gerechten menschlichen Präsenz auf unserem Planeten verschrieben hat. Ihre hervorragenden Bildungsprogramme helfen, eine gesunde Transformation der Konsens-Trance, die die globale Kultur und die industrielle Zivilisation prägt, anzuregen und zu fördern. Zu den wichtigsten gehören *„Awakening the Dreamer"*, ein starkes transformatives Bildungsprogramm, und *„The Gamechanger Intensive"*, ein Online-Führungskräftetraining, das darauf abzielt, die Sorge um den Zustand der Welt in einen sinnvollen, effektiven Aktivismus zu verwandeln.

Charles Eisenstein (charleseisenstein.net) hat Bücher, Blogs, Audioaufnahmen und Videos produziert, die Tausende von Menschen inspiriert haben, zu versuchen, „die schönere Welt zu schaffen, von der unsere Herzen wissen, dass sie möglich ist". Mit der höheren Intelligenz seines Herzens, die seinen klaren Verstand leitet, hat er es auch gewagt, sich eine heilige Wirtschaft vorzustellen, die auf einer Geschenkökonomie basiert. Seine Website enthält eine Fülle von Ressourcen, die Menschen helfen sollen, zu verstehen, wie sie Empathie und Verbundenheit annehmen und praktizieren können, um effektivere Mittel der sozialen Transformation zu werden.

ServiceSpace (servicespace.org), gegründet von Nippun Mehta, nutzt Technologie für den Altruismus. Es wird ausschließlich von Freiwilligen geleitet und ist zu einem Schirm für viele großzügige Projekte geworden und bietet Einzelpersonen Werkzeuge, um ihre eigenen lokalen Dienstveranstaltungen zu organisieren. Es hilft so, grundlegende Großzügigkeit für die innere und äußere Transformation zu entzünden.

Die **Goi Peace Foundation** (goipeace.or.jp/en), organisiert von Masami und Hiroo Saionji, fördert viele weitreichende Initiativen, darunter die Fuji-Deklaration, den Goi Peace Award, zahlreiche Jugendbildungs- und Führungsprogramme, Forschungsstudien und Symposien – allesamt zur Förderung der notwendigen Transformation der globalen Gesellschaft. Sie hat einen offiziellen Status bei mehreren UN-Agenturen.

Integrale evolutionäre Ressourcen

Die Gemeinschaft des integralen evolutionären Denkens und der Praxis ist seit 2004 der primäre Kontext für meine Lehrtätigkeit. Hunderte von Büchern, Konferenzen, Seminaren, Meet-up-Gruppen, Salons, Artikeln und Blogs tragen zum integralen evolutionären Gespräch bei. Hier nenne ich nur eine Handvoll der prominentesten und einflussreichsten Organisationen.

- **Integral Life** (integrallife.com) ist eine Mitgliedsorganisation, die auch das primäre Webportal (neben kenwilber.com) für die Öffentlichkeitsarbeit der mit Ken Wilber verbundenen integralen Gemeinschaft ist. Es bietet eine Fülle von integralen Ressourcen sowie Bildungs- und Persönlichkeitsentwicklungsprogramme online. Es bietet regelmäßig große persönliche Treffen für Mitglieder der internationalen Informationsgemeinschaft an. Sie veröffentlicht oder produziert die meisten der in den USA ansässigen Projekte, die zuvor vom **Integral Institute** organisiert wurden.
- **MetaIntegral** (metaintegral.org), gegründet von Sean Esbjörn- Hargens, ist ein Zusammenschluss von drei Organisationen - einer Trainingsakademie, einem Beratungsunternehmen und einem philanthropischen Think Tank. Sie hat vier Integrale Theoriekonferenzen gesponsert, veröffentlicht das *Journal of Integral Theory and Practice* und bietet strenge Bildungs- und Personalentwicklungsprogramme an.
- Seit 2014 sind die **Integral European Conferences** (integraleuropeanconference.com) zu den wichtigsten Treffen in Europa für die globale Integralgemeinschaft geworden. Aber es gibt auch Zentren für integrales Denken, Kultur und Praxis in vielen europäischen Ländern, insbesondere in Deutschland, wo das **Integrales Forum** (integralesforum.org) seit weit über einem Jahrzehnt aktiv ist.
- Das Institute for Cultural Evolution (ICE) (culturalevolution.org) wird unter ‚Transpartisan Initiatives' diskutiert.
- Das **Center for Human Emergence** (humanemergence.org), gegründet von Don Beck, Co-Autor von

Spiral Dynamics, ist ein globaler Vermittler für bewusste Evolution mit Zentren in den USA, den Niederlanden, Dänemark und Deutschland und hat auch aktiv im Mittleren Osten, Mexiko und Südafrika gearbeitet.

- Auf **The Daily Evolver** (dailyevolver.com und auf Facebook) wirft Jeff Salzman regelmäßig ein integrales Licht auf aktuelle Ereignisse in Politik und Kultur durch die Linse von Wilbers integraler Theorie.

- **Integrale evolutionäre Bildungsprogramme** werden recht breit angeboten. Ich nenne hier nur einige wenige:

- Integrale Studiengänge wurden von der **John F. Kennedy University** (jfku.org) und dem **Fielding Institute** (fielding.edu) angeboten. Das **California Institute of Integral Studies** (ciis.edu) bietet eine breite Palette von ganzheitlichen Hochschulprogrammen an. Die **Meridian University** (meridianuniversity.edu) bietet eine integrierte Ausbildung in ihren Graduiertenprogrammen sowie ein Führungs- und Sozialtransformationsprogramm unter der Leitung von Kanzler Jean Houston. Die **Ubiquity University** (ubiquity.university) bietet Bachelor- und Masterstudiengänge in den Bereichen Freie Kunst, Psychologie und dem Streben nach Weisheit an.

- **Integral Coaching Canada** (integralcoachingcanada.com) hat eine rigorose Coaching-Methode entwickelt, die auf den Kernunterschieden der integralen Theorie basiert.

- **Pacific Integral** (pacificintegral.com), gegründet 2004 von Geoff Fitch, Terri O'Fallon und anderen, bietet integrierte Entwicklungsprogramme und Beratungsdienstleistungen an, die sich auf die Erzeugung transformativer Veränderungen in menschlichen Systemen konzentrieren.

- **Next Step Integral** (nextstepintegral.com), eine Partnerschaft zwischen Stephan Martineau von SIFCO und seiner Frau Miriam Mason Martineau, bietet Online-Kurse zu Integral Parenting und Integraler Bildung an.

- **Ten Directions** (tendirections.com) bietet Zertifizierungsprogramme in integraler Moderation mit Sensei Diane Musho Hamilton und Online-Trainings in persönlicher Entwicklung, Coaching und Einfluss, die von ihr und Rob McNamara unterrichtet werden.

- Die **Integral Academy Hungary** (integralacademy.eu), gegründet vom Organisator der Integral European Conference, Bence Ganti, bildet Psychotherapeuten, Berater und Coaches aus und zertifiziert sie.

- **ID Academy Denmark** (idacademy.dk), gegründet von Ole Vadum Dahl, bildet Psychotherapeuten und Coaches aus und zertifiziert sie und unterrichtet Essential Life Practice.

Integrale Veröffentlichungen

Akademische Zeitschriften:

- Das *Journal of Integral Theory and Practice*, veröffentlicht von MetaIntegral (https://foundation.metaintegral.org/JITP)
- *Integrale Leadership Review* (integralleadershipreview.com)
- *Integral Review* (integral-review.org).

Veröffentlichungen von allgemeinem Interesse:

- *Emerge-Bewusstseinkultur Magazin* (emerge-bewusstseinkulture.de) leistet wichtige Beiträge zu den große-n Fragen, die in diesem Buch gestellt werden.
- *Kosmos*: Journal for Social Transformation (kosmosjournal. org), gegründet von Nancy Roof, enthält

wahrscheinlich die dynamischsten populärsten integralen evolutionären Artikel in gedruckter Form in englischer Sprache.
- *Die Cosmos Co-op* (cosmos.coop) wird in Kapitel 8 beschrieben und ist sowohl eine Publikation als auch eine Community. Sie drückt die dynamische intellektuelle Untersuchung aus und entwickelt sie weiter, die noch immer auf **Beams and Struts** zu finden ist (beamsandstruts.com).

Ausdrücklich spiritueller Aktivismus

Viele Bücher und Organisationen arbeiten daran, **spirituell inspirierte soziale Veränderungen** zu katalysieren. Jede arbeitet auf ihre eigene Weise, aber viele Initiativen haben wichtige Gemeinsamkeiten mit der einzigartigen Synthese, die Sie in diesem Buch sehen. Hier sind ein paar davon:
- **Work that reconnects** (workthatreconnects.org). Die Ökophilosophin und buddhistische Wissenschaftlerin Joanna Macy hat gezeigt, wie man sich mit unserer Trauer über den Zustand der Welt verbindet. Es ist auch ein eleganter Prozess, um sich mit Dankbarkeit und transformativer Einsicht zu verbinden, und diese Kombination ermöglicht einen effektiven Aktivismus. Das Netzwerk schult Moderatoren und bietet Unterstützung, Anleitung und Inspiration für Menschen, die weltweit für die Große Wende arbeiten.
- Der **Engaged Buddhism** findet seinen schönen Ausdruck in der Arbeit der **Zen Peacemakers** (zenpeacemakers.org), die von Roshi Bernie Glassman gegründet wurde. Seit 35 Jahren dient sie den Armen in der Bronx und Yonkers, besonders durch die Greyston Bakery (greyston.org). In jüngster Zeit hat sie auch dazu beigetragen, eine weltweite Bewegung humanitären, friedensschaffenden, sozialen und zivilen Handelns zu mobilisieren, die auf ihren drei Grundsätzen (Nicht wissen, Zeugnis ablegen und handeln) basiert, und sie umfasst Projekte mit Schwerpunkt Auschwitz/Birkenau. Das **International Network of Engaged Buddhists** (ineb-

network.org) mit Sitz in Thailand, die nationale US-Organisation **The Buddhist Peace Fellowship** (buddhistpeacefellowship.org) und **Green Sangha** (greensangha.org) in der San Fransicso Bay Area sind ebenfalls bewusste Gemeinschaften von Praktizierenden, die sich für die lebendigen, atmenden Schnittstellen zwischen Buddhadharma, sozialer Gerechtigkeit und Umweltaktionen begeistern. All diese (und viele weitere) engagierte buddhistische Initiativen bringen Einzelpersonen zusammen, um zu meditieren, zu bilden, sich gegenseitig zu unterstützen und sich für Mitgefühl, Frieden, Gerechtigkeit und den lebendigen Planeten einzusetzen.

- **Sister Giant** (sistergiant.com), gegründet von Marianne Williamson, kombiniert eine heilige, authentische, zutiefst humane „Politik der Liebe" mit praktischem Aktivismus und Unterstützung in den politischen Rassen der USA, um diese Vision zu erreichen. Es ist „darauf ausgerichtet, eine tiefere Einsicht darüber zu gewinnen, was heute in Amerika geschieht - und was wir tun können, um es zu ändern".

- Das **Netzwerk der spirituellen Progressiven** (spiritualprogressives.org) wurde von Rabbi Michael Lerner mitbegründet, um „die Welt von einer Welt, die auf Macht und Kontrolle basiert, in eine Welt zu verwandeln, die auf Liebe und Gerechtigkeit basiert".

- Die **Jean Houston Stiftung** (jeanhoustonfoundation.org) erweitert Jean Houstons Lebenswerk in 110 Ländern, bildet Führungskräfte und Trainer in Social Artistry aus, einem neuen Modell für Führung, das auf allen Ebenen, über Kulturen us Lebenswerk in 110 Ländern, bildet Führungskräfte und Trainer in Social Artistry aus, einem neuen Modell für Führung, das auf allen Ebenen, über Kulturen und Kontinente hinweg, in entwickelten und am wenigsten entwickelten Ländern gilt. Es inspiriert und befähigt Menschen, ihre individuellen Fähigkeiten zu vertiefen, um eine Welt zu schaffen, die für alle funktioniert.

- Das **Institute for Sacred Activism** (andrewharvey.net/sacred-activism) wurde von Andrew Harvey gegründet, der heiligen Aktivismus als „die Verschmelzung des tiefsten spirituellen

Wissens und der Passion mit klarer, weiser, radikaler Aktion in allen Arenen der Welt, innerer und äußerer," definiert. Das Institut bildet Aktivisten aus, bildet die Öffentlichkeit aus und setzt sich für Aktivismus als spirituelle Verpflichtung in dieser Zeit ein.

- Das **Center for Transformative Change** (transformativechange.org) wurde vom Autor und Aktivisten Rev. angel Kyodo Williams gegründet. Von seinem Zentrum in Oakland, CA, aus bietet es Meditations- und Yogakurse, spirituelle Anleitung und Gemeinschaft für Aktivisten und marginalisierte Gemeinschaften. Ziel ist es, das Bewusstsein für soziale Gerechtigkeit und Rassenfragen bei Aktivisten weltweit zu schärfen.

- **Humanity Healing** (humanityhealing.org) ist eine unpolitische und konfessionslose spirituelle Organisation, die versucht, die Heilung von Gemeinschaften auf der ganzen Welt mit humanitären Projekten zu fördern. Ihre Initiativen zielen darauf ab, „die Hoffnung auf das Leben von Kindern und Gemeinschaften, die sie verloren haben, wiederherzustellen". Die Teilnehmer verpflichten sich zu allgemeinen Leitlinien, die Praxis, Service, Integrität, Respekt vor anderen, direkte Kommunikation, Gewaltlosigkeit und Zusammenarbeit umfassen.

- Ich bin Mitglied einer Gruppe von über hundert **Evolutionsleitern** (evolutionaryleaders.net), die von Deepak Chopra organisiert und von der **Source of Synergy Foundation** (sourceofsynergyfoundation.org) betreut wird. Es ist ein Netzwerk von dynamischen, engagierten evolutionären Aktivisten und Pädagogen, die sich jährlich treffen, um die Evolution des anderen und aller, deren Leben sie berühren, zu katalysieren und zu unterstützen und ihre Fähigkeit, von Nutzen zu sein, zu vergrößern. Jedes Mitglied setzt sich für würdige kreative Initiativen ein, die diese neue Republik des Herzens zum Ausdruck bringen. Sie sind nicht alle hier aufgeführt, aber sie können über die Website gefunden werden.

- Die **Association for Global New Thought** (agnt.org) stellt ihren Mitgliedern Kirchen (Einheits- und Religionswissenschaft) Ressourcen und Trainings in „spirituell geführtem Aktivismus", einschließlich Gemeinschaftsführung, als zentrale Elemente eines inspirierten christlichen Lebens zur Verfügung.

- **YES! magazine** (yesmagazine.org) untersucht die größten Probleme unserer Zeit in Bezug auf ihre Lösungen. Online und in gedruckter Form skizzieren sie einen Weg nach vorn mit detaillierten Analysen, Instrumenten für das Engagement der Bürger und Geschichten über echte Menschen, die für eine bessere Welt arbeiten.

- **Utne Reader** (utne.com) präsentiert „das Beste aus der alternativen Presse" mit den Schwerpunkten Politik, Kultur, Wirtschaft und Umwelt. Es spricht in vielen Stimmen und präsentiert ermächtigende, provokante und manchmal diskutierte Standpunkte. Darüber hinaus veranstaltet sie jährlich einen Wettbewerb der Independent Press Awards für die besten alternativen Zeitschriften.

- Das **Orion Magazine** (orionmagazine.org) veröffentlicht Artikel über Natur, Kultur, Umwelt und vergibt jährlich den Orion Book Awards für „Bücher, die die Verbindung des Lesers zur Natur vertiefen".

- Das **Sun-Magazin** (thesunmagazine.org) enthält Inhalte (Essays, Memoiren, persönliche Geschichten, Fiktionen und Interviews), die, in den Worten seines Gründers Sy Safransky, „das Geheimnis im Herzen der Existenz ehren". Seit 1990 von Lesern unterstützt, sind ihre Artikel im Kontext lokaler und globaler Themen gegliedert.

- Der **Club of Budapest** (clubofbudapest.org), gegründet von Ervin Laszlo, arbeitet in über fünfzehn Ländern, um eine weltweite Bewegung im Dienste der Zukunft der menschlichen Evolution zu ermöglichen, indem er das Bewusstsein der Evolution durch verschiedene koordinierte autonome Projekte katalysiert.

- Das **Humanity's Team** (humanitysteam.org) kommuniziert und demonstriert die Einheit aller Menschen und alles Lebens durch Online- und persönliche Treffen. Seine bewusste Geschäftsinitiative fördert das Bewusstsein für die Einheit der Führungskräfte.

- **Greenheart International** (greenheart.org) bietet Schüleraustauschprogramme, Reisemöglichkeiten, Camps und Konferenzen für Jugendliche und Erwachsene, die das interkulturelle Verständnis fördern und die Führungskräfte von morgen entwickeln.
- Die **Global Purpose Movement** (globalpurposemovement.com) bringt Einzelpersonen und Organisationen zusammen, um ihren einzigartigen Zweck auszudrücken und für den übergeordneten Zweck der sozialen Transformation und des nachhaltigen Aufschwungs zu synergetisieren.
- Das **True Purpose Institute** (truepurposeinstitute.com) wurde von Tim Kelley gegründet, um Botschaftern, Change Agents und missionsgesteuerten Organisationen die Ausbildung und Unterstützung zu geben, die sie benötigen, um die Wirkung zu erzielen, die sie in der Welt haben sollen.
- Das **Purpose Guides Institute** (purposeguides.org) wurde von Jonathan Gustin gegründet, um Coaches und Therapeuten auszubilden, die Einzelpersonen dabei unterstützen, ihren Sinn zu erkennen und zu verwirklichen, indem sie alle innovativen, zweckführenden Modalitäten vereinen, unterstützt von einer hochrangigen Fakultät.
- Das **Pocket Project** (pocketproject.org) wurde von dem österreichischen Mystiker Thomas Hübl gegründet, um Menschen auszubilden, den Teufelskreis des immer wiederkehrenden kollektiven und intergenerationellen Traumas zu heilen und schließlich kollektive Weisheit über die Integration und Reduzierung seiner Auswirkungen auf die globale Kultur zu katalysieren.

Einberufung von Transformationsgesprächen und Gemeinschaften

Lange bevor jemand von „We-Space" hörte, überschritten bewusste Menschen die Grenze dessen, was unter ihnen in Gruppen passieren konnte. Ganze Bereiche tiefer Konversation waren Teil der menschlichen Kultur, solange wir existierten. Die indigenen Völker saßen im Rat. Sokrates sprach mit seinen Schülern im antiken Griechenland. Die Chatauqua-Bewegung belebte das bürgerliche Leben Amerikas in seinem ersten Jahrhundert oder mehr.

In den frühen 1960er Jahren informierten die Rogerianische und Gestaltpsychotherapie eine Welle von „Begegnungsgruppen", die die Macht der Gruppeneinstellungen nutzten, um persönliche Durchbrüche zu katalysieren. Etwa zur gleichen Zeit gab der **Bohmische Dialog** der Kunst und Praxis, den intelligenten Dialog zu nutzen, um kognitive Fehler anzugehen und die Grenzen des menschlichen Verstehens zu überschreiten, neuen Auftrieb und Fokus und demonstrierte dies in einer Reihe von öffentlichen Gesprächen mit Jiddu Krishnamurti. Aus diesen beiden Strömungen der intersubjektiven Praxis entstand eine neue Welle von Praktiken und Erkenntnissen und ein ganzes Feld mit vielen Knoten. Sie wird maßgeblich von der **National Coalition for Dialogue and Deliberation** (ncdd.org) und der Anwendung dieser Techniken zur Förderung von Frieden und Verständigung durch das **Institute for Multi-Track Diplomacy** (imtd.org) unterstützt. Aus Marshall Rosenbergs weltweiten Lehren der gewaltfreien Kommunikation (NVC) (cnvc.org) ist eine völlig unabhängige, aber sehr wichtige Kommunikationsbewegung entstanden, zu der viele lokale Praxisgemeinschaften in 65 Ländern gehören.

Förderung der kollektiven Intelligenz

Das **Co-Intelligence Institute** (co-intelligence.org) wurde von Tom Atlee gegründet, um kollektive Untersuchungen durchzuführen und kollektive Weisheit zu ermöglichen. Diese Experimente schienen darauf hinzudeuten, dass mit geschickter Moderation tiefe Spaltungen konsequent und authentisch überbrückt werden können, was zu neuem Lernen und Entwickeln und Lösungen führt. Jim Rough führte ähnliche Experimente in seiner Methode der **Dynamic Facilitation and Wisdom Councils** (tobe.net) und im Buch *Society's Breakthrough - Releasing Essential Wisdom and Virtue in All the People* durch. Atlees Erfahrungen waren ähnlich, so dass das Collective Intelligence Institute das **Wise Democracy Project** (wd-pl.com) ins Leben rief, zu dem eine weitere bedeutende Dialogpraktikerin, **Rosa Zubizaretta** (diapraxis.com), wichtige Beiträge geleistet hat. Diese Arbeit steht in engem Zusammenhang mit Experimenten in kollektiver Weisheit, die in dem Buch *The Power of Collective Wisdom* von Alan Briskin, et al., (Berrett-Koehler, 2009) (alanbriskin.com) dokumentiert und in The Art of Convening von meinen Freunden Craig und Patricia Neal (Berrett-Koehler, 2011) und ihrer Arbeit am **Center for Purposeful Leadership** (centerforpurposefulleadership.com) gut verankert sind.

The Art of Hosting (artofhosting.org) ist eine Gemeinschaft von Praktizierenden, die modernste Ansätze für Konversation, Dialog, Moderation und persönliche Praxis nutzen, um kollektive Weisheit zu nutzen, um komplexe Herausforderungen auf vielen Ebenen anzugehen. Es bezieht sich auf den **Circle Way** (den Circle Way.net), **The World Café** (theworldcafe.com), **Open Space Technology** (openspaceworld.org und openspaceworld.com), **Appreciative Inquiry** (appreciativeinquiry.champlain.edu), **Action Learning, Collective Mind- Mapping, Collective Story Harvest**. (Viele dieser Spitzenpraktiken wurden von Organisationsentwicklungsberatern und Coaches wie Otto Scharmer's U-Prozess weiterentwickelt, einige davon sind im Folgenden unter Conscious Business dokumentiert.)

Integraler We-Space

Der **integrale We-Space** wird am ausführlichsten in dem Buch *Cohering the Integral We Space: Engaging Collective Emergence, Wisdom and Healing in Groups*, beschrieben; herausgegeben von Olen Gunnlaugson und Michael Brabant (Integral Publishing House, 2016); es handelt sich um eine von Experten begutachtete Anthologie von We-Space-Praxisansätzen in der globalen integralen Welt.

- **Der We-Space Summit** (thewespacesummit.com) versammelte 150 Praktiker, darunter Terry Patten, Olen Gunnlaugson, Bill Torbert, Terri O'Fallon, Thomas Hübl, Craig Hamilton und viele andere, an fünf Tagen im Jahr 2017, um eine reiche und umfassende professionelle Entwicklungsressource zur Vertiefung der Fähigkeiten und Kapazitäten der Praktiker zu schaffen. Wenn Sie daran interessiert sind, die Vielfalt der Praktiken und Ausdrucksformen zu erleben, ist dies vielleicht die umfassendste Kommunikation der Welt des integralen Wir-Raums, die derzeit verfügbar ist.

- **One World in Dialogue** (oneworldindialogue.com) wurde in Deutschland von Thomas Steininger und Elizabeth Debold, Autoren der in Kapitel 10 beschriebenen fünf Prinzipien des evolutionären Dialogs, gegründet. Es gibt virtuelle Global Dialogue Labs, die einen integralen Raum für interkulturelle Gespräche bilden. Es sponsert auch einen jährlichen globalen subtilen Aktivismus-Meditationsmarathon, One World Bearing Witness, der normalerweise im Dezember stattfindet.

- Die **Authentic Relating Movement** wurde in San Francisco und Boulder geboren und wie hat Zentren in Europa, Austin, Mexiko und darüber hinaus. Es fördert das Feld der authentischen, spontanen, verletzlichen und kontaktreichen Kommunikation. Siehe authenticworld.com, integralcenter.com, circlingeurope.com, www.authrev.com und circlinginstitute.com.

- Der in Österreich geborene moderne „Mystiker auf dem Markt", **Thomas Hübl** (thomashueblonline.com), bietet Lehren und Kurse und Programme zu den mystischen Prinzipien der spontanen, intuitiven „Transparenten Kommunikation". Seine Schüler Stephen Busby (stephenbusby.com) und Nicholas Janni (corepresence.org) schreiben und lehren ebenfalls über diese Themen.

- Das **Evolutionäre Kollektiv** (evolutionarycollective.com) ist ein Vehikel für Patricia Alberes Arbeit an evolutionären Beziehungen und gegenseitigem Erwachen, insbesondere an ihren einjährigen persönlichen Programmen. Ihre Lehren finden sich in ihrem Buch Evolutionary Relationships (Oracle Institute Press, 2017).

- Die **Cosmos Co-op** (cosmos.coop), beschrieben in Kapitel 8, ist sowohl eine Publikation als auch eine Online-Praxisgemeinschaft.

Zusätzliche Ressourcen für Stamm, Gemeinschaft und Neuansiedlungen

- **Time for Tribe** (timefortribe.com) ist die öffentliche Arbeit eines „Stammes" engagierter Freunde, der vom Männer-Gruppenpionier Bill Kauth und Zoe Alowan in Ashland, Oregon gegründet wurde. Sie teilen ihre Vision und Praxis in dem Buch We Need Each Other leben: Building Gift Community (Silver Light Publications, 2011).
- **Global Ecovillage Network** (ecovillage.org) ist ein wachsendes Netzwerk von regenerativen Gemeinschaften, die ökologische, soziale, kulturelle und wirtschaftliche Stabilität fördern. Auf der Website können Sie sich mit Ökodörfern auf der ganzen Welt und den Partnerorganisationen verlinken, die diese Experimente in der Gemeinschaft unterstützen. Ich kann das Buch *Ecovillages: Lessons for Sustainable Community* (Polity Press, 2013) von meiner Freundin Karen Litfin für einen Blick auf die gelebte Realität empfehlen. **Auroville** (auroville.org), in Tamil Nadu, Indien, wurde als ein Ort gegründet, an dem Sri Aurobindos Lehren über die menschliche Einheit tatsächlich gelebt werden können. Es ist eines der ältesten und größten spirituell inspirierten Ökodörfer der Welt und hat rund 2.500 Einwohner angezogen und eine Reihe von umweltfreundlichen Projekten und Unternehmen hervorgebracht. Ein weiteres Ökodorf, das integrale Awakened Life Project, wurde von meinen Freunden Peter und Cynthia Bampton in La Quinta in Portugal gegründet (eine Gemeinschaft, die sich jetzt darum bemüht, sich von den jüngsten Schäden durch Lauffeuer zu erholen).
- **Local Futures**, oder **Economics of Happiness** (localfutures.org), ist ein Knotenpunkt für den Verbindungs- und Informationsaustausch für die weltweite Lokalisierungs- und New Economy-Bewegung, die sich der Erneuerung der Gemeinschaft, der ökologischen Gesundheit und der lokalen Wirtschaft widmet.

Sie hat die Internationale Allianz für Lokalisierung sowie viele lokale Konferenzen mitfinanziert.

- Die Bewegung **Transition Towns** besteht aus Hunderten von autonomen Gemeinschaftsprojekten an der Basis für die praktische Zusammenarbeit zur Steigerung der lokalen Selbstversorgung angesichts extremer Wetterereignisse, ökologischer Zusammenbrüche und wirtschaftlicher Instabilität. Sie wurde 2006 in **Totnes**, Großbritannien (transitiontowntotnes.org), gegründet und wird international von **The Transition Network** (transitionnetwork.org) und in den USA von **Transition US** (transitionus.org) koordiniert.

- Die **Permakultur-Bewegung** (permaculture.org, permacultureglobal.org, permacultureglobal.org, permacultureglobal.org.uk und viele mehr) konzentriert sich auf die eigentlichen landgestützten Praktiken, durch die Tausende von Gemeinschaften versuchen, nachhaltig zu leben und Kulturen dieser Praktiken aufzubauen. Ein radikales Gemeinschaftsexperiment, das ich besucht habe, sind die Gaia Yoga Gardens auf der Big Island of Hawaii (gaiayoga.org).

- **Integral City Meshworks** (integralcity.com) wurde 2005 von meiner Freundin Marilyn Hamilton gegründet. Heute entwickelt eine Konstellation von Praxisgemeinschaften Städte als „menschliche Bienenstöcke". Es verbindet die Bürger, Bürgermeister, die Zivilgesellschaft und die Unternehmen der teilnehmenden Städte, um Beziehungen anzuregen, Visionen zu vereinheitlichen und umwelt-regionale Widerstandsstrategien für das Wohlbefinden zu entwickeln.

- **Compassionate Communities** sind lokale Organisationen, die daran arbeiten, die Charta des Mitgefühls (charterforcom-passion.org) zu leben und zu verbreiten, die von der tiefen Verflechtung der Menschheit zeugt, Grenzen durchschaut, Konflikte lindert und einer zunehmend gerechten Wirtschaft und friedlichen Welt dient. Wo ich zum Beispiel lebe, unterstützt das **Compassionate California** (compassionatecalifor- nia.org) zehn lokale „Compassionate Cities".

- **The Cool City Challenge** (coolcitychallenge.org) ist eine gemeinnützige Initiative, die vom Autor von Social Change 2.0 David Gershon gegründet wurde, um Städten die Möglichkeit zu geben, „eine drastische Reduzierung des CO2-Ausstoßes, eine lebendige Lebensqualität und grünen Wohlstand zu erreichen", indem sie Nachbarn und proaktive Regierungen miteinander verbinden.

- **Breakthrough Communities** (breakthroughcommunities.info) wurde von dem Architekten, Planer und Veteranen Carl Anthony mit der Wissenschaftlerin, Non-Profit-Exekutive und Integralpraktikerin Paloma Pavel, PhD, gegründet, um integrierte Lösungen für Umweltprobleme vorzustellen und zu fördern, die sich mit der Dynamik der sozialen und rassischen Gerechtigkeit verknüpfen. Sie bilden und organisieren kommunale Beziehungen, um im Namen ihrer Gesundheit und Nachhaltigkeit zusammenzukommen, zu planen und sich für sie einzusetzen, und zwar in einer Weise, die für alle von Nutzen ist.
- **Impact Hub Oakland** (oakland.impacthub.net) mit Sitz in der San Francisco Bay Area ist eine der über 80 Impact Hub Global Communities (siehe vollständige Beschreibung unter Conscious Business). Ich erwähne es hier, weil der Impact Hub, den ich am besten kenne, das Zentrum einer dynamischen lokalen Gemeinschaft von Sozialunternehmern und Aktivisten ist, die Dutzende von Initiativen hervorbringt, die der lokalen Gemeinschaft Ganzheit in vielerlei Hinsicht bringen. So bezieht es sich (wie viele Impact Hubs zweifellos) nicht nur auf Sozialentrepreneurship, sondern auch auf viele Aspekte der Stammes- und Gemeinschaftsbefähigung. Drei der Gründer, Lisa Chacon, Konda Mason und Edward West, sind integrale Praktizierende und persönliche Freunde.

Klima- und Ökologieaktivismus

Tausende von Unternehmen weltweit engagieren sich mit spezifischen Initiativen, um das Bewusstsein für unsere ökologische Situation zu erhöhen und die öffentliche Ordnung sowie das individuelle und organisatorische Verhalten zu beeinflussen. Sie sind auch Treffpunkte für besorgte Bürger, und viele von ihnen bilden ernsthafte Praxisgemeinschaften. Hier werde ich einige der Unternehmen auflisten, die ich schätze, mit den kürzesten Beschreibungen. Es gibt viele andere.

- **Bioneers** (bioneers.org), gegründet von Kenny Ausubel und Nina Simons, ist vor allem durch seine jährliche National Bioneers Conference und lokale Konferenzen, Community-Netzwerke und Medien bekannt - darunter „Bioneers Radio", das in nationalen NPR-Sendern zu hören ist. Ihre Programme und Konferenzen behandeln Themen wie Naturrechte, Nachhaltigkeit, Permakultur, restaurative Ernährungssysteme und Fragen der indigenen Völker. Es ist ein wichtiger Treffpunkt für basisbewusste Ökologen.

- **350.org**, gegründet von Bill McKibben, ist eine internationale Organisation, die sich dem Aufbau der globalen Klimabewegung durch Online-Kampagnen, Basisorganisationen und öffentliche Massenaktionen widmet, die sich insbesondere an die Infrastruktur für fossile Brennstoffe richten. Sein oberstes Ziel ist es, den Kohlendioxidspiegel in der Atmosphäre von derzeit über 400 Teilen pro Million auf 350 Teile pro Million zu senken.

- **Our Children's Trust** (ourchildrenstrust.org) setzt sich für die Rechte junger Menschen auf ein stabiles Klima und eine gesunde Atmosphäre ein. Die Programme helfen Jugendlichen, sich an wissenschaftsbasierten Lobbyarbeit, öffentlicher Aufklärung und bürgerschaftlichem Engagement im Namen der nachhaltigen Lebensfähigkeit der natürlichen Systeme der Erde zu beteiligen. Ihre Mitglieder haben eine wichtige Klage eingereicht, die systemische, wissenschaftlich fundierte Emissionsreduktionen und eine Politik zur Klimaerholung auf allen Regierungsebenen anstrebt.

- Das **Post-Carbon Institute** (postcarbon.org) versteht die miteinander verbundenen ökologischen, ökonomischen, energetischen und gerechten Krisen des 21. Jahrhunderts in vielerlei Hinsicht, wie dieses Buch es beschreibt, und es versammelt, bildet und dient vielen der Aktivisten, die den Übergang zu einer robusteren, gerechteren und nachhaltigeren Welt leiten.

- **Project Drawdown** (drawdown.org) ist eine internationale Koalition von Wissenschaftlern und Forschern, die mutige

Lösungen für den Klimawandel anbieten, die auf bereits bestehenden Technologien und Praktiken basieren. Diese Lösungen sind im Buch *Drawdown* von Paul Hawken. Jede der hundert Top-Lösungen wird in Bezug auf Kosten, Nutzen und wie viel sie dazu beitragen kann, den atmosphärischen Kohlenstoffgehalt bis 2050 zu „senken". Das Projekt und seine Ergebnisse werden in Kapitel 1 dieses Buches erwähnt.

- Das **Rocky Mountain Institute** (rmi.org) arbeitet mit Unternehmen, Gemeinden, Institutionen und Unternehmern zusammen, um die Einführung marktbasierter und kostengünstiger Ansätze zu beschleunigen, die die Abhängigkeit von fossilen Brennstoffen von Effizienz und erneuerbaren Energien verlagern. Zu den zahlreichen Initiativen gehören die Umwandlung der karibischen Inselwirtschaften in lokale, erneuerbare Energien und die Unterstützung Chinas bei der Erreichung seiner Emissionsziele und der drastischen Verringerung seiner Abhängigkeit von fossilen Brennstoffen. Es hat kürzlich das Handbuch The Carbon-Free City Hand-book veröffentlicht, eine Ressource für Stadtführer, die 22 einsatzbereite Lösungen mit nachgewiesenem Erfolg enthält.

- **Shut It Down - Climate Direct Action** (shutitdown.today) ist eine Website, die zivilen Ungehorsam gegen den langsamen Klimawandel unterstützt, wie die „valve turners", die im Oktober 2016 die Pipelines abgeschnitten hatten, die Teersandöl in die USA brachten. Sie ergreifen und unterstützen Maßnahmen, die mit moralischer Klarheit die Dringlichkeit und das Ausmaß des Wandels veranschaulichen, der notwendig ist, um die Klimakatastrophe abzuwenden.

- **New Dream** (newdream.org) will die sozialen Normen rund um Konsum und Konsumverhalten ändern, indem es Einzelpersonen, Gemeinschaften und Organisationen befähigt, Konsumgewohnheiten zu verändern, um das Wohlbefinden der Menschen und des Planeten zu verbessern. Ihre Mission ist eng mit **The Story of Stuff** (storyofstuff.org) verbunden, das mit einem zwanzigminütigen Film begann, der viral wurde und sich inzwischen zu einer Bewegung entwickelt hat, um Plastik, Mikrofasern, Vinyl und andere destruktive Formen des Konsumverhaltens zu vermeiden.

- **Honor the Earth** (honorearth.org) ist bestrebt, finanzielle und politische Ressourcen für das Überleben nachhaltiger inländischer Kommunikationen zu entwickeln und das Bewusstsein für diese Themen im Allgemeinen zu schärfen. Sie arbeitet mit Basisorganisationen zusammen, um sich mit Fragen des Klimawandels zu befassen und strebt eine Umstellung auf eine nachhaltigere, landgestützte Wirtschaft an.

- Die **Pachamama Alliance**, die oben unter „Heart Intelligence" aufgeführt ist, ist eine dynamische Partnerschaft zwischen der indigenen amazonischen Achuar-Volksgruppe und den Nordamerikanern, die das lokale Empowerment und den Naturschutz im ecuadorianischen Inneren und in der Bildung weltweit fördert.

- Die **größten und bekanntesten Umweltverbände** spielen eine wichtige institutionelle Rolle bei der Beeinflussung der öffentlichen Ordnung und Wahrnehmung. Der **Sierra Club** (sierraclub.org), der 1892 von John Muir gegründet wurde, ist nach wie vor eine führende Stimme bei der Förderung nachhaltiger Energie- und Klimawandellösungen und eine Freizeitorganisation, deren lokale Niederlassungen viele Aktivitäten unterstützen. Sowohl der **National Resources Defense Council** (nrdc.org) als auch der Environmental Defense Fund (edf.org) spielen seit langem eine Schlüsselrolle bei der Einreichung von Klagen vor Bundes- und Bundesgerichten der USA. EDF betont auch die Schaffung von wirtschaftlichen Anreizen für den Privatsektor. **Friends of the Earth International** (foei. org) gilt als das weltweit größte Umweltnetzwerk, und seine US-Niederlassung Friends of the Earth (foe.org) ist an Politikanalysen, Aktivismus und Rechtsstreitigkeiten beteiligt. **Greenpeace** (greenpeace.org), mit Büros in über vierzig Ländern, setzt auf direktes Handeln sowie auf Bildung und Gemeinschaft. Das **Earth Island Institute** (earthisland.org) bietet öffentliche Bildung, fördert viele junge Aktivistengruppen und Projekte weltweit durch Finanzierung und organisatorische Infrastruktur und veröffentlicht das preisgekrönte Earth Island Journal. **Rainforest Action Network** (ran.org) hat viele effektive Kampagnen durchgeführt, um umweltschädliche Praktiken von Unternehmen zu stoppen, insbesondere wenn es um die Herstellung von Konsumgütern geht. Der **World Wildlife Fund** (worldwildlife.org) arbeitet mit dem Schutz von Lebensräumen und bedrohten Arten sowie der Erhaltung der Biodiversität.

- **Vandana Shiva** (vandanashiva.org) ist eine einflussreiche indische Wissenschaftlerin, Umwelt- und Globalisierungsgegnerin, die mehr als zwanzig Bücher geschrieben und die indische Agrarpolitik beeinflusst hat. Sie argumentiert für die Weisheit vieler traditioneller Praktiken, berät den wissenschaftlichen Ausschuss des Think Tanks der Sozialistischen Partei Spaniens und wurde weltweit weithin anerkannt. Viele Aktivisten bleiben bei vielen aktuellen Themen auf ihre Führung eingestellt.
- **Connect 4 Climate** (connect4climate.org) wurde von der Weltbank und den Regierungen Italiens und Deutschlands gegründet und verfügt heute über mehr als vierhundert internationale Partner, die daran arbeiten, das Bewusstsein zu schärfen, das Engagement für Maßnahmen zu fördern und Koalitionen aufzubauen, um politische Entscheidungsträger und private Unternehmen zu beeinflussen. Es hat fast ein Dutzend Teilinitiativen hervorgebracht, darunter cities4climate, hack4climate und youth4climate. Zusammen mit meinen Freunden Raul Hernandez und Frank Marrero habe ich persönlich durch eine Initiative namens **Old-Growth Again** (foreverredwood.com/restauration-forestry/overview/) daran mitgewirkt, die Abholzung von über 200 Hektar Mammutwald an der Küste zu verhindern.

Bewusste Unternehmen

Unzählige kleine und große Sozialunternehmer und Führungskräfte arbeiten daran, die Wirtschaft zu einer starken Kraft für Umweltverantwortung und positiven sozialen und wirtschaftlichen Wandel zu machen. Da sie erkennen, dass Profit und Wachstum zentrale Treiber der ökologischen Zerstörung sind, definieren sie einen „Triple Bottom Line"-Ansatz (Planet, Menschen, Gewinn), mit dem Unternehmen ihren Erfolg messen können, neu. Zu den neuen rechtlichen und buchhalterischen Mechanismen gehören Berichte über die soziale Verantwortung von Unternehmen, gemeinnützige Körperschaften, das Konzept der „Blended Value"-Unternehmen und des legalen „B Corps" sowie neue Corporate Governance Praktiken. Hier sind einige Organisationen, die diese Bewegung unterstützen.

Viele hochmoderne Experimente in transformatorischen Konversationen wurden von Top-Beratern verfeinert, die sich mit Organisations- und Führungsentwicklung, Konfliktmediation, Teambuilding und Stakeholder-Harmonisierung beschäftigen. Sie sind zahlreich und vielfältig. Zu den bekanntesten gehören **Otto Scharmer** (Autor von *Theory U and Presence*) und sein U-Lab (ottoscharmer.com, presencing.com), **Peter Senge** (Autor von *The Fifth Discipline and The Necessary Revolution*) und die Society for Organizational Learning (solonline.org), **Bill Torbert** (Autor von Action-Inquiry) und **Fred Kofman** (Autor von *Conscious Business and Authentic Communication*). **Rob Evans**' eleganter Design-Shop-Prozess integriert viele dieser Prinzipien (imaginal-labs.com). Die Grenzen des Möglichen werden von vielen erfahrenen Beratern erforscht, darunter meine langjährigen Freunde Bert Parlee (bertparlee.com), der Führungsexperte **Barrett C. Brown** (apheno.com), **Grant Hunter** (syntropycenter.com) und **Adam B. Leonard** (jetzt intern bei Google/Alphabet). **Werner Erhard, Michael Jensen** und ihre Kollegen leisten wegweisende Beiträge zum Verständnis und zur Lehre von Führung (wernererhard.net leadership und beingaleader.net), die in Kapitel 6 beschrieben sind.

Einige Ressourcen für Sozialunternehmer und Investoren sind:

- Die **Impact Hub Global Community** (impacthub.net) unterstützt und mobilisiert eines der effektivsten Verbindungsinstrumente von Social Entrepreneurship Communities: städtische Kooperationsräume. Die globale Community des Impact Hub umfasst mehr als achtzig Zentren auf fünf Kontinenten, die kooperierenden Sozialunternehmern die Ressourcen, Inspiration, Dienstleistungen, Veranstaltungen und Möglichkeiten der

Zusammenarbeit und des Networkings sowie viele zusätzliche Community-Ressourcen bieten (siehe Impact Hub Oakland weiter oben für weitere Details).

- **SOCAP** (Social Capital Markets) (socialcapitalmarkets.net) ist ein Netzwerk von Investoren, Unternehmern und Social Impact Leadern, die Ideen und Kapital bündeln, um die schwierigen Herausforderungen der Welt durch marktbasierte Lösungen anzugehen. Seine Konferenzen sind ein wichtiger Treffpunkt für Sozialunternehmer weltweit.

- Seit über dreißig Jahren arbeitet das **Social Venture Network** (svn.org) daran, „verschiedene, innovative Führungskräfte zu unterstützen und zu befähigen, die Unternehmen nutzen, um dem Wohl der Allgemeinheit zu dienen". Als Zusammenschluss von Investoren, Gemeinden und der Umwelt hat SVN viele Initiativen ins Leben gerufen, darunter Businesses for Social Responibility (unten).

- **Businesses for Social Responsibility - BSR** (bsr.org) - ist ein globales gemeinnütziges Unternehmensnetzwerk, das sich der Nachhaltigkeit verschrieben hat. Sie hat Niederlassungen auf drei Kontinenten und 250 große Unternehmensmitglieder. Die BSR hilft ihren Mitgliedern, ihre Praktiken und die ihrer Lieferketten zu verbessern, insbesondere in den Bereichen Umwelt, Energie, Klima, Ökosysteme, Wasser, soziale Gerechtigkeit, Frauen und LBGT.

- Der **Hult Prize** (hultprize.org) ist ein enormer Motor für die Gründung von for-good, for-profit Start-ups aus Universitäten. Mit über 2.500 Mitarbeitern und Freiwilligen auf der ganzen Welt hat es seit 2009 mehr als 50 Millionen Dollar an Kapital bereitgestellt und mehr als eine Million junge Menschen dazu gebracht, die Zukunft der Wirtschaft zu überdenken, während es weiterhin disruptive Innovationen auf dem Campus von Universitäten und Hochschulen in über hundert Ländern hervorbringt.

- Die **Laudato Si Challenge** (laudatosichallenge.org) ist eine globale Initiative, die in Partnerschaft mit dem Vatikan auf die enzyklische Forderung von Papst Franziskus nach einer „integralen Ökologie" eingeht. Es identifiziert, finanziert und unterstützt

Start-ups, um die Tragfähigkeit zu erreichen, bahnbrechende Lösungen für die kühnsten Herausforderungen der Menschheit in den Bereichen Energie, Ernährung, Wasser, städtische Herausforderungen, Humanpotenzial, Naturschutz sowie Industrie und Finanzen zu entwickeln.

- **Game Changers** (gamechangers.co) findet, ordnet, verbindet und unterstützt die besten profitablen Unternehmen der Welt. Es teilt ihre Geschichten, organisiert Schulungen und zielt darauf ab, die Gründung neuer gemeinnütziger Unternehmen weltweit zu fördern.

- **Conscious Capitalism** (consciouscapitalism.org), gegründet von Whole Foods-Gründer John Mackey, glaubt an den Freihandelskapitalismus als „das mächtigste System für soziale Zusammenarbeit und menschlichen Fortschritt" und zielt darauf ab, ihn auf das Ziel auszurichten, „finanziellen, intellektuellen, sozialen, kulturellen, emotionalen, spirituellen, physischen und ökologischen Reichtum" zu schaffen.

- **Teal Organisationen**, wie sie in Frederick LaLoux' wichtigem Buch, *Reinventing Organizations*, beschrieben sind, gehen über das Top-down „Command and Control"-Management hinaus und eröffnen neue Möglichkeiten, wie Unternehmen arbeiten können, um persönliche Verantwortung, menschliche Zusammenarbeit und Synergie zu maximieren. Zitierte Beispiele sind Buurtzorg, Morningstar Company, Zappo's und Holocracy One. Aber die Innovationen, die diese Unternehmen vorleben, entstehen spontan in vielen Unternehmen auf der ganzen Welt, oft unterstützt von erfahrenen Beratern und Coaches.

- **Living Goods** (livinggoods.org) unterstützt Netzwerke von „Avon-ähnlichen" Unternehmern in den Entwicklungsländern, die lebensverändernde Produkte von Tür zu Tür liefern - einschließlich nahrhafter Lebensmittel, Wasserfilter und Behandlungen für solche lebensbedrohlichen Krankheiten wie Malaria und Durchfall. Es schafft Lebensgrundlagen für unternehmerisch denkende Menschen und befasst sich ernsthaft mit individuellen und öffentlichen Gesundheitsfragen und konzentriert sich auf

Gebiete, in denen Kindersterblichkeit am wahrscheinlichsten ist (z.B. Uganda, Kenia, Myanmar).

- **Juma Ventures** (juma.org) nimmt gefährdete Jugendliche in ganz Amerika auf und vermittelt ihnen sozial engagierte Jobs, die Führungsqualitäten vermitteln, wodurch Rückfälligkeiten reduziert und Ressourcen für eine erfolgreiche Karriere geschaffen werden. Sie besitzt mehr als zwanzig Sozialunternehmen und versorgt einkommensschwache Jugendliche in neun US-Städten.

- Der **Acumen Fund** (acumen.org) investiert philanthropische Dollar in bewährte Veränderer. Daher zielt es darauf ab, die Philanthropie zu transformieren, indem sie nachhaltige Lösungen für die Armut bietet, den Zugang zu Grundversorgungen schafft und sich für Chancengleichheit einsetzt.

- **Echoing Green** (echoing green.org) bietet Seedfinanzierung und Führungskräfteentwicklung zur Unterstützung von Visionären auf der ganzen Welt, die ihre Gemeinschaften durch wirtschaftliche Entwicklung, Geschlechtergerechtigkeit und ökologische Nachhaltigkeit verändern. Die mehr als siebenhundert Innovatoren haben Hunderte von Programmen und Initiativen gestartet.

Growth Centers und Conscious Conference Communities

Das **Esalen Institute** (esalen.org) ist ein Rückzugszentrum, die 1962 von Michael Murphy und Richard Price im wunderschönen Thermalbad der Familie Murphy an den Klippen des Big Sur gegründet wurde.

Es hat Workshops und Programme angeboten, die sich auf humanistische alternative Bildung konzentrieren und eine Schlüsselrolle bei der Geburt der menschlichen Potenzialbewegung durch innovative Begegnungsgruppen, den Fokus auf Gedanken-Körper-Verbindungen und kontinuierliche Experimente im persönlichen Bewusstsein gespielt. Sie förderte auch große Forschungs- und Dienstleistungsprojekte, darunter die US-amerikanische „Track II"-Bürgerdiplomatie und originelle Metaforschung, die die nachgewiesenen Wirkungen der Meditation dokumentierte. Sie überdenkt jetzt ihre Rolle, und ich gehe davon aus, dass sie mit ihrer Expertise bei der Einberufung wichtiger Gespräche viele der Gespräche, die ich in der kommenden Zeit sehe, führen wird.

Das **Omega Institute** (omega.org) ist ein gemeinnütziges Bildungszentrum in Rhinebeck, New York, das 1977 von Elizabeth Lesser und Stephan Rechtschaffen gegründet wurde, inspiriert von dem Sufi-Lehrer Pir Vilayat Inayat Khan. Mittlerweile bietet sie jährlich über 25.000 Menschen Unterricht an. Ihr Ziel ist es, „Hoffnung und Heilung für den Einzelnen und die Gesellschaft zu schaffen" durch „innovative Bildungserfahrungen, die das Beste im menschlichen Geist wecken". Die Workshops, Konferenzen und Retreats von Omega zielen darauf ab, Dialoge zu schaffen, die Wissenschaft, Spiritualität und Kreativität verbinden, moderne Medizin und Naturheilkunde integrieren und die Grundlage für neue Traditionen und Lebensstile schaffen.

Das **Kripalu Center for Yoga and Health** (kripalu.org) wurde 1974 von Amrit Desai gegründet und ist seinem Lehrer Kripalu gewidmet. Es betreibt ein Gesundheits- und Yoga-Retreat in Stockbridge, MA, in einem großen ehemaligen Jesuiten-Seminar. Es bietet Platz für über 650 Übernachtungsgäste und ist vielleicht die größte Wohnanlage für ganzheitliche Gesundheit und Bildung in Amerika. Es widmet sich der Befähigung von Menschen und Gemeinschaften, ihr volles Potenzial durch die transformative Weisheit und Praxis des Yoga zu entfalten.

Das **Spirit Rock Meditation Center** (spiritrock.org), das sich im ländlichen westlichen Marin County nördlich von San Francisco befindet, bietet viele Programme an, die von wöchentlichen Meditationsveranstaltungen über Drop-in-Kurse bis hin zu stillen Wohn-Retreats von einigen Tagen bis zu einem Jahr oder mehr reichen. Obwohl der Schwerpunkt auf der tief transformativen, stillen buddhistischen Vipassana-Praxis und den Retreats liegt, wie im Schwesterzentrum, der Insight Meditation Society of Barre, MA (dharma. org), ist der Ansatz von Spirit Rock ökumenisch, mit Präsentationen und Programen, die von spirituellen Leitern vieler Traditionen angeboten werden. Zusätzlich zu den expliziten spirituellen Themen werden Programme in Bereichen wie Beziehungen und Familie, Gemeinschaft, Bewegung und Musik sowie der Natur angeboten. Es werden auch Online-Kurse angeboten.

1440 Multiversity (1440.org) wurde im Mai 2017 eröffnet und bietet Wochenend- und fünftägige Workshops und Schulungen auf dem hochmodernen, fünfundsiebzig Hektar großen Campus, der sich in den Redwoods von Scotts Valley, CA, zwischen Santa Cruz und San Jose befindet. Benannt von den Gründern Scott und Joanie Kriens nach der Anzahl der Minuten an einem Tag, ist es als ein schöner und nährender physischer Ort konzipiert, an dem Menschen aller Lebensbereiche in Gemeinschaft zusammenkommen können - um zu erforschen, zu lernen, zu reflektieren, zu verbinden und zu regenerieren. Es unterstützt die Integration der emotionalen, relationalen und spirituellen Dimensionen des Lebens von Menschen, um eine bessere Verbindung zwischen Menschen und sich selbst und anderen zu ermöglichen.

Das **Institute of Noetic Sciences** (noetic.org) wurde von Astronaut Edgar Mitchell gegründet, um die individuelle und kollektive Transformation durch Bewusstseinsforschung, transformatives Lernen und die Einbeziehung einer globalen Gemeinschaft bei der Realisierung des menschlichen Potenzials zu unterstützen. Es leitet, fördert und erweitert die Wissenschaft von der Ganzheit, die den Menschen verbindet, und erreicht neue Erkenntnisse über die Natur der Realität und unsere erweiterten Fähigkeiten. Es schafft auch Werkzeuge aus der Praxis, die es den Menschen ermöglichen, bewusstes Bewusstsein in ihrem persönlichen Leben sowie in den Bereichen Gesundheit, Bildung und Wirtschaft anzuwenden. Auf dem Petaluma, dem Campus der CA, und den jährlichen Konferenzen befindet sich eine Gemeinschaft von Entdeckern und Change Agents, die zusammenarbeiten, um in der Welt etwas zu bewirken. Ihr Ziel ist es, einen Bewusstseinswandel weltweit zu bewirken - wo die Menschen erkennen, dass sie alle Teil eines miteinander verbundenen Ganzen sind und inspiriert sind, Maßnahmen zu ergreifen, um der Menschheit und dem Planeten zum Gedeihen zu verhelfen.

Wisdom 2.0 (wisdom2conference.com) ist eine Veranstaltungsgesellschaft, die von Soren Gordhamer gegründet wurde, ebenfalls Autor eines gleichnamigen Buches. Sie stellt sich der großen Herausforderung, nicht nur durch Technologie miteinander verbunden zu leben, sondern dies auf eine Weise zu tun, die unserem eigenen Wohlbefinden zugute kommt, in unserer Arbeit wirksam ist und der Welt nützt. Die Leitveranstaltung zieht sehr bekannte Führungskräfte aus den führenden Unternehmen des Silicon Valley sowie Wissenschaftler und Meditationslehrer an. Sie findet jedes Jahr im Februar in der San Francisco Bay Area statt und bringt über 2.500 Menschen aus 24 Ländern zusammen, außerdem finden kleinere Treffen, Versammlungen und Retreats statt.

Die **Science and Nonduality Conference** (oder SAND, scienceand- nonduality.org) ist eine jährliche Konferenz, auf der sich führende Wissenschaftler, Philosophen und spirituelle Lehrer treffen, um ein neues Verständnis davon zu erforschen, wer der Mensch wirklich ist, sowohl als Individuum als auch als Gesellschaft. Sie veranstaltet jährliche Konferenzen, die Hunderte von führenden Denkern und Praktikern sowohl in der San Francisco Bay Area als auch in Europa anziehen, und sie sponsert auch kleinere Veranstaltungen.

Integral Transformative Practice International (itp-international. org), gegründet von George Leonard und Michael Murphy, dient als Drehscheibe für Kommunikation, Bildung und Forschung in Bezug auf integrale Praktiken mit Körper, Geist und Seele - und zur Schaffung einer Gesellschaft, die Liebe, tiefes Gefühl und Kreativität fördert. Laufende Programme und Kurse finden in Kalifornien und verschiedenen US-Städten statt.

Das **Mind and Life Institute** (mindandlife.org) beruft seit 1987 eine Reihe von Dialogen zwischen dem Dalai Lama und verschiedenen westlichen Wissenschaftlern über die Natur des Geistes, der Achtsamkeit und der Natur der Realität ein, wodurch ein großer Teil der einflussreichen Forschung entsteht, die Wissenschaft und kontemplative Praxis miteinander verbindet. Das Institut hat zahlreiche Programme ins Leben gerufen und fördert weiterhin Dialoge, Konferenzen und Symposien.

Das **Wellspring Institute for Neuroscience and Contemplative Wisdom** (wisebrain.org/wellspring-institute), dessen Vorstand ich bin, ist eine gemeinnützige Organisation, die kompetente Mittel zur Veränderung des Gehirns anbietet, die zu individuellen und globalen Veränderungen beitragen. Es nutzt Entdeckungen und Methoden, die dort gefunden wurden, wo sich Psychologie, Neurologie und kontemplative Praxis überschneiden. Es deckt ein breites Spektrum an Bedürfnissen ab und bietet ein Spektrum an Programmen und Dienstleistungen. Sie veröffentlicht das *The Wise Brain Bulletin* sechsmal im Jahr.

Non-lokale Praxisgemeinschaften

Sounds True (soundstrue.com) wurde 1985 von Tami Simon gegründet. Heute ist es ein Multimedia-Verlag mit einer Bibliothek von mehr als 1.500 Titeln mit einigen der führenden Lehrer und Visionäre unserer Zeit und einer ständig wachsenden Familie von Kunden aus der ganzen Welt, die sich manchmal in Online- und persönlichen Gemeindeveranstaltungen treffen. Sounds True existiert, um persönliche Transformation und spirituelles Erwachen zu inspirieren, zu unterstützen und zu dienen.

Das **Shift Network** (theshiftnetwork.com) wurde von Stephen Dinan gegründet und bietet transformative Bildungsprogramme mit über hundert Lehrern (einschließlich Terry Patten), die über hunderttausend Menschen ausgebildet und inspiriert haben, neue Ideen und Praktiken verbreiteten und Weltbürger miteinander verbanden, die aufgerufen wurden, eine bessere Welt in einem planetarischen Netzwerk zu schaffen. Es widmet sich der Unterstützung eines transformativen kulturellen Wandels durch Bildung, Lobbyarbeit, Aktivismus und Philanthropie.

Evolving Wisdom (evolvingwisdom.com) dient der Evolution von Bewusstsein und Kultur, indem es große, hochmoderne globale transformative Lerngemeinschaften aufbaut und pflegt, einschließlich großer Kurse, die von den Gründern Craig Hamilton (der International Integral Enlightenment Community of Direct Awakening) und Claire Zammit (der International Feminine Power Community) sowie Terry Patten, Jean Houston, Neale Donald Walsh, Lynne Twist und Ariel Ford gehalten werden.

Überparteiliche Initiativen

Während einige Versuche einer Transpartisanship in den USA (wie z.B. No Labels) bekannt sind, kommen eine Vielzahl von transpartisanen Initiativen auf vielen verschiedenen Gebieten voran.

- **Living Room Conversations** (livingroomconversations.org), gegründet von einem lebenslangen Demokraten und einem lebenslangen Republikaner, bietet bewährte Werkzeuge und Netzwerke für Menschen, die ehrliche, produktive Gespräche führen wollen, die sie mit Menschen über verschiedene soziale Grenzen hinweg verbinden. Die meisten dieser Gespräche knüpfen Verbindungen zwischen den Menschen auf zwei oder mehr Seiten der aktuellen Trennlinien der kulturellen Polarisierung Amerikas.
- **The Transpartisan Review** (transpartisanreview.com), herausgegeben von A. Lawrence Chickering und James S. Turner, ist ein kürzlich eröffnetes digitales Journal für Politik, Gesellschaft und Kultur. Es untersucht die scheinbare Auflösung der traditionellen politischen, sozialen und kulturellen Ordnung aus überparteilicher Sicht und betrachtet die tieferen sozialen und kulturellen Kräfte, die in unserem politischen System im Spiel sind.
- Das **Institute for Cultural Evolution** (ICE) (culturalevolution.org) ist der erste integrale Think Tank in den Vereinigten Staaten. Gegründet von den integralen Philosophen Steve McIntosh und Carter Phipps, sucht das ICE nach Wegen, wie sowohl die Linke als auch die Rechte den politischen Stillstand überwinden und eine Dialektik in Gang setzen können, die die destruktiven Sackgassen unserer Kulturkriege überwindet. ICE wird in Kapitel 8 ausführlich behandelt.
- Die **Bridge Alliance** (bridgealliance.us) ist eine vielfältige Koalition von mehr als achtzig zivilgesellschaftlichen Aktionsorganisationen, die sich für die Wiederbelebung des demokratischen

Prozesses in Amerika einsetzen. Es bietet Infrastruktur und Investitionen für seine Mitgliedsorganisationen, um Projekte zu vernetzen und an Projekten mitzuwirken, die weitere gemeinsame Ziele verfolgen, um gemeinsame Auswirkungen auf Wahlen, Regierungsführung, Politik und das bürgerliche Leben zu erzielen.

- **Undivide Us** und die Praxis des „**Undebate**" (univide-us. com) implementiert Wege zur Wiedervereinigung der Vereinigten Staaten durch eine leistungsstarke dialogbasierte, fünfstufige Methode (die „Undebate Methode" genannt) zur kollaborativen Problemlösung und durch die Bereitstellung eines Rahmens, der hilft, Vorurteile zu erkennen und Empathie zu kultivieren.

- **Civil Conversations** (civilconversationsproject.org) wurde von Podcasterin Krista Tippett erstellt, um „das gemeinsame Leben in einer zerbrochenen und zarten Welt zu erneuern". Sie führt öffentliche Gespräche und veröffentlicht einen Starterleitfaden für bessere Gespräche über Grenzen hinweg.

- **Converge** (convergeforimpact.com) hat die Schaffung von Kooperationen, Partnerschaften und Netzwerken mehrerer Interessengruppen in verschiedenen Bereichen wie Stadterneuerung, Gesundheitswesen und Umweltschutz vorangetrieben. Sie bringt ihre Erfahrung und Expertise in den Bereichen System- und Design-Denken sowie Organisations- und Netzwerkstrategie ein.

- **All Sides Now** (allsides.com) ist eine einzigartige Nachrichtenseite, die Berichte über aktuelle Ereignisse von links, rechts und in der Mitte anzeigt, um Menschen von Filterblasen zu befreien, damit sie die Welt und einander besser verstehen können. Sie verwendet multiparteiliche Technologien, die auf patentierten, mengengesteuerten Daten basieren. Gegründet von dem lebenslangen Republikaner John Gable, beabsichtigt sie, die Bedrohung der nationalen Sicherheit durch übermäßige Polarisierung zu verringern.

- **Better Angels** (better-angels.org) ist eine Bürgerbewegung, die darauf abzielt, die politische Polarisierung und den Stillstand in den USA zu reduzieren, indem sie Liberale und Konservative für Workshops und die Vermittlung von Fähigkeiten zur Überwindung der parteipolitischen Kluft zusammenbringt.

- **Village Square Conversations** (tlh.villagesquare.us) ist eine US-amerikanische gemeinnützige Mitgliedsorganisation, deren Mission es ist, einen dynamischen, konstruktiven zivilen Diskurs über die politischen Grenzen in der Heimatstadt, dem Bundesstaat und der Nation hinweg aufzubauen, den Geist des Rathauses in ganz Amerika wiederzubeleben und eine Debatte zu fördern, die sowohl energisch als auch zivil ist.

Zu den **internationalen transpartison Initiativen** gehören bekannte Initiativen wie **The Elders** (theelders.org), eine unabhängige Gruppe weltberühmter globaler Führer, die zusammenarbeiten, um die gemeinsamen Interessen der Menschheit zu fördern, und kleine kreative Initiativen wie **SimPol** (simpol.org), die die „gleichzeitige Umsetzung von Richtlinien" fördern, damit einzelne Nationen ihre Führungsqualitäten zum Ausdruck bringen und Dynamik bei der Lösung globaler Probleme entwickeln können. Sie ist in Kapitel 8 beschrieben.

Parteilicher politischer Aktivismus (USA)

Aus der sehr reichen und breiten Welt des progressiven Aktivismus, der sich mit Fragen der wirtschaftlichen, politischen, geschlechtsspezifischen und rassischen Gerechtigkeit befasst, liste ich hier nur sehr wenige, sehr allgemeine progressive Initiativen auf, darunter einige, die mit der Demokratischen Partei zusammenarbeiten. Es muss gesagt werden, dass es auch einen großen Bedarf an prinzipientreuen, verantwortungsbewussten konservativen Aktivisten gibt, um die aktuellen Pathologien der Republikanischen Partei zu reformieren und ihre Lebensfähigkeit zu verbessern.

In der Zwischenzeit arbeiten viele gute Menschen durch konservative Kirchen und Wohltätigkeitsorganisationen sowie durch innovative gemeinnützige Initiativen wie **Stand Together** (standtogether.org), die erfolgreiche Basisprogramme finden und ihnen helfen, sich zu entwickeln.

Einige Konservative arbeiten mit Menschen auf der linken Seite zusammen, um ehrliche Gespräche über Grenzen hinweg zu fördern, wie John Gable, Gründer von All Sides Now, der mit Joan Blades, Mitbegründerin von moveon.org, zusammenarbeitete, um Living Room Conversations zu erstellen.

- **The Indivisible Guide** (indivisibleguide.com/guide) enthält Schritt-für-Schritt-Anleitungen und Ratschläge zur Verwendung von Taktiken mit nachgewiesener Wirksamkeit, um einen fortschreitenden Wandel in der amerikanischen Politik zu bewirken. Der Leitfaden enthält Kapitel über die Lobbyarbeit an der Basis, wie Sie Ihre Kongressabgeordneten zum Zuhören und Handeln bringen können, wie Sie Ihre Mitwähler mobilisieren können und wie Sie sicherstellen können, dass Ihre Kongressabgeordneten für Sie sprechen.

- **Our Revolution** (ourrevolution.com), gegründet von Bernie Sanders, widmet sich der Arbeit innerhalb und um das gegenwärtige System herum, um eine große Anzahl von Individuen zu befähigen, das amerikanische politische System besser auf Arbeiterfamilien einzustellen. Seine drei erklärten Ziele sind die Revitalisierung der amerikanischen Demokratie, die Stärkung fortschrittlicher Führer und die Erhöhung des politischen Bewusstseins.

- Das **Action Network** (actionnetwork.org) ist eine gemeinnützige Organisation, die Online-Tools speziell für progressive Aktivisten zur Verfügung stellt - einschließlich Tools für Fundraising, Massenmailings, Zusammenarbeit mit anderen Personen/Organisationen, etc. Es ist für Gruppen jeder Größe konzipiert, mit passenden Preisstrukturen und kostenlosen, intuitiven Tools.

- **Represent Us** (represent.us) ist eine unparteiische Initiative, die sich auf die politische Korruption in den USA konzentriert. Sie arbeitet daran, den grundlegendsten Ausdruck der Fragmentierung in der Politik zu bekämpfen und aufzudecken und schafft so einen Boden für die Wiederherstellung der Ganzheit. Unzählige Bewegungen in anderen Ländern konzentrieren sich auf die Bekämpfung der Korruption auf der ganzen Welt.

Unsere Geschichten entdecken

Das in Kapitel 7 beschriebene Projekt **Great Transition Stories** beabsichtigt, die großen, einfachen, emotional starken Geschichten zu sammeln, zu verstehen und zu teilen, die unsere menschliche Reise beschreiben und höhere menschliche Potentiale von uns anrufen. Dieses Projekt wurde von Duane Elgin (duaneelgin.com) in Zusammenarbeit mit Lynnaea Lumbard (newstories. org) und Jeff Vander Clute konzipiert und geleitet. Sie werden am vollständigsten im Great Transition Stories Wiki (greattransitionstories.org) ausgedrückt.

Mythopoetic Storytelling ist ein Katalysator, um sich unserer Welt zu stellen, und mehrere Ressourcen zur Kontaktaufnahme mit alten und neuen Geschichten sind es wert, geteilt zu werden. Die **Mosaic Multicultural Foundation** (mosaicvoices.org) wurde von Geschichtenerzähler, Autor und Wissenschaftler der Mythologie, Anthropologie und Psychologie **Michael Meade** gegründet, dessen Bücher, Blogbeiträge und Podcasts hypnotisches Geschichtenerzählen und straßenkundiges Wahrnehmen kombinieren und mit den Geschichten verbinden, die wir heute leben. **Martin Shaw** (drmartinshaw. com) - Gründer der **Westcountry School of Myth** (schoolofmyth. com) - ist ein Mythologe, Autor und „einer der größten Geschichtenerzähler, die wir haben", so Robert Bly. Er reanimiert alte Märchen wie das in Kapitel 7 erzählte Märchen von der Braut des Lindwurms und liefert sie als Einleitung zur Bewältigung der mysteriösen Herausforderungen unserer Zeit.

Die Great Mother and New Father Conference (greatmotherconference.org) wurde 1975 von Robert Bly begonnen. Auf der Website steht: „Story hat die Möglichkeit, über die Woche hinweg in das Nervensystem der gesamten Konferenz einzudringen. Es bürstet die Ellbogen mit Ritualen, beeinflusst die Nahrung, die wir essen, und wenn wir sie essen, unterstützt es die Arbeit der Poesie, des Aktivismus und der Kunst....". Das **Dark Mountain Project** (dark-mountain.net) ist „ein Netzwerk von Schriftstellern, Künstlern und Denkern, die aufgehört haben, an die Geschichten zu glauben, die unsere Zivilisation sich selbst erzählt". Sie fühlen, dass die Welt in ein Zeitalter des ökologischen Zusammenbruchs, der Zusammenziehung, der sozialen und politischen Entflechtung eintritt, und sie wollen, dass ihre kulturellen Reaktionen eine entscheidende Rolle bei der Auseinandersetzung mit dieser Realität spielen, anstatt sie zu leugnen. Das Dark Mountain Manifest veröffentlicht regelmäßig Anthologien von „unzivilisierten" Schriften in sorgfältig gestalteten, dreihundertseitigen Hardcover-Büchern, die radikale Essays, Fiktion, Sachbücher, Gedichte, Kunst und „und verschiedene unkategorisierbare Dinge" präsentieren.

Unsere ökologische Situation verstehen - der Dunkelheit ins Auge sehen

Meine Leugnung unserer ökologischen Situation wurde durchbrochen, als ich die Beweise überprüfte, wie sie vor allem von Klimawissenschaftlern wie James Hansen, Michael Mann und Kevin Anderson sowie von Fachjournalisten wie Bill McKibben und Katherine Kolbert interpretiert wurden. Und meine Nüchternheit wurde durch ein tiefes Studium der intelligenten Gespräche unter Ökologen vertieft, die aktuelle Trends vorausgesagt und zu dem Schluss gekommen sind, dass es zu spät ist, Katastrophen auf Zivilisationsebene abzuwenden. Obwohl ich ihre Gewissheit des Zusammenbruchs nicht teile, kann man dem Denizismus entkommen und Gravitas gewinnen, indem man offen, ehrlich und sorgfältig auf ihre Perspektiven hört.

- Meine Freunde **Michael Dowd und Connie Barlow** (thegreatstory.org) haben ihr konventionelles Leben verlassen und sich vor fast einem Jahrzehnt in einem Leben der evolutionären Evangelisation zusammengeschlossen. Seitdem durchqueren sie Amerika in ihrem Van und konzentrieren sich in letzter Zeit ausschließlich auf unsere Klimakrise. Ihre **Deep Sustainability**-Webseite (thegreatstory.org/sustainability-audios.html) enthält Links zu Artikeln und Büchern sowie eine umfangreiche Bibliothek mit Audiodateien von Michael, die Dutzende von Büchern (von Autoren wie William Catton über Richard Heinberg bis John Michael Greer) enthält, die die unerbittliche Natur der biologischen und geologischen Grenzen der Erde erklären und erkunden. Es ist ihre Erwartung, dass wir in eine postindustrielle „öko-technische" Zukunft eintreten, die wissenschaftliches Wissen bewahrt, aber in vielerlei Hinsicht der prendustrialen Vergangenheit ähnelt. Michael war der Virgil, der meinen Abstieg in die Besorgnis über die Ungeheuerlichkeit und Widerspenstigkeit unserer ökologischen Situation begleitet hat.

- **Carolyn Baker** (carolynbaker.net) ist eine Psychologin, Futuristin, Gemeinschaftsorganisatorin und Umweltaktivistin, die vor einigen Jahren zu dem Schluss kam, dass die industrielle Zivilisation bereits im Begriff ist, zusammenzubrechen, und versuchte, Menschen zu helfen, die enorme psychologische und spirituelle Anpassung an diese Realität zu bewältigen. Mit ihren Webinaren, Podcasts, Live-Workshops, Büchern und Artikeln sowie individuellem Life Coaching schafft Carolyn „Inseln der Vernunft" unter den Menschen, die sich auf die schrecklichen Folgen des Zusammenbruchs der industriellen Zivilisation und des abrupten Klimawandels vorbereiten. Sie veröffentlicht auch einen umfassenden Daily News Digest.

- **John Michael Greer** (ecosophia.net) gilt als Archdruide zweier amerikanischer Druidenorganisationen und war lange Zeit Autor des weit verbreiteten wöchentlichen Blogs **The Archdruid Report** sowie von mehr als dreißig Büchern über eine breite Palette von Themen, darunter Spitzenöl und die Zukunft der Industriegesellschaft. Er verspottet den Techno-Optimismus, in seinen Büchern *The Ecotechnic Future* und *A Dark Age America,* und er empfiehlt uns, jetzt zusammenzubrechen und den Ansturm zu vermeiden.

- Der radikale Umweltschützer **Derrick Jensen** (derrickjensen.org) ist Mitautor von *Deep Green Resistance und Autor von Endgame, The Culture of Make Believe, A Language Older than Words* und vielen anderen Büchern. Als wissenschaftlicher, seelenvoller Visionär und radikaler Aktivist, der sich der „nichtmenschlichen Welt" verschrieben hat, setzt er sich für radikale und vor allem (aber nicht absolut) gewaltfreie direkte Aktionen ein.

- Ich beende diesen Abschnitt mit einer viel hoffnungsvolleren Note mit der **Inspiring Transition Initiative** (inspiringtransition.net), einer offenen Gemeinschaft, die die grimmige Schwere unserer globalen ökologischen Notlage und die Notwendigkeit eines systematischen Wandels zum Übergang zu einer lebenserhaltenden Gesellschaft anerkennt. Der Convener Andrew Gaines und seine Freunde haben jedoch definitiv nicht aufgegeben, und sie arbeiten daran, andere dazu zu befähigen, „Bürgerpädagogen" zu werden, aber nicht mit einer zentralisierten Richtung. Ihre Website bietet gebrauchsfertige Tools, darunter Muster-E-Mails, Guerilla-Marketing, Präsentationen, Workshops und gezielte „Küchentischgespräche".

Gemeinschaften der spirituellen Praxis und der inneren Arbeit

„Übungsgemeinschaften" stehen im Mittelpunkt der Vision dieses Buches. Damit diese Gemeinschaften einen kritischen sozialen Unterschied machen können, müssen sie neue, höhere Lebens- und Verhaltensweisen verkörpern, und das erfordert eine tiefgreifende transformative Praxis. Die Mehrheit der engagiertesten Gemeinschaftsbeziehungen der Praxis sind spirituelle Gemeinschaften. Und wenn wir neue Formen der Praxis annehmen, werden unsere Experimente notwendigerweise auf diesem Erbe aufbauen.

Dies sind in erster Linie buddhistische, hinduistische, christliche und evolutionäre Praxisgemeinschaften, aber nützliche Ressourcen umfassen auch jüdische und islamische Gemeinschaften sowie solche einer und aller und keiner Religionen. Es gibt immer mehr authentische Lehrer und Schulen des „direkten Erwachens" und des engagierten persönlichen Wachstums und der Entwicklung. Es gibt auch eine wachsende Bewegung der „Interspiritualität", nicht nur als Philosophie, sondern auch als gelebte Erfahrung. In Kirchen, Synagogen, Studiengruppen, Ashrams, Sanghas, Schulen und Seminaren finden wir viele unserer reichsten aktuellen Praxisgemeinschaften.

Hier habe ich Platz, um nur einige der Praxisgemeinschaften zu nennen, die mir persönlich gedient haben. Jedes davon ist natürlich unvollkommen, aber dennoch authentisch mit etwas Unvollkommenem verbunden. Ich erwähne sie hier, weil ich glaube, dass sie aufrichtig versuchen, echte Praxis und Transformation zu betreiben. Da ich diese Diskussion auf Gemeinschaften und Lehrer beschränke, die ich persönlich erlebt habe, sollte sie nicht als etwas anderes betrachtet werden als mein eigenes Teilen dessen, was ich kenne und wovon ich profitiert habe. So produziere ich in diesem Unterabschnitt (im Gegensatz zu anderen Unterabschnitten dieses Ressourcenabschnitts) keine Liste spezifischer Ressourcen als solche (das gesamte Universum der spirituellen Übungsgemeinschaften ist zu umfangreich), sondern deute nur auf einige der Arten von nützlichen verfügbaren Ressourcen hin.

Ich bin in der **York Center Community Co-operative** aufgewachsen, einer absichtlichen interrassischen Gemeinschaft, die von Mitgliedern der Church of the Brethren (einer der drei amerikanischen Friedenskirchen) als „Zeugnis für Frieden und Brüderlichkeit" gegründet wurde. Es war eine wunderbare Gemeinschaft, in der ich aufwachsen konnte, wo ich von vielen erwachsenen Führern und Aktivisten für Frieden und Gerechtigkeit großzügig betreut wurde.

Dennoch musste ich tief in die ernsthafte spirituelle Praxis einsteigen, um die Erweckungen im Bewusstsein zu erfahren, die in diesem Buch zum Ausdruck kommen. Auf der ganzen Welt praktizieren Menschen in ihren ausgewählten spirituellen Gemeinschaften und durchlaufen Transformationen, die Aspekte der neuen Republik des Herzens zum Ausdruck bringen, die ich hier beschreibe. Dynamische Praxisgemeinschaften entstehen auch in der Umgebung von Schulen, die transformative Psychotherapie, Coaching, Führung und Organisationsentwicklung unterrichten.

Ich praktiziere im *internationalen integralen evolutionären* Ökosystem, lehre, lerne und teile die Gemeinschaft mit vielen der intelligentesten und innovativsten Denker, die ich kenne. Es ist keine strukturierte Praxisgemeinschaft, und doch bietet sie einen Rahmen für ein enormes persönliches Wachstum.

In den letzten vier Jahren habe ich meinem Freund Thomas Hübl geholfen, eine dynamische internationale Gemeinschaft von Praxis und Forschung aufzubauen und zu wachsen, die in spiritueller und intuitiver Kompetenz und Führung wächst (thomashueblonline.com).

Ich bin gelegentlich Teilnehmer am **Two Arrows Zen** (twoarrowszen.org) Sangha unter der Leitung meiner lieben Freunde Senseis Diane Musho Hamilton und Michael Mugaku Zimmerman.

Ich habe auch enorm von der Meditationsunterweisung von Daniel P. Brown und dem **Great Pointing Out Way of Indo-Tibetan Buddhism** (pointingoutway.org) profitiert.

Ich habe von der tiefen Verwandtschaft und der dankbaren spirituellen Gemeinschaft mit Candice O'Denver und ihrer **Balanced View** (balanced-view.org) Lehre von „kurzen Momenten offener Intelligenz, die sich so oft wiederholt, bis der Nutzen jederzeit allgegenwärtig ist" profitiert und fühle.

Saniel Bonder ist einer meiner ältesten Freunde, und seine **Waking Down Community** ist Teil meiner großen spirituellen Familie. Seine Arbeit findet sich unter sanielandlinda.com; die von ihm inspirierte Community hat sich weiterentwickelt, aber ich fühle mich immer noch der **Trillium Awakening Community** (trilliumawakening.org) nahe, die früher die Waking Down Teachers Association hieß.

Ich profitiere auch von der spirituellen Gemeinschaft vieler Lehrer des **Spirit Rock Center** (spiritrock.org) hier in meiner lokalen Gemeinschaft, darunter Rick Hanson (rickhanson.net), James Baraz (awakeningjoy.com), Debra Chamberlin-Taylor, George Taylor, Wes Nisker (wesnisker.com) und Jack Kornfield (jackkornfield.com). Ich bin auch gesegnet, mit vielen Lehrern und Schülern in der von A.H. Almaas (diamondapproach.org) gegründeten Diamond Heart Arbeit zu üben und von ihnen zu lernen.

Gangaji (gangaji.org), der aus der Tradition des nondualen Vedanta stammt, war zu einem entscheidenden Zeitpunkt in meiner Sadhana ein wichtiger Begleiter, und ich werde immer dankbar sein für ihre Klarheit und Güte.

Die lebendige Erde und besondere natürliche Orte geben mir eine wesentliche heilige Gemeinschaft und Führung. Der Ökopsychologe Bill Plotkin, der Autor von Soulcraft, hat geholfen, diese Beziehung zu klären und zu vertiefen. Das von ihm gegründete **Animas Valley Institute** (animas.org) bietet naturnahe Reisen zur Seeleninitiierung, die visionäre Führung für die kulturelle Erneuerung ermöglichen.

Nun, da ich lehre, nimmt ein Großteil meiner Praxis die Form an, eine universelle integrale Praxis mit meinen eigenen Schülern und mit den größeren Gemeinschaften von Evolutionären, die in meinen Beiträgen Wert finden, zu betreiben.

Aber ich schöpfe weiterhin tief aus meiner spirituellen „Herkunftsfamilie" - der Sangha, die sich um die unvergleichlich starken Lehren und die spirituelle Übertragung von **Adi Da Samraj** entwickelte. Ich fand meinen Weg zu ihm, als ich 22 Jahre alt war und lebte in der Praxis in seinem Ashram, bis ich 37 Jahre alt war (von 1973 bis 1988), und mein Leben wird für immer auf dem wesentlichen „Weg des Herzens" basieren, den er in diesen Jahren kommunizierte. Seine brillanten Lehren und seine einzigartig kraftvolle, kompromisslose, helle spirituelle Übertragung haben unendliche wundersame Initiationsgeschenke und eine spirituelle Ausbildung gegeben, für die ich immer dankbar sein werde. Er war ein berühmt trotziger und schwieriger Mann, und die Zusammenkunft seiner Anhänger altert, und doch können diejenigen, die seine Weisheitsübertragung tief und weise trinken, eine äußerst starke Dosis göttlichen Bewusstseins und göttlicher Liebe erhalten. Viele Videos von ihm gibt es auf YouTube. Meine Lieblingsseiten sind beezone.com und adidaupclose.com; seine offizielle institutionelle Website ist adidam.org.

ANMERKUNGEN

1. Paul Hawken, Hrsg., Drawdown: The Most Comprehensive Plan Everposed to Reverse Global Warming (New York: Penguin Books, 2017).
2. Malcolm Gladwell, The Tipping Point: How Little Things Can Make a Big Difference (New York: Little, Brown & Co., 2000), 12.
3. Johan Rockstrom et al, „A Safe Operating Space for Humanity", Nature 461 (24. September 2009), 472-75. (Link unter www.nature.com/news/specials/planeteryboundaries/index.html#.feature.)
4. Geoffrey West, Scale: The Universal Laws of Growth, Innovation, Sustainability, and the Pace of Life in Organisms, Cities, Economies, and Companies (New York: Penguin Press, 2017), 426.
5. Peter Russell, „Blind Spot: The Unforeseen End of Accelerating Change", www.peterrussell.com/blindspot/blindspot.php (last revised June 29, 2017).

6 Ilya Prigogine, Brief an Bertrand Schneider (ursprünglich veröffentlicht im Rahmen des Weltsymposiums für Netzwerkmedien, 1. bis 5. März 1999, Poitiers, Frankreich - organisiert von der UNESCO und der Stiftung des Club of Rome), erster Montag, 4. August, Nr. 8 (2. August 1999); Zeitschriften.uic.edu/ojs/index.php/fm/article/view/687/597.

7 National Academy of Science, National Academy of Engineering, and Institute of Medicine, Population Summit of the World's Scientific Academies (Washington, DC: National Academy of Sciences Press, 1993), 13.

8 Jeffrey Conklin, Dialogue Mapping: Building Shared Understanding of Wicked Problems (Chichester, England: Wiley Publishing, 2006).

9 Alan Watkins und Ken Wilber, Wicked and Wise: How to Solve the World's Toughest Problems (Chatham, Kent, England: Urbane Publications, 2015).

10 Kelly Levin, Benjamin Cashore, Steven Bernstein und Graeme Auld, „Overcoming the Tragedy of Super Wicked Problems: Constraining Our Future Selves to Ameliorate Global Climate Change," Policy Sciences 45, May 2012, 123–52.

11 Ebd.

12 Nassim Nicholas Taleb, The Black Swan: The Impact of the Highly Improbable (New York: Random House, 2006).

13 Ebd., 8.

14 Siehe Horst W. J. Rittel und Melvin M. Webber, „Dilemmas in a General Theory of Planning," Policy Sciences 4 (1973): 155–69.

15 Geoffrey West, Scale (siehe vollständiges Zitat oben).

16 Charles T. Tart, Waking Up: Overcoming the Obstacles to Human Potential (Boston: Shambhala, 1986). „Konsens-Trance" wird in Kapitel 10 und an anderer Stelle ausführlich diskutiert. „Konsens-Trance" ist auf den Seiten 85-86 definiert und wird in Kapitel 10 und an anderer Stelle ausführlich diskutiert.

17 Chuang Tzu, „Discussion on Making All Things Equal", in Burton Watson, trans., Chuang Tzu (New York: Columbia University Press, 1996), 43.

18 Siehe James Hillman, The Force of Character: And the Lasting Life (New York: Random House/Ballantine, 1999).

19 George Leonard, Mastery: The Keys to Success and Long-Term Fulfillment (New York: Dutton, 1992), 27ff.

20 Howard Gardner, Extraordinary Minds: Portraits of Four Exceptional Individ- uals and an Examination of our Own Extraordinariness (New York: Perseus/ BasicBooks, 1997), 117.

21 https://w2.vatican.va/content/francesco/en/homilies/2013/documents/papa-francesco_20130319_omelia-inizio-pontificato.html

22 Marianne Williamson Vortrag, „Spirituelle Politik", http://interspirit.net/spirit/spirit.cfm?ref=100373 (abgerufen am 3. Dezember 2015).

23 Diese Formulierung für Ganzheit wurde erstmals von Nikolaus von Kusa in seinem klassischen Werk De Docta Ignorantia aus dem Jahr 1440 verwendet.

24 Holmes Rolston III, Three Big Bangs: Matter-Energy, Life, Mind (New York: Columbia University Press, 2010). Siehe Referenzen im gesamten Buch.

25 Wilber folgt Arthur Koestler und unterscheidet zwischen einer Hierarchie und einer Holarchie. Während die Hierarchie per Definition oben und unten absolut ist, beschreibt eine Holarchie die dynamischen Beziehungen zwischen Holons, die sowohl Ganzheiten als auch Teile sind. So gibt es in einer Holarchie keine endgültigen oberen oder unteren oder gar normativen (besser/schlechteren) Beziehungen zwischen den Ebenen.

26 Siehe Ken Wilber, Sex, Ecology, Spirituality (Boston: Shambhala, 1995).

27 Für eine kompakte Zusammenfassung der AQAL-Theorie siehe Kapitel 5 (Seiten 67-125) von Ken Wilber, Terry Patten, Adam Leonard und Marco Morelli, Integral Life Practice: A 21st-Century Blueprint for Physical Health, Emotional Balance, Mental Clarity, and Spiritual Awakening (Boston: Integral Books, 2008).

28 Integral Ecology: Uniting Multiple Perspectives on the Natural World, von Sean Esbjörn-Hargens und Michael E. Zimmerman (Boston: Integral Books, 2009) führt eine strenge und offensichtliche integrale Studie über eine enorme Bandbreite unterschiedlicher Ansätze zum Verständnis von Ökologie durch und zeigt auf, was jede Perspektive offenbart. Die Autoren stehen für einen radikalen ökologischen Ansatz, befürworten ihn aber nicht.

29 Wissenschaftler des Social Cognitive Networks Academic Research Center (SCNARC) am Rensselaer Polytechnischen Institut führten diese Forschung durch, beschrieben unter: https://phys.org/news/2011-07-minority-scientists-ideas.html.

30 Donald O. Hebb, The Organization of Behavior (New York: Wiley & Sons, 1949).

31 Pierre Teilhard de Chardin, Toward the Future (Boston: Mariner Books, 2002), 86-87. Geschrieben 1934.

32 Integral Life Practice wurde in der obigen AQAL-Notiz vollständig erwähnt.

33 Michael P. Mrazek, Benjamin W. Mooneyham, Kaita L. Mrazek und Jonathan W. Schooler, "Pushing the Limits: Cognitive, Affective, and Neural Plasticity Revealed by an Intensive Multifaceted Intervention," March 18, 2016, http://journal.frontiersin.org/article/10.3389/fnhum.2016.00117/full. Cognitive, affektive und neuronale Plastizität, die durch eine intensive, vielschichtige Intervention enthüllt wird„, 18. März 2016, http://journal.frontiersin.org/article/10.3389/fnhum.2016.00117/full., 18. März 2016.

34 Werner H. Erhard und Michael C. Jensen, „The Four Ways of Being that Create the Foundation for Great Leadership, a Great Organization, and a Great Personal Life", 22. November 2013, Harvard Business School NOM Unit Working Paper No. 14-027; Barbados Group Working Paper No. 13-03. (Harvard Business School Negotiation, Organizations and Markets Unit Research Paper Series.)

35 Chris Argyris, „Teaching Smart People How to Learn", Harvard Business Review (1991), 99-109.

36 Erhard und Jensen, „Four Ways of Being " (siehe oben).

37 Terry Patten, „Integral Soul Work: The Integral Marriage of Spirit, Soul, and Social Activism", Journal of Integral Theory and Practice 10, no. 1 (June 2015), 134-45.

38 Purpose Guides Institute, „What Scientific Studies Show Purpose Gives You", www.purposeguides.org/discover-your-purpose/.

39 Wenn diese transparente Klarheit blüht und sich stabilisiert, ist es oft offensichtlich, dass nur sehr wenige andere diese Freiheit erfahren haben. Es gibt einen offensichtlichen und enormen Unterschied zwischen dem Freien (ich) und dem Unfreien (fast alle anderen). Und viele Schulen und Traditionen des Erwachens erkennen diesen Unterschied im Bewusstsein an, indem sie ehrenvolle Titel und differenzierte

Rollen in den Hierarchien der Reife vergeben (die oft von Praktiken und Verantwortlichkeiten begleitet werden, die diejenigen, die erwacht sind und denen, denen sie dienen). Außerhalb solcher Traditionen identifizieren sich diejenigen, die spontan erwachen, an dieser Stelle oft als „erleuchtet". Und diese Identifikation ist meist eine subtile Form der egoistischen Täuschung und macht Menschen, zumindest vorübergehend, geistig arrogant und immun gegen Rückkopplungen. Aber der Stoß der transzendentalen Spiritualität liefert letztendlich eine Verwirklichung von Ganzheit und Einheit und weckt dich zu der Tatsache auf, dass es in diesem Leben nicht in erster Linie um „dich", „deine Erleuchtung" oder irgendeine Art der persönlichen Erfüllung eines menschlichen Individuums geht und gehen könnte.

40 Beschrieben in einem unveröffentlichten Vortrag von Adi Da Samraj im Mountain of Attention Sanctuary (Lake County, Kalifornien), 14. August 1979.

41 Dieser Bericht stammt aus einem Interview mit Duane Elgin von Elizabeth Debold für das evolve magazin, einer deutschsprachigen Quartalszeitschrift, Mai 2015.

42 Siehe www.greattransitionstories.org/wiki/Main_Page, ein Projekt von Duane Elgin, Lynnaea Lumbard und Jeff Vander Clute.

43 Als ich sechs Jahre alt war, zogen meine Eltern unsere Familie von Chicago in die York Center Community Co-operative, ein 70 Morgen großes Maisfeld, das von Mitgliedern der nahegelegenen Church of the Brethren (einer der drei amerikanischen Friedenskirchen) gekauft und als „Zeugnis für Frieden und Brüderlichkeit" in eine kooperativ organisierte interrassische Gemeinschaft umgewandelt wurde. Dort wurde ich von meinen „Tanten und Onkeln" großzügig betreut - eine abwechslungsreiche Mischung aus Individuen, darunter Kriegsdienstverweigerer, Japaner, die während des Zweiten Weltkriegs interniert worden waren, Bürgerrechtsführer, Arbeitsorganisatoren und politische Aktivisten im System.

44 Michael Meade, The Genius Mythos (Seattle: Greenfire Press, 2016). Quelle basierend auf meiner Korrespondenz mit dem Autor.

45 Daniel Pellerin Übersetzung von „Schopenhauer as Educator" - Auszug aus Maria Popovas Brainpickings-Seite: www.brainpickings.org/2015/0/30/nietzsche-find-yourself-schopenhauer-as-educator/.

46 Siehe Joanne Hunt, „Transcending and Including Our Current Way of Being: An Introduction to Integral Coaching," Journal of Integral Theory and Practice 4, no. 1 (2009), 1–20.

47 Siehe https://pocketproject.org.

48 Sam Keen, Einführung in die Ausgabe 1973 von Ernest Becker, The Denial of Death (New York: The Free Press, 1973), xiii.

49 „Answering the Call of the Myzelium Warrior," March 8, 2016, http:// fantasticfungi.com/Myzelium-warrior (accessed May 1, 2017).

50 ebd.

51 Siehe http://arts.brookes.ac.uk/staff/shelleysacks.html.

52 Vimala Thakar, The Mystery of Silence(Holland: The Vimala Thakar Foundation, 1977).

53 Charles Eisenstein, „The Election: Of Hate, Grief, and a New Story," November 10, 2016 blog entry, https://charleseisenstein.net/essays

49 „Dem Ruf des Myzelkriegers folgend", 8. März 2016, http://fantasticfungi.com/Myzelkrieger (Zugriff am 1. Mai 2017).

50 ebd.

51 Siehe http://arts.brookes.ac.uk/staff/shelleysacks.html.

52 Vimala Thakar, Das Geheimnis des Schweigens (Holland: The Vimala Thakar Foundation, 1977).

53 Charles Eisenstein, „Die Wahl: Von Hass, Trauer und einer neuen Geschichte", 10. November 2016 Blog-Eintrag, https://charleseisenstein.net/essays/hategriefandanewstory.

54 Adi Da Samraj, Not-Two Is Peace, 3rd ed. (Middletown, CA: The Dawn). Horse Press, 2009).

55 Paul Hawken, Blessed Unrest: How the Largest Social Movement in History Is Restoring Grace, Justice, and Beauty to the World (New York: Penguin, 2007),

56 John Kania und Mark Kramer, „Collective Impact," Stanford Social Innovation Review, Winter 2011, https://ssir.org/articles/entry/collective_impact.

57 Ebd.

58 A. Lawrence Chickering und James S. Turner, Voice of the People: The Transpartisan Imperative in American Life (Goleta, CA: da Vinci Press, 2008).

59 Wie bereits im vorherigen Kapitel erwähnt, haben Stämme, ethnische Gruppen, Glaubensrichtungen, Rassen und Nationen Innenräume und gemeinsame „Seelen". Die Seelen der Nationen und Völker sind wesentliche Dimensionen des menschlichen Charakters. Die jüngsten Ereignisse machen deutlich, dass sie sich gewaltsam der Homogenisierung in eine einzige Weltkultur widersetzen werden. Und doch leben wir auf einem einzigen Globus zusammen, und viele von uns haben den Sinn für unsere ursprünglichen Stammesidentitäten verloren und werden zu Weltbürgern. Wir sind im Grunde genommen Mitglieder eines oder mehrerer neuer globaler Stämme. Andere von uns sind Doppelbürger, sowohl unserer globalen als auch unserer ursprünglichen Stämme. Die Polarität zwischen Nationalismus und Globalismus ist komplex - etwas, das wir alle gerade erst anfangen zu lernen, zu navigieren.

60 Integrale Politik ist international und vielfältig. Obwohl sich diese Diskussion auf universelle Prinzipien bezieht, sind ich und die meisten meiner Leser am tiefsten mit der US-Politik vertraut, und viele Hinweise hier beziehen sich auf die besondere politische Dynamik der USA. Diese Hinweise sind auch deshalb angebracht, weil die USA die politisch mächtigste und folgerichtigste Nation der Welt sind.

61 John T. Kesler, A Call for an Integral Political Movement (2017) - aus meiner Review eines Vorveröffentlichungsentwurfs. Siehe auch Teil Eins dieser Arbeit, "Why Maturity Mat-

ters in Our Political Leadership,", veröffentlicht auf Keslers Website unter https://johnkesler.com/why-maturity-matters.

62 Siehe Robb Smith, „Inside the Great Release" (31. August 2017), http:// integrallife.com; und „The Great Divide" (11. August 2016) und „Thriving in the Transformational Era" (11. März 2016) auf Robb Smith's Website www.robbsmith.com (zu der viele seiner Blogposts gehören).

63 Siehe Jonathan Haidt, The Righteous Mind: Why Good People Are Divided by Politics and Religion (New York: Random House, 2012).

64 Ken Wilber, Trump and a Post-Truth World (Boston: Shambhala, 2017).

65 Siehe Chickering und Turner, Voice of the People.

66 www.transpartisanreview.com

67 www.bridgealliance.us

68 David Brooks, „Startling Adult Friendships", 18. September 2014, www.nytimes.com/2014/09/19/opinion/david-brooks-there-are-social-and-political-benefits-to-having-friends.html.

69 Steve McIntosh, "Why Centrism Fails and How We Can Better Achieve Political Cooperation" (The Institute for Cultural Evolution, July 2016), www.culturalevolution.org/docs/ICE-Why-Centrism-Fails.pdf (retrieved April 3, 2017).

70 Ebd.

71 Andrew Harvey, The Hope: A Guide to Sacred Activism (Carlsbad, CA: Hay House, 2009), 125.

72 Es gibt tiefes Glück im Engagement, so dass wir uns nicht von der Wahrheit trennen müssen, auf die Campbell verweist.

73 David Bohm schlug vor, dass die Krise der Welt am besten durch einen tiefen, offenen Dialog angegangen werden könnte, der die begrenzenden Denkstrukturen, die sie hervorbrachten, befreien könnte; er schlug einige grundlegende Praktiken vor und nahm eine Reihe von öffentlichen Dialogen mit Jiddu Krishnamurti auf, wodurch der „bohmische Dialog" entstand.

74 Siehe Terry Patten, „Why 'We' Matters: Transformational Potentials of Evolutionary Subjectivity." In O. Gunnlaugson

and M. Brabant, eds., Cohering the Integral We Space: Engaging Collective Emergence, Wisdom and Healing in Groups (Occidental, CA: Integral Publishing House, 2016).

75 Das Technium („Scenius, oder Communal Genius") auf der Website von Kevin Kelley: http://kk.org/thetechnium/scenius-or-comm (Zugriff am 3. Mai 2017).

76 Ebd.

77 Die frühesten We-Space-Experimente fanden um Ken Wilber statt, der einen ganzen Quadranten (unten links) der intersubjektiven Praxis zuordnen konnte, und schuf Seminare des Integralen Instituts, in denen regelmäßig höhere intersubjektive Räume einberufen und moderiert wurden, insbesondere durch Genpo Roshis „Big Mind"-Prozess, wie er ihn und Diane Musho Hamilton vermittelt haben. Einige wichtige Frühwerke zum kollektiven Erwachen stammen aus der von Andrew Cohen gegründeten spirituellen Gemeinschaft Enlighten-Next und haben nach dem Untergang der Gemeinschaft durch die Arbeit von Craig Hamilton, Jeff Carreira, Thomas Steininger und Elizabeth Debold spannende Ableger hervorgebracht. Olen Gunnlaugson brachte methodische Klarheit und Selbstbewusstsein in die Tatsache, dass sich ein ganzes Feld herausbildet, das aus früheren Dialogpraktiken, insbesondere von Francisco Varela und Otto Scharmer, stammt. Dieses größere Experiment verbreitete sich über den gesamten integralen evolutionären Mainstream hinweg über integrale Konferenzen, sowohl theoretische als auch praxisorientierte. Dann zogen Decker Cunov und eine ganze Gemeinschaft, die sich dem „Circling" (einer dynamischen, offenen, intersubjektiven Praxis) widmet, eine ganze Generation von integralen Praktizierenden an. Robert MacNaughton baute im Jeff Salzman's Boulder Integral Center, wo er zusammen mit Diane Hamilton und mir „The Integral Living Room" in einem Forum anbietet, in dem die Menschen „die besten Gespräche unseres Lebens" führen. Der spirituelle Lehrer Thomas Hübl lehrte die Menschen, auf subtile Informationsfelder zuzugreifen, eine transparente Kommunikation

zu betreiben und ein neues „Wir" zu schaffen. Patricia Albere entwickelte das Evolutionäre Kollektiv, das langfristiges Engagement und Gemeinschaft beinhaltete. Dustin Diperna, Christina Vickory und andere entwickelten die WE Practice. Sean Wilkinson, John Thompson, Jordan Allen und Philip Watson verbreiten und entwickeln das Circling nun in Europa und Lateinamerika. Ich habe mit den meisten dieser Menschen gearbeitet und originelle Experimente in integraler rhetorischer Praxis und Seelenarbeit durchgeführt. Diese Liste lässt zweifellos viele wichtige zusätzliche Experimente aus. Michael Brabant und Olen Gunnlaugson haben gemeinsam Cohering the Integral We Space herausgegeben, eine Anthologie von Schriften, die verschiedene Schulen zum Ausdruck bringen, und eine Online-Community zur Erforschung des Feldes einberufen. Es wurden Konferenzen sowohl in den USA als auch in Europa abgehalten.

78 Bill Kauth und Zoe Alowan, We Need Each Other: Building Gift Community (Ashland, OR: Silver Light Publications, 2011).

79 Terry Patten, „Enacting an Integral Revolution: How Can We Have Truly Radical Conversations in a Time of Global Crisis?" Journal of Integral Theory and Practice 8, nos. 3 and 4 (December 2013).

80 Der frühere Name ihrer intersubjektiven Praxis war „Evolutionärer Dialog".

81 Thomas Steininger und Elizabeth Debold, "Emerge Dialogue Process: The Intersection of the Higher We and Dialogue Process," in Olen Gunnlaugson and Michael Brabant, Cohering the Integral We Space: Engaging Collective Emergence, Wisdom, and Healing in Groups (Occidental, CA: Integral Publishing House, 2016), 269–94.

82 In diesem riesigen globalen Projekt, das bereits begonnen hat und das uns jahrzehntelang beschäftigen wird, arbeiten wir an einem Prozess, dessen Potenzial darin besteht, zu entdecken, wie man Menschen jeder rassischen, ethnischen, geschlechtsspezifischen, religiösen und weltanschaulichen

Klassifizierung ehrt und von ihnen lernt, ohne den Fortschritt, die Tradition oder die einzigartige Rolle unseres neuen, universalistischen globalen Stammes zu vernachlässigen. Unsere Aufgabe ist es, Wege zu finden, einander zu hören, ohne unsere eigenen Erfahrungen, Interessen und einzigartigen Perspektiven aufzugeben - Wege, die es uns ermöglichen, inmitten einer ganz neuen Ordnung von kulturellen Kollisionen zu koexistieren und gemeinsam effektive Ansätze für unsere Herausforderungen zu entwickeln.

Über den Autor

Terry Patten spricht und berät international als Gemeinschaftsorganisator, Philosoph und Lehrer. In den letzten fünfzehn Jahren hat er seine Bemühungen dem integralen Projekt der Bewusstseinsentwicklung durch Praxis und Konfrontation, Untersuchung und Heilung unserer globalen Krise durch die Verbindung von Geist und Aktivismus gewidmet. Mit Ken Wilber und einem Kernteam am Integral Institute schrieb Patten gemeinsam die *Integral Life Practice,* die alte und moderne Praktiken zu einem zeitgenössischen transformativen Lebensstil destilliert. Als Schöpfer und Moderator der Online-Serie *Beyond Awakening* hat er die großen Fragen unserer Zeit mit einigen unserer prominentesten und dynamischsten Vordenker erforscht. Er gründete und leitet Bay Area Integral, das eine internationale Gemeinschaft in der San Francisco Bay Area sammelt und unterstützt; er leitete ein Team am Heart- Math Institute, das seinen ersten Herzfrequenzvariabilitätsmonitor entwickelte; und er gründete das Katalogunternehmen *Tools For Exploration,* das den Bereich der Bewusstseinstechnologien definierte. Patten ist auch ein Sozialunternehmer, der sich mit der Unterstützung der Wiederaufforstung von Mammutbäumen, der Innovation neuer technologischer Alternativen zu fossilen Brennstoffen und der Schaffung neuer Währungen für eine nachhaltige Wirtschaft beschäftigt.

STIMMEN ZU *EINE NEUE REPUBLIK DES HERZENS*

(Die vollständigen Texte dieser und anderer Kommentare finden Sie auf der Website des Buches: anewrepublicoftheart.org.)

„In einer Welt zunehmender Krisen sind wir alle aufgerufen, einen Beitrag zu leisten. Aber wie finden wir unseren einzigartigen Beitrag, machen ihn effektiv und bringen das Beste in al denen hevor, deren Leben wir berühren? Das sind eine der wichtigsten Fragen unserer Zeit, und Terry Patten entlockt uns auf schöne Weise die Weisheit, mit der wir unsere Antworten finden können."
- ROGER WALSH, MD, PhD, University of California, Autor von Essential Spirituality: The Seven Central Practices

„*Eine neue Republik des Herzens* ist DAS Handbuch für alle, die diesen Moment als den historischen Aufruf zum Handeln erleben wollen, der er ist. Es kombiniert brillante soziale Kommentare mit einer Schritt-für-Schritt-Anleitung, um den gesamten Systemwandel von innen heraus zu katalysieren, und zeigt uns den Weg, verantwortung für unser persönliches und kollektives Schicksal zu übernehmen."
- CLAIRE ZAMMIT, PhD, Gründer von FemininePower.com

„Mit tiefen, fürsorglichen und aufschlussreichen Einsichten entfaltet Patten eine integrative Analyse unserer bevorstehenden Zivilisationskrise und bietet ein wertvolles Handbuch für diejenigen, die versuchen, das Geschehen zu verstehen und was sie dagegen tun können. Selbst diejenigen von uns, die sich nicht der integralen Theorie verschrieben haben, können von seiner Untersuchung einer „aktivistischen Spiritualität", seiner Anerkennung des politischen Engagements als Liebe zum Handeln und seiner klugen Erklärung, wie wir durch selbstveränderliche Gemeinschaften zu wirksamen Agenten des Wandels werden können, sehr profitieren."

- JEREMY LENT, Autorin des *The Patterning Instinct: A Cultural History of Humanity's Search for Meaning*

„*Eine neue Republik des Herzens* bietet praktische Imperative, um unsere kollektive Stärke, Intelligenz und unseren Geist in kraftvollen Strategien zu bündeln, die den Kurs unserer Zukunft verändern können. Jede Seite ist gefüllt mit Einsichten und Empfehlungen, die persönliche, gemeinschaftliche und globale Bedeutung haben. Ein Muss für diejenigen, die wissen, dass wir zusammen Katalysatoren des Wandels sein können."

- CONNIE BUFFALO, Präsident des Internationalen Renaissance-Projektes

„Die Bewältigung der unzähligen Herausforderungen, vor denen wir und unser Planet stehen, ist ein heikles Unterfangen. Terry Patten lädt uns ein, mit beiden Füßen in das Zentrum dieses komplexen Geländes zu treten, und gibt uns dann eine ermächtigende Karte, um nicht nur unseren Weg durch sie zu finden, sondern wirklich Teil der Lösung zu sein."

- CRAIG HAMILTON, Begründer der Integral Enlightenment

„Mit außergewöhnlicher Beredsamkeit integriert Terry Patten integrale Theorie, Sozial-Kommentar und wahre Menschlichkeit und eröffnet einen neuen Weg, wie spirituelle Praxis nicht nur in unseren Herzen vollständig ‚online' gehen, sondern auch tiefer in unsere Welt einwirken kann. Möge dieses bahnbrechende Buch dir helfen, die sich verändernden Zeiten mit Anmut zu meistern."

- MIRANDA MACPHERSON, Autorin von *Boundless Love*

„Patten verbindet brillante Großbildanalyse und tief empfundene Seelenpraktiken, um einen evolutionären Weg für die Menschheit aufzuzeigen, der unser spirituelles Wachstum beschleunigt und unseren tiefsten Dienst weckt. Genau die Medizin, die wir brauchen!"

- STEPHEN DINAN, CEO von The Shift Network und Autor von *Sacred America, Sacred World.*

„In einer Zeit, in der zu viele von uns die Augen und Ohren vor der Realität verschließen, hat Terry Patten die erschütternde Passage gemeistert, die notwendig ist, um tief und authentisch mit unserer ökologischen Situation umzugehen und warum wir sie immer wieder verschlimmern. Dieses Buch verdient eine breite Leserschaft."

- MICHAEL DOWD, Autor von *Thank God for Evolution* und Gastgeber von "The Future Is Calling Us to Greatness".

„Mit einer seltenen Kombination aus spiritueller Tiefe und rasiermesserscharfem Intellekt verwebt Terry Patten soziale Gerechtigkeit, Umweltschutz und einen nüchternen Blick auf die vielfältigen Krisen von heute zu einer wahren Verbindung von Geist und Handeln. Der Wert der spirituellen Praxis eines Lebens strahlt durch jeden Absatz."

- DUSTIN DIPERNA, Autorin von *Streams of Wisdom*

„*Eine neue Republik des Herzens* ist ein starker revolutionärer Führer für Aktivisten des 21. Jahrhunderts. Erwarten Sie, dass Sie sich von seiner klaren Vision und seinem Aufruf inspirieren lassen, Innovatoren, Ökologen und Evolutionäre zusammenzuführen und ihre Herzintelligenz zu wecken."

- MARILYN HAMILTON, PhD, Gründer von Integral City Meshworks und Autor von *Integral City*

„In *Eine neue Republik des Herzens* teilt Terry Patten die Früchte seiner jahrzehntelangen intensiven inneren Arbeit - ein neues Toolkit für einen Systemwechsel."

- JOSH BARAN, Autor von *The Tao of Now*

„Wie alle wahren spirituellen Führer zeigt uns Terry Patten, wie wir unsere Herzen öffnen und auf diese leidende Welt reagieren können. Sein Buch ist nachdenklich, vorsichtig und freudig."

- DIANE MUSHO HAMILTON SENSEI, Autor von *The Zen of You and Me*

„Terry Patten ist seiner tiefen inneren Berufung gefolgt, die untrennbar mit der Berufung verbunden ist, zur Gesundheit unserer brennenden Welt beizutragen. *Eine Neue Republik des Herzens* vermittelt den evolutionären Aktivismus, den es braucht, um Wege zu gehen, die zu den Antworten führen, die wir brauchen."

- THOMAS HÜBL, internationaler Lehrer und Gründer der Academy of Inner Science

„Ohne Worte darüber zu verlieren, was die Menschheit vor sich hat, gibt dieser Leitfaden für spirituellen Aktivismus die Richtung für ein vernünftiges und nachhaltiges, herzbasiertes Paradigma vor."

- ANODEA JUDITH, PhD, Autorin von The Global Heart Awakens and Eastern Body, Western Mind

„Als evangelisch-christlicher und sozialkonservativer Christ bin ich immer wieder überrascht von den tieferen Wahrheiten in diesem Buch, denen ich voll zustimme. Dazu gehört der Glaube, dass dies tatsächlich ein entscheidender Moment für die Menschheit ist und dass die Lösung, obwohl sie scheinbar unerreichbar ist, tatsächlich sowohl nah als auch persönlich ist; dass wir in uns das Potenzial haben, weitaus mehr zu sein und zu tun, als wir es uns je vorgestellt haben; dass die notwendige Veränderung im Herzen und in der Seele eines jeden Menschen beginnt - sozusagen von unten nach oben; dass die Zeiten eine Art Achtsamkeit und Intentionalität erfordern, die die Menschheit in der Vergangenheit nie gemeinsam erreicht hat; und dass wir, wenn wir uns nach innen wenden, um unser wahres menschliches Potenzial zu erschließen, auch nach außen in einem Geist unermüdlicher und selbstloser Dienerschaft gehen müssen.

Wir müssen den großen Dialog dringend wieder aufnehmen, und zwar in einer Weise, die uns über die Grenzen unserer sektierischen und politischen Differenzen hinaus in Richtung einer besseren Zukunft für unsere gefährdete Welt führt. Was auch immer deine Gruppe oder Religion ist, lies dieses Buch, und lasss uns über alles, was wahr, gut und schön ist, darüber reden."

- EMERSON ALLEN JOSLYN, MD, High Point, North Carolina.

„Die Tiefe dieses Buches ist erstaunlich. *Eine neue Republik des Herzens* ist für jeden, der sich dazu angezogen fühlt, tief zu denken und mutig für den Planeten und sein ganzes Leben zu handeln."

- J. MANUEL HERRERA, Silicon Valley

„Stück für Stück baut Terry Patten unsere komfortablen, gut positionierten Positionen für die globale Zukunft ab. Er lädt uns in einen größeren Raum ein, der alle Positionen beinhaltet und dennoch die Positionshaltung überschreitet. Von hier aus haben wir Zugang nicht nur zu Fakten, sondern auch zur Weisheit; wir sind in der Lage, mehr von dem aufzunehmen, was gesehen und gefühlt werden will, und wir können so handeln, dass eine gesündere, heiligere Welt entsteht."

- JEFF SALZMAN, "The Daily Evolver".

„In *Eine neuen Republik des Herzens* kombiniert Terry Patten seinen brillanten Verstand und sein tiefes, mitfühlendes Herz, um einen Weg zum erwachten Aktivismus aufzuzeigen. Dieses wichtige Buch verbindet pragmatische Praktiken für den individuellen Aktivismus mit einem visionären Konzept für eine breite Transformation der menschlichen Zivilisation. Es wird Dir zeigen, wie Du die Veränderung wirst, die du sehen willst."

- STEVE MCINTOSH, Präsident des Instituts für kulturelle Entwicklung und Autor von *The Presence of the Infinite*

Sean Esbjörn-Hargens

INTEGRALE ÖKOLOGIE

Es gibt heute eine Vielzahl von Perspektiven zu Ökologie, Natur und auch der drohenden Klimakatastrophe, die sich nicht selten grundlegend widersprechen. Doch wie können wir all diese wertvollen Ansichten auf die natürliche Welt – formuliert von vielen Wissenschaftlern, Ökologen, Aktivisten und Philosophen – vereinen und zu einer umfassenden Perspektive kommen, um unsere Umweltprobleme effektiv in den Griff zu bekommen und in einem angemessenen Einklang mit unserer natürlichen Umwelt zu leben?

550 Seiten; ISBN 9783943194555, € 19,90